Jacob Freudenthal

Jahresbericht des jüdisch-theoligischen Seminars Fraenkelscher Stiftung

Heft I: Alexander Polyhistor und die von ihm erhaltenen Reste jüdischer und samaritanischer

Geschichtswerke

Jacob Freudenthal

Jahresbericht des jüdisch-theoligischen Seminars Fraenkelscher Stiftung
*Heft I: Alexander Polyhistor und die von ihm erhaltenen Reste jüdischer und samaritanischer
Geschichtswerke*

ISBN/EAN: 9783743357662

Hergestellt in Europa, USA, Kanada, Australien, Japan

Cover: Foto ©Andreas Hilbeck / pixelio.de

Manufactured and distributed by brebook publishing software (www.brebook.com)

Jacob Freudenthal

Jahresbericht des jüdisch-theoligischen Seminars Fraenkelscher Stiftung

Jahresbericht

des

jüdisch - theologischen Seminars

„Fraenkel'scher Stiftung."

Breslau, am Gedächtnisstage des Stifters, den 27. Januar 1874.

Voran geht:

Hellenistische Studien.

Heft I:

Alexander Polyhistor und die von ihm erhaltenen Reste jüdischer und samaritanischer Geschichtswerke

von

Dr. J. Freudenthal.

Breslau.

Druck von Grass, Barth und Comp. (W. Friedrich.

1874.

Eusebios, der gelehrte, um Litteratur- und Staatengeschichte wohl-
verdiente Bischof von Cäsarea, hat uns in einem seiner grossen
Sammelwerke, der 'evangelischen Vorbereitung', umfangreiche Bruchstücke aus einer Schrift des um die Zeit Sulla's in Rom lebenden
Polyhistors Cornelius Alexander 'über die Juden' aufbewahrt. In
dieser Schrift hatte der 'Vielwisser' nicht die Ergebnisse eigener
Forschung niedergelegt, sondern Auszüge aus verschiedenartigen
Werken jüdischer und heidnischer Autoren über die ältere Geschichte
der Juden auf den Faden ungefährer chronologischer Abfolge an-
einander gereiht. Ein glücklicher Umstand. Denn ihm verdanken
wir die Erhaltung zahlreicher Bruchstücke von Schriften, welche
ohne die Compilation Alexander's aus dem Andenken der Nach-
welt gänzlich verlöscht wären, und von den vierzehn oder fünfzehn
Schriftstellern, welche innerhalb des jüdischen Hellenismus aus
einer langen Reihe Unbekannter oder gänzlich Verschollener allein
noch mit ihren Namen hervortreten, sind acht, also mehr als die
Hälfte, bloss durch den Sammelfleiss dieses Einen Mannes uns gerettet worden. Freilich, der innere Werth dieser Fragmente ist ein
höchst geringer. Unschön und schwülstig sind die poetischen, unwahr-
haft und geistlos die meisten prosaisch-historischen Stücke: keines
von jenen ist das Erzeugniss eines echten Dichters: keines von
diesen das Werk eines wahren Geschichtschreibers. Aber so
ärmlich ist das litterärische Erbe des jüdischen Hellenismus, so weit
sind die Lücken, welche die Zeit vom Abschluss der griechischen
Bibelübersetzung bis zum Auftreten Philon's aufweist, dass wir
billig des Glücksfalles uns freuen dürfen, der uns vergönnt, einige
wenn auch arg beschädigte und halb zerrissene Blätter in jene

1

Lücke zu heften. Blätter, deren verblichene Schrift dem aufmerksamen Leser werthvolle Aufschlüsse über die Zeit, die sie geschrieben
hat, zu geben vermag. Keinesfalls ist die Nichtachtung gerechtfertigt, der diese Bruchstücke, zumal die prosaischen,*) anheim-
gefallen sind. Diese sind in ihrer Gesammtheit nie einer eingehenden
Untersuchung gewürdigt und wenn auch oft von hervorragenden
Forschern gelegentlich berührt und beurtheilt, zumeist in Bausch
und Bogen abgeurtheilt worden. Selten hat man es der Mühe für
werth gehalten, die Spreu von den Körnern zu sondern, das werthvolle Einzelne aus dem grossen Haufen des Werthlosen heraus-
zulesen. Nie hat man es unternommen, die historischen Fragmente
insgesammt zu befragen nach den litterärischen Verhältnissen der
Zeit, aus der sie hervorgegangen sind, nach den Zielen ihrer Verfasser und nach ihrem Zusammenhange mit den verwandten Erscheinungen des Hellenismus.

Eine solche Vernachlässigung nicht unwichtiger Ueberreste eines
alten Schriftthums mag zum Theil durch einen äusseren Umstand
verschuldet sein. Dieselben sind auch als Bruchstücke kein sicherer,
unantastbarer Besitz der Litteratur, sondern in äusserst fragwürdiger
Gestalt auf uns gekommen. Ihr Text ist niemals einer kritischen
Behandlung unterzogen und in arg verwahrlostem Zustande von
einem Herausgeber dem anderen überliefert worden. Sie liegen
uns vor in schlechten Handschriften[1] als Excerpte des Eusebios aus
den Excerpten des Alexander. Wie viel sie auf dem langen Wege
von den Verfassern bis zu den Ausgaben Gaisford's und Dindorf's
durch die plumpe Scheere des Polyhistors, die unsichere Hand des
Eusebios, die flüchtige Feder der Abschreiber gelitten, was Eusebios,
was Alexander an ihnen geändert, was die Verfasser selbst geschrieben haben, das müsste erst festgestellt sein, ehe ein wissenschaftlich
begründetes Urtheil über den Charakter, den Werth und die Zwecke
dieser Schriften möglich wäre, ehe sie uns auf die vielfachen Fragen
Antwort geben könnten, welche wir an sie richten möchten. Diese
Scheidung zu versuchen, ist die nächste Aufgabe dieser Untersuchung.

---

*) Die poetischen Fragmente haben von Neueren erklärt und herausgegeben:
Delitzsch Gesch. d. jüd. Poesie S. 211 f.; L. M. Philippson Ezechiel und Philo;
Dübner Append. zu Wagner's fragm. Eurip. etc. p. VII f. 1 f.; C. Müller Fragm.
hist. Gr. III 213. 217 f. 229. Die ältere Litteratur führt Philippson auf.

Sollte ihre Lösung gelingen und es dadurch möglich werden, die oben bezeichneten, noch dunklen Seiten dieser Schriften einigermassen aufzuhellen, so würde der Zugang zu einem zwar engbegrenzten, aber nicht unergiebigen, selten betretenen Gebiete des hellenistischen Schriftthums erschlossen sein.

Eusebios' Compilationen.

Wenn man von den zahlreichen Schreibfehlern absieht, die nur im einzelnen nachgewiesen und berichtigt werden können, so bleiben noch drei unbekannte Grössen übrig, welche die Rechnung mit diesen Bruchstücken unsicher machen. Wir kennen weder die Veränderungen, welche ihr Text durch Eusebios erfahren hat, noch den Antheil Alexander's an ihrer heutigen Gestalt, noch endlich die ursprüngliche Beschaffenheit der Originalwerke. Zum Glücke lässt sich zuvörderst die erste dieser Unbekannten mit ziemlicher Genauigkeit bestimmen. Wir brauchen bloss festzustellen, wie Eusebios seine übrigen Excerpte behandelt hat, um zu erfahren, wie er mit der Schrift Alexander's verfahren sein wird. Bei der überaus grossen Zahl der von dem sammellustigen Bischof excerpirten Schriftsteller ist diese Methode ebenso einfach, wie sicher. Dennoch ist sie in grösserem Umfange nur für Eusebios' Kirchengeschichte angewendet worden, und daraus erklärt es sich, dass über das Verfahren des Eusebios noch in neuerer Zeit die widersprechendsten Urtheile gefällt werden konnten. Mit ingrimmigen Worten hat schon der grosse Joseph Scaliger die 'Irrthümer, Narreteien, Tollheiten und Wahngebilde' (errata, absurditates, deliria, halucinationes) des Eusebios gegeisselt.*) Auch Niebuhr nennt ihn einen Fälscher, 'einen mit kecken Aeuderungen compilirenden' Mann (Kleine Schr. S. 232. 241. 253). Nicht minder hart urtheilt gerade in Bezug auf unsere Fragmente Hulleman in seiner Schrift über den Polyhistor, der gründlichsten Untersuchung, die bis jetzt über den merkwürdigen Mann geschrieben ist.**) Ihm zufolge hat

---

*) Elench. tribaer. c. 29; de emend. temp. p. 506; thesaur. temp. notae p. 417. animadv. p. 14; s. Bernays' Scaliger S. 225.

**) Miscellanea philologa I 153: . . 'Alexandri commentarium Eusebius velut mutilavit. Ipsam orationem Alexandri, ut v. c. ex loco de immolatione Isaäci unico, qui ex Polyhistoris verbis excerptus est, Eusebius ubivis fere missam fecit' etc.

1*

Eusebios Alexander's Werk gleichsam verstümmelt, seine Redeweise verändert und viel ungenauer excerpirt, als der Alexandriner
Clemens, der in seinen 'Teppichen' dasselbe Werk häufig ausgeschrieben hat. — Diesen ungünstigen Urtheilen schnurstracks widersprechend rühmt Valckenaer die Treue des Eusebios und versichert,
dass er nicht des geringsten litterärischen Betruges verdächtigt
werden dürfe (diatr. de Aristobulo p. 75. 82). Am entschiedensten
aber und ohne die geringste Ausnahme zuzulassen erklärt Dindorf
gerade in Bezug auf die 'Vorbereitung' und die Fragmente Alexander's,
dass Eusebios seine Excerpte weder verändere noch verkürze,
sondern überall wortgetreu abschreibe. Etwaige Auslassungen
bezeichne er immer ausdrücklich als solche: ebenso merke er das
Ende der Auszüge durch kleine Beisätze an, so dass nirgends der
geringste Zweifel über das, was er selbst geschrieben und was er
Anderen entlehnt habe, möglich sei. *) Nichts könnte unserer Untersuchung förderlicher sein, als wenn wir dies Zeugniss Dindorf's als
vollgiltig anerkennen dürften; denn es würde jeden Zweifel an der
Zuverlässigkeit des Eusebios und der von ihm überlieferten Fragmente beseitigen. Eine genaue Betrachtung der Eusebischen Excerpte aber lehrt uns, dass, wie die bitteren Vorwürfe Niebuhr's
und Hulleman's, so auch Valckenaer's und Dindorf's allzugünstige
Urtheile beträchtlich eingeschränkt werden müssen.

Wenn wir zunächst auf die 'evangelische Vorbereitung' und
innerhalb derselben nur auf die Citate von Profanschriften eingehen,
welche für unseren Zweck allein in Betracht kommen, so ergiebt

---

Ibid. not. 1: 'Quam parum integra Eusebius etiam reliquorum scriptorum fragmenta
ex Alexandro descripserit, efficitur e loco Clementis' etc. Andere bald lobprei-
sende, bald verdammende Urtheile, besonders in Bezug auf Eusebios' Verfahren
in der Kirchengeschichte, sehe man bei Danz De Eusebio Caesariensi p. 3. 8 f.;
Baur in seiner Abhandlung Comparatur Eusebius . . . cum Herodoto p. 25.

*) Eusebii Caesariensis opera I praef. p. XVIII: 'Locos scriptorum, quos
excerpsit Eusebius ita apposuit, ut nec mutatos nec compendifactos exhiberet, sed,
ut ipse interdum addit, πρὸς λέξιν vel κατὰ λέξιν, etsi omissis non raro quae ad
propositum minus erant necessaria, quod significare solet interposito καὶ μεθ'
ἕτερα . . . et quae sunt reliquae hujusmodi formulae, pariterque finem excerp-
torum significat ad alia pergens verbis ταῦτα ὁ δεῖνα . . . et quae sunt similia,
ita ut nihil usquam dubitationis relinquatur, quid Eusebius ipse scripserit, quid
aliunde sumserit.'

sich vor Allem, dass Eusebios Namen und Werke der von ihm excerpirten Schriftsteller bisweilen gar nicht, bisweilen falsch, bisweilen
ungenau anführt. Das zwölfte Buch seiner 'Vorbereitung' ist dem
Nachweise der Uebereinstimmung zwischen Platon und der heiligen
Schrift gewidmet und daher fast ganz mit Citaten aus Platon's
Schriften und der Bibel angefüllt. Diese Citate sind häufig weder
von einander, noch von den eigenen spärlichen Bemerkungen des
Eusebios geschieden, sondern laufen derartig durcheinander, dass
nur die Vermerke der Herausgeber sie scheiden können. Man sehe
besonders die Capitel 1—7. 20—26. 31 - 33 und 1. XIII c. 7 und 8.
Wenn Eusebios hierfür sich damit entschuldigen kann, dass biblische
Citate von Platonischen, wie von seinen eigenen Worten deut-
lich genug abstechen und darum genauerer Bestimmung nicht
bedürfen, so fällt doch an anderen Orten diese ohnehin nur halb
genügende Entschuldigung weg. So geht er (IX 14. 416c) ohne
Angabe der Thatsache von Abydenos zu Josephus über; so ver-
schmilzt er (XI 23. 545a) mit Auszügen aus Numenios ein kurzes
Excerpt aus Platon's Timäos, das selbst aus zwei verschiedenen,
aber durch keine Bemerkung getrennten Stellen zusammengesetzt
ist. Häufiger noch werden Citate aus verschiedenen Schriften desselben Autors ohne Andeutung des Sachverhalts an einander geschoben. So treten im zwölften Buche der 'Vorbereitung' Auszüge
aus den Gesetzen Platon's an solche aus der Republik (c. 20 und 27);
so schiebt er die letztere Schrift an Philebos (XII 52); so die Apologie
an Kriton (XIII 10). Wo er sich innerhalb derselben Schrift hält,
verwechselt er oft Früheres und Späteres. So soll Clemens n a c h
einer früher angeführten Stelle schreiben, was zwei Capitel v o r
derselben sich findet (II 6. 72b). Aehnlich verfährt Eusebios mit
einer Plutarchischen Schrift (V 4. 185a) und mit Philon (XI 15. 533d).
Selten verwechselt er dagegen verschiedene Schriften mit einander.
So wird z. B. aus der Philonischen Schrift 'Quod deterius potiori insidia-
tur' angeführt, was einer anderen 'De confusione linguarum' angehört
(XI 15. 534a). — Alle diese Ungenauigkeiten und Irrthümer lassen
sich in einem so umfassenden Werke, wie die 'Vorbereitung' des
Eusebios ist, entschuldigen und zum grossen Theile daraus erklären,
dass er bei der Sammlung seiner Auszüge dieselben nicht immer
mit genauer Quellenbezeichnung versah und sie daher bei späterer
Ordnung nicht mehr genau von einander zu scheiden wusste. Das

darf bei der überaus grossen Zahl von Excerpten ihm nicht gar zu
sehr vorgeworfen werden. Ist doch ein Gleiches und viel Schlimmeres
einem Goethe zugestossen, der Auszüge aus fremden Schriftstellern
in späteren Jahren als sein Eigenthum ansah und veröffentlichte.*)
— Nicht zu entschuldigen aber ist, dass Eusebios einige Male absichtlich unterlässt, die rechte Quelle zu nennen und den Leser mit
Bewusstsein irreführt. Im vierten Capitel des neunten Buches citirt
er den Abderiten Hecatäos, im fünften den Peripatetiker Klearchos,
im neunten den Epiker Chörilos, ohne auch nur durch die leiseste
Andeutung zu verrathen, dass er alle diese Citate aus Josephus'
gelehrter Streitschrift 'wider die Hellenen'**) abgeschrieben hat.
Wie hier dem Josephus, so ergeht es Clemens, dem Alexandriner,
im zehnten Buche (c. 4. 472 b), wo Eusebios dem Scheine nach
Demokrit, in Wirklichkeit aber Clemens' 'Teppiche' ausschreibt. —
Im neunten Buche (c. 3) theilt er aus Porphyrios' Schrift 'über Ent-
haltung von thierischer Nahrung' einen Auszug über die Essäer
mit, verschweigt aber, dass Porphyrios, dessen ausdrücklicher Angabe
zufolge, diesen Excurs vollständig dem Josephus entlehnt hat, ja
er erklärt gegen besseres Wissen am Schlusse des Excerptes: 'Das
sagt Porphyrios, wie es scheint, nach alten Schriften' (*Ταῦτα μὲν
ὁ Πορφύριος, ἐκ παλαιῶν ὡς εἰκὸς ἀναγνωρισμάτων*). Solcher Flunkerei
machte er sich schuldig, weil er die Kraft des Zeugnisses, das der
Heide Porphyrios für den sittlichen Werth des Judenthums hiermit
ablegte, durch Zurückführung desselben auf den Juden Josephus
nicht schwächen wollte (s. Bernays' Theophrastos S. 152). An den obigen
Stellen aber trifft ihn zwar nicht der Vorwurf directer Entstellung,
wohl aber absichtlichen Verschweigens der Wahrheit. Denn dass
dort kein zufälliges Zusammentreffen zwischen Eusebios einerseits
und Josephus und Clemens andererseits vorliegt, beweist die Umgebung dieser Excerpte, in der sich durchgängige Uebereinstimmung
mit den zugehörigen Bemerkungen dieser Schriftsteller zeigt. Und
wenn er diese Bemerkungen zwar als eigenes Gut, aber nur mit

---

*) S. Goedike Elf Bücher deutscher Dichtung I 635 über die Entlehnung
des schönen Jacobischen Liedes 'der Sommer-Tag'; Goedike Grundriss der deutschen
Dichtung II 864 über die Aneignung einer Okenschen Lehre.

**) Ueber diese allein richtige Aufschrift vergleiche man Bernays' Theo-
phrastos S. 154.

starken Veränderungen mittheilt, so geschieht das offenbar, weil er
den Weg möglichst unkenntlich machen will, auf dem er zu diesen
Citaten gelangt ist. Eusebios ist nämlich ebenso belesen in der
neueren, wie wenig bewandert in der älteren Litteratur der Griechen.
Die bei weitem grösste Zahl seiner Citate verdankt er Schriftstellern,
die nicht jenseits des ersten nachchristlichen Jahrhunderts gelebt
haben. Diese sind es wohl vornehmlich gewesen, welche er in
den reichhaltigen von ihm benutzten Bibliotheken des Bischofs
Alexander und des Presbyters Pamphilos vorfand (s. hist. eccl. VI
20. VII 32), und zu denen auch seine Hinneigung zu Origenes' neu-
platonisch gefärbter Schule ihn führte. Von Werken älterer Autoren
sind es neben Xenophon's Denkwürdigkeiten nur Platon's Schriften,
die er fleissig gelesen hat und am häufigsten citirt, ohne jedoch
sich die Mühe zu nehmen, sie gründlich verstehen zn lernen.*)
Die ganze stattliche Reihe älterer Autoren jedoch, welche Fabricius (bibl. Gr. VII 346 f. Harl.) aus der 'Vorbereitung' aufführt, ist
bis auf einen geringen Rest Sammelwerken entnommen, wie die
des Polyhistors, des Josephus, des Clemens und des Porphyrios
waren. Trotzdem legt er Werth darauf, gerade in der älteren
Litteratur wohlbewandert zu sein und versichert für eine bestimmte
Untersuchung ausdrücklich (IX 42. 458d), dass er an Zeugnissen
alter und neuer Schriftsteller Ueberfluss habe (πολὺς δὲ ἄλλος
μαρτύρων ἡμῖν ὄχλος παλαιῶν τε καὶ νεῶν συγγραφέων ἐπιρρεῖ).
Nicht ungern benutzte er daher bei den oben erwähnten Namen die
Gelegenheit, sein Werk mit so erlesenen Stücken zu zieren und sich
den Anstrich der Belesenheit auf einem Gebiete zu geben, das er
in Wirklichkeit nur oberflächlich kannte.

Zuverlässiger als den Namen und Schriftstellen der von ihm
excerpirten Autoren zeigt sich Eusebios dem Wortlaute seiner Vorlagen gegenüber. Allerdings gestattet er sich bisweilen kleine
Aenderungen des Textes, am häufigsten in den Anfangsworten der
Excerpte. Oft verkürzt er seine Vorlage, beseitigt Doppelglieder,

---

*) Das schlagendste Beispiel hierfür findet sich wohl XIII 1. 639 c, wo er eine
Stelle aus Platon's Timäos als Beweis für dessen Verwerfung griechischer Götter-
lehre anführt, während er in demselben Buche dieselben Worte benutzt, um am
Beispiele des Philosophen κατ' ἐξοχήν zu erweisen, wie tiefe Wurzeln der Götter-
glaube im griechischen Volke geschlagen habe (XIII 14. 692 b).

lässt einzelne Worte und ganze Sätze aus, und auch Ungenauigkeiten anderer Art sind in nicht geringer Zahl anzutreffen[2]. Dagegen fügt er Zusätze selbst der geringfügigsten Art nur höchst
selten ein, und noch seltener sind die Fälle, in denen tief greifende
Umänderungen des Textes uns begegnen. Diese erlaubt er sich in
der 'Vorbereitung' einige Male dem Diodor und Clemens gegenüber (II 1—2 und X 6). Um die Art und das Maass dieser Aenderungen mit Einem Blicke überschauen zu können, vergleiche man

Diodor bibl. I 18:

Euseb.pr.ev. II 1.46b:

Παραλαβεῖν δ' ἐπὶ τὴν στρατείαν καὶ
τὸν Πᾶνα διαφερόντως ὑπὸ τῶν Αἰγυπτίων
τιμώμενον · τούτῳ γὰρ τοὺς ἐγχωρίους οὐ
μόνον ἀγάλματα πεποιηκέναι κατὰ πᾶν ἱερὸν,
ἀλλὰ καὶ πόλιν ἐπώνυμον κατὰ τὴν Θηβαΐδα
καλουμένην μὲν ὑπὸ τῶν ἐγχωρίων Χεμμώ,
μεθερμηνευομένην δὲ Πανὸς πόλιν, συνέ-
πεσθαι δὲ καὶ τοῖς τῆς γεωργίας ἐμπειρίαν
ἔχοντας κτλ. πάντων δ' εὐτρεπῶν γενομένων
τὸν Ὄσιριν κτλ . δι' ἣν αἰτίαν μέχρι τῶν 10
νεωτέρων χρόνων κτλ. ὄντι δ' αὐτῷ περὶ τὴν
Αἰθιοπίαν ἀχθῆναι λέγουσι πρὸς αὐτὸν τὸ
τῶν Σατύρων γένος, οἵς φασιν ἐπὶ τῆς ὀσφύος
ἔχειν κώμας · εἶναι γὰρ τὸν Ὄσιριν φιλο-
γέλωτά τε καὶ χαίροντα μουσικῇ καὶ χοροῖς ·
διὸ καὶ περιάγεσθαι πλῆθος μουσουργῶν, ἐν
οἷς παρθένους ἐννέα κτλ.

παραλαβεῖν δὲ καὶ τὸν
Πᾶνα διαφερόντως ὑπ'
Αἰγυπτίων τιμώμενον,
οὗ καὶ ἐπώνυμον εἶναι
5 τὴν Πανὸς πόλιν.

Ὄντι δὲ αὐτῷ περὶ τὴν
Ταφόσιριν ἀχθῆναι τὸ
τῶν Σατύρων γένος ·
φιλόμουσον δὲ ὄντα
15 περιάγειν πλῆθος μου-
σουργῶν, ἐν οἷς παρθέ-
νους ἐννέα κτλ.

Z. 1 δὲ] τε edd. Euseb. ‖ 16 καὶ παρθένους edd. Euseb.

Die vielen, oft ganz willkürlichen Aenderungen, die Verkürzung
und Zusammenschiebung von Satztheilen, Sätzen und Capiteln, die
Einfügung ganz neuer Worte — alles dies stammt nicht etwa aus
einer lückenhaften und interpolirten Vorlage, sondern rührt von
Eusebios' eigener Hand her und lässt diese Excerpte nicht als Abschriften, sondern als Umarbeitungen erscheinen. Versichert Eusebios trotzdem (II 1. 44d), dass er seine Auszüge aus Diodor in
wörtlicher Treue (πρὸς λέξιν) geben wolle, so mag zu seiner Entschuldigung gereichen, dass trotz aller willkürlichen Aenderungen

der Gesammtinhalt allerdings nur wenig gel .ten hat; berechtigt aber
ist er zu dieser Behauptung ebensowenig dem Diodor wie im zehnten
Buche (c. 6. 476d) dem Clemens gegenüber. Ihre Erklärung und
Entschuldigung finden diese unwahrhaften Angaben darin, dass
Eusebios hier wie in den oben (S. 8) erwähnten Fällen, bei der
Einordnung seiner Materialien in sein Sammelwerk die kleine Zahl
von Excerpten, bei denen er als Epitomator verfahren war, von
der überwiegenden Mehrheit der treuen Copien nicht mehr zu
scheiden verstand und eine nochmalige Verification derselben nicht
vornahm. — Aehnlich wie in der 'Vorbereitung', die hier vor Allem
in Betracht gezogen werden musste, verfährt Eusebios in seinen
übrigen Sammelwerken. Ueberall ist der Unterschied festzuhalten
zwischen den Auszügen, die er als treue Copien mittheilt und den
Citaten, bei denen er Nichts wie den ungefähren Sinn wiedergiebt
oder die er vollständig umgearbeitet in seine Darstellung verwebt.
So zahlreich die Irrthümer, die willkürlichen und thörichten Aende·
rungen in den letzteren nnd so berechtigt die Vorwürfe sind, die
ihretwegen gegen ihn erhoben wurden, so gross ist seine Gewissenhaftigkeit in jenen Excerpten und so wohl begründet die Anerkennung, die ihm hierfür zu Theil geworden ist. Ausnahmen, durch
Nachlässigkeit veranlasst, sind freilich nachgewiesen worden, aber
in verschwindend kleiner Zahl. So sind in der Chronographie alle
Excerpte, die sich aus jetzt noch vorhandenen Schriften controliren
lassen, bis auf wenige Ausnahmen mit grosser Genauigkeit abgeschrieben worden. Zu diesen Ausnahmen gehört c. 43, wo er,
allerdings unter vorausgeschickter Angabe des Sachverhalts, ein-
undfünfzig Capitel aus der Römischen Geschichte des Diodor in
Eines zusammenschweisst, während er in c. 14 und 44 zwar ebenfalls, dort den Diodor, hier den Dionysios, stark verkürzt, aber die
einzelnen Lücken in seiner Epitome immer genau angiebt. Zahlreich sind dagegen die Irrthümer und selbst die Fälschungen, die
er im Kanon sich hat zu Schulden kommen lassen, weil er hier
viel selbständiger arbeitet. Für diese allgemein anerkannte Thatsache genügt die Verweisung auf Scaliger's animadv. zum thes.
temporum, auf die Werke neuerer Forscher über altägyptische Chronologie und auf Niebuhr's schon angeführte Abhandlung. — Wie
in der 'evangelischen Vorbereitung' sind auch in der 'evangelischen
Beweisführung' wenigstens alle Excerpte aus Profanschriften be-

handelt worden. Manches Excerpt erhebt gar keinen Anspruch auf
mechanische Treue, wie z. B. (VIII 2. 402 d) eine Stelle aus Josephus
(Ant. XVIII 3, 1. B. J. II 9, 2), die daher auch von den Herausgebern nicht als wörtliches Citat hätte angesehen werden sollen,
wie ferner (das. 403 a) ein Citat aus Philon (II 590 Mang.). Manches
ist stark verkürzt, wie (VIII 2. 397 d) ein Excerpt aus dem zwanzigsten Buche der Josephischen Antiquitäten (c. 10, 5), das Eusebios als dem achtzehnten Buche entnommen anführt. Das Meiste
aber ist auch in der 'Beweisführung' mit gewohnter Treue und
Genauigkeit copirt worden. — Etwas schlimmer steht es mit Eusebios
Kirchengeschichte, in welcher am häufigsten die Versuchung zu
kleinen frommen Fälschungen an ihn herantreten musste. Doch
ist nur an Einem Orte erwiesen worden, dass Eusebios ein Excerpt
in der That gefälscht und, um Josephus mit der Apostelgeschichte
auszugleichen, durch geschickte Aenderung einiger Worte einen
Uhu in einen Engel verwandelt hat (s. Heinichen exc. II zur hist.
eccl. III 356 f.). Unerwiesen und unwahrscheinlich aber ist, was
Heinichen daselbst im excurs I ausspricht, dass Eusebios der Vater des
vielbesprochenen testimonium Flavianum sei; wie denn die sonstige
Treue seiner Citate gegen jede Verdächtigung durch die oben
(S. 4) genannten Schriften geschützt worden ist.*)

Manche von den gerügten und von den hier nicht hervorgehobenen Ungenauigkeiten mögen nun freilich auf Rechnung später
Copisten der Eusebischen Werke kommen, deren Nachlässigkeit
nachweislich an unzähligen Stellen den Text geschädigt hat[2]. Trotzdem bedarf es keines weiteren Nachweises, dass Dindorf's Behauptung in Betreff durchgängiger Treue der Eusebischen Abschriften
zurückzuweisen ist. — Aber wir würden andererseits nicht minder
fehlgehen, wollten wir nun mit Hulleman dem Eusebios den Anspruch
auf gewissenhafte Ueberlieferung seiner Excerpte überall absprechen,
wo er, wie bei den Fragmenten Alexander's, durch den Text der
Schriftsteller selbst nicht controlirt werden kann, oder wollten wir
ihn gar der Verfälschung seiner Excerpte bezichten. Wie nahe
auch die oben (S. 6) angeführten Beispiele einer Entstellung der
Wahrheit kommen mögen, wie stark auch Unkritik und Leicht-

---

*) S. auch Moeller De fide Euseb.; Rienstra de fontibus ex quibus hausit
Euseb.; Kestner De Euseb. auctoritate.

gläubigkeit in seinen selbständigen historischen Versuchen zu Tage
treten, wie oft auch der Hass und die Vorliebe des Bischofs die
Feder des Geschichtschreibers geleitet und sein Urtheil beirrt haben,
nirgends lässt sich ein Beispiel dafür auffinden, dass er den Wortlaut der Excerpte, die er als wortgetreue mittheilt, geradezu verfälscht habe, wie Gesner (Orphica p. 361), Niebuhr (a. a. O.) und
Andere hin und wieder angenommen haben. Wo er blosse Abschriften
liefert, da verändert er seine Vorlagen fast nie oder doch nur in
unbedeutendem Maasse, und auch die tiefgreifenden Veränderungen,
welche er in verschwindend wenigen Fällen — wie z. B. am Texte
des Diodor — sich erlaubt hat, sind nicht tendenziöser Art und
lassen den Sinn und den Gesammtgehalt der Quellen fast gänzlich
unversehrt. Was aber am wichtigsten ist, alle Irrthümer und Ungenauigkeiten, alle absichtlich und unabsichtlich zugelassenen Abweichungen von der Wahrheit sind doch nur vereinzelte Ausnahmen
in der unendlichen Zahl von Excerpten, die mit mechanischer Treue
abgeschrieben und mit bewundernswerther Gewissenhaftigkeit uns
überliefert worden sind. Nur dieser gewissenhaften Treue gegen
seine Texte ist es zu verdanken, dass wir heute, mehr als fünfzehn-
hundert Jahre nach Eusebios' Lebenszeit, an unzähligen Stellen die
von ihm excerpirten Schriften selbst aus den schlechten Handschriften
verbessern können, in denen seine Sammelwerke erhalten sind.
Freilich, die Reinheit der Ueberlieferung, in welcher vor allen
griechischen Prosaisten Platon's Dialoge auf uns gekommen sind,
erreicht keines der grossen Excerpte, welche er so häufig aus denselben giebt. Wo aber die Ueberlieferung eine so unzuverlässige
ist, wie etwa bei dem Alexandriner Philon, dem Pseudo-Aristeas[3],
dem Alexandriner Clemens und dem Tyrier Porphyrios, da ist durch
die grossen Auszüge des Eusebios die Möglichkeit gegeben, einen
reineren Text in unzähligen Fällen herzustellen.

Einem milden Richter gegenüber würden diese Erwägungen
allein uns das Recht sichern, überall, wo kein Beweis für das Gegentheil vorliegt, die Excerpte des Eusebios und somit auch die Auszüge aus Alexander's Schrift als treue Copien anzusehen. Jedenfalls
können sie dazu dienen, den oft erschütterten Glauben an die Zuverlässigkeit Eusebischer Excerpte um ein Beträchtliches zu stärken
und die Forderung als berechtigt erscheinen zu lassen, dass, um
Eusebios der Fälschung seiner Vorlagen zeihen zu dürfen, wie es

z. B. in Betreff der wichtigen sanchoniathonischen Excerpte
geschehen ist*), stärkere Verdachtsgründe, als bisher, vorgebracht
werden müssen.

Aber die Controle, die für unsere Bruchstücke aus Eusebios
selbst geführt wurde, kann eine noch strengere werden durch Vergleichung der Auszüge, welche Clemens in seinen 'Teppichen' aus
der Schrift Alexander's mittheilt — derselben Auszüge freilich, auf
welche Hulleman (S. 153 not. 1) hinweist, um den Glauben an Eusebios' Zuverlässigkeit vollends zu erschüttern. Sehen wir, ob ein
anderer Grund den gelehrten Holländer hierzu veranlasst hat, als
die ausgesprochene Vorliebe für den Polyhistor, dessen Werk natürlich um so mehr im Werthe steigt, je tiefer die Compilation des
Eusebios sinkt Im Ganzen stimmen die Auszüge des Clemens mit
denen des Eusebios überein. Prosaische wie poetische Stücke aus
Alexander's Schrift weichen an der grössten Zahl von Stellen nicht
mehr von einander ab, als zwei Handschriften etwa, die verschiedenen
Familien angehören. Wo das nicht der Fall ist, wo grössere Verschiedenheiten sich zeigen, da kann man keinen Augenblick zweifeln,
dass Eusebios und nicht Clemens der zuverlässigere ist. Schon der
Umstand, dass Clemens, treu der ihm eigenen Plündersucht, die Bruchstücke Alexander's nicht unter dessen Namen, sondern als Citate aus
den alten Autoren selbst mittheilt, erweckt ein ungünstiges Vorurtheil
gegen die Zuverlässigkeit derselben; denn Plagiate pflegen nicht gerade
mit besonderer Sorgfalt angefertigt zu werden. Dass er sie aber in
That dem Sammelwerke des Polyhistors verdankt, bedarf zwar für der
Jeden, der den Charakter seiner 'Teppiche' kennt, keines Beweises,
kann aber mit Sicherheit daraus erwiesen werden, dass Clemens
doch nur Alexander, dessen Werk er anderen Ortes (p. 396 Pot.)
ausdrücklich nennt, dieselben Namen in derselben Zusammenstellung
hat entnehmen können. So erscheinen Demetrios, der ältere Philon
und Eupolemos neben einander (1 21. p. 403 Pot.)**); so Artapanos und Ezekielos (p. 413) ganz wie bei Alexander. — Die Vermuthung, Clemens citire ungenauer als Eusebios, wird aber zur

---

*) Beck De fontibus unde sententiae . . de creatione . . ducuntur p. 7; Orelli
Sanchon. fragm. p. 4; Movers Phönizier 1 138.

**) C. Müller hätte daher diese Auszüge des Clemens ohne Weiteres den echten
Fragmenten des Alexander anreihen und sie nicht in die Einleitung zu denselben
(III 208) verweisen sollen.

Gewissheit, wenn man auch nur Ein grösseres Excerpt des Clemens dem entsprechenden des Eusebios an die Seite stellt:

Euseb. pr. ev. IX 27. 434d.

Clemens str. I 23. 413 Pot.

.. τὸν δὲ φάναι, διότι προςτάσσειν αὐτῷ τὸν τῆς οἰκουμένης δεσπότην ἀπολῦσαι τοὺς Ἰουδαίους· τὸν δὲ πυθόμενον εἰς φυλακὴν αὐτὸν καθεῖρξαι. νυκτὸς δὲ ἐπιγενομένης τάς τε θύρας πάσας αὐτομάτως ἀνοιχθῆναι τοῦ δεσμωτηρίου, καὶ τῶν φυλάκων οὓς μὲν τελευτῆσαι, τινὰς δὲ ὑπὸ ὕπνου παρεθῆναι τά τε ὅπλα κατεαγῆναι. ἐξελθόντα δὲ τὸν Μώϊσον ἐπὶ τὰ βασίλεια ἐλθεῖν· εὑρόντα δὲ ἀνεῳγμένας τὰς θύρας εἰσελθεῖν, καὶ ἐνθάδε τῶν φυλάκων παρειμένων τὸν βασιλέα ἐξεγεῖραι· τὸν δὲ ἐκπλαγέντα κτλ.

Ἀρτάπανος... ἱστορεῖ κατακλεισθέντα εἰς φυλακὴν Μωϋσέα ὑπὸ Νεχεψέους τοῦ Αἰγυπτίων βασιλέως ἐπὶ τῷ παραιτεῖσθαι τὸν λαὸν ἐξ Αἰγύπτου ἀπολυθῆναι, νύκτωρ ἀνοιχθέντος τοῦ δεσμωτηρίου κατὰ βούλησιν τοῦ θεοῦ, ἐξελθόντα καὶ εἰς τὰ βασίλεια παρελθόντα ἐπιστῆναι κοιμωμένῳ τῷ βασιλεῖ καὶ ἐξεγεῖραι αὐτόν· τὸν δὲ καταπλαγέντα κτλ.

Während hier Clemens sich begnügt, bei starker Verkürzung seines Excerptes den ungefähren Sinn zu wahren, giebt Eusebios überall das genaue Wortgefüge, wie Alexander es überliefert hatte. Denn anzunehmen, dass seine Ausführlichkeit durch die eigene Willkür gewonnen sei, dazu berechtigt uns kein zweites Beispiel aus Eusebios' Compilationen, am wenigsten aus der 'Vorbereitung'. Darum kann auch nicht die kleinste Lücke aus Clemens ergänzt werden, denn die sechs Worte, welche er dem Texte des Artapanos hinzufügt (κατὰ βούλησιν τοῦ θεοῦ und ἐπιστῆναι κοιμωμένῳ) sind schwerlich etwas anderes wie Füllsel, das sonstigen Ausfall decken soll. — Für die grössere Treue des Eusebios zeugt ferner die von ihm beibehaltene seltene Namensform Μώϊσος, welche Clemens durch die gemeinere Form Μωϋσῆς verdrängte, sowie die nur von ihm mitgetheilte (438a) Redactionsbemerkung Alexander's in den Bruchstücken aus Ezekiel. Diese Bruchstücke konnten als metrische nicht wie die des Artapanos von Clemens umgearbeitet werden und sind daher von beiden Excerptoren ziemlich übereinstimmend überliefert worden. Nur dass auch hier Clemens wieder viel wegschneidet, was Eusebios getreulich aufbewahrt. — Endlich sei als letzter Beweis für die durchgängige Zuverlässigkeit der Eusebischen Ueberlieferung noch hervorgehoben, dass auch das Bruchstück aus Alexander's Schrift, das er nicht dieser, sondern den Antiquitäten des Josephus (I 15) entnahm, bis auf das kleinste mit dem Texte des Josephus übereinstimmt (pr. ev. IX 20) und dass auch der zwischen unsere Bruchstücke eingefügte Auszug aus P's. Aristeas mit vollster Genauigkeit abgeschrieben ist (pr. ev. IX 38).

Das Verhältniss, in dem die von Eusebios, Clemens und Josephus erhaltenen Auszüge zu der Schrift des Alexander stehen, ist durch das Voraufgehende erkannt worden. Die Behauptung Hulleman's, dass die Excerpte des Eusebios von ihm gänzlich verstümmelt worden seien, ist zurückzuweisen; diese selbst sind als treue Copien anzuerkennen. Eusebios ist bis auf Einzelheiten höchst genau, nicht bloss bei der Angabe der Quelle, aus der er schöpfte, sondern auch in genauer Bezeichnung der Quellen dieser Quelle. Nur an drei Stellen unterlässt er in der Eile des Excerpirens, die Fragmente mit dem Namen des Verfassers zu versehen (c. 19 Ende; c. 29 Ende; c. 39). Nirgends aber lässt sich ein Grund finden, warum Eusebios hier, wie er es in einzelnen oben hervorgehobenen Fällen gethan hat, seine Auszüge entstellt oder wohl gar verfälscht haben sollte, und Alles, was von denselben durch die von Clemens und Josephus erhaltenen Fragmente auf seine Zuverlässigkeit geprüft werden konnte, bestätigte die Genauigkeit der Abschriften. Viel ungenauer als die Eusebischen Excerpte sind dagegen die des Clemens, der sich meistens mit der ungefähren Wiedergabe der prosaischen Bruchstücke begnügt. Dagegen scheint das kurze von Josephus mitgetheilte Stück eine genaue Copie zu sein, da es sonst wohl von Eusebios, der das Originalwerk des Alexander vor sich hatte, nicht aus zweiter Hand wäre genommen worden. —

Wir haben somit das Recht erlangt, die Eusebischen Excerpte aus Alexander's Schrift in folgender Weise zu ordnen. Die Capitel 17—19 des neunten Buches der 'Vorbereitung' (418 c—421 b) enthalten ein einziges wörtliches Citat aus Alexander mit Fragmenten aus den Werken des Eupolemos. Artapanos, Molon und eines Ungenannten (c. 18. 420 d: ἐν δὲ ἀδεσπότοις εὕρομεν). Dass dies anonyme Stück nicht dem Artapanos angehört, ist klar. Dieser citirt nie seine Quellen und bis auf das Wort genau entspricht diesem Citate Alexander's ein anderes bei Diogenes Laertius (VIII 24. 36): Φησὶ δ᾿ ὁ Ἀλέξανδρος . . καὶ ταῦτα εὑρηκέναι ἐν Πυθαγορικοῖς ὑπομνήμασιν. — Nach dem Fragment des Molon wird ein zweites anonymes Bruchstück mitgetheilt (c. 19. 421 b), das ebensowenig dem Molon wie jenes erste dem Artapanos angehören kann, da es in einzelnen Namen und dem Gesammtinhalt entschieden von dem Auszuge aus der Schrift des judenfeindlichen Molon absteht. Aber auch dem Alexander selbst schreibt Hulleman (p. 154) es nur mit Unrecht zu. Denn Eusebios giebt, wie erwiesen, seine Excerpte in ihrer ursprünglichen Fassung. Die indirecte Redeweise beweist also, dass Alexander nicht selbst redet, sondern seinen Gewährsmann reden lässt. — An das Fragment des Anonymus schliesst Alexander selbst zwei Bruchstücke aus Philon's Schrift über Jerusalem, die durch eine, wahrscheinlich dem Eusebios angehörige Bemerkung getrennt sind (c. 20). — Hier unterbricht Eusebios die Reihe der directen Entlehnungen aus Alexander durch ein zwar dem Alexander angehöriges, aber dem Josephus (Ant. I 15) entnommenes Fragment des Kleodemos (c. 20. 422 a) und zwar darum, weil er Nichts mehr liebt, als eine möglichst grosse Zahl von Autoren anzuführen, und weil er für das Zeugniss des heidnischen noch ein Zeugniss des jüdischen Schriftstellers gewinnen will. Ein ähnliches Verfahren dem Clemens gegenüber finden wir IX 6. — Hierauf kehrt er zu Alexander zurück, aus dem er zunächst ein grosses Bruchstück des Demetrios (c. 21), sodann mehrere kleinere aus Theodotos (c. 22) und ein ununterbrochenes aus Artapanos und Philon anführt (c. 23—24). — Ein Fragment aus Aristeas schliesst sich in c. 25 den voraufgehenden an, und diesem folgt ein neues grosses Excerpt (c. 26—29. 431 c—442 a), das Bruchstücke aus Eupolemos, Artapanos, Ezekielos und Demetrios enthält. Da in diesem ganzen Auszuge aus Alexander keine Lücke von Eusebios vermerkt ist, kann nach dem oben über das Verfahren des Eusebios Bemerkten Ezekielos nur von Alexander selbst, nicht von Demetrios, was Huetius, und nicht von Eusebios, was Eichhorn und Magnin behaupteten, eingefügt worden sein — wie das schon Philippson und Dindorf[*]) erwiesen haben. — Die zweite Hälfte von c. 29 enthält ebenfalls von Eusebios zugeschnittene

---

[*]) S. Huetius Demonstr. evang. p. 49; Eichhorn De Judaeor. re scen. p. 19; Magnin Journal des savants 1848 p. 194 f; Philippson a. a. O. S. 9; Dindorf a. a. O. p. XXI. Kaum der Erwähnung, nicht der Wiederlegung würdig erscheint die Ansicht von Le Nourry (Clem. Alex. opp. II 1410 Migne), dass Artapanos (c. 27) von Eupolemos citirt werde.

Excerpte des Alexander aus dem Epos des Ezekielos und dem
Geschichtswerke des Demetrios. Gegen Ende des Capitels unterlässt Eusebios die Quellenangabe, weil er sie — wie bei den mit
biblischen vermischten Platonischen Citaten — für überflüssig hielt:
denn da im voraufgehenden Abschnitte Alexander nur den Prosaiker
Demetrios und den Epiker Ezekielos abwechselnd sprechen lässt,
schien es ihm selbstverständlich, dass das letzte prosaische
Stück nur dem Demetrios beigelegt werden könne. — Durch keine
Bemerkung des Eusebios unterbrochen, also auch in der Alexandrischen Schrift an das voraufgehende gefügt, folgt ein überaus
grosses ununterbrochenes Excerpt mit Bruchstücken aus Eupolemos
(c. 30 - 34, aus Theophilos (c. 34. 452a), wiederum aus Eupolemos
(das.), Timochares (c. 35), einem anonymen 'Vermesser Syriens',
wahrscheinlich dem Xenophon (c. 36) und Philon (c. 37). In gar
keiner Beziehung aber zu Alexander's Schrift steht c. 38, das von
Eusebios aus Ps. Aristeas' wohlbekanntem Briefe an Philokrates
entlehnt ist. Wenn Hulleman (p. 152) und Müller (fragm. hist.
Gr. III 229) auch für dies Excerpt Entlehnung aus Alexander annehmen, so widerspricht dem ebensosehr Eusebios' Schweigen,
wie der Umstand, dass alle Citate aus Alexander in indirecter, dieses
aber in directer Rede mitgetheilt wird. Die Incinanderfügung aber
von Bruchstücken verschiedener Schriftsteller wird nach dem Voraufgeschickten Niemand auffällig finden. — Noch einmal kehrt
Eusebios zu Alexander's Sammelschrift zurück und zwar abermals
mit einem anonymen Fragment, das wahrscheinlich dem Eupolemos
angehört (c. 39). — Zu diesen zahlreichen von Eusebios erhaltenen
Excerpten aus der Alexandrischen Schrift treten noch drei kleine
Stücke chronologischen Inhaltes hinzu, die er als zum Tone seines
Werkes nicht stimmend überging, wie er ja auch z. B. in den Auszügen aus Dioder die chronologischen Bestimmungen ausschied.
Diese Bruchstücke, die Alexander den Schriften Demetrios', Eupolemos' und Philon's entnommen hat, verdanken wir allein den 'Teppichen' des Clemens (str. I 21. 403 Pot.).

Alexander Polyhistor's Schriftstellerei.

Nicht so leicht wie die Beantwortung der voraufgeschickten Frage,
ist festzustellen, wie Alexander seine Excerpte behandelt hat. Dies
ist darum schwieriger, weil wir von Alexander und seinen Werken

überaus wenig wissen, weil wir ihn als selbständigen Schriftsteller heute gar nicht mehr und als Compilator nur aus einem ärmlichen Rest von Bruchstücken kennen, weil die Quellen seiner Sammelwerke, wie es scheint, bis auf die letzte verschüttet sind und mit ihnen Kriterien seiner Methode, deren ganzer Werth bei der Untersuchung der Eusebischen Compilationen sich gezeigt hat. Es bleibt uns Nichts übrig, als zu versuchen, ob diese Trümmer seiner Werke zusammen mit den spärlichen Nachrichten über sein Leben sorgsamer Betrachtung einige Aufschlüsse über seine Schrift περὶ τῶν Ἰουδαίων zu geben vermögen.

Ueber sein Leben werden folgende Angaben uns überliefert. [*) Im westlichen Kleinasien geboren, zur Schule des Krates gehörig, aber nicht dessen unmittelbarer Schüler, kam er um die Zeit des Sulla nach Rom als kriegsgefangener Sclave des Cornelius Lentulus Sura, dessen Kinder er später unterrichtete. Von ihm freigelassen, ward er in spätem Alter Lehrer des berühmten Hyginus. Nicht unwahrscheinlich, aber unerweisbar ist es, dass der Polyhistor jener blutarme und grundehrliche Litterat ist, der den Triumvirn Crassus auf seinen Feldzügen begleitete (Plut. Crass. c. 3). Er starb bei einem Brande seines Hauses in Laurentum, was seine Frau Helena so tief bewegte, dass sie im Uebermaasse ihres Schmerzes sich selbst den Tod gab. — So unterscheidet sich sein Geschick nur durch das tragische Ende von dem so vieler seiner Landsleute in einer Zeit, da das siegreiche Rom zu Füssen des besiegten Griechenlands lag und griechische Sclaven zu seinen Lehrern machte. Eine lange Reihe von Männern könnte hier genannt werden, die wie Alexander in Griechenland geboren, als Sclaven nach Rom kamen, dort die Gunst edler Römer gewannen, ihre Lehrer wurden und Kunst und Wissenschaft eine behagliche Musse weihen durften. — Zu vielen

---

*) Von Suidas s. v. Ἀλέξανδρος; Eudocia p. 62. Servius zu Vergil Aeneis X 388; Sueton. de ill. gramm. c. 20; schol. zu Apollon. Rhod. 1 925. Monographien sind zu nennen von Rauch De Alexandri Polyhistoris vita atque scriptis Heidelb. 1843 und die schon genannte von Hulleman in Miscellanea philologa et paedagoga I 87 ff. Traj. ad Rhen. 1849. C. Müller Fragm. Hist. Gr. III 206 ff. Derselbe (ib. sehr oft) und die Nouv. biogr. univers. I 908 erwähnen eine Abhandlung von Rumpf über den Polyhistor, die keine andere ist als die genannte Rauch's. Auf die Angaben dieser Schriftsteller, insbesondere auf Hulleman's gelehrte, aber oft der Berichtigung bedürftige Abhandlung, sei, um die Citate nicht zu häufen, im allgemeinen für das Nachfolgende verwiesen.

Irrungen über Alexander's Leben und Schriften hat sein Name Anlass
gegeben. Er ist mit dem Kotiaënser, dem Ephesier, dem Myndier,
dem Milesier Alexander identificirt und jenachdem als Verfasser der
verschiedensten Werke angesehen worden. Dass er zunächst nicht der
Kotiaënser sei, wie ziemlich allgemein angenommen ward, hat Wegener
(De aula Attal. p. 199) mit triftigen Gründen nachgewiesen und
Hulleman hätte das Verdienst dieses Nachweises dem vielgescholtenen
Manne anzurechnen nicht vergessen sollen. — Dass er ebensowenig
eine und dieselbe Person mit dem Ephesier Alexander sei, der den
Beinamen Lychnos trug, ein geographisches und ein astronomisches
Werk in Versen geschrieben hat, ist von Rauch (p. 6) erwiesen
worden. So schwankt die Entscheidung nur zwischen dem Milesier,
wie Suidas ihn nennt, und dem Myndier, für welchen Hulleman ihn
hält (p. 95 f.). Gegen Suidas führt Hulleman den sehr zuverlässigen
Scholiasten zu Apollonios an, welcher erklärt, der Polyhistor stamme
aus der karischen Chersonesos. Will nun aber Hulleman daraus
schliessen, dass Alexander nicht der Milesier, sondern nur der
Myndier dieses Namens sein könne, weil Milet gar nicht auf der
karischen Halbinsel liege, so vergisst er nur Eines — nämlich dass
Myndos ebensowenig dort zu suchen ist. Denn karische Chersonesos wird (nach Herodot I 174; Diodor V 60 f. und anderen Stellen)
diejenige von den vielen Halbinseln Kariens genannt, welche Rhodos
gegenüber liegt. Und von dieser liegt Myndos doch ziemlich weit
ab. — Die Angabe des Scholiasten aber lässt sich mit der des
Suidas, dem wir alle sonstigen Angaben über Alexander's Leben
verdanken, sehr wohl vereinigen. Werden doch die verschiedensten
Männer des Alterthums bald nach ihrem Geburts- bald nach ihrem
Aufenthaltsorte benannt — man denke an Apollonios den Rhodier,
Apollodoros den Karystier, Dionysios den Rhodier, und Polemon den
Periegeten, der gar vier geographische Beinamen trug. So kann
denn auch Alexander, wie schon Rauch (das.) vermuthete, auf
der karischen Chersonesos geboren, aber nach längerem Aufenthalte in der berühmtesten Stadt Kariens der Milesier genannt worden
sein. Die oft erwähnten trefflichen Werke des Myndiers als Zeugen
für die Schriftstellerei des Polyhistors anzusehen, sind wir demnach
nicht berechtigt. [4]

Ueber diese berichtet Suidas (a. a. O.): 'Alexander hat mehr
Bücher geschrieben, als man zählen kann'. Aber von allen seinen

Schriften sind ausser den uns vorliegenden Bruchstücken und einigen
grösseren Fragmenten einer chaldäischen oder assyrischen Geschichte
nur Splitterchen gerettet worden, die kaum genügen, uns über die
einstige Beschaffenheit derselben Sicheres zu lehren. Durch den
Byzantiner Stephanos ist uns zunächst eine grosse Zahl kurzer
geographischer Notizen sammt den Titeln der Werke, aus denen
sie stammen, aufbewahrt worden. Unter diesen finden wir Schriften
über Italien, Rom, wenn diese zwei Schriften nicht identisch sind,
Illyrien, Kypros, Kreta, den Pontos Euxeinos, die meisten Theile
Kleinasiens, Syrien, Aegypten, Libyen, Indien und wahrscheinlich
auch über das rothe Meer; ausserdem werden Notizen über Iberien,
Griechenland*) und Arabien überliefert. Unwahrscheinlich ist es,
dass diese Schriften, wie Wegener (a. a. O.) vermuthete, und Schöll
(Gesch. d. gr. Litt. II 723) und Forbiger (Handb. d. alt. Geogr. I 251) ihm
nachsprachen, Theile eines einzigen, 40 Bücher umfassenden Werkes
gebildet haben, da ein Gesammttitel uns nirgends begegnet. — Von
diesen als geographischen werden nun meistens einige historische
Schriften streng geschieden. Als solche sieht Hulleman (S. 140)
die Χαλδαϊκά und die Schrift περὶ Ἰουδαίων an; C. Müller zählt zu
ihnen (p. 207) auch die Ἰταλικά. Aber diese Scheidung beruht
auf nicht sicheren Kriterien. Allerdings, Stephanos, der Verfasser
eines geographischen Lexicons, konnte nur geographische Notizen
aufnehmen. Aber auch seine kurzen, durch spätere Hand vielfach
verstümmelten Auszüge und die Berichte Anderer über Alexander's Werke zeigen, dass sie neben geographischen Nachrichten
auch Mythen, Wundergeschichten und historische Data in grosser
Zahl enthielten. Eine Fabel von einem Manne, der 500 Jahr alt
geworden sein soll, ist von seiner Schrift De Illyrico tractu jetzt
allein noch übrig (fr. 30). Ein genealogischer Mythos ist Alles, was
aus seinen Κρητικά bekannt ist (fr. 32), und die Fragmente der
Ἰταλικά enthalten Nichts, was uns berechtigte, sie eher geographischen

---

*) In ein Werk über Griechenland oder über einen griechischen Staat gehört
die Angabe Alexander's über den Zeitraum von Gyges bis zur ersten Olym-
piade, die Africanus (bei Eusebios pr. ev. X 10. 489a) erhalten hat. Sicherlich
aber gehört sie nicht zu der Schrift περὶ Ἰουδαίων, der sie Müller (fr. 24a) anreiht.
Wenn Justinus Martyr aber, der hier dieselbe Quelle wie Africanus ausschreibt,
aus ihr (coh. ad. Gr. p. 10a) herausgelesen hat, dass Alexander vom hohen Alter
Moses' spreche, so hat er sie missverstanden.

2*

als historischen Werken anzureihen. Eine andere Schrift, die
Φρυγιακά, bezeichnet Pseudo-Plutarch geradezu als Sammelwerk über
Phrygien (συναγωγὴ τῶν περὶ Φρυγίας de mus. c. 5), und zu einer
solchen Bezeichnung passen die Fragmente 47. 48. 52 aufs trefflichste.
— Andererseits enthalten auch die allgemein als historische geltenden
Schriften Bestandtheile, die wir eher in geographischen Werken
suchen würden. So finden wir in der jüdischen Geschichte ausführliche Stadtbeschreibungen (Eus. pr. ev. IX 22. 35—37), und dies,
sowie die Weitschweifigkeit, mit der der Bau und die Einrichtung
des Tempels zu Jerusalem erzählt wird (das. IX 30 f.), lässt eher
auf eine Periegese als auf ein Geschichtswerk schliessen. Auch die
Χαλδαϊκά endlich enthalten geographische Stücke (Eus. chron. Arm.
p. 8 Zohr.). Bedenken wir nun, dass die Wissenschaft im Alterthum die Grenzen zwischen Historischem und Geographischem selten
so scharf zog, wie etwa Eratosthenes es that, dass Herodot, der
Vater der Geschichte, zugleich Vater der wissenschaftlichen Erd-
beschreibung genannt werden darf, dass Thukydides und Xenophon
nicht wenige geographische Bemerkungen in ihre historischen
Schriften verwebten, und dass Ktesias, Ephoros und Theopompos
noch viel zahlreichere Beiträge den späteren Geographen lieferten,
dass dagegen auch die antiquarische Periegese des Pausanias viel
Geschichtliches aufnahm und selbst Strabo in seiner Geographie es
nicht ausschloss, so werden wir anstehen, den Inhalt der genannten
Schriften Alexander's auf Eine bestimmte Disciplin zu beschränken
und sie vielmehr, soweit wir überhaupt das Recht zu einem Urtheile
haben, als Sammelwerke ansehen, die Historisches und Geographisches
zugleich in sich schlossen, beides aber im Geschmacke der Zeit mit
mythischen Stoffen durchsetzten.

Nicht streng erwiesen, aber doch sehr wahrscheinlich ist es, dass
der Polyhistor der Verfasser des häufig vom Laertier Diogenes benutzten Werkes 'Abfolgen der Philosophen' (φιλοσόφων διαδοχαί) gewesen ist, und dass vielleicht zu diesem Werke die Schrift gehörte,
welche Clemens (strom. I 15 p. 357 Pot.) und Cyrill (adv. Jul. IX 133)
unter dem Titel 'über symbolische Ausdrücke der Pythagoreer'
(περὶ Πυθαγορικῶν συμβόλων) anführen. Ferner gehört ihm an eine
Schrift 'Ueber Ortsnamen bei Alkman' (Περὶ τῶν παρ' Ἀλκμᾶνι τοπι-
κῶς εἰρημένων), sodann eine rhetorische Schrift, aus der aber nur
eine kurze Notiz durch einen Unbekannten (bei Walz Rhett. Gr. t.

VII p. 245) erhalten ist und endlich, nach einer sehr begründeten Vermuthung, eine Sammlung von Wundergeschichten, die selbst dem Photios (bibl. cod. 188) als unglaubwürdig erscheinen. Wie viele seiner Schriften gänzlich untergegangen sind, das lässt sich auch nicht einmal vermuthungsweise feststellen. Ebenso müssen alle sonstigen Fragen nach dem Umfang und der Beschaffenheit derselben unbeantwortet bleiben.

Aber scharf genug ist in diesen armseligen Resten seiner Werke der Charakter des Schriftstellers ausgeprägt. Alexander ist ein Vielwisser und ein Vielschreiber. Das lehren die Fragmente seiner Schriften besser als das Lob des hierfür nicht eben spruchfähigen Eusebios (pr. ev. IX 17) und besser als sein Beiname, der im Zeitalter der Polyhistorie nicht gerade schwer wog. Alexander ist Geograph und Historiker, Mythologe und Archäologe, Grammatiker und Naturforscher, Rhetor und Philosoph, und Niemand kann angeben, in wie vielen anderen Fächern menschlichen Wissens er in seinen uns jetzt verlorenen Schriften sich noch mag versucht haben. Aber nur Notizen- und Excerptensammlungen sind seine Schriften gewesen, keine in sich abgerundeten künstlerischen Leistungen, in denen der frische Geist eines wahrhaften Schriftstellers waltete und den aufgehäuften Stoff zu einem organischen Ganzen abrundete, die auch nur von ferne den Vergleich mit den herrlichen Schöpfungen aushielten, welche die klassische Zeit Griechenlands hervorgebracht hat. — Und ebensowenig wie ein Künstler ist Alexander ein Forscher. Höchst selten hören wir ihn selbst sprechen; fast nie finden wir in den Fragmenten einen eigenen Gedanken als das Ergebniss selbständiger Forscherthätigkeit. Wie es wenig denkende Menschen meist zu thun pflegen, dass sie im Gefühle ihrer Schwäche auf die Worte Anderer schwören, so stützt sich auch Alexander überall auf fremde Autoritäten. Er scheint Aegypten gesehen zu haben und hat sein Vaterland, das westliche Kleinasien, gewiss gut gekannt; aber selten verräth ein Wort (wie in fr. 58. 108. 135a), dass er diese Länder mit eigenen Augen geschaut, dass er sie an anderen Orten kennen gelernt hat, als in seiner Studirstube und aus den Berichten früherer Forscher. Alexander gehörte eben zu den Gelehrten, die, unbekümmert um künstlerische Darstellung und um geschichtliche Wahrheit, ohne Geist und ohne Kritik Excerpt an Excerpt reihten, denen die anhaltende Beschäftigung mit der vorhistorischen Zeit das Unterscheidungsvermögen zwischen Geschichte und Sage geraubt hatte; die Historisches und Mythisches zu einem trüben Brei zusammengossen und die Ursprünge von Ländern und Völkern glaubten erklärt zu haben, wenn sie durch oft sprachwidrige Namendeutung ihre Genealogien bis zu dem heroischen Zeitalter hinaufgeführt hatten. Hinzu tritt bei Alexander eine zügellose Kleinkrämerei, der ein erotisches Geschichtchen, eine unglaubliche Wundererzählung so wichtig ist, wie treue Ueberlieferung historischer Data, die am liebsten in vergangenen Zeiten, bei weit entlegenen Ländern und fernst wohnenden Völkern verweilt, weil hier die Gelehrsamkeit am hellsten leuchten kann. — Ungerecht wäre es, hierfür allein sein Zeitalter verantwortlich zu machen, das freilich unendlich mehr geleistet hat in gelehrter Arbeit als in freiem künstlerischen Schaffen, das fruchtbar war an geistlosen Vielschreibern wie Alexander, das aber auch, neben einer grossen Zahl von Gelehrten zweiten Ranges, Männer wie Aristarch, Eratosthenes und Polybios erzeugt hat, Männer, die der Wissenschaft neue Bahnen wiesen, deren nie rastender Forschertrieb das Kleinste nicht für zu klein hielt und zum Grössten sich erhob, deren Geist die fernsten Länder und Völker den Zeitgenossen näher brachte, längst entschwundene Zeiten wieder belebte und die Geschichtschreibung mit neuen Gedanken befruchtete. Nicht diesen Männern ist Alexander beizuzählen. Bei ihm wird die universale Forschungslust der alexandrinischen Gelehrten zur unnützen Vielwisserei, sinkt die Gelehrsamkeit zur tändelnden Notizenjägerei herab. — Doch es können nicht Alle Meister sein, die ein Haus zimmern; Alexander aber ist ein Stümper auch als Handlanger. Rühmenswerth ist die Emsigkeit, mit der er aus den dunkelsten Winkeln der Bibliotheken Materialien jeder Art für seine Werke herbeischleppt, der wir die Rettung so manches kostbaren Restes alter Litteratur verdanken; aber dieser sein Bienenfleiss wendet sich urtheilslos auf Alles, was ihm in den Wurf kommt. Er sammelt mit gleicher Lust werthvolle Bausteine für andere Meister und unnützen Schutt, in dem er jene vergräbt. Mit naiver Unbefangenheit mischt er alberne Anekdötchen mit geschichtlicher Ueberlieferung, närrische Etymologien und alte Stadtsagen; eine schon durch stoische Lehren entstellte Schrift wird als echtes Zeugniss für die Lehre der alten pythagoreischen Schule ausgegeben (Zeller Phil. d. Griechen V² 74); die judäische Sibylle erscheint dicht neben Berossos, und Dichtern vom

Range eines Philon und Ezekielos, Trugschriften, wie der Geschichte des Artapanos, wird der Vorrang vor den Büchern der Bibel zuerkannt. Mag er daher mit Recht der 'Vielwisser' oder wohl gar die personificirte 'Geschichte' *) genannt worden sein (Sucton. a. a. O.); wie viel er auch weiss und wie viel Geschichte er auch geschrieben hat, ein wahres Wissen besass er ebensowenig, wie seine Geschichten wahre Geschichte sind.

Es ist leicht, dies im allgemeinen ausgesprochene Urtheil des Näheren zu erweisen. In seinen Ἰταλικά finden wir die Unsitte der Griechlinge, die Ursprünge der italischen Dinge von Griechenland abzuleiten, bis zum Uebermaasse gesteigert (s. fr. 28. 29. 150). Abgeschmackte Etymologien, Mythen mit entschieden erotischer Färbung sind allein von dieser Schrift noch übrig. Auch in anderen Fragmenten zeigt sich sein Streben, den Ursprung fremder Völker auf Griechenland zurückzuführen oder durch griechische Worte zu erklären, Griechisches und Fremdländisches zu mischen (fr. 32. Eus. chr. Arm. p. 12. 14. 17 Zohr.). Pythagoras ist ihm ein Schüler des Zoroaster**) — denn dieser Name steckt in dem Nazaratos bei Clemens (strom. I 15 p. 357 Pot.) und dem Zaras bei Cyrill (adv. Jul. IX 133). Derselbe soll aber auch Galater und Brahmanen zu Lehrern gehabt haben (fr. 138). Pyrrho, der Skeptiker und Anaxarchos, der Anhänger Demokrit's, sollen mit den indischen Gymnosophisten und den Magern verkehrt haben (fr. 146). Eine ergötzliche Probe seiner Wundersucht liefert das Märchen von einem gewissen Dantho oder Dando, der 500 Jahr alt geworden sein soll (fr. 30). Schlangen von 40 Ellen Länge hat er selbst gesehen (fr. 135a). Er weiss genau, aus welchem Holze die Argo gezimmert war (fr. 147). — Ueberaus eifrig ist er in der oft ganz albernen Ableitung der Orts-

---

*) Warum Hulleman annimmt, dieser Beiname sei ihm bloss im Scherze von den Zeitgenossen gegeben worden, ist schwer ersichtlich (p. 100 not. 4). Noch weniger aber wird ein unbefangenes Urtheil ihm zustimmen, wenn er (p. 140) den Untergang seiner historisch-geographischen Schriften zu den schwersten Verlusten rechnet, welche die Wissenschaft in dieser Art des Schriftthums erlitten hat.

**) Uebereinstimmend hiermit ist das Excerpt aus Alexander's Χαλδαϊκά (Eus. chr. Arm. p. 20 Zohr.). Da diese Nachricht also in zwei verschiedenen Schriften Alexander's sich fand, so ist nicht daran zu denken, dass Eusebios gegen seine Gewohnheit sie aus Abydenos (Eus. das. p. 25) in das Excerpt aus Alexander aufgenommen haben sollte, was M. Niebuhr (Gesch. Assur's S. 497 Anm. 1) annimmt.

namen. Gangra in Paphlagonien soll von einer Ziege dieses Namens (fr. 42), Patara in Lykien von einer Schüssel (πατάρα = πατάνη patera) der Salakia (fr. 81), Tarsos in Kilikien von der Fusssohle des Pegasos, die er sich daselbst verletzte (fr. 92), benannt worden sein*). Dass er auch in der Litteraturgeschichte die landläufigen Geschichtchen nacherzählte, beweist fr. 52.

Bei diesen und ähnlichen Namendeuteleien, Wunder- und Mythengeschichten ist nun freilich zu bedenken, dass sie Alexander sicherlich nur zum allerkleinsten Theile selbst ersonnen hat. Er citirt in allen seinen Schriften eine grosse Zahl von Autoren, denen er gefolgt ist, und auch da, wo heute keine ältere Quelle mehr angegeben ist, lässt sich eine solche doch oft genug noch auffinden. Auf Abhängigkeit von früheren Forschern deuten unter anderen die Fragmente 2. 26. 131 und 135, und ausdrücklich bemerkt Photios (cod. 188), dass er auch in der Sammlung von Wundergeschichten viele ältere Schriften benutzt habe. — Die Genauigkeit, mit der er seine Gewährsmänner nennt, diese werthvollste Tugend eines Compilators, darf uns denn auch einigermaassen Bürgschaft für die Treue seiner Excerpte sein. Wenigstens würde er schwerlich so oft und so genau citirt haben, wenn er seine Quellen absichtlich gefälscht hätte. Vielerlei Irrthümer werden einem vielschreibenden, um Kritik unbekümmerten Excerptensammler wie Alexander allerdings in die Feder geflossen sein; nirgends aber findet sich auch nur die Spur bewusster Fälschung. Niebuhr**) hat ihn allerdings einer solchen bezichtigt und ein Verzeichniss albanischer Könige als betrügerisches Machwerk des Polyhistors verurtheilt. Die Ungerechtigkeit dieses Vorwurfs ist aber schon von Hulleman (p. 103) aufs bündigste nachgewiesen worden.

Doch hiermit ist ein Urtheil über die Treue der Alexandrischen Excerpte nur unvollkommen gerechtfertigt; streng erwiesen könnte es werden, wenn es wie bei Eusebios' Compilationen möglich wäre, eine Vergleichung derselben mit den Originalwerken vorzunehmen. Ein von Constantin Porphyrogennetos erhaltenes Fragment (de them.

---

*) Vgl. auch fr. 26. 27. 29. 32. 33. 39. 48. 50. 112.

**) Röm. Geschichte I 226. Vortr. über Röm. Geschichte I 108. Auch ein Verzeichniss spartanischer Könige soll ihm zufolge Alexander erdichtet haben (s. Vortr. über alte Gesch. I 227) — eine gleich grundlose Behauptung (s. Hulleman das.).

II 5) scheint hierzu Gelegenheit zu geben. Wir finden in demselben folgende Sätze: Οὐκ ἦν δὲ τοῦτο παλαιὸν ὄνομα Ἑθνος· ἀλλὰ φωνῆς τῆς Ἑλληνικῆς ἰδίωμα, ὡς ὁ συγγραφεὺς Ἀλέξανδρός φησι, τὴν ὀνομασίαν νεωτερικὴν εἰδώς· δοκεῖν δέ μοι οὐδὲ τὸ ὄνομα τοῦτο σύμπασά πως εἶχεν ἡ χώρα κτλ. Liest man dies und das Folgende, so könnte man vermuthen, dass das ganze Stück Οὐκ ἦν δέ τοῦτο — ἐκπλεύσαντας von Constantin dem Alexander entlehnt sei, und dass dieser nicht bloss ein Excerpt, sondern ein Plagiat aus Thukydides I 3 gegeben habe. Doch ist dem nicht so. Constantin selbst hat den Thukydides in etwas tumultuarischer Art ausgeschrieben und unter dem wohlbekannten, stehenden Beinamen des συγγραφεὺς citirt. Da er aber kurz darauf Alexander für die strittige Ansicht, dass Ἑλλὰς eine Stadt und kein Land gewesen sei (s. Strabo IX 5, 6. p. 587 Siebenk.) nennt, so hatte ein des Thukydides unkundiger Leser den Namen Alexander's auch zu dem unmittelbar vorhergehenden, nur für ihn der Ergänzung bedürftigen ὁ συγγραφεὺς beigeschrieben. Aus dieser Stelle ist daher Nichts, weder für, noch gegen die Methode des Polyhistors, zu entnehmen.

Andere und ergiebigere Vergleiche gewähren die Χαλδαϊκὰ Alexander's. In denselben hat er, wie erwähnt, neben Auszügen aus Berossos die Paraphrase einer Weissagung der jüdischen Sibylle mitgetheilt. Diese Paraphrase rührt von Alexander und nicht, wie Richter (Berosi fragm. p. 22) und Hullemann (p. 143 n. 2) annehmen, von Berossos selbst her. Denn auch die ältesten Theile dieses Gedichtes sind weit mehr als 100 Jahre nach Berossos' Lebenszeit entstanden (s. Ewald Ueber die Sibyll. Bücher S. 10; Hilgenfeld Apokalyptik S. 62). Die Vergleichung des Auszuges mit dem Texte der Sibyllinen giebt uns also Kunde über Alexander's Art zu excerpiren.

Carm. Sibyll. III 97.

Synk. chron. p. 81 Bonn.*)

Ἀλλ' ὁπόταν μεγάλοιο θεοῦ τελέωνται ἀπειλαί,
Ἧς ποτ' ἐπηπείλησε βροτοῖς, οἳ πύργον ἔτευξαν
Χώρῃ ἐν Ἀσσυρίῃ (ὁμόφωνοι δ' ἦσαν ἅπαντες
Καὶ βούλοντ' ἀναβῆναι ἐς οὐρανὸν ἀστερόεντα)·

Σίβυλλα δέ φησιν ὁμοφώνων ὄντων πάντων ἀνθρώπων τινὰς τούτων πύργον ὑπερμεγέθη οἰκοδομῆσαι, ὅπως εἰς τὸν

---

*) Und so im wesentlichen auch bei Jos. Ant. 1 4, 3; Eus. chr. Arm. p. 17 Zohr.; Abydenos bei Synk. das. Abydenos und Alexander stehen also in unmittelbarer Beziehung zu einander, und da schwerlich Abydenos vor Alexander gelebt

Αὐτίκα δ' ἀθάνατος μεγάλην ἐπέθηκεν ἀνάγ-
    κην
Πνείμασιν· αὐτὰρ ἔπειτ' ἄνεμοι μέγαν ἵψοθι
    πύργον
'Ρίψαν καὶ θνητοῖσιν ἐπ' ἀλλήλους ἔριν
    ὦρσαν.
Τοὔνεκά τοι Βαβυλῶνα βροτοὶ πόλει οὔνομ'
    ἔθετο..
.. Καὶ βασίλευσε Κρόνος καὶ Τιτὰν Ἰαπετός
    τε.

οὐρανὸν ἀναβῶσι· τοῦ δὲ
θεοῦ ἀνέμους ἐπιγνωσήσαν-
τος ἀνατρέψαι αὐτοὺς καὶ
ἰδίαν ἑκάστῳ φωνὴν δοῦ-
ναι, διὸ δὴ Βαβυλῶνα τὴν
πόλιν κληθῆναι· μετὰ δὲ
τὸν κατακλυσμὸν Τιτᾶνα
καὶ Προμηθέα γενέσθαι.

Man sieht, dass die Paraphrase Alexander's die Verse zwar vollständig aufgelöst hat, aber dennoch eine ziemlich treue genannt werden darf. Sie nimmt viele Worte aus dem sibyllinischen Gedichte auf und scheut nicht die Wiedergabe der für einen griechischen Leser unverständlichen, weil nur durch die hebräische Etymologie erklärlichen, Worte τοὔνεκά τοι κτλ. = διὸ δὴ Βαβυλῶνα κτλ. Nur die Erwähnung des Prometheus statt Japetos' verräth die ändernde Hand eines Graeculus.

Entscheidender als dieser kurze Auszug kann die Vergleichung der Alexandrischen mit den Josephischen Excerpten aus Berossos werden. Freilich herrscht über die erhaltenen Reste der Berossischen Βαβυλωνιακά eine wahrhaft babylonische Verwirrung. Unklar ist das Verhältniss Alexander's zu Apollodoros, beider zu Berossos, des Josephus und Abydenos zu allen Dreien und des Africanus, Eusebios und Synkellos zu ihren Vorgängern. Für unseren Zweck allein wichtig ist die Frage, ob Josephus den Berossos selbst, oder die Χαλδαϊκά des Alexander benutzt habe. Ist das Letztere der Fall, wie C. Müller (fr. hist. Gr. II 496) M. Niebuhr (Geschichte Assur's S. 12) und Andere annehmen, so würde eine Vergleichung der Josephischen mit den Alexandrischen Auszügen Nichts sein, wie eine

---

hat — denn Eusebios ist der erste, der seinen Namen nennt — muss er den Polyhistor benutzt haben. Auch die Nachricht vom Aufenthalte Pythagoras' in Babylonien (Eus. chr. Arm. p. 25) kennt Abydenos wohl nur aus Alexander (s. oben S. 23). Josephus' Excerpt stimmt wörtlich mit dem des Synkellos überein; es kann also ebenfalls nur Alexander's Χαλδαϊκά entlehnt sein, die Josephus nach Hulleman (p. 141 n. 3) gar nicht gekannt haben soll. Dass Josephus hier Alexander ausschreibe, erweist Bleck in Schleiermacher's Theol. Zeitschrift 1 148—152. Richter (a. a. O.) behauptet, Josephus habe Alexander nicht einmal gekannt.

Vergleichung Alexander's mit sich selbst. Aber es lässt sich das Gegentheil leicht erweisen. Josephus nennt ausdrücklich und wiederholt Berossos als seine unmittelbare Quelle. Man sieht nicht ein, warum diese Angaben falsch sein müssen, warum er nicht ebenso gut dessen chaldäische wie Manetho's ägyptische Geschichte soll gekannt haben. Dass er daneben auch Alexander's Χαλδαϊκά gelesen hat, wie aus der Anführung der Sibylle erhellt, beweist Nichts gegen unmittelbare Benutzung des Berossos an anderen Orten. — Eusebios hat ferner — wie M. Niebuhr (a. a. O.) und Hulleman (p. 141) zugeben — den Alexander selbst excerpirt. Warum citirt er, wenn Josephus denselben Alexander ausgeschrieben hat, Berossos bald aus den Excerpten des Josephus, bald aus denen des Alexander? Warum schreibt er in der Chronographie (p. 19. 29 Zohr.) zuerst aus Alexander alle Excerpte über Nabukodrossor und dessen Nachfolger ab und stellt dann die viel ausführlicheren Auszüge des Josephus daneben? Beweist das nicht, dass Eusebios in seiner Quelle — den Χαλδαϊκά Alexander's — Vieles vermisste, was Josephus ihm darbot, dass dieser also unmöglich bloss Alexander kann excerpirt haben? — Endlich ist ein nicht verächtlicher Erweis für die Glaubwürdigkeit des Josephus, dass dessen Excerpte immer in directer Rede angeführt sind, während Alexander seine Auszüge und demnach auch Eusebios und Synkellos, wo sie Alexander wortgetreu abschreiben, dieselben fast überall in indirecter Rede mittheilen.[5] Wir müssen daher in den Josephischen Auszügen den Berossos selbst erblicken und könnten durch Vergleichung derselben mit den Alexandrischen ein untrügliches Kriterium für Alexander's Methode zu excerpiren uns verschaffen, wenn Eusebios gerade an den entscheidenden Stellen genauer copirt hätte. Aber nur nachstehendes kurzes Excerpt scheint — ausser fr. 1 und 7 Müll., denen Nichts bei Josephus entspricht — wortgetreu abgeschrieben zu sein.

Joseph. Ant. I 3. 6.

λέγεται δὲ καὶ τοῦ πλοίου ἐν τῇ Ἀρμενίᾳ πρὸς τῷ ὄρει τῶν Κορδυαίων ἔτι μέρος τι εἶναι · καὶ κομίζειν τινὰς τῆς ἀσφάλτου ἀφαιροῦντας. χρῶνται δὲ μάλιστα οἱ ἄνθρωποι τῷ κομιζομένῳ πρὸς τοὺς ἀποτροπιασμούς.

Synk. p. 55 Bonn.

τοῦ δὲ πλοίου τούτου καταχλιθέντος ἐν τῇ Ἀρμενίᾳ ἔτι μέρος τι ἐν τοῖς Κορδυαίων ὄρεσι τῆς Ἀρμενίας διαμένειν καί τινας ἀπὸ τοῦ πλοίου κομίζειν ἀποξέοντας ἄσφαλτον, χρᾶσθαι δὲ αὐτῇ πρὸς τοὺς ἀποτροπιασμούς.

Hier ist Alexander bei Synkellos noch etwas ausführlicher als Josephus, weil er wahrscheinlich aus dem Voraufgehenden noch einige Worte in diesen Satz mit aufnimmt. — In allen übrigen Excerpten ist eine wirkliche Controle unmöglich, weil Eusebios in denselben nur eine Epitome geliefert hat, wie das die bei Alexander höchst seltene directe Rede und das öftere Dreinsprechen des Eusebios beweisen. Nur das ergiebt jedoch die Vergleichung der lückenhaften Auszugsberichte des Eusebios über Sancherib, Nabukodrossor und dessen Nachfolger (bei Euseb. chr. Arm. p. 19 f.) mit den betreffenden Berichten des Berossos (bei Josephus Ant. X 1, 4 *); X 11, 2; c. Ap. I 19 und 20), dass Alexander den Inhalt und zuweilen auch die einzelnen Worte des Berossos im Ganzen treulich wiedergegeben hatte. Doch beweist die Thatsache, dass Eusebios aus Alexander bloss kurze Stücke mittheilt, aus Josephus aber die ungekürzten Fragmente, dass er bei jenem eben viel weniger fand. Denn Eusebios wollte hier den ganzen Berossos geben, so weit er ihm erreichbar war. Alexander aber liess ihn im Stich, wahrscheinlich, weil Berossos wirkliche Geschichte und nicht wie in den ersten zwei Büchern kosmogonische Mythen und urgeschichtliche Sagen erzählte, Dinge, die dem Mythensammler bei weitem erfreulicher waren. Auch wird auf Alexander manche Ungenauigkeit zurückzuführen sein. So wenn Phul nach den 45 assyrischen Königen geherrscht haben soll, und wenn Sardanapalos der Vater Nabukodrossor's genannt wird. (Vgl. jedoch M. Niebuhr S. 128 Anm. 2; 497 Anm. 2). Ganz im Geiste des Polyhistors aber ist die Verbindung babylonischer mit griechischen Sagen, wie über Pythagoras (Eus. chr. Arm. p. 20).

So war der Mann und so seine litterärische Thätigkeit, dessen Schrift über jüdische Geschichte wir Alles verdanken, was wir von acht hellenistischen Schriftstellern wissen. Es ist kein günstiges Vorurtheil, mit dem wir an diese Schrift herantreten. Denn das Beste, was von ihrem Verfasser gesagt werden konnte, war, dass er seine Excerpte zwar unkritisch zusammengestoppelt, theilweise umgearbeitet, verkürzt und mit fremden Zuthaten untermengt habe, dass aber nirgends eine Fälschung derselben ihm nachgewiesen werden könne, dass vielmehr die Genauigkeit seiner Citate wenigstens auf die Absicht, einigermaassen treue Copien zu liefern, schliessen lasse.

---

*) Wenn Bekker p. 296,2 λέγων οὕτως streicht, so fehlt ihm dazu jede Berechtigung.

Wenn aber nur ein so bedingtes Lob ihm in Dingen zuerkannt
werden konnte, über die er das sicherste Urtheil besitzen musste
als geborener Grieche, als Günstling römischer Grossen, als Zeitgenosse von Cicero und Cäsar; wenn er über italische und griechische
Verhältnisse wenig mehr zu bieten vermochte als erotisch gefärbte
Mythen, Namendeuteleien und Wundergeschichten: wie schlimm
muss es da um seine Zuverlässigkeit bestellt sein in der Geschichte
eines Volkes, über das die grundlosesten Fabeleien und die bos-
haftesten Hirngespinnste von Anekdotenjägern und Judenhassern verbreitet und selbst von Männern wie Pompejus Trogus, Strabo, dem
älteren Plinius, Tacitus, Plutarch und tausend Anderen blindlings
aufgegriffen und unbefangen weiter erzählt wurden. — Dass Alexander
in der That nicht mehr als diese griechischen und römischen Schriftsteller berufen war, eine Geschichte des jüdischen Volkes zu
schreiben, lehren zwei Notizen, die, wenn nicht für seine Unkunde
jüdischer Dinge, so doch für seine Bereitwilligkeit, auch das Unglaub-
lichste in seine Sammelwerke aufzunehmen, unwiderlegliche Beweise
bringen. In seiner Geschichte Roms — die wohl identisch mit
seinen Ἰταλικά ist — hat er nach Suidas (s. v. Ἀλέξανδρος), vielleicht
bei der Erwähnung der Gesetze Numa's oder der Sibyllenbücher,
berichtet, dass es eine hebräische Frau Namens Moso gegeben
habe, deren Werk das Gesetz der Hebräer sei. Rauch (p. 5. 20)
und Hulleman (p. 106) verwerfen freilich diese Angabe des Suidas,
weil Alexander, wie aus Eusebios' und Josephus' Excerpten hervor-
gehe, Kenntniss von Moses, dem wahren Gesetzgeber der Hebräer,
gehabt, ja die Bibel selbst gelesen habe. Leider ist aber trotz
seiner Kenntniss des wahren Sachverhaltes an der Richtigkeit jener
Angabe des Suidas nicht zu zweifeln. Allerdings, die Zuverlässigkeit
dieses urtheilslosen Sammlers ist gering; aber die nicht verächtliche
Autorität des Byzantiners Stephanos hat uns (s. v. Ἰουδαία) eine
zweite Notiz überliefert, die, ebenso albern wie unanfechtbar, auch
die Echtheit der ersten verbürgt. Ihr zufolge hat Alexander Judäa
und Idumäa von den Kindern der Semiramis Judas und Idumäas
hergeleitet*). Diese Etymologie ist um Nichts besser, als die Ab-

---

*) S. Hulleman p. 149 Anm. 2. Die Angabe des Claudius Julius bei Steph.
das. erklärt am besten die vorgebliche Verwandtschaft zwischen Juden und Spartanern, von der 1 M. B. 12, 6 f. und II M. B. 5, 9 berichten. Hiernach sind Ἰουδαῖοι
gleich Οὐδαῖοι von Οὐδαῖος, einem der kadmeïschen Sparten (Σπάρτων ἑνός Meineke

leitung des Mosaischen Gesetzes von einer hebräischen Frau Namens Moso. Sie ist aber auch um Nichts schlechter, als die Ableitnng eines Judäos und Hierosolymos von Typhon bei Plutarch (de Is. et Osir. 31) oder des Abraham, Azelus, Adores und Israhel von Damascus bei Justin (XXXVI 2)*) oder der Juden von den Indern nach Klearchos bei Josephus (c. Ap. I 22) und Diog. Laert. (proöm. 9) oder als die Annahme des Tacitus, Judäer seien eigentlich kretische Idäer (hist. V 2) oder als des älteren Plinius Hypothese, sie seien eine Secte der Mager, von Moses und Lotapacas (Lot) gestiftet (hist. nat. X 2). — Alexander nahm jene genealogische Spielerei auf, so gut wie das Geschichtchen von der Moso und so gut wie un- zählige andere Fabeleien gleichen Werthes, als kritikloser Notizen- krämer, der er war, in den 'Ιταλικά, wie in den 'Ιουδαϊκά, wie in seinen übrigen Schriften. Daneben kann er die Bibel — versteht sich in griechischer Uebersetzung — gelesen haben (s. Eus. pr. ev. IX 20. 29). Aber schwer verständlich wird ihm das Griechisch der Siebenzig sicherlich gewesen sein, und wie Diodor den lügenhaften Ktesias dem wahrheitliebenden Berossos, Eusebios selbst den geistlosen Diodor dem gutunterrichteten Manetho vorzieht (pr. ev. l. II proöm.; III 2 Ende): wie Alexander die Sibylle neben Berossos stellt und überall glaubhafte Ueberlieferung mit erdichtetem Fabel- werk mischt, so hat er auch in der jüdischen Geschichte den auf- geputzten Histörchen hellenistischer Schriftsteller vor den schlichten Erzählungen der Bibel den Vorzug gegeben. Von diesen Helle- nisten hat er bereitwillig aufgenommen, was immer sie ihm dar- boten und zwar von Poeten und Prosaikern, Geographen und Histo-

---

richtig statt Σπάρτωνος) benannt. Dass die Sparten von Theben nach Sparta zogen, sagt Timagoras bei Stephanos s. v. Σπάρτη; s. Enstath. zu Homer B p. 294, 31; schol. Eurip. Phoen. 159. Auf eine ähnliche Beziehung zu Kadmos und dadurch zu Sparta führt auch Diodor XL ecl. 1 II 542 Wess. Dagegen kommt wohl nur noch Ewald's Erklärung (Gesch. IV³ 317), dass man in Peleg den Stammvater der Pelasger gesehen habe, in Betracht. Aber ihr zufolge bestände die Verwandt- schaft nicht mit den Spartanern insbesondere, sondern mit allen Hellenen, oder doch allen Nachkommen der Pelasger. Auch haben die Spartaner sicherlich Nichts von Peleg gewusst, was doch vorausgesetzt werden müsste.

*) Adores und Azelus sind wohl identisch mit הדד und אזאל, bei den Griechen Ἀδέρ (LXX III Reg. 11, 14 f. 21, 1 f.) oder Ἄδερος (Joseph. Ant. VIII 7, 6) und Ἀζαήλ oder Ἀζάηλος. Beide genossen göttlicher Ehre (ὡς θεοὶ τιμῶνται), nach Josephus (Ant. IX 4, 6). S. übrigens Movers Phönizier I 196. 340. 368. 411.

rikern, von heidnischen, jüdischen und samaritanischen Schriftstellern. Ihm selbst kam es gewiss noch weniger hier, als in seinen Darstellungen italischer und griechischer Dinge darauf an, eine wahrhafte Geschichte zu schreiben, und auch der grösste Theil seiner Leser wird pikante Märchen über das Volk der Juden schlichter Geschichtserzählung vorgezogen haben. Mit richtiger Selbstkenntniss aber enthielt er sich hier wie in seinen übrigen Schriften jeder selbständigen Untersuchung. So vielfach und so umfangreich auch die Bruchstücke seiner Schrift sind, nirgends giebt er ein eigenes Urtheil ab, nirgends erhebt er sich zu selbständiger Erforschung seiner Excerpte. — Es könnte scheinen, als ob er wenigstens eine gewisse Kenntniss semitischer Sprachen für seine Schrift mitgebracht habe; denn den Namen der Stadt *Τάβαι* *) führt er richtig auf ein semitisches Wort zurück (fr. 98). Aber das will doch nicht viel besagen. Giebt doch auch Herodot oft richtige Erklärungen fremder Ortsnamen, ohne die Sprache, der sie angehören, zu verstehen. Das sind Kenntnisse, die er wie Alexander von der Strasse aufgelesen hatte. Auch giebt der Polyhistor für diese Eine richtige eine andere geradezu unsinnige Etymologie eines chaldäischen Wortes, die er dem Berossos anheftet. Er sagt bei Synkellos (chron. p. 52 Bonn.): Ὁμόρωκα εἶναι δὲ τοῦτο Χαλδαϊστὶ μὲν Θαλάτϑ, Ἑλληνιστὶ δὲ μεϑερμηνεύεσϑαι ϑάλαττα: das hat schon Scaliger (Thes. temp. p. 408) mit Recht als 'παρανοϑεύματα Graeculi Polyhistoris' angesehen.

Wie vielfach Tadelnswerthes Alexander's Schriftstellerei aufwies — Eines musste schon oben und muss hier abermals zu seinem Lobe hervorgehoben werden: die gewissenhafte Angabe seiner Quellen, die es glaublich erscheinen lässt, dass auch ihr Inhalt mit

---

*) *Τάβαι* . . τῆς Περαίας, ἣν Ἀλέξανδρος ἐν τῷ περὶ Συρίας ἑρμηνεύει ἀγαϑήν. Der jüngere Benseler im Wörterbuch griech. Eigennamen (s. v.) hält diesen Ort für 'eine Stadt der Peräer in Rhodus' — soll heissen: eine Stadt in der Rhodos gegenüberliegenden Landschaft Peräa. Diese aber würde Alexander weder in der Schrift über Syrien besprochen, noch im Gegensatz zu dem eben erwähnten *Τάβαι* in Karien und Lydien durch ein syrisches Wort erklärt haben. Auch verlegt sie Benseler selbst (s. v. Περαία) nach der von Strabo XVI 1, 28 p. 297 Siebenk. genannten Landschaft Περαία am Euphrat. Sie ist in Wirklichkeit wohl identisch mit et-Taiyibeh im palästinischen Peräa (s. Tristram The land of Israel p. 466. 468 Lond. 1866). Man kann auch טבע Jud. 7, 22; Onom. sacra ed. Lagarde p. 33, 26. 155, 14 vergleichen.

ziemlicher Treue von ihm aufbewahrt sein wird. Nirgends ist dieser
Umstand von grösserem Werthe, als in der uns vorliegenden Schrift,
die durchaus Musivarbeit, aus buntesten Stücken zusammengesetzt
ist. Zum Glücke citirt Alexander auch nirgends so häufig, wie hier.
Selbst die unbedeutendsten Fragmente, wie die des Theophilos und
Eupolemos (c. 34 Ende und c. 26), Timochares (c. 35) und Xenophon
(c. 36) sind mit genauer Quellenangabe versehen, und wo jetzt bei
Eusebios eine solche fehlt, da ist mit grosser Wahrscheinlichkeit
diesem die Schuld beizumessen (s. oben S. 14). Auf die Absicht,
einigermaassen genaue Abschriften zu liefern, liess diese Genauigkeit des Citirens uns schon oben schliessen. Inwieweit Alexander
aber diese Absicht durchgeführt hat, wie sehr oder wie wenig bei
seiner Art zu arbeiten die Copien den Vorlagen in Wirklichkeit
entsprechen, das konnte nur annähernd aus den dürftigen Excerpten,
bei denen eine Vergleichung mit den Originalschriften möglich war,
bestimmt werden. Nicht bloss die Analogie mit diesen Excerpten,
sondern auch andere triftige Gründe erweisen nun für die hiesigen
Fragmente, dass der Text der Schriftsteller zwar vielfache Veränderungen erfahren haben mag, dass aber doch der Gedankengang
und zum Theil auch der ursprüngliche Wortlaut derselben beibehalten worden ist. Einzelne der von Alexander excerpirten Schriftsteller haben die griechische Bibelübersetzung benutzt. Alexander
muss also jedenfalls an vielen Stellen den Text jener Schriftsteller
unverändert in seine Schrift aufgenommen haben, wenn noch jetzt
in seinen Auszügen die Worte der griechischen Uebersetzung, gleichsam als die Grundfarbe der Darstellung, in einzelnen Ausdrücken
und kleinen Sätzen wieder erscheinen. Ist es uns doch in Folge
dieses glücklichen Umstandes oft möglich, den Wortlaut der Originalschriften durch Vergleichung mit dem Texte der Siebenzig wieder
zu erkennen. Auch die freilich nur selten von Alexander gegebenen
Paraphrasen einiger von ihm mitgetheilten poetischen Stücke (c. 22
und 29) zeigen meistens genaue Uebereinstimmung zwischen Umschreibung des Excerptors und Text des Schriftstellers oder der
Bibel, obgleich er doch nur eine ungefähre Inhaltsangabe hierbei
beabsichtigt haben kann.*) — Wie sehr nun auch das Alles auf

---

*) Kaum der Widerlegung bedarf die Meinung Rauch's (p. 24), dass die zwischen
die Verse des Theodot geschobenen prosaischen Stücke von Eusebios herrühren,
von dessen Schreibart sie doch weit abstehen.

verhältnissmässige Treue der Abschriften schliessen lässt. so müssen
wir uns doch hüten, bis auf das einzelne Wort an seine Genauigkeit zu glauben, denn Alexander hat sämmtlichen Excerpten durch
Uebertragung in die indirecte Redeweise ein gleichmässiges Colorit
aufzutragen gesucht. Er hat, wie der erste Blick auf die Fragmente
lehrt, seine Auszüge stark verkürzt. Dass eine solche Umarbeitung
nicht ohne häufige Veränderung des Wortlautes, nicht ohne mannigfache
Irrthümer und Verschlimmbesserungen von statten gegangen sein wird,
lässt sich nach Allem, was über die Eigenart des Mannes gesagt worden
ist, voraussetzen, und spätere Untersuchungen werden es bestätigen.

Ueber den einstigen Umfang der Schrift Alexander's lassen sich
nur Vermuthungen aufstellen. Dass er dieselbe mit Adam begonnen
habe, könnte man aus einer Notiz im chron. Barber. (bei Mai Vett.
scriptt. nov. coll. VIII 7) schliessen wollen, wonach Alexander von
Adam als dem ersten Menschen gesprochen habe. Aber diese Angabe bezieht sich, wie die daneben angeführten Namen des Berossos,
Abydenos und Apollodor erweisen, nicht auf Alexander's jüdische,
sondern auf dessen chaldäische Geschichte. — Vollkommen unbeweisbar aber ist ebensosehr, dass sie bis zur Zerstörung Jerusalems durch die Babylonier, was Wegener annimmt (de aul. Att.
p. 196), als dass sie bis zur Unterwerfung Judäas herabgeführt
worden sei, was Hulleman für wahrscheinlicher hält (p. 155). Schwerlich aber hat sie einen viel grösseren Umfang gehabt, als die Fragmente des Eusebios heute einnehmen *), und sicherlich hat sie nicht
viel werthvollere Bestandtheile dargeboten. Denn Josephus, der
in den Alterthümern (I 15) ein Excerpt aus ihr mittheilt und auch
sonst sie benutzt zu haben scheint, nennt in seiner Streitschrift
'wider die Hellenen' unter der grossen Zahl von Schriftstellern,
welche der Juden gedenken, nicht einmal den Namen des Polyhistors. Das ist um so auffallender, als Alexander's Schrift offenbar
nicht in die Classe der judenfeindlichen Werke eines Lysimachos,
Chäremon, Apion und ihrer Gleichen gehörte und eher eine den
Juden freundliche Gesinnung zeigte, wie das schon die zahlreichen
bedeutenden Excerpte aus echt jüdischen Schriften und die Be-

---

*) So vermuthen schon Casaubonus zu Sueton De ill. gramm. c. 20 und Vossius
De Histor. Graec. p. 189 Westerm., während Hulleman diese Annahme entschieden
zurückweist (p. 155 n. 2).

nennung der Bibel als der 'heiligen Schrift' (Eus. pr. ev. IX 24. 29)
erweisen. — Hat Josephus trotzdem den von ihm gekannten Schriftsteller nicht einmal in eine Reihe mit Hekatäos aus Abdera, Theophilos, Theodotos, Mnaseas und einer Anzahl anderer gleich unbedeutender oder unwissenschaftlicher Schriftsteller stellen wollen (c.
Ap. I 23), so kann das nur darum unterlassen sein, weil er die
unselbständige und nicht eben umfangreiche Compilation der Erwähnung nicht für würdig hielt. Die aus Alexander's Sammelwerk
ihm bekannten Schriften des Demetrios, Philon und Eupolemos aber
beurtheilt er daselbst so schief, dass er sicherlich nicht durch andere
umfangreichere Angaben und Excerpte über sie hat belehrt sein
können. Zu derselben Folgerung berechtigen uns die Worte
Eusebios' (IX 39): 'Da nun ausserdem Alexander auch der Prophetie
des Jeremias Erwähnung thut, wäre es höchst ungereimt, wenn wir dies
übergehen wollten.' Das hätte Eusebios nicht sagen können, wenn
Alexander's Schrift ausser den von Eusebios mitgetheilten Fragmenten noch Weissagungen anderer Propheten oder auch nur andere,
dem Eusebios wichtig scheinende Thatsachen der biblischen Geschichte enthalten hätte. Denn derartig wichtige Thatsachen zu
übergehen, wäre doch nicht minder ungereimt gewesen. Was aber
von biblischen Dingen wäre einem Eusebios nicht als wichtig erschienen? — Dies Alles drängt denn zu der Vermuthung, dass die
Schrift περὶ τῶν Ἰουδαίων vielleicht nur einen Abschnitt in einem
grösseren Ganzen gebildet hat, und nicht im mindesten würde dem
die Thatsache widersprechen, dass Clemens (strom. I 21. p. 396
Pot.) und Eusebios (pr. ev. IX 17. 23) sie als besondere Schrift
(σύγγραμμα, σύνταξις, γραφή) citiren. Denn es bedarf nicht der Belege, wie oft kleinere oder grössere Theile von Schriften im Alterthum als selbständige Werke genannt, citirt und catalogisirt worden
sind. Nur Ein Beispiel sei erwähnt, die phönikische Geschichte
des Philon von Byblos, aus welcher eine schwerlich sehr umfangreiche Digression ebenfalls als ein Werk (σύγγραμμα, βιβλίον) über
die Juden citirt wird von Eusebios (pr. ev. I 10. 40a), Origenes
(c. Cels. I 15. p. 334 ed. Ben.). — Man könnte vermuthen, dass unsere
Schrift zu dem vom Byzantiner Stephanos (s. vv. Τάβια, Ὠρωπός)
genannten Werke Alexander's περὶ Συρίας gehört habe, in welchem
sie sehr wohl einen umfangreichen Excurs hat bilden können. Bestätigt zu werden scheint diese Vermuthung durch den Umstand,

dass Stephanos eine eigene Schrift des Polyhistors über Judäa nirgends nennt und im Gegentheil angiebt, dass derselbe über Tabä, eine Stadt des peräischen Palästina (s. oben S. 31), in jenem Werke über Syrien gehandelt habe. Doch ist auch dieser Beweis nicht stark genug, um unsere Annahme als etwas mehr denn eine blosse Vermuthung erscheinen zu lassen.

Das Resultat des hiermit vorläufig abgeschlossenen Zeugenverhörs über Alexander und seine Schriften kann als ein allseitig befriedigendes, widerspruchsloses nicht bezeichnet werden. Wenn auf der einen Seite Alexander als ein leichtgläubiger, um Kritik unbekümmerter, vielschreibender Sammler erkannt und somit die Unzuverlässigkeit des Mannes und seiner Werke erwiesen zu sein schien, so liess uns andererseits die Genauigkeit seiner zahlreichen Citate und die in einzelnen Fällen mögliche Vergleichung seiner Auszüge mit den Urschriften wieder die Hoffnung schöpfen, auch in seiner Schrift 'über die Juden' über ihn hinaus zu dem echten Text der Urschriften gelangen zu können. Aber viel fehlte, dass sichere Mittel geboten wären, überall im einzelnen zu scheiden, was Alexander, was seinen Vorlagen angehört. Um hierüber zu befriedigenderen Ergebnissen zu gelangen, bleibt uns nur übrig, die Fragmente dieser Schrift selbst zu befragen. Aufmerksamer Betrachtung derselben gelingt vielleicht, das Fehlende zu ergänzen.

Demetrios, der Chronograph.

Wer in Flavius Josephus den einzigen wahren Vertreter jüdisch-hellenistischer Geschichtschreibung erblickt, wie in Philon das einzig echte Muster jüdisch-hellenistischer Theologie; wer daher in den Bruchstücken, die den Namen des Demetrios tragen, Nichts sucht, als die Ueberreste einer Geschichte des jüdischen Volkes im Stil und mit den Tendenzen der Josephischen Archäologie.*) der wird schon durch die flüchtigste Betrachtung dieser Fragmente eines Besseren belehrt werden, oder schnell enttäuscht von ihnen abstehen. Denn sie erzählen keine Geschichte; sie stellen uns nicht den inneren

---

*) So sagt Hieronymus . . 'Demetrium et Eupolemum scriptores adversus Gentes refert, qui in similitudinem Josephi 'Αρχαιογονίαν Moysis et Judaicae gentis asseverant' (De viris illustr. c. 38. II 879 Vallars.). Freilich verdankt Hieronymus seine Kunde von Demetrios nur Clemens und Eusebios.

Zusammenhang bedeutender Begebnisse vor Augen; sie enthalten
Nichts, als eine Menge oft sehr unbedeutender biographischer,
chronologischer und genealogischer Notizen über Personen und
Ereignisse der älteren biblischen Zeit. Nur vermuthungsweise kann
zuvörderst Demetrios ein Fragment über Isaak beigelegt werden,
das jetzt von allen Herausgebern dem Molon zugeschrieben wird
(fr. 1, bei Euseb. IX 19. 421 b).*) Am ausführlichsten ist der
Erzvater Jakob und seine Nachkommen bis auf Moses herab behandelt (fr. 2, bei Euseb. pr. ev. IX 21). An drittem Orte folgt
ein kurzer Bericht über Moses und die Genealogie Jitro's (fr. 3, bei
Euseb. IX 29), und hieran schliessen sich einige, durch Fragmente aus
dem Drama des Ezekielos vom Voraufgehenden getrennte Episoden
aus der Wüstenwanderung der Israeliten (fr. 4—5, bei Euseb. IX
29). Von Clemens, dem Alexandriner, ist ausserdem ein Fragment,
das kürzeste von allen, erhalten worden, das einige chronologische Bestimmungen über den Untergang des jüdischen Staates enthält (fr 6, bei
Clem. strom. I 21. p. 403 Pot.). Alle diese offenbar verschiedenen Theilen

---

*) Dies Stück muss zunächst dem Molon mit aller Entschiedenheit abgesprochen
werden. Der Verfasser desselben kennt nur einen Ἰσαάκ, den Molon mit spöt-
tischer Beziehung auf die Etymologie des Wortes Γέλως nennt. Jener folgt getreulich den Worten der Bibel, während Molon's wenige Worte von lächerlichen
Irrthümern strotzen. Nicht der rhodische Redner kann Worte wie καρπῶσαι, κάρπωσις, ὁλοκαρπῶσαι im Sinne von θύειν und θυσία den LXX nachgesprochen haben.
Nur im Munde eines jüdischen Hellenisten hat ferner ἀνάγειν ἐπὶ τὸ ὄρος einen Sinn,
da hiermit 'der Berg' κατ᾽ ἐξοχήν, Moria, bezeichnet sein soll, was noch klarer
wird, wenn man die Worte des Josephus Ant. I 13, 1 mit denen des Demetrios
vergleicht. Den LXX sind ferner entlehnt ausser den genannten die Worte: ὁ θεός
(Genes. 22. 1), ἐπιθεῖναι (22, 9), σφάζειν (22, 10), ἄγγελος (22, 11), κριός (22, 13). —
Als sicher darf nun wohl angesehen werden, dass nur einem von Eusebios sonst
schon citirten Schriftsteller dies Fragment angehört. Denn hätte Alexander hier
einen neuen Namen genannt, so würde Eusebios, der überall bestrebt ist, für
dieselbe Sache möglichst viele Autoren zu nennen, ihn schwerlich unterdrückt oder
zu erwähnen vergessen haben. Unter allen Schriftstellern aber, die Alexander
excerpirt hat, ist Demetrios der einzige, zu dessen schlichter Darstellung dieser,
der Bibel bis aufs Wort nachgebildete Bericht passt. Die Fragmente aller
anderen Hellenisten, selbst die von geringstem Umfange, suchen mit fremdem Putz
sich zu schmücken. Zu Demetrios' Eigenthümlichkeit stimmt endlich die eben erwiesene Benutzung der LXX, und auch die Form der hier vorkommenden Eigennamen Ἀβραάμ, Ἰσαάκ ist die von Demetrios gewählte. — Statt der hier aufge-
zählten fünf oder sechs Bruchstücke kennen nur zwei oder drei: Müller a. a.
O. III 208. 214. 224; Graetz Gesch. der Juden III¹ 48. 490 und M. Niebuhr a. a.
O. S. 104. Anm. 1.

der Originalschrift entnommenen Auszüge sind in einem nüchternen, anspruchslosen und gedankenarmen Tone gehalten, ohne Gewandheit des Ausdrucks, ohne Frische und Schwung der Darstellung, die somit den schärfsten Gegensatz zu der prunkhaften, tendenziös gefärbten Manier des Josephus bildet. Nirgends lässt Demetrios sich auf eine ausführliche Schilderung der Ereignisse ein; nirgends wird eine Charakteristik von Personen entworfen oder eine breite Erzählung von Nebenumständen gegeben. In groben Zügen stellt er das dürre Gerippe der Thatsachen hin, und nur in seltenen kleinen Abschweifungen sucht er zu erklären oder zu rechtfertigen, was von biblischen Erzählungen der Aufhellung oder der Vertheidigung zu bedürfen schien. Diese Eigenthümlichkeit der bezeichneten Fragmente, die nirgends sonst wiederkehrt, ist nicht etwa aus dem Streben nach Kürze hervorgegangen, welches jeden Geschichtschreiber zu gleich gedrängter Darstellung veranlassen könnte; denn Zeitbestimmungen und Genealogien werden oft — und selbst bei unerheblichen Begebenheiten — mit erstaunlicher Breite mitgetheilt (s. IX 21. 423. 425b. IX 29. 439c). Diese dürre Aufzählung von Zahlen und Namen kann nur aus der Bestimmung und dem Wesen der Schrift selbst erklärt werden, die kein Geschichtsbuch im eigentlichen Sinne, sondern eine Chronik, oder genauer gesagt ein chronologisch-genealogischer Abriss der biblischen Geschichte sein sollte. — Als solchem aber müssen wir dieser Schrift ihre unläugbaren Vorzüge zuerkennen. Wer die wirren Einfälle jüdisch-hellenistischer und ekklesiastischer Schriftsteller über biblische Geschichte kennt; wer auf diesem Gebiete oft genug ein Product von Unwissenheit und Leichtfertigkeit, ein trübes Gemenge biblischer Erzählungen, griechischer Sagen und kirchlicher Legenden als lautere Wahrheit hat ausgeben sehen, der wird zugleich überrascht und erfreut in Demetrios das seltene Beispiel eines Hellenisten erblicken, den der Eifer zu vertheidigen oder anzugreifen, die Sucht zu glänzen oder die alte heilige Zeit in möglichst glänzendem Lichte erscheinen zu lassen nicht zu falschem Synkretismus, nicht zu Uebertreibungen und Vertuschungen und zur Anwendung aller jener bekannten Mittelchen der rhetorisch-sophistischen Schönfärbekunst verleitet hat, welche die Geschichtschreibung der Hellenisten so häufig schmücken sollten und so sehr verunzieren. Demetrios übertreibt und beschönigt weder Zahlen noch Thatsachen. Er stellt die Geschichte dar in

ihrer einfachen Wahrheit, wie sie ihm in seinen Quellen erschien.
Die Helden des jüdischen Alterthums bleiben, was sie in der Bibel
sind. Sie werden nicht wie bei anderen hellenistischen Geschichtschreibern und Theologen zu Philosophen und Astronomen, zu
Rhetoren und Thaumaturgen umgewandelt; sie lehren die heidnische
Welt nicht Künste und Wissenschaften nach Art der griechischen
Götter, Heroen und mythischen Könige; sie werden auch nicht zu
Seelenzuständen verflüchtigt oder zu Mustern neuplatonischer Lebens-
regeln sublimirt: kaum ein Zug in der Darstellung des Demetrios
verräth, dass er der älteste Vertreter von Bestrebungen ist, die
einen Artapanos und einen Philon, einen Origenes und einen Am-
brosius auf so ganz andere Wege geführt haben. Um nur Einiges
hervorzuheben, sei darauf hingewiesen, wie Demetrios Jakob's Kampf
mit dem Engel erzählt (IX 21. 423d) und wie Philon den biblischen
Bericht deutet (1 369. 606. 640 Mang.) oder wie selbst der weniger alle-
gorisirende Josephus diesen Vorfall berichtet (Antiq. I 20, 2). Man
vergleiche ferner Demetrios' nüchterne Erzählung von der Ver-
süssung des Bitterwassers (v. 29. 445 d nach Exod. 15, 23 f.) mit den
künstlichen Verzierungen, die Josephus in seiner Geschichte (Ant.
III 1. 2) anzubringen sich bemüssigt fand. Man sehe endlich, wie
unbefangen Demetrios von Ruben's Mandr. goren, von dem Verkauf
Joseph's durch seine Brüder berichtet und was Spätere hieraus gemacht haben. — Demetrios nimmt es mit der Einfachheit und Prunk-
losigkeit seiner Darstellung so ernst, dass er selbst die billigste
Rücksicht auf gefällige Form zurückweist. Er berichtet das Un-
wichtigste mit ermüdender Weitschweifigkeit. In welchem Jahre
und in welchem Monate ein jedes der dreizehn Kinder Jakob's
geboren ist, in welchem Lebensalter es nach Kanaan kommt und
nach Aegypten zieht, das hatte er genau berechnet und aufs um-
ständlichste dreimal und immer fast mit denselben Worten angegeben (IX 21. 423a f. 423 d. 425 b). Die Namenswandelung Jakob's
wird der Bibel zweimal und auch hier jedesmal in denselben Ausdrücken nacherzählt (das. 423 d. 424 b) und was dergleichen mehr
ist. — Wäre nun die Ansicht des Huetius gerechtfertigt, dass Demetrios grosse Stücke aus dem Drama des Ezekielos in seine Darstellung
verflochten habe, so würde der Glaube an die nüchterne, schmucklose
Form, wie an den chronikartigen Inhalt unserer Schrift stark erschüttert
werden, denn schlecht würden zu solcher Form und solchem Inhalt

die schwülstigen Verse des Dramatikers stimmen. Zum Glücke aber ist schon oben die Ansicht Huetius' als vollkommen grundlos nachgewiesen worden (S. 15).

Die Wahrheitsliebe, das Fernhalten fremder Sagen und Anschauungen und auch die freilich zu weit getriebene Einfachheit der Darstellung sind Vorzüge, die nicht unterschätzt werden dürfen; aber sie sind doch nur negativer Art. Hat die Schrift des Demetrios keine anderen aufzuweisen? Wie steht es vor Allem mit dem ersten Erforderniss des Geschichtschreibers, der Kenntniss und Erforschung seiner Quellen? Auch in diesem Punkte zeigt sich Demetrios in bestem Lichte. Er hat seine einzige Quelle, die Bibel, genau studirt und weiss selbst ihre leisesten Winke geschickt und sicher für seine Zwecke zu verwerthen. Um seine Bibelfestigkeit gegen jeden Verdacht zu schützen, genügt es, auf eine scheinbar wenig sagende und doch erst genauer Untersuchung sich ergebende Notiz hinzuweisen. Wir lesen c. 21. 422 d die Worte: 'Jakob brach nach Charan in Mesopotamien auf, seinen Vater im Alter von 137 Jahren verlassend, selbst 77 Jahre alt.' Diese Angabe ist vollkommen richtig; denn Jakob starb 147 Jahre alt (Gen. 47, 28), lebte 17 Jahre in Aegypten (das.) und kam dorthin 9 Jahre nach Joseph's Erhebung (Gen. 45, 6). Dieser 'war 30 Jahre alt, als er vor Pharao stand' (Gen. 41, 46) und war 14 Jahre nach Jakob's Flucht aus der Heimath geboren (Gen. 30, 25. 31, 41): also 147 — (17 + 9 + 30 + 14) = 77. Jakob aber wurde im 60. Jahre Isaak's geboren (Gen. 25, 26), also 77 + 60 = 137. Demetrios' Sicherheit in der Berechnung dieser Zahlen erscheint wirklich verdienstlich, wenn wir selbst besonnene Forscher über sie stolpern sehen. So lässt z. B. Tuch 14 Jahre nach Jakob's Auswanderung Joseph geboren werden und berechnet doch Jakob's Alter bei seiner Ankunft in Mesopotamien auf 70 Jahre (Genesis S. 450. 496). Genau stimmt dagegen mit Demetrios' Rechnung die Chronologie der Palästiner und der späteren jüdischen Exegeten.*) Als bibelkundigen und umsichtigen Chronologen erweisen den Demetrios auch seine Angaben über das Sterbejahr Isaak's (c. 21. 424 c), über die Lebensumstände Joseph's (das. und 425 c) und über den Aufenthalt der Erzväter in Kanaan

---

*) Megil. 17a; Ber. Rab. c. 70; Seder Olam Rabba c. 2 und die Exegeten zu Genes. 35, 29. 41, 46.

(425b)[*]). Besser aber als diese wenigen Beispiele bezeugt der Gesammtinhalt der Fragmente, in denen sich trotz der grossen Menge von Zahlenangaben nirgends ein Fehler aufspüren lässt, wie trefflich sich Demetrios in der Bibel zurecht zu finden wusste.

Es ist aber nicht die hebräische Urschrift, sondern die Uebersetzung der Siebenzig, der er auf Schritt und Tritt folgt. Ueberall und nur mit geringen orthographischen Abweichungen erscheinen die Formen der Eigennamen, welche die besten und meisten Handschriften der LXX aufweisen. Wie weit dagegen in der griechischen Schreibung der Namen andere Hellenisten von einander und von der griechischen Bibelübersetzung abweichen, ist schon aus dem Verzeichniss der 72 Uebersetzer im Aristeasbrief und aus den Schriften des Josephus ersichtlich. Auch viele andere Worte und Redewendungen sind noch in unserem, durch Alexander stark und oft unverständig verkürzten Auszuge dieselben, wie sie bei den LXX vorliegen. Die Benutzung der LXX zeigt sich ferner in der eigenthümlichen Auffassung einzelner hebräischen Worte, wie des כברה ארץ (Gen. 35, 16), das Demetrios und die LXX als Eigennamen[**]) ansehen, und endlich in dem merkwürdigen Umstande, der noch des Weiteren beleuchtet werden muss, dass einige falsche Angaben des Demetrios nur aus einem vom hebräischen weit abstehenden Text der LXX sich erklären lassen. — Diese Uebereinstimmung zwischen den Fragmenten des Chronographen und der griechischen Bibelübersetzung kann nur auf Demetrios selbst zurückgeführt

---

[*]) Auch in diesen Zahlen herrscht bis auf ein Jahr völlige Uebereinstimmung zwischen Demetrios und der nicht-hellenistischen Exegese. Isaak stirbt um die Zeit, 'da Joseph vor Pharao stand' (Genes. 41, 46) nach Seder Olam Rab. c. 2 und den Erklärern z. St. Vgl. auch Sed. Haddor. z. J. 2228, das hier, wie sonst, eine Uebersicht über die verschiedenen Ansichten giebt. — Joseph ist 39, Levi 43 oder 44 Jahre alt, da Jakob mit seinen Kindern nach Aegypten zieht, nach Sed. Olam das.; Sed. Haddor. z. J. 2238. — Ueber die Differenz in Betreff des Aufenthaltes der Erzväter in Kanaan und Aegypten wird unten noch zu berichten sein. — Höchst auffallend schreibt Josephus (Ant. I 22), dass Isaak bald nach Jakob's Zurückkunft gestorben sei, während er noch 22—23 Jahre gelebt haben muss, und dass er 185 Jahre alt geworden sei, während er nach Genes. 41, 46 180 Jahre alt starb. Auch seine unmittelbar voraufgehende Erklärung: τὸ παιδίον Βενιαμὶν ἐκάλεσε διὰ τὴν . . ὀδύνην zeugt von sehr flüchtiger Benutzung der LXX, wenn nicht von mangelhafter Kenntniss des Hebräischen. (S. Genes. 35, 18).

[**]) Dies ist schon hervorgehoben worden von Graetz a. a. O. III[1] 490.

werden. Sie zeigt sich in zu vielen Punkten, als dass sie einem zu-
fälligen Zusammentreffen zu verdanken sein könnte. Eusebios hat, wie
erwiesen ist, die Fragmente unverändert in sein Sammelwerk aufgenommen, und dem vielschreibenden Compilator, dem Heiden
Alexander, wird Niemand die mühsame Ausgleichung seiner Excerpte
mit dem Text der LXX zutrauen. Ueberall also, wo in Worten
und Sätzen diese Uebereinstimmung sich zeigt, haben wir d e n
e c h t e n Text des D e m e t r i o s vor uns. — Die hiermit hinlänglich
erwiesene Benutzung nicht des hebräischen Textes, sondern der
griechischen Uebersetzung streitet aber nicht im mindesten gegen
Demetrios' ebenso entschieden hervortretende Achtung vor der
heiligen Schrift: denn beides sind Züge, die den jüdischen
Hellenismus insgesammt charakterisiren. Wie hoch und heilig hält
Philon jedes Wort der Bibel, und doch stammt seine Kenntniss
derselben einzig und allein aus der Uebersetzung der Siebenzig.
So sind es bisweilen verdorbene Lesarten dieser Uebersetzung,
denen er tiefsinnige, heilige Lehren entlockt. Dasselbe Verhältniss
zeigt sich bei fast allen übrigen jüdischen Hellenisten mit Ausnahme
des Josephus, dem neben der griechischen Uebersetzung ein von
Titus aus den Trümmern Jerusalems geretteter hebräischer Text
bei seiner Darstellung der jüdischen Geschichte vorlag*): Hat es
daher auch nichts Befremdendes, Demetrios auf diesem Wege zu erblicken, so ist die Thatsache immerhin bemerkenswerth, dass er,
der älteste der jüdisch-hellenistischen Schriftsteller, in demselben
Verhältniss zu den LXX steht, wie der späteste.

Wenn nun aber auch Demetrios als durchaus abhängig von der
Bibel und ihrer Uebersetzung sich erwiesen hat, falsch wäre es
zu glauben, dass er sich gänzlich an den Buchstaben derselben für
gebunden erachte. Es hiesse den Geschichtsforscher seines guten
Rechtes berauben, wollte man ihm verbieten, uber den Wortlaut
seiner Quellen oder die nackten Thatsachen der Geschichte hinaus
durch Vermuthung und Combination zu den verborgenen Gründen
und Zwecken der Ereignisse hinaufzusteigen. Was aber dem Geschichtschreiber überhaupt, das ist insbesondere dem Chronographen
der biblischen Zeit ein unanfechtbares Recht. Die biblischen Be-

---

*) Bell. Jud. VII 5, 7; Vita 75; Proöm. zu den Ant. 3 und sonst. Vgl.
Ernesti Opusc. phil. crit. p. 363 f.

richte sind nicht abgefasst, damit ein System der Chronologie aus ihnen errichtet werde. Für die wichtigste Thatsache fehlt oft jede Zeitbestimmung; in einer langen Reihe von Angaben klafft bisweilen eine Lücke, welche die Kette chronologisch sicherer Daten unterbricht, oft gänzlich zerreisst. Hier tritt die Forderung an den Forscher heran, durch Combination das Fehlende zu ergänzen und so die Lücke zu schliessen. Aber wie gerechtfertigt ein solcher Versuch, so nothwendig ist es, des grösseren oder geringeren Grades der Wahrscheinlichkeit eingedenk zu sein, die ihm innewohnt und nie die Grenze zu überschreiten, jenseits deren die Möglichkeit zu erkennen überhaupt aufhört. Den Unterschied zwischen Möglichkeit, Wahrscheinlichkeit und Gewissheit nicht zu beachten, das ist das Wesen aller unkritischen Forschung und der grösste Fehler ungeschichtlicher Zeiten. Von diesem Fehler ist Demetrios keineswegs ganz freizusprechen; denn er lässt Vermuthungen und Deuteleien zu, wo der einfache Wortlaut seiner Vorlage genügen müsste, und wo eine sichere Erkenntniss unmöglich ist. Aber er ist sich wenigstens der Gefahr bewusst, in die er sich begiebt, und ehrlich genug, da wo er den festen Grund überlieferter Thatsachen verlässt, eine Warnungstafel für diejenigen aufzustellen, welche sich auf den schwanken Boden von Möglichkeiten und Wahrscheinlichkeiten nicht begeben wollen. Das geschieht, indem er seine eigenen Muthmassungen mit ausdrücklichen Worten von den Angaben der Bibel sondert, die Beweise darlegt, auf welche er sich stützt, und so dem Leser ein eigenes Urtheil ermöglicht. — Wir können nicht erwarten, dass dieser Charakter seiner Schrift, den oft nur ein Wort wie φαίνεται, λέγεται, δοκεῖ kenntlich gemacht haben wird, überall in dem Doppelauszuge, der uns jetzt vorliegt, hervortrete. Denn dem eilfertig arbeitenden und stark kürzenden Compilator Alexander werden derartige leise Andeutungen und bescheidene Aeusserungen des Zweifels am entbehrlichsten erschienen sein. Sind es doch auch bei dem sonst so treu copirenden Eusebios in der Epitome aus Diodor (pr. ev. II 1—2) dergleichen Worte, die er am liebsten beseitigt. Trotzdem ist mehr als Eine derartige Aeusserung des Demetrios uns erhalten worden.

Die Genealogie Jitro's, die Demetrios um Moses' willen geben musste, ist aus dem Texte der Bibel nicht klar ersichtlich, denn zwischen Jitro-Reüel, dem Midianiten, und Abraham, dem Stamm-

vater der Midianiten, steht nur der Eponymos des Stammes, Midian,
in der Mitte Das aber schliesst den Widersinn ein, dass Moses,
der siebente von Abraham an gerechnet, gleichzeitig mit Jitro, der
das dritte Geschlecht repräsentirte, gelebt haben müsste. Hier nun
bieten die LXX einen Ausweg, indem sie unter den Nachkommen
Abraham's und der Ketura einen Reüel nennen und ihn von Dedan,
dem Sohne Iksan's und Neffen Midian's, abstammen lassen. Demetrios benutzte das, erklärte Reüel, den Sohn Dedan's, für identisch
mit Reüel, dem Verwandten Moses' und dem Vater Jitro's, nicht
aber mit diesem selbst. Diese Combination hat nichts Gewagtes
für Jemanden, der den interpolirten Text der LXX vor sich hatte.
Dennoch bezeichnet sie Demetrios ausdrücklich als blosse Vermuthung und erklärt, er vermuthe bloss aus Namen*). Er verschweigt auch seine Gründe nicht. Erst jetzt, sagt er, stimme die
Zahl der Geschlechter, und wenn die Vorfahren Sepphora's bis
zu Abraham noch um Einen weniger seien als die Moses', so er-
kläre sich das daraus, dass Iksan, ihr Stammvater, um mehr als Ein
Geschlecht, nämlich mindestens um 42 Jahre, jünger sein müsse als
Isaak, der Stammvater Moses' — der Wahrheit gemäss, denn Abraham
heirathete Ketura, die Mutter Iksan's, nach Isaak's vierzigstem
Lebensjahre (Genes. 25, 2), und Iksan war deren zweiter Sohn.
'Nichts steht daher', so schliesst Demetrios ab, 'im Wege, dass Moses
und Sepphora zu gleicher Zeit gelebt haben'**). Wie besonnen und

---

*) c. 29. 439 c: (Σεπφώραν) εἶναι, ὅσα στοχάζεσθαι ἀπὸ τῶν ὀνομάτων, τῶν γινο-
μένων ἐκ Χεττούρας τοῦ Ἀβραὰμ γένος, ἐκ τοῦ Ἰεξὰν τοῦ γενομένου Ἀβραὰμ ἐκ Χεττούρας · ἐκ δὲ τοῦ Ἰεξὰν γενέσθαι Δαδὰν · ἐκ δὲ Δαδὰν Ῥαγουήλ · ἐκ δὲ τοῦ Ῥαγουήλ
Ἰοθὸρ (l. Ἰοθώρ) καὶ Ἀβάβ (l. Ἰωβάβ) · ἐκ δὲ τοῦ Ἰοθὸρ (l. Ἰοθώρ) Σεπφώραν, ἣν
γῆμαι Μωσῆν. Durch diese Stelle erhält die Lesart (LXX Genes. 25, 3) eine wichtige
Bestätigung, wie Demetrios erst durch sie verständlich wird. Uebrigens geben
10 codd. (Holm.) Ῥαγουήλ oder eine wenig abweichende Variante: Lagarde Genesis
graece schützt die Lesart durch 6 codd. Der Cottonianus heisst Ῥαγουήλ, der
Alexandrinus Ῥαβουήλ. — Dass hier die Exegese der Palästiner abweichen
müsse, weil durchaus vom hebräischen Text abhängig, ist vorauszusetzen. Sie
hält in der That Reüel mit Jitro und Chobab für identisch. Schem. Rab. c. 1.
27. Ebenso urtheilt Josephus Antiq. II 12, 1.

**) Das. Καὶ τὰς γενεὰς δὲ συμφωνεῖν · τὸν γὰρ Μωσῆν εἶναι ἀπὸ Ἀβραὰμ ἕβδο-
μον, τὴν δὲ Σεπφώραν ἕκτην · συνοικοῦντος γὰρ ἤδη τοῦ Ἰσαὰκ, ἀφ᾽ οὗ Μωσῆν εἶναι,
γῆμαι Ἀβραὰμ τὴν Χεττούραν ὄντα ἐτῶν ρμ΄, καὶ γεννῆσαι Ἰσαὰκ (l. Ἰεξὰν) ἐξ αὐτῆς
δεύτερον · τὸν δὲ Ἰσαὰκ ὄντα ἐτῶν ἑκατὸν γεννῆσαι · ὥστε μϑ᾽ ἐτῶν ὕστερον γεγονέναι
τὸν Ἰσαὰρ (l. Ἰεξὰν) ἀφ᾽ οὗ Σεπφώραν γεγενεαλογῆσθαι. Οὐδὲν οὖν ἀντιπίπτει τὸν

ehrlich ist diese Art zu beweisen und zu vermuthen, verglichen
mit den hohlen Combinationen anderer Hellenisten und der Miene
unfehlbarer Gewissheit, mit der sie vorgetragen werden.

Auch an anderen Orten stellt Demetrios Vermuthungen auf,
aber immer, indem er seine Gründe für dieselben offen darlegt.
Seine Schrift hatte offenbar neben anderen Zwecken auch den, die
Wahrheit der biblischen Berichte und den Charakter der biblischen
Personen gegen mögliche Angriffe zu schützen. So sucht er, an-
knüpfend an die besprochene Stelle, zu erweisen, dass unter der
'kuschitischen Frau' des Moses (Num. 12, 1) keine andere als eben
Sepphora verstanden sei, um dadurch Moses von dem Vorwurfe zu
befreien, dass er eine Frau aus ganz fremdem Stamme geheirathet
habe. Dass aber die Midianiterin eine Aethiopin genannt werden
könne, wird nicht im Tone apodiktischer Sicherheit vorgetragen,
sondern aus geographischen Gründen zu erweisen gesucht (IX 29.
439 d)*). — Ein ähnliches Verfahren und dieselbe Tendenz finden
wir bei ihm, wo er, hier ganz auf griechischem Boden stehend, unter-
nimmt, Schwierigkeiten, die der biblische Text darbietet, durch
scharfsinnige Deutungen zu heben. Seit den Zeiten der Sophisten
war es nämlich eine beliebte Sitte bei den Griechen, in den Schriften
alter Autoren Probleme jeder Art aufzusuchen und zu lösen, Fragen
über wirkliche oder vermeintliche Schwierigkeiten zu stellen und
zu beantworten, wie denn schon Platon in einem seiner dramatisch
belebtesten Dialoge, dem Protagoras, ein glänzendes Beispiel und
die schneidendste Verspottung solcher Manier geliefert hat. Aber
erst im alexandrinischen Zeitalter erblühte hieraus ein neuer Litte-
raturzweig. Gelehrte ersten Ranges wie Aristarch hielten sich freilich von dem meist sehr unnützen Staubwirbel fern; weniger be-

---

Μωσῆν καὶ τὴν Σεπφώραν κατὰ τοὺς αὐτοὺς γεγονέναι χρόνους. Diese Stelle ist benutzt worden vom chron. Pasch. p. 117 Bonn., was den Herausgebern entgangen
ist. Ueber die Aenderung der Lesarten s. Note 6.

*) Dies geschieht in Uebereinstimmung mit den talmudischen Schriften. S. Sifri
zu Num. 12, 1: האשה הכושית · וכי כושית היתה · והלא מדינית היתה · ומה ת"ל כושית
מה כושי משונה בעורו כך צפורה משונה בנויה מכל הנשים · 'Die Kuschitin — aber
war sie denn eine Kuschitin? Sie war ja eine Midianiterin. Warum denn nennt
sie die Schrift eine Kuschitin? Wie ein Kuschi sich auszeichnet durch seine Haut-
farbe, so zeichnete sich Sepphora durch ihre Schönheit vor allen Frauen aus.' Vgl.
Jalk. Sim. z. St. und Moed Kat. 16 b.

deutende Männer aber füllten ganze Bände mit derartigen Fragen
und Antworten, und Fürsten und Königen war es ein angenehmer
Zeitvertreib, den Problemenjagden ihrer Hofgelehrten beizuwohnen
und bisweilen die Aermsten selbst mit spitzfindigen Fragen zu
schrauben. — Doch was den Einen ein frivoles Spiel, das ward
Anderen eine Methode strenger Forschung. Von dem Ernste, mit
dem auf dem Gebiete der Litteratur und Naturwissenschaft derartige
Fragen und Antworten gegeben wurden, liefert die aus peripate-
tischer Schule hervorgegangene Problemensammlung, die den Werken
des Aristoteles angereiht ist, den besten Beweis, und dass mit
gleichem Ernste auf biblischem Boden in dieser Art geforscht wurde,
bezeugen die viele Bücher umfassenden quaestiones et solutiones,
die unter dem Namen Philon's gehen, und die umfassende Anwendung dieser Form im Aristeasbriefe. — Auch Demetrios hat sich
dieser neuen Art der Untersuchung zugewendet, und wir brauchen
nicht zu sagen, dass er es in ernster Weise gethan hat, wenn er
auch seinen Witz bisweilen an recht kleinliche Dinge verschwendete.
Ihm genügt es nicht, auf seine Fragen die erste beste Antwort zu
suchen und diese als evident hinzustellen. Er legt auch hier entweder seine Gründe offen dar oder stellt seine Lösungen als blosse
Muthmassungen hin. So beantwortet er die Frage, warum Joseph
9 Jahre habe verstreichen lassen, ohne seinen Vater von seinem
Glückswechsel zu benachrichtigen, damit, dass seine Verwandten
als Hirten den Aegyptern verhasst gewesen seien (IX 21. 424 d),
und beweist diese nicht eben kühne Combination durch den Hinweis auf Gen. 46, 34, welchem Verse zufolge die Brüder Joseph's,
um in Gosen bleiben zu dürfen, Pharao erklären sollten, dass sie
Viehzüchter seien, 'denn ein Greuel Aegyptens ist ein jeder Vieh-
hirt'. Der letzte Theil des Verses fehlt freilich in unseren Excerpten. Da aber der ganze Beweis auf ihm ruht, so haben wir hier
einen Beleg für die oben schon als wahrscheinlich hingestellte Vermuthung, dass Alexander seine Citate bisweilen in höchst unver-
ständiger Weise verstümmelt habe. — An anderen Stellen lässt
Demetrios erkennen, dass er Fragen beantworte, die nicht von ihm,
sondern von Anderen aufgeworfen waren. So sagt er (IX 21. 424 d):
'Man werfe die Schwierigkeit auf (διαπορεῖσθαι δὲ), warum Binjamin von Joseph gerade den fünffachen Theil beim Gastmahl erhalten habe' und er antwortet, das sei geschehen, damit die Kinder

Rahel's und die der Lea gleich viel erhalten möchten*). Aehnlich heisst es im c. 29 (116d): 'Jemand habe gefragt, (ἐπιζητεῖν δέ τινα) wie die Israeliten, die ohne Waffen ausgezogen waren, bewaffnet werden konnten'. Die Antwort giebt Demetrios selbst als blosse Muthmassung mit den Worten: 'Es scheint, dass die Israeliten, die nicht vom Meere hinweggespült wurden, der Waffen Jener sich bedienten'**). Die Vergleichung mit Josephus, der wohl aus Demetrios dieselbe Antwort, aber als historisches Factum mittheilt (Ant. II 16, 6), zeigt auch hier die bescheidene Zurückhaltung unseres Chronisten gegenüber der unberechtigten Sicherheit des jüngeren Geschichtschreibers. Sehr klar zeigt dies eine Zusammenstellung der entsprechenden Stücke.

Demetrios:

Ἐπιζητεῖν δέ τινα πῶς οἱ Ἰσραηλῖται ὅπλα ἔσχον ἄνοπλοι ἐξελθόντες. Ἔφησαν γὰρ τριῶν ἡμερῶν ὁδὸν ἐξελθόντας καὶ θυσιάσαντας πάλιν ἀνακάμψειν. Φαίνεται οὖν τοὺς μὴ καταλκυσθέντας τοῖς ἐκείνων ὅπλοις χρήσασθαι.***)

Josephus:

Τῇ δὲ ὑστεραίᾳ τὰ ὅπλα τῶν Αἰγυπτίων προσενεχθέντα τῷ στρατοπέδῳ τῶν Ἑβραίων ὑπὸ τοῦ ῥοῦ καὶ τῆς βίας τοῦ πνεύματος ἐπ' ἐκεῖνο ἐκδιδούσης, ὁ Μωϋσῆς καὶ τοῦτο εἰκάσας τῇ τοῦ θεοῦ προνοίᾳ γεγονέναι, ὅπως μηδὲ ὅπλων ὦσιν ἄποροι, συναγαγὼν καὶ τούτοις σκεπάσας τοὺς Ἑβραίους, ἦγεν κτλ.

---

*) Eine ähnliche Antwort auf dieselbe Frage giebt der Midrasch. Man sehe Beresch. Rabb. und Jalk. Sim. zu Genes. 43, 34: וכף נתן לו הלקו והלך אבנת הלק 'וכו ביניו מישאת והב הה"ד אהיו עם והלקו אפרים והלך מישיד 'Joseph gab dem Binjamin seinen eigenen Antheil, den der Osnat, Menasse's, Ephraim's und seinen Theil mit den Brüdern. So erklärt sich das Schriftwort: 'Und das Gastgeschenk Binjamin's war fünffach grösser als die Gastgeschenke Aller'.

**) Dass dies Stück dem Demetrios angehöre, hat uns schon oben (S. 16) seine Stelle unter den Auszügen gelehrt. Es tritt als neuer Beweis hinzu die nur bei Demetrios sich findende Art zu fragen und zu antworten und die Vergleichung mit der eben besprochenen Stelle aus c. 21 (124d). Einem von Eusebios aber sonst nicht genannten, unbekannten Schriftsteller gehört es aus dem oben S. 36 erwähnten Grunde schwerlich an.

***) Ohne dieser Stelle in den Bruchstücken des Demetrios sich gerade zu erinnern, hat Ewald's Scharfblick (Gesch. II³ 109) erkannt, dass Josephus hier eine ältere Schrift benutzt haben müsse. Eine Anspielung auf diese Deutung ist auch in Sap. Salom. 10, 20 nicht zu verkennen. Auch die midraschischen Schriften berichten Aehnliches. S. Jalk. Sim. zu Exod. 14, 30.

Diese Betrachtung giebt uns die Berechtigung zu der Annahme, dass Demetrios auch an den wenigen Stellen, es sind ihrer nur zwei, wo seine Muthmassungen vollständig in der Luft zu schweben scheinen und der Bibel entweder widersprechen oder ihr fremd sind, durch Angabe seiner Gründe den Leser orientirt haben wird. Wenn er auf Jahr und Monat berechnet, wann die Kinder Jakob's geboren worden sind (c. 21. 423 a f.), so lassen sich zunächst die Motive dieses auffälligen Verfahrens sehr wohl erkennen. Nach unbefangener Deutung von Gen. 29, 20. 30, 25 und 31, 41 sind zwölf Kinder Jakob's in sieben Jahren geboren. Fällt Empfängniss und Geburt des jüngeren immer nach der Geburt des älteren Bruders, was der Text der Bibel zu besagen scheint, so ist jene Deutung unhaltbar. Demetrios nimmt darum an, dass Joseph und drei von den Söhnen der Mägde zu gleicher Zeit mit ihren Halbgeschwistern geboren wurden, und dass die Geburten in dem, für die Schwangerschaft als normal geltenden Zeitraume von je 10 Monaten*), auf einander folgten. So könnte die Geburt aller zwölf Kinder in strengster Gleichmässigkeit und im Zeitraum von 6 Jahren und 8 Monaten erfolgt sein. Mit dieser Hypothese wären die Angaben der Bibel gerechtfertigt, aber nur als Vermuthung durfte Demetrios sie geben, und wahrscheinlich hat er es gethan. Dass Alexander die Worte, welche das angaben, wie so vieles Andere, weggeschnitten hat, darf nach dem Voraufgeschickten uns nicht befremden. Im übrigen ist es gerade diese Hypothese, die dem Demetrios den Ehrennamen 'eines gescheiten Chronographen' von Seiten Delitzsch' (Genesis S. 468) eingetragen hat.

Durchaus halt- und zwecklos scheinen Demetrios' Behauptungen in Betreff der Nachkommen Levi's, wonach Kehat im Todesjahre Jakob's, Amram im vierzigsten Lebensjahre Kehat's, Moses im fünf-

---

*) Aristoteles hist. anim. VII. 584a 36: καὶ γὰρ ἑπτάμηνα καὶ ὀκτάμηνα καὶ ἐννεάμηνα γίνεται, καὶ δεκάμηνα τὸ πλεῖστον. Vergil Bucol. IV 61: Matri longa decem tulerunt fastidia menses. Für die Ansicht der jüdischen Hellenisten ist beweisend Sap. Sal. 7. 1: ἐγλύφην σὰρξ δεκαμηνιαίῳ χρόνῳ. Dagegen 2 MB. 7. 27: ἐλέησόν με τὴν ἐν γαστρὶ περιενέγκασάν σε μῆνας ἐννέα. Dass die 12 Kinder Jakob's innerhalb 7 Jahren geboren sind, ist auch die Ansicht der nicht hellenistischen jüdischen Exegeten. S. Ber. Rab. c. 70; Sed. Ol. Rab. c. 2; Sed. Haddor. z. J. 2193—2199. Das obige Problem wird oft durch die Annahme gelöst, sämmtliche zwölf seien Siebenmonatskinder gewesen. (S. Sed. Ol. Rab. und Sed. Haddor. das.). Vollständig abweichend ist die Ansicht des Josephus Ant. I 19, 7.

undsiebenzigsten Jahre Amram's geboren sein soll. Die erste Angabe widerspricht der Bibel (Gen. 46, 11), der zufolge Kehat noch in Kanaan geboren war, die anderen scheinen gänzlich aus der Luft gegriffen zu sein. — Das Motiv ist auch hier Rechtfertigung der biblischen Chronologie. Der Angelpunkt derselben für die älteste Zeit, zugleich aber auch das Kreuz aller Erklärer, ist der Vers (Exodus 12, 40), der den Aufenthalt der Israeliten in Aegypten auf 430 Jahre bestimmt. Diese Zahl stimmt bekanntlich durchaus nicht und ist viel zu gross im Verhältniss zu vielen anderen Angaben der Bibel. Man rechnete daher den Aufenthalt der Erzväter in Kanaan hinzu — nach einer sehr alten Deutung, welche im Text der LXX und des Samaritaners einen Zusatz erzeugt hat, und die auch zahlreiche talmudische Schriften aufweisen*). Das Einschiebsel muss nun schon Demetrios bei den LXX vorgefunden haben; denn auf ihm ruht seine Berechnung. Den Zeitraum von der Einwanderung Abraham's in Kanaan bis zum Auszuge der Israeliten aus Aegypten theilt er in zwei gleiche Hälften. Für den ersten Zeitraum werden umständlich und genau den biblischen Angaben entsprechend 215 Jahre herausgerechnet (425b), und an den Endpunkt desselben, die Wanderung nach Aegypten, wird die ganze Chronologie der ältesten Zeit angeschlossen (425c). — Für den zweiten Zeitraum von der Einwanderung bis zum Auszuge aus Aegypten wird eine Gesammtsumme nicht angegeben; Zahlen und genealogische Notizen laufen wirr durcheinander, und das unentbehrliche Schlussglied der ganzen Berechnung ist hier, am Ende des Capitels und des Excerptes, ausgebrochen (425c—426a). Ordnen wir aber die Zahlen, so ergiebt sich sehr bestimmt der Zweck des Ganzen.

---

*) Cod. Alex. und 27 andere codd. Holmes' Exod. 12,40: Ἡ δὲ παροίκησις τῶν υἱῶν Ἰσραὴλ ἣν παρῴκησαν ἐν γῇ Αἰγύπτῳ καὶ ἐν γῇ Χαναὰν αὐτοὶ καὶ οἱ πατέρες αὐτῶν κτλ. Wenig anders der Vatic. Für die talmudischen Schriften vgl. Mechilta, Schem. Rab., Tanch. u. Jalk. Sim. zu Exod. 12, 40; Jer. Megil. 1 11; Babl. Megil. 9a; Sed. Ol. Rab. c. 3. Bamidb. Rab. c. 16; Tanchuma Anf. Schemot. Ausdrücklich wird hervorgehoben, dass um den Widerspruch zu heben, von den Siebenzig der Zusatz gemacht worden sei. Die Chronologie dieses Zeitraumes beruht auf demselben Prinzip wie bei Demetrios, weicht aber in einzelnen Zahlen ab. Beer im Leben Abraham's S. 118 hat die älteren Ansichten ziemlich vollständig zusammengestellt. Doch ist unter Anderem die auffallende Nachricht übersehen, dass nach Ber. Rab. c. 84 vom Bunde zwischen den Stücken bis zur Rückkehr Jakob's aus Charan 259 Jahre verstrichen sein sollen.

Jakob nämlich lebt nach Demetrios in Aegypten bis zur Geburt Kehat's 17, Kehat bis zur Geburt Amram's 40, Amram bis zur Geburt Moses' 78 Jahre. Diese Zahlen, mit denen das Excerpt abschliesst, sind ganz unverständlich. Fügen wir aber die 80 Lebensjahre Moses', die er beim Auszuge alt war, hinzu, so ergiebt sich wieder die Summe von 215 Jahren (= 17 + 40 + 78 + 80)*). Ein abermaliger Beweis für die unverständige Art, mit der Alexander seine Excerpte behandelte und geradezu verstümmelte. Denn dass Eusebios, der Verfasser der Chronik, am Schlusse einer langen Kette von Zahlen das allerwichtigste Glied abgerissen haben sollte, ist unglaublich. — Aber wenn hiermit die Aufstellung dieser Zahlen nach ihren Motiven erkannt ist, so sind sie doch noch nicht gerechtfertigt. Kehat kann nicht im Todesjahre Jakob's geboren sein, weil er (nach Genes. 46, 11) mit Jakob nach Aegypten gezogen sein soll. Hat nun aber schon Demetrios bei den LXX gefunden, dass Binjamin — der bei der Einwanderung in Aegypten nach Demetrios 28 Jahre alt war (c. 21. 425 c) — mit 3 Söhnen, 6 Enkeln und Einem Urenkel in der Tafel der Einwanderer verzeichnet war**), so musste er hier bei Binjamin's Nachkommen und konnte bei Kehat annehmen, dass sie, obgleich später geboren, dennoch aufgezählt wurden, weil sie, um mit Delitzsch zu sprechen, 'in ihren Vätern nach Aegypten gekommen waren'. So suchen ja auch Neuere die

---

*) Bedürfte die Motivirung dieser Zahlen noch eines Beweises, so würde ihn Josephus liefern, der Ant. II 15, 2 den Auszug 430 Jahre nach der Einwanderung Abraham's in Kanaan und 215 Jahre nach Jakob's Ankunft in Aegypten ansetzt. Diese Angabe ist, wie so viele andere bei Josephus, einem fremden chronologischen System, also bei der völligen Uebereinstimmung mit dem des Demetrios wahrscheinlich diesem entlehnt, weil sie Josephus' eigenem System widerspricht. Denn diesem zufolge fällt Jakob's Geburt nach Abraham's Tode (Ant. I 18, 1), also mindestens 100 Jahre nach dessen Einwanderung (Gen. 12, 4. 25, 7); Jakob ist bei seiner Ankunft in Aegypten 130 Jahre alt (Jos. Ant. II 7, 6): also ergeben sich von Abraham's Einwanderung in Kanaan bis Jakob's Zug nach Aegypten mindestens 230 Jahre. Beer (a. a. O. S. 118) hat diese Stelle übersehen. Vgl. übrigens M. Niebuhr (S. 355).

**) So nach cod. Alex. (Genes. 46, 21) und der bei weitem grössten Zahl der Handschriften. Dass die Lesart des cod. Vatic., die dem masoretischen Text näher steht, vorzuziehen sei, wie Delitzsch z. St. annimmt, ist schon darum falsch, weil derselbe zu Gen. 46, 21 nicht vorliegt. Bekanntlich fehlt der Anfang bis Gen. 46, 27; Delitzsch hat die unzuverlässige römische Ausgabe für die Vaticanische Handschrift angesehen.

Schwierigkeiten des biblischen Textes zu heben (s. Delitzsch a. a. O. S. 564). — Die Angaben über das Lebensalter Kehat's und Amram's bei der Geburt ihrer Söhne erscheinen uns jetzt als frei erfunden. Wahrscheinlich aber hat Demetrios sich bei denselben auf ältere Erklärungen berufen oder sie selbst als bloss hypothetische aufgeführt. Dass er sie nicht selbst ersonnen hat, geht aus der unsymmetrischen Art derselben hervor (17 + 40 + 78). Aehnliche vielfältige Deutungen und Annahmen über die Lebenszeit der Vorfahren Moses' bieten übrigens auch die midraschische und die spätere exegetische Litteratur der Juden dar. Eine Sammlung solcher Deutungen giebt Seder Haddorot zum Jahre 2255 ff.

Dass wir aber in der That berechtigt sind, den Text der LXX, auch wo er die stärksten Abweichungen von dem der Bibel aufweist, als Demetrios' Quelle anzusehen, kann noch aus anderen Thatsachen erhärtet werden. Demetrios rechnet von Adam bis zu Jakob's Einwanderung in Aegypten 3624, von der Sintfluth bis zu diesem Zeitpunkt 1360, von Abraham's Einwanderung in Kanaan bis dahin 215 Jahre*). Aus diesen Zahlen ergeben sich 2264 Jahre von Adam bis zur Fluth**), 1070 Jahre von der Fluth bis zur Geburt Abraham's. Der hebräische Text bietet bloss 1656 Jahre von Adam bis zur Fluth und 390 Jahre von dieser bis zur Geburt Abraham's. Die LXX haben 2262 Jahre für den ersten und 1070 Jahre für den zweiten Zeitraum. Diese letztere Zahl wie auch die 390 Jahre des hebr. Textes gelten aber nicht für die Zeit von der Fluth an, sondern von der Geburt Arpachschad's, 2 Jahre nach derselben (Genes. 11, 10). Rechnet man diese 2 Jahre von Demetrios' 2264 Jahren für den ersten Zeitraum ab, das heisst, nimmt man an, dass Demetrios ebenfalls nicht bis zur Fluth, sondern bis Arpachschad's Geburt gezählt habe, so zeigt sich vollständige Uebereinstimmung mit den LXX: Demetrios hat also alle die grossen

---

*) 425 c: Εἶναι δὲ ἀπὸ τοῦ Ἀδὰμ ἕως τοῦ εἰσελθεῖν εἰς Αἴγυπτον τοὺς τοῦ Ἰωσήφ συγγενεῖς ἔτη ‚γχδ΄ · ἀπὸ δὲ τοῦ κατακλυσμοῦ ἕως τῆς Ἰακὼβ παρουσίας εἰς Αἴγυπτον ἔτη ‚ατξ΄ · ἀφ' οὗ δὲ ἐκλεγῆναι Ἀβραὰμ ἐκ τῶν ἐθνῶν καὶ ἐλθεῖν ἐκ Χαρρὰν εἰς Χαναὰν ἕως εἰς Αἴγυπτον τοὺς περὶ Ἰακὼβ ἐλθεῖν ἔτη σιε΄.

**) Josephus, wo er diesen Zeitraum berechnet, ist nach verschiedenen Systemen interpolirt. Denn es übersteigt doch weit das gewöhnliche Mass der bei ihm nicht seltenen chronologischen Widersprüche, was er Ant. I 3, 3 für die 10 Geschlechter als Gesammtzahl, I 3, 4 in einzelnen Zahlen angiebt, verglichen mit VIII 3, 1.

Veränderungen schon gekannt, welche die LXX im fünften und elften Capitel der Genesis erfahren hat — den zweiten Kainan mit einbegriffen. Er hat ferner Metuselach bis zur Geburt Lamech's 187 statt 167 Jahre und Nachor bis zur Geburt Terach's 79 statt 179 Jahre gegeben, was dort die Lesart von 15 Holmesischen Handschriften und von DE Lagarde's, hier die von 29 Codices Holmes' und 6 Lagarde's in erwünschtester Weise bestätigt. — Diese und die schon oben erwähnten Abweichungen vom hebr. Text sind schwerlich erst nach Demetrios' chronologischem System in die LXX hineingetragen worden: denn in Einem Falle, bei den Vorfahren Sepphora's, erklärt Demetrios ausdrücklich, er schliesse aus Namen, das sind aber solche, die sich in unserem hebräischen Texte nicht, wohl aber bei den LXX vorfinden (s. oben S. 43).

Alle aber für die Zuverlässigkeit des Demetrios beigebrachten Zeugnisse scheinen entkräftet, alle bisher nachgewiesenen Spuren ungerechtfertigter Deutungsweise durch Irrthümer der schlimmsten Art überboten, wenn wir überall dem Texte der Fragmente folgen, wie er noch in Gaisford's, Müller's und Dindorf's Ausgaben vorliegt. Hat Demetrios geschrieben, was wir heute unter seinem Namen lesen, so ist er nicht bloss ein unwissender und leichtfertiger Geschichtsforscher, so steht er nicht bloss tief unter den schlimmsten Lügenschreibern seiner Zeit — dann müssen wir geradezu an seinem Verstande zweifeln. Kein Mensch mit gesunden Sinnen wird doch für eine und dieselbe Thatsache in einem Athem drei verschiedene Zeitbestimmungen geben, wie das Demetrios für Jakob's Wanderung nach Charan zu thun scheint. Zuerst c. 21. (422 d) soll er ihm ein Alter von 75, bald darauf eines von 77 und am Ende (425 d) gar von 80 Jahren beigelegt haben. Vigerus zur letzten Stelle will den Widersinn wenigstens zum Theil heben, indem er 80 als ungefähre Zeitangabe ('ἐτῶν ἔνια π᾽ — circiter non ἀϰϱιβῶς') fasst. Das aber ist eine schlechte Aushilfe. Denn ein Chronologe, der selbst bei ziemlich unsicheren Daten bis auf einen Monat genau sein will, wird nicht ohne Grund bei einer vollkommen sicheren Thatsache 'ungefähr' 80 statt 77 Jahre sagen, und dass 75 = 77 sei, ist doch nicht minder falsch, als dass 77 Jahre soviel wie 80 seien. — Ohne eines Beweises zu bedürfen, darf man ferner behaupten, dass Demetrios 5 und 1 richtig habe zusammenzählen können. 425 a aber lesen wir: '5 Theile setzte Joseph dem Binjamin vor, 1 nahm er,

so werden es 7, und soviel nahmen auch die Söhne Lea's'*). Viger
(z. St.) will freilich hier 2 statt 1 (δύο für μίαν) schreiben, und Dindorf hat diese Conjectur in den Text gestellt, wobei aber weder
erklärt wird, wie die Verderbung entstehen konnte, noch warum
Joseph sich gerade 2, Binjamin gerade 5 und nicht etwa sich 1
und Binjamin 6 oder Beiden gleich viele Theile gab, noch woher
der siebente Sohn Lea's kommt. Lea hatte nur sechs Söhne, und
man darf nicht etwa Dina gegen den Sprachgebrauch in die νίοι
einschmuggeln wollen, weil sie doch nicht mit nach Aegypten gezogen ist, also auch keinen Antheil von dem Gastgeschenk in
Empfang hat nehmen können. Schwerlich hat ferner Demetrios
behauptet, dass Levi einen Sohn Namens Klath gehabt habe (425 d)
und dass Jakob aus Charan zu Laban gewandert sei (das.). — Man
mag nun über Demetrios denken, wie man will: als einen Mann
mit gesunden Sinnen hat er sich doch wahrlich erwiesen. Wir
dürfen daher nicht ihm den Aberwitz unserer Lesarten zur Last
legen. Ja, so ungereimt sind die eben erwähnten und andere hier
nicht erwähnte Verstösse, dass wir sie ebensowenig dem zwar
häufig gedankenlosen, aber doch nicht unsinnigen Compilator Alexander und am wenigsten dem bibelkundigen Eusebios aufbürden dürfen.
Das bedarf für Dinge, wie die genannten, keines weiteren Beweises.
— Wie schlimm es nun aber mit den Handschriften des Eusebios
bestellt ist, das kann leicht nachgewiesen werden.[1] Wie sehr ferner
in der alten und zumal in der ekklesiastischen Litteratur gerade
Namen und Zahlen durch Abschreiber und Leser verunstaltet worden
sind, ist Jedem bekannt, der einmal einen prüfenden Blick auf die
Königslisten Manetho's oder in die Werke eines Josephus, Clemens,
Eusebios und Synkellos geworfen hat. So würden wir denn kaum
der Rechtfertigung bedürfen, wenn wir auch hier ohne weitere Ge-
währ als den Widersinn der jetzigen Lesarten sie ändern wollten.
In Wirklichkeit aber lassen sich manche Fehler mit Hilfe guter
Handschriften entfernen; andere mit der diplomatisch leichtesten
Aenderung corrigiren, alle aber aus ihren Anlässen erklären. —
Die Zahl 77 ist für Jakob's Lebensalter bei seiner Wanderung nicht
bloss Einmal ausdrücklich von Demetrios geschrieben worden (422 d),

---

*) Διὰ τοῦτο τῷ Βενιαμὶν πέντε μερίδας παραθεῖναι καὶ αὐτὸν λαβεῖν μίαν · γενέ-
σθαι οὖν ἑπτὰ, ὅσας καὶ τοὺς ἐκ τῆς Λείας υἱοὺς λαβεῖν.

sondern auch durch die Beziehungen zu anderen Zahlen vollständig
geschützt. So 422 d, wonach Isaak, der bei Jakob's Geburt 60 Jahre,
bei Jakob's Auswanderung 137 Jahre alt war $(137 - 60 = 77)$. So
423 a, wonach Jakob 7 Jahre später im Alter von 84 Jahren heirathet
$(84 - 7 = 77)$. So 424 b, welcher Stelle zufolge Jakob 30 Jahre später
107 Jahre alt war $(107 - 30 = 77)$. Und so ist auch (424 c) als Lebensalter Jakob's bei Isaak's Tode und Joseph's Erhebung, d. h. 43 Jahre
nach Jakob's Auswanderung, aus vier Handschriften (BCFG) von
sieben 120 statt 110 ($\varrho \varkappa'$ statt $\varrho \iota'$) herzustellen; denn Isaak stirbt
180 Jahre alt, Jakob ist im 60. Jahre Isaak's geboren, also $180 - 60$
$= 120$ und $120 - (30 + 13) = 77$. Wird nun trotz aller dieser Stellen
für die Flucht Jakob's einmal ein Alter von 75, einmal von 80 Jahren
angesetzt, so liegt nur der Schreibfehler eines Copisten vor. $O\overline{H}$,
das Zahlzeichen für 77, ward zu $\overline{OII}$, was bei der fast gleichen Form
von H und Π in älteren Handschriften sehr leicht geschehen konnte.
Da nun Π als Zahlzeichen gewöhnlich 80, nach früherem Gebrauche
aber auch 5 bedeuten konnte, schrieb man entweder 75 für 77, oder
strich das neben $\Pi = 80$ allerdings widersinnige O und setzte $\overline{\Pi}$
allein in den Text, welche Zahl ja auch ungefähr der Wahrheit
entsprach*). — Um $KAA\Theta$, den unbiblischen Sohn Levi's, in den echt
biblischen $KAA\Theta$ zurück zu verwandeln, genügt die Aenderung eines
Strichleins oder noch weniger, da Λ und $\varLambda$ in älteren Handschriften
überhaupt nicht zu unterscheiden sind (s. Wattenbach a. a. O. Anhang S. 1). — Dem Kehat seinen rechten Sohn $'A\mu\varrho\acute{\alpha}\mu$ statt des
$'A\beta\varrho\acute{\alpha}\mu$ der Handschriften wiederzugeben hat schon Gaisford aus-
nahmsweise sich erlaubt**). — Jakob ferner ist nicht aus Charan,
sondern nach Charan zu Laban gegangen (425 d), EIC $X\alpha\varrho\varrho\grave{\alpha}\nu$ statt
EK, was, da der letzte Strich von K oft gerundet und vom ersten
getrennt erscheint, vollkommen identisch ist (Bast a. a. O. p. 720).
So ist auch $\epsilon\grave{\iota}\varsigma$ $X\alpha\varrho\varrho\grave{\alpha}\nu$ 422 d, 423 d und unmittelbar vor der schad-
haften Stelle von Demetrios geschrieben worden. — Der Lea hat
Demetrios nicht 7, sondern 6 Söhne gegeben (425 a) und hat auch

---

*) Bast Comment. paläogr. bei Schäfer's Gregor. Corinth. p. 715. Wattenbach
Anleit. z. griech. Paläogr. Anh. S. 9. 17. Ueber $\Pi = 5$ in Handschriften s. Gaisf.
zu Eus. pr. ev. X p. 472 b; Dind. praef. p. XVIII.

**) Dass B und M häufig von den Schreibern vertauscht worden sind, lehrt
Bast a. a. O. p. 768. Eine grosse Zahl von Bibelhandschriften bietet ebenfalls
$A\beta\varrho\alpha\mu$ oder $A\beta\varrho\alpha\alpha\mu$ für $A\mu\varrho\alpha\mu$ Exod. 6, 18. 20. Num. 3, 19. 1 Paral. 23, 11. 12.

5 + 1 zusammenzuzählen können. Der Fehler beruht bloss auf der Verwechselung von ς (= 6) mit einer der vielen ähnlichen Formen des Buchstabens ζ (= 7), der sich in Uncialschrift bloss durch ein hinzugefügtes Häkchen vom στ unterscheidet. Man hat also nur ἓξ für ἑπτά zu lesen, um alle Schwierigkeiten zu heben.

Tiefer aber als an allen diesen Orten liegt der Schaden an einer anderen Stelle (423a): Ῥαχήλ τε μὴ τίκτουσαν ζηλῶσαι τὴν ἀδελφὴν καὶ παρακοιμίσαι τῷ Ἰακὼβ τὴν ἑαυτῆς παιδίσκην Ζελφὰν τῷ αὐτῷ χρόνῳ, ᾧ καὶ Βαλλὰν συλλαβεῖν τὸν Νεφθαλείμ, τῷ ἑνδεκάτῳ ἔτει μηνὶ πέμπτῳ, καὶ τεκεῖν τῷ δωδεκάτῳ ἔτει μηνὶ δευτέρῳ υἱόν, ὃν ὑπὸ Λείας Γὰδ ὀνομασθῆναι · καὶ ἐκ τῆς αὐτῆς τοῦ αὐτοῦ ἔτους καὶ μηνὸς δωδεκάτου ἕτερον τεκεῖν, ὃν καὶ αὐτὸν προσαγορευθῆναι ὑπὸ Λείας Ἀσήρ. In diesen Sätzen stecken die seltsamsten Abweichungen von der Bibel. Lea's Magd Silpha wird zuerst als Magd Rachel's angesehen; die Kinder derselben, die demnach der Rachel angehörten, sollen aber von Lea ihre Namen erhalten haben. Construirt man den Satz, um dieser Schwierigkeit zu entgehen, anders, und bezieht man *Βαλλὰν* noch auf *τεκεῖν*, so würde von den Söhnen Silpha's, der angeblichen Magd Rachel's, gar Nichts erwähnt, Bilha aber, die jetzt fälschlich als Magd Lea's erschiene, würde 3 Söhne: Naphtali, Gad und Ascher geboren haben. Dan's Namen vermissen wir in jedem Falle. Wir finden ihn allerdings später (423c), aber als jüngsten Sohn Lea's und als Zwillingsbruder von Dina: καὶ τὴν αὐτὴν (sc. *Λείαν*) τῷ τεσσαρεσκαιδεκάτῳ ἔτει μηνὶ ὀγδόῳ τεκεῖν υἱὸν ὄνομα Δάν. Ἐν ᾧ καὶ Ῥαχὴλ λαβεῖν ἐν γαστρί, τῷ αὐτῷ χρόνῳ, ᾧ καὶ Λείαν τεκεῖν θυγατέρα Λείναν, καὶ τεκεῖν τῷ τεσσαρεσκαιδεκάτῳ ἔτει μηνὶ ὀγδόῳ υἱὸν κτλ. Wie auch diese Angabe vollständig dem biblischen Bericht zuwiderläuft, braucht nicht hervorgehoben zu werden. Dan ist nicht Lea's, sondern Bilha's Sohn und viel früher als Dina, unmittelbar nach Juda geboren (Genes. 30, 6). Nirgends findet sich eine Andeutung, die zur Annahme einer solchen Zwillingsgeburt berechtigte, und mindestens sehr seltsam ist, dass Dina's Geburt nur so ganz beiläufig in einem Zwischensatz berichtet wird. Am leichtesten ist nun zunächst hier (423c) der Eindringling zu entfernen, indem ΔΙΝΑΝ oder ΔΕΙΝΑΝ statt ΔΑΝ geschrieben wird. Die Verderbung ist von einem unwissenden Leser ausgegangen, der bei der Aufzählung der Kinder Jakob's Dan vermisste, nachdem von den drei gleichen Silben Δ - ιν - αν - εν die erste ausgefallen oder aus-

geworfen war, den rechten Sohn wiedergefunden zu haben glaubte
und nun auch natürlich das voraufgehende ϑυγατέρα in τὸν verwandeln
musste. Dass aber Dan's Name mit Unrecht an diesen Ort verschlagen ist, beweisen zwei andere Stellen, wo alle Söhne Jakob's
wiederholt aufgezählt werden, Dan aber regelmässig vermisst wird
(423 d und 425 b). — Für diese dreifache Lücke ist nicht die
Lässigkeit oder Unwissenheit eines Abschreibers verantwortlich zu
machen; denn die Verderbung wiederholt sich zu oft und dringt zu
tief in den Gehalt der Fragmente ein. Dass auch Eusebios, der
bibelkundige Bischof, sich nicht absichtlicher und zweckloser Entstellung sehr klarer biblischer Berichte werde schuldig gemacht
haben, bedarf keines Beweises. Ebensowenig wird man ein solches
Verfahren Demetrios zutrauen, dessen Bibelfestigkeit sich doch als
eine zu bedeutende bewährt hat, der zudem ausdrücklich (423 d)
die Zahl der bei Laban geborenen Kinder Jakob's auf 12 bestimmt,
während es ohne Dan nur 11 wären. So bleibt Nichts übrig, als
die Ursache des Verderbnisses auf einen Redactor der Fragmente
zurückzuführen, der die Bibel nicht genau kannte und seine Vorlagen mit leichtfertiger Willkür zustutzte, also auf keinen anderen,
als auf den heidnischen, flüchtig schreibenden Compilator Alexander.
Nehmen wir, wie wir es noch an anderen Stellen thun müssen, auch
hier an, dass zuerst der Satz, welcher Dan's Geburt meldete, in
seinen Excerpten durch irgend welches Versehen, etwa in Folge
eines Homoioteleuton, ausgefallen war, so ist Alles erklärt. Denn
nun war Dan für Alexander nicht geboren, sein Name wurde daher
auch bei den folgenden Aufzählungen der Kinder Jakob's gestrichen,
wozu Alexander um so eher sich für berechtigt halten konnte, als er
ΤΟΝΔΑΝ für Dittographie des unmittelbar voraufgehenden ΙΟΤΔΑΝ
ansehen konnte*). Die Gesammtzahl der Kinder aber änderte er
nicht (423 d), weil er sich nie die Mühe genommen hatte, sie selbst
auszurechnen und sie von Demetrios auf Treu und Glauben hin-
nahm. Auch die übrigen oben hervorgehobenen Schwierigkeiten

---

*) Man könnte vermuthen, dass es Alexander selbst gewesen sei, der auch in
den Fragmenten des Eupolemos Dan gestrichen und dafür Δαβίδ eingesetzt habe
(c. 34. 449c vgl. II Paral. 2, 13). Doch liegt hier wohl bloss ein Schreibfehler
vor. ΔΑΔ, wie häufig Δαβίδ geschrieben wurde, verdrängte das richtige ΔΑΝ
(vgl. Wattenbach a. a. O. Anh. S. 25).

in Betreff der Mägde Lea's und Rachel's sind gehoben, wenn wir, ohne das Mindeste zu ändern, etwa folgende Worte nach παιδίσχην (423b) einfügen: .. τὴν ἑαυτῆς παιδίσχην 〈 Βαλλὰν, ἣν τεκεῖν τῷ ἑνδεκάτῳ ἔτει μηνὶ τετάρτῳ τὸν Δὰν καὶ τῷ δωδεκάτῳ ἔτει μηνὶ δευτέρῳ τὸν Νεφθαλεὶμ · Λείαν δὲ καὶ αὐτὴν παρακομίσαι τῷ Ἰακὼβ τὴν ἑαυτῆς παιδίσχην 〉 Ζελφὰν κτλ. Hiermit haben die Mägde ihre rechten Herrinnen, — Dan, Naphtali, Gad und Ascher ihre rechten Mütter wieder erhalten; die Lücke ist aus dem häufigsten Fehler alter Abschriften, der gleichen Endung von Sätzen, erklärt, und unser Glaube an Demetrios' Zuverlässigkeit hat keine Einbusse erlitten. Ein sehr werthvoller Beweis ist aber hiermit aufs neue für Eusebios' Gewissenhaftigkeit erlangt. Hätte er irgendwo an der Bibelfeindlichkeit seiner Excerpte Anstoss genommen und um der lieben Harmonie mit der heiligen Schrift willen dieselben fälschen wollen, hier hätte er es thun müssen und aufs leichteste thun können. Dass er es nicht that, bekräftigt, was oben über Eusebios' Verfahren dargethan worden ist.

Es ist wohl die Folge einer ähnlichen, aber weniger tief einschneidenden Versündigung Alexander's, wenn wir auch 423 d f. einen stark entstellten Bericht finden *). Hiernach kommt Jakob unmittelbar von Charan nach Sichem und wohnt dort 10 Jahre, bis Dina von Schechem verführt wird. Der Aufenthalt in Sukkot wird nicht erwähnt. Richtig ist nur, dass, wenn Dina bei der Abreise von Charan erst 6 Jahre 4 Monate alt war (424a vgl. 423c und d), etwa zehn Jahre bis zu ihrer Verführung verstrichen sein müssen. Nicht mehr, denn Joseph ist um dieselbe Zeit wie Dina geboren (Genes. 30, 21 f. Demetrios 423c) und ist einige Zeit nach dem Abzuge von Sichem 17 Jahre alt (Genes. 37, 2. Demetrios 424c). — Unwahrscheinlich aber und der Angabe Genes. 33, 17 widersprechend ist, dass Jakob diese ganzen 10 Jahre in Sichem verlebt habe, und auch Demetrios' Originalschrift kann das nicht berichtet haben; denn von Sichem wird 423d als von einer anderen Stadt Kanaan's ⟨τῆς Χαναὰν γῆς εἰς ἑτέραν πόλιν⟩ gesprochen, ohne dass dies 'andere' eine Beziehung zu irgend einer vorher genannten Stadt hätte. Auch hier

---

*) Καὶ ἐλθεῖν αὐτὸν τῆς Χαναὰν γῆς εἰς ἑτέραν πόλιν Σιχίμων ἔχοντα παιδία κτλ. 424a: Παροικῆσαι δὲ Ἰσραὴλ παρὰ Ἐμμὼρ ἔτη δέκα καὶ φθαρῆναι τὴν Ἰσραὴλ θυγατέρα κτλ.

muss also ein kurzer Satz, der Jakob's Aufenthalt in Sukkot meldete und der, vielleicht dem Texte der LXX (Gen. 33, 17) nachgebildet, mit denselben Worten wie der nachfolgende anfing, ausgefallen oder in der Eile des Excerpirens ausgelassen sein. Da nun aber aus dem angeführten Grunde die Summe von 10 Jahren nicht vermindert werden konnte, bezog sie Alexander gänzlich auf Jakob's Aufenthalt in Sichem und deutete auch die für die Abreise von Charan in seiner Vorlage gegebene, abermalige Berechnung des Lebensalters der Kinder Jakob's auf die Ankunft in Sichem (423d)*).

Wenn in den beiden letzten Fällen der Excerptor und Epitomator Alexander den grössten Theil der Schuld für die nachgewiesenen Verderbnisse seiner Auszüge trägt, so ist es dagegen ungewiss, wer für die Entstellung eines anderen höchst wichtigen Fragmentes verantwortlich zu machen ist. Dasselbe lautet bei Clemens (strom. I p. 403 Pot.): Δημήτριος δέ φησιν ἐν τῷ Περὶ τῶν ἐν τῇ Ἰουδαίᾳ βασιλέων τὴν Ἰούδα φυλήν καὶ Βενιαμὶν καὶ Λευΐ μὴ αἰχμαλωτισθῆναι ὑπὸ τοῦ Σεναχηρεὶμ· ἀλλ᾽ εἶναι ἀπὸ τῆς αἰχμαλωσίας ταύτης εἰς τὴν ἐσχάτην, ἣν ἐποιήσατο Ναβουχοδονόσορ ἐξ Ἱεροσολύμων, ἔτη ἑκατὸν εἴκοσι ὀκτω μῆνας ἕξ· ἀφ᾽ οὗ δὲ αἱ φυλαὶ αἱ δέκα ἐκ Σαμαρείας αἰχμάλωτοι γεγόνασιν ἕως Πτολεμαίου τετάρτου ἔτη πεντακόσια ἑβδομήκοντα τρία μῆνας ἐννέα· ἀφ᾽ οὗ δὲ ἐξ Ἱεροσολύμων ἔτη τριακόσια τριάκοντα ὀκτὼ μῆνας τρεῖς. Dass dies Fragment nicht unversehrt ist, hat Keiner von denen verkannt, welche sich ernstlich mit ihm beschäftigt haben. Es ist zuvörderst unmöglich, dass Demetrios erklärt haben sollte, die Stämme Juda, Binjamin und Levi seien nicht von Sancherib in die Gefangenschaft geführt worden, und dass er doch sofort 'von dieser Gefangenschaft ab' zähle. Es ist ferner unmöglich, dass Demetrios von Sancherib's Zug gegen

---

*) Von einer längeren Niederlassung in Sukkot wissen nicht bloss der Talm. Megil. 17 a; Ber. Rab. und Jalk. Sim. sowie die späteren jüd. Exegeten zu Genes. 33, 17 und Seder Olam Rabba c. 2 zu berichten, sondern auch neuere Exegeten nehmen eine solche an (s. Delitzsch a. a. O. S. 485). Wie viele neuere Forscher aber mit unserem Demetrios eine zehnjährige Frist zwischen Jakob's Abreise von Charan und der Entehrung Dina's ausrechnen, ersehe man aus Delitzsch (das. S. 492). Die midraschischen Schriften rechnen 1½ Jahre für den Aufenthalt in Sukkot und ½ Jahr bis zur Niederlassung bei seinem Vater Isaak, vielleicht darum, weil Joseph 22 Jahre von seinem Vater getrennt war, und bei der Parallelisirung seines Lebens mit dem Jakob's (Bam. Rab. c. 14) auch dieser nach 22jähriger Abwesenheit zu seinem Vater zurückgekehrt sein sollte.

Judäa bis zur letzten Wegführung der Judäer durch Nabukodrossor
128 Jahre 6 Monate und von der Wegführung der zehn Stämme
durch Salmanassar bis zu dem genannten Zeitpunkt 573 Jahre 9 Monate
weniger 338 Jahre 3 Monate, also 235 Jahre 6 Monate rechne, da
Salmanassar nur 7—8 Jahre vor Sancherib's Einfall Samaria zerstört
hat. Es ist endlich unwahrscheinlich, dass Demetrios von Ptolemäos IV., also vom Jahre 222 gew. Zeitr., bis zur letzten Wegführung der Juden nur 338 Jahre 3 Monate gezählt habe, da hiermit
das Datum derselben entweder auf das Jahr 560, also mehr als
20 Jahre zu spät, oder der Regierungsantritt des Ptolemäos nicht
später als 242, also um 20 Jahre zu früh angesetzt wäre.

Die erste Schwierigkeit ist von M. Niebuhr (a. a. O. S. 102
Anm. 1) erkannt, aber nicht gehoben worden. Man würde für
αἰχμαλωσίας ein anderes Wort, etwa λεηλασίας zu schreiben versucht
sein; denn nur von der Abführung von Geld und Tempelgeräthen erzählt die Bibel (2 Kön. 18, 13f.); nirgends aber wird von einer
Exilirung der Juden durch Sancherib berichtet, und es ist vollkommen
grundlos, wenn M. Niebuhr (a. a. O.) behauptet, 'dass von den
jüdischen Gelehrten die Wegführung der von Sancherib gefangen
genommenen Juden stets als erste Gefangenschaft angesehen worden
sei'. Aber das lästige Wort wird durch das unmittelbar folgende
εἰς τὴν ἐσχάτην ἣν κτλ. gegen jeden Angriff geschützt. Soll es
nun nicht vollkommen in der Luft schweben, so muss auch hier
der Uebelstand durch den Hinweis auf die nun schon häufig erwiesene lückenhafte Beschaffenheit der Alexandrischen Excerpte
gehoben und αἰχμαλωσία in einer etwas selteneren Bedeutung verstanden werden. Obgleich meist von kriegsgefangenen Personen
gebraucht, haben selbst Schriftsteller der besten Zeit das Wort oder
seine Sippe zur Bezeichnung von Kriegsbeute überhaupt verwendet.
So finden wir in Aeschylos' Eumeniden (v. 392) αἰχμαλώτων χρη-
μάτων, in Xenophon's Anabasis IV 7, 26 αἰχμάλωτα γέρρα, in desselben
Cyropädie IV 5, 38 αἰχμάλωτα χρήματα und VI 1, 27 αἰχμάλωτα
ἅρματα. Ueberaus häufig ist diese Bedeutung in Schriften nach-
klassischer Gräcität, wie in denen des Polybios, Plutarch und Anderer, sowie bei ekklesiastischen Schriftstellern von dem ersten
Buche der Makkab. 2, 9 und der griechischen Uebersetzung von
Hiob 12, 17 an gerechnet. Hesychios (s. v. λεηλασία) erklärt daher
αἰχμαλωσία geradezu für gleichbedeutend mit λεηλασία, μάχη, λη-

στεία, ἁρπαγή. Ist nun hierdurch die Bedeutung von αἰχμαλωτίζω
und αἰχμαλωσία gleich 'erbeuten, plündern' und 'Beutezug, Plün-
derung' neben der gewöhnlicheren, wonach sie 'gefangen nehmen'
und 'Kriegsgefangenschaft' bezeichnen, durchaus gesichert, so wird
unter Vergleichung von 2 Kön. 18, 13 f. etwa durch folgende Ergänzung die Schwierigkeit gehoben sein: Δημήτριος δέ φησιν ... τὴν
'Ιούδα φυλὴν καὶ Βενιαμεὶν καὶ Λευὶ μὴ αἰχμαλωτισθῆναι ὑπὸ τοῦ
Σεναχηρείμ ⟨ἀλλὰ πολλα χρήματα καὶ σκεύη τοῦ ναοῦ, μηδὲ μετ' ὀλίγον
χρόνον ἐκείνας αἰχμαλώτους γενέσθαι,⟩ ἀλλὰ εἶναι κτλ. Ob durch das
Homoioteleuton (ἀλλὰ-ἀλλὰ) die Lücke entstanden ist; ob Clemens
oder Alexander hier ungeschickt gekürzt haben, muss unentschieden
bleiben. An der Gräcität aber wird Niemand Anstoss nehmen, der
die stark hebraisirende, sclavisch der Bibelübersetzung nachgebildete Ausdrucksweise des Demetrios, man möchte sagen aus jeder
Zeile seiner Bruchstücke erkannt hat. Die Ergänzung selbst kann
natürlich nicht den Anspruch auf unbedingte Gewissheit, wohl aber
darauf machen, dem Text des Demetrios um ein Bedeutendes näher
zu kommen, als die jetzt uns vorliegende Lesart.

Den zweiten Fehler hat man auf zweifache Art zu heben gesucht. Man hat die Zahl 573 um 100 verringert, oder die Zahl 338
um 100 vergrössert. Das erste nehmen nach Reinesius' Vorgange
alle Späteren an bis auf Graetz, der (a. a. O. S. 490) für den letzteren Ausweg sich entscheidet. Ehe aber über die eine oder die
andere Annahme ein Urtheil gefällt werden darf, müssen die übrigen
Zahlen erklärt sein. Nach Demetrios sind verflossen

1) von Sancherib bis zur letzten Wegführung Juda's durch Nabukodrossor 128 Jahre 6 Monate;

2) von der Eroberung des Zehnstämmereichs bis zu demselben Zeitpunkt 473 Jahre 9 Monate weniger 338 Jahre 3 Monate, oder
   573 Jahre 9 Monate weniger 438 Jahre 3 Monate, also 135 Jahre
   6 Monate; daher

3) von der Eroberung des Zehnstämmereichs bis Sancherib's Raubzug
   135 Jahre 6 Monate weniger 128 Jahre 6 Monate, also 7 Jahre.

Die letzte Zahl zunächst stimmt vollständig mit dem biblischen
Bericht. Salmanassar erobert nämlich Samaria im vollendeten
sechsten Regierungsjahre Hiskia's (nach 2 Kön. 18, 9. 10); Sancherib
aber erscheint in Judäa im 14. Regierungsjahre Hiskia's (das. v. 13),
also nach 7 Jahren. — Die Regierungsjahre der Könige werden

von der Bibel in runden Zahlen gegeben. Bei den Jahren der
sechs Könige, die von Hiskia bis auf Zidkia in Betracht kommen,
— 2 andere haben nur einige Monate regiert — wird daher immer
nur bis auf etwa 2 Jahre eine genaue Rechnung möglich sein, da
es nicht entschieden werden kann, ob das letzte Regierungsjahr
ganz oder nur zum Theil mitgerechnet worden ist*). Zählen wir
die ganzen Zahlen ohne Abzug von Sancherib und Hiskia's 14. Regierungsjahre bis zur letzten Exilirung, das ist bis zum 23. Regierungsjahre Nabukodrossor's zusammen, so ergiebt sich eine Summe
von 130 Jahren 6 Monaten, und von Samarias Eroberung an — nach
Demetrios' Bestimmung des Intervalls gerechnet — von 137 Jahren
6 Monaten. Finden wir bei Demetrios 2 Jahre weniger angesetzt,
so ist er aus dem eben erwähnten Grunde vollkommen in seinem
Rechte. — Was ihn aber hierzu, wie zu der wohl damit in Zusammenhang stehenden Berechnung der Zwischenzeit von Salmanassar bis Sancherib auf bloss 7 statt der gewöhnlich angenommenen
8 Jahre veranlasst hat, kann aus den wenigen Zeilen bei Clemens
nicht herausgelesen werden. Vielleicht war es folgende Erwägung.
In einigen biblischen Berichten wird Nabukodrossor schon bei Leb-
zeiten seines Vaters Nabupolassar zur Zeit der Schlacht bei Circe-
sium König genannt (Jerem. 46, 2. Dan. 1, 1). Dadurch rückt die
Wegführung durch Nabukodrossor mindestens um 1 Jahr hinauf.
Auch aus Jerem. 52, 28. 29 geht hervor, dass man bisweilen den Anfang der Herrschaft Nabukodrossor's um 1 Jahr höher ansetzte.
Und wenn Hesekiel 1, 1 nach Jahren Nabupolassar's gezählt hat,
so würde die Abführung Königs Jojachin sogar um 2—3 Jahre früher
angesetzt sein, als es nach anderen Berichten geschehen dürfte
(s. Ewald a a. O. III³ 836). Ob Demetrios seine Chronologie hiermit in Uebereinstimmung bringen wollte, ob andere Gründe ihn
geleitet haben, muss unentschieden bleiben. Dass aber seine Rech-

---

*) M. Niebuhr in seinem oft angeführten trefflichen Werke (S. 51 f.) schwankt
freilich nur, ob die Regierungsjahre der Könige von Juda ante- oder postdatirt
worden sind. Sollen aber die Widersprüche in den Listen der judäischen und
israelitischen Könige vollständig gehoben werden, so ist die obige Annahme wohl
kaum abzuweisen. Das Rechte lehrt wiederum Ewald (a. a. O. III³ 464). Dass
für die Erklärung der obigen Zahlen die noch sehr widerspruchsvollen Ergebnisse
der assyrischen Inschriften nicht benutzt werden durften, ist einleuchtend. Denn
sicherlich hat Demetrios sie weder berücksichtigt noch überhaupt gekannt.

nung nicht in Widerspruch mit der Bibel steht, ist erwiesen. Als
Jahr der letzten Wegführung würde demnach, wenn 719 gew. Zeitr.
für die Eroberung Samarias festgehalten wird, 584/3 gew. Zeitr.
sich ergeben *). — Durchaus widersinnige Resultate aber gehen aus
den letzten Zahlen unseres Fragmentes hervor. Selbst wenn wir
nach Reinesius' Emendation nicht 573 Jahre 9 Monate, sondern 473
Jahre 9 Monate von dem Datum der Zerstörung Samarias abrechnen,
gelangen wir doch nicht bis zum Regierungsantritt des vierten
Ptolemäers, sondern in das Jahr 246 gew. Zeitr., während Ptolemäos IV.
222 zur Regierung gekommen ist. Derselbe Fehler ergiebt sich
natürlich, wenn von der letzten Wegführung durch Nabukodrossor
338 Jahre 3 Monate abgerechnet werden. M. Niebuhr will Demetrios
diesen bedeutenden Rechnungsfehler zutrauen und ihn aus einer
Verwechselung des 23. Jahres Nabukodrossor's mit dessen 43. (S. 102),
oder des ersten Jahres Kyros' in Babylon mit dessen erstem Regierungsjahre in Persien oder aus der Annahme eines Exils von 91 Jahren
(S. 353 Anm. 1) erklären. Aber wer wie Demetrios die entlegensten
Zahlen der Bibel mit Sicherheit zu verwenden weiss, der wird sich
schwerlich in helleren Zeiten der Geschichte derartige Irrthümer
zu Schulden kommen lassen. und ganz unglaublich ist, dass Demetrios eine 91jährige Dauer des Exils gegen alle Berichte der Bibel
und der Profangeschichte jemals für möglich gehalten haben könnte.
Um dieser Schwierigkeit, die zuerst von Graetz (a. a. O.) hervor-

---

*) Mit Demetrios' hiesiger Rechnung stimmt Josephus (Ant. X 9, 7) vollständig
überein. Derselbe rechnet von der Wegführung der zehn bis zu der der zwei
Stämme 130 Jahre 6 Monate 10 Tage. Zählt man nach Josephus (das.) 5 Jahre
von Zidkia bis zur letzten Wegführung hinzu, so ergeben sich die oben von Demetrios angenommenen 135 Jahre 6 Monate mit einem Ueberschuss von 10 Tagen.
Diese 10 Tage sind keine Klügelei des Josephus, wie M. Niebuhr glaubt (a. a. O.
S. 104), 'weil er des Tempels Zerstörung auf den 10. Tag des 5. Monats annahm';
denn Jos. setzt dieselbe Ant. X 8, 1 auf den 9. Tag. Diese 10 Tage entsprechen
vielmehr den von der Bibel zu Jojachin's dreimonatlicher Regierung hinzugefügten
10 Tagen (2 Paral. 36, 9), sind daher wahrscheinlich auch von Demetrios nicht
vergessen und erst von Clemens gestrichen worden. Aus der Schrift des Demetrios stammt aber mittelbar oder unmittelbar Josephus' Angabe, weil sie den von
ihm angenommenen Regierungsjahren der einzelnen Könige widerspricht. — Zu
Demetrios' System stimmt ferner nach der obigen Ausführung das von Josephus
(Ant. X 8, 5; c. Ap. I 21) für die Wegführung unter Zidkia angenommene
18. Regierungsjahr Nabukodrossor's statt des 19. (vgl. 2 Kön. 25, 8 mit 2 Jirm.
52, 29).

gehoben worden ist, zu entgehen, entschliesst sich derselbe, nicht die erste, sondern die zweite Zahl zu ändern und 438 statt 338 zu schreiben. Damit kämen wir in die Regierungszeit des siebenten Ptolemäers, und da ausdrücklich bis zum vierten gerechnet wird (ἕως Πτολεμαίου τετάρτου), so muss Graetz dies τετάρτου für ein Glossem erklären. Doch schwerlich mit Recht, denn auch ein Glossem muss wenigstens den Schein einer Berechtigung haben. Ein Glossem aber so unsinniger Art, wie das τετάρτου wäre, für das weder die Lebenszeit des Ptolemäos, noch des Demetrios, noch der Charakter der Schrift den mindesten Anhalt darböte, das reiner Gedankenlosigkeit sein Entstehen verdankte: ein solches anzuerkennen wäre ein Schritt, zu dem nur kritische Verzweifelung nöthigen könnte. Und ebensowenig lässt sich erklären, wie durch ein Versehen τετάρτου aus ἑβδόμου — in Buchstaben oder Zahlzeichen geschrieben — hätte entstehen können. Sehr nahe liegt dagegen die Annahme, dass *TETAPTOT* aus *TOTTPITOT* verschrieben sei. Dieser Fehler ist diplomatisch ebenso leicht zu rechtfertigen, wie er alle Schwierigkeiten aufs glücklichste hebt. Denn zählen wir von 719, das ist von der Zerstörung Samarias, 473 Jahre 9 Monate, oder von 584, das ist von der letzten Wegführung der Judäer nach Demetrios, 338 Jahre 3 Monate ab, so erhalten wir das Jahr 246/5, also genau das der Thronbesteigung des dritten Ptolemäers. Nachzuweisen aber, wo diese und die grosse Zahl anderer oben ermittelter Fehler entstanden sind, ob schon in den Handschriften des Alexander oder in denen des Eusebios und Clemens, das überschreitet die Grenze des überhaupt Nachweisbaren. Möglich ist Beides. Denn wie sehr die Handschriften der Letzteren entstellt sind, ist schon einige Male hervorgehoben worden. Aber auch die Exemplare, welche die Sammelwerke des Alexander enthielten, waren wenigstens zur Zeit des Byzantiners Stephanos in arger Verfassung, wie aus dessen Notiz (s. v. Γεδρωσία) hervorgeht.

Diese langwierige Auseinandersetzung war nothwendig, weil sie zur Bestimmung des Zeitalters und der Heimath unseres Demetrios führt. Hat Demetrios bis zum Regierungsantritte eines Ptolemäers datirt, so kann das nur darum geschehen sein, weil er unter dessen Regierung gelebt hat. Denn in der inneren Geschichte Palästinas ist weder durch den dritten, noch durch den vierten, noch durch den siebenten Ptolemäer eine so gewaltige Veränderung

herbeigeführt worden, dass ein später lebender Chronograph
von der Eroberung Samarias und Jerusalems bis zum Regierungsantritt dieser Ptolemäer herab hätte zählen mögen. Auch die
Eroberung Judäas durch einen von ihnen kann Demetrios unmöglich
als Epoche machend erschienen sein; denn unbegreiflich wäre es,
warum dann nicht eher die für Palästina viel folgenreichere Eroberung des Landes durch Alexander den Makedonier, oder durch
Ptolemäos I. oder Ptolemäos II. als terminus ad quem angesehen
worden wäre. Vom zweiten Ptolemäos bis zum fünften dieses
Namens aber blieb Judäa trotz fortwährender Kriege zwischen
Aegyptern und Syrern unter Herrschaft der ersteren und ging nur
zeitweilig in die Hand der Seleukiden über. Nur das Zusammentreffen der Lebenszeit kann demnach der Grund sein, dass Demetrios von Salmanassar und Nabukodrossor bis auf Ptolemäos den
Dritten zählt. — Hierfür lässt sich auch noch ein anderes Moment
geltend machen. Josephus hat entweder Demetrios' Schrift selbst,
oder unsere Auszüge in der Sammelschrift des Alexander gelesen.
Das beweist ebensowohl das Citat aus Alexander (Ant. I 15), wie
die Zusammenstellung des Demetrios mit Philon und Eupolemos
(c. Ap. I 23). Es ist ferner erwiesen durch die vielfache Benutzung
eines chronologischen Systems, das mit dem des Demetrios vollkommen übereinstimmt (s. oben S. 49.61). Aber Josephus hält unseren
Chronographen für Demetrios den Phalereer (c. Ap das.). Da dieser
Demetrios nicht viel früher als jener gelebt hat — wenn unsere
Annahme die richtige ist —; da ihm eine entscheidende Thätigkeit
für das Zustandekommen der Bibelübersetzung beigemessen wird
vom falschen Aristeas (p. 14, 17 f. Schm.) und von Josephus selbst
(Ant. XII 2; c. Ap. II 4); da ferner eines der bedeutendsten Werke
des Phalereers, wie das unseres Demetrios, ein chronologisches
(ἀρχόντων ἀναγραφή) war, so ist der Irrthum des Josephus verzeihlich.
Er ist aber schlechterdings unerklärlich, wenn Demetrios unter
Ptolemäos VII. gelebt und bis zu diesem Könige herab gezählt hat,
also bis etwa 130 Jahre nach des Phalereers Tode. — Vollständig
entspricht der frühen Lebenszeit des Demetrios auch der Charakter
seiner Schrift. Mit Chroniken und Genealogien beginnt die Geschichtschreibung der Völker. Zahlreiche γενεαλογίαι waren von
den Logographen geschrieben worden, ehe Herodot sein Meisterwerk schuf; aus Stadt- und Hauschroniken entwickelt sich die

römische Geschichtschreibung, und keine anderen Anfänge kennt
die neuere Historiographie. Es ist daher durchaus naturgemäss,
dass der jüdische Hellenismus Chroniken vor den Geschichtswerken
geschaffen, und dass Demetrios seine chronologisch-genealogische
Skizze längere Zeit vor Ptolemäos VII. — unter dessen Regierung,
wie des Weiteren gezeigt werden soll, mehrere Geschichtsbücher
von jüdischen Hellenisten abgefasst sind – geschrieben hat. Auch
der Stil des Demetrios[7], die ungelenke Satzverbindung, die, wie die
Vergleichung mit anderen Excerpten des Alexander lehrt, nur zum
Theil auf Rechnung des Epitomators zu setzen ist, die zahllose
Menge von Hebraismen, die sicherlich dem Demetrios allein angehören, die Armuth an Worten und Wendungen, die ein und denselben Ausdruck in ermüdender Gleichförmigkeit vielfältig wiederholt, die Ungeschicktheit in der Verarbeitung des Stoffes, welche
das Unbedeutendste in geschwätziger Ausführlichkeit behandelt
(oben S. 3[*]), Wiederholungen nicht scheut (das.) und daneben be-
deutsame Ereignisse in gedrängtester Kürze hinstellt[*]) — alles dies
beweist, dass die Prosa der jüdischen Hellenisten die Kinderschuhe
noch nicht abgelegt hatte, als Demetrios schrieb, und dass er lange
vor Aristobul, dem falschen Aristeas und der jüdischen Sibylle des
zweiten Jahrhunderts gelebt hat. Denn diese Schriftsteller streben
nach Correctheit des Ausdrucks, allerdings ohne sie zu erreichen.
Sie wollen sogar kunstvoll und elegant schreiben, obgleich sie
Barbarismen durchaus nicht vermeiden und eine gezierte und
gekünstelte statt einer zierlichen und künstlerisch vollendeten
Sprache führen. Sie kennen die grammatischen und selbst die
rhetorischen Gesetze der griechischen Sprache und haben durch
Lectüre von Dichtern, Rednern, Philosophen und Geschichtschreibern
einen unendlich reicheren Wortschatz sich erworben, als er dem
Demetrios zu Gebote steht. — Man darf hiergegen nicht geltend
machen, dass manche offenbar nicht vor dem zweiten Jahrhundert
entstandene Apokryphen nicht minder incorrect geschrieben sind,
als die Fragmente des Demetrios; denn jene ahmen absichtlich den

---

[*]) Man lese die Erzählung von Joseph's Geschicken in Aegypten (424c), die
doch viel zu interessant sind, als dass man annehmen dürfte, der auf das Amüse-
ment seiner Leser sorgsam bedachte Polyhistor habe sie so unverständig gekürzt
und dagegen die Weitschweifigkeit sonstiger Berichte beibehalten.

Ausdruck der schon kanonisch gewordenen LXX nach und bilden ebensowenig eine Instanz für oder gegen die Zeitbestimmung von Profanschriften, wie die Götterpuppen, welche griechische Künstler des fünften Jahrhunderts für den Tempeldienst anfertigten, uns den Kunststil des Perikleischen Zeitalters kennzeichnen, und so wenig wie uns Aquila die Sprachfertigkeit jüdischer Hellenisten des zweiten nachchristlichen Jahrhunderts kennen lehrt. Denn wenn er, der geborene Grieche, Hebraismen sich zu Schulden kommen lässt, wie die leider sehr spärlichen Fragmente und die zwar nicht unversehrt, aber vollständig erhaltene Kohelet-Uebersetzung*) sie aufweisen, so sind das nicht Fehler seines Stiles, sondern seiner theologischen Tendenz.

Als Heimath unseres Demetrios kann nur ein Land angesehen werden, dessen jüdische Bewohner sich schon im dritten Jahrhundert in griechische Sprache und griechische Cultur so tief hineingelebt hatten, dass ein bibelgläubiger und national gesinnter Mann wie Demetrios griechisch schrieb, nach Art griechischer Gelehrten forschte und die griechische Uebersetzung der Bibel mit völligem Ausschluss des hebräischen Textes benutzte. Kaum denkbar ist es, dass ein anderes Land eine solche Erscheinung in so früher Zeit hervorgebracht haben sollte, als Aegypten. Hier, wo schon vor Alexander's des Grossen Zeit jüdische Colonien sich angesiedelt hatten, wohin der grosse Makedonier und der erste Ptolemäer eine grössere Zahl von Juden geführt hatten, wo unter dem zweiten Ptolemäer die Bibelübersetzung begonnen ward, kann ein Demetrios sehr wohl in der zweiten Hälfte des dritten Jahrhunderts gelebt haben. Auf Aegypten führt ferner die eben angeführte Zählung nach Regierungsjahren eines Ptolemäers, die unerklärlich wäre, wenn Demetrios nicht unter ägyptischer Herrschaft gelebt hätte.

Aber der hier ausgesprochenen Ansicht, die Demetrios in die Mitte des dritten Jahrhunderts und in eine hellenistische Heimath weist, scheint der Umstand zu widerstreben, dass seine Exegese, wie erwiesen worden ist, die entschiedenste Verwandtschaft mit den

---

*) Dass die jetzt den LXX beigelegte Kohelet-Uebersetzung keinem Anderen als Aquila angehört, hat nach mündlichen Mittheilungen von mir Herr Professor Graetz auf meinen Wunsch in seiner Monatsschrift (J. XVIII S. 481 f.) und in seiner Bearbeitung des Kohelet (S. 173 f.), als an dem hierfür geeignetsten Orte, dargelegt.

Deutungen palästinischer Lehrer aufweist. Wir müssen uns fragen, ob es möglich war, dass in jener frühen Zeit die Ergebnisse exegetischer und insbesondere chronologischer Forschungen von Palästina nach Aegypten dringen und hier auf einen Chronographen wie Deme-trios einen so entscheidenden Einfluss ausüben konnten. Die Mög-lichkeit dieser Annahme ist nun längst dargethan worden von Frankel, der in tief gehenden Untersuchungen die vielfachen Berührungs-punkte, welche zwischen palästinischer und jüdisch-hellenistischer Exegese bestehen, nachgewiesen hat. Das Ergebniss dieser Unter-suchungen war, dass schon die griechischen Uebersetzer der Bibel den mächtigen Einflüssen sich nicht entziehen konnten, welche vom Mutterlande aus über alle Gebiete der Diaspora sich erstreckten. Und wie die Siebenzig, so stehen Frankel zufolge auch die später lebenden Schriftsteller Aristobul, Ezekielos, Philon in demselben Ab-hängigkeitsverhältniss zu Palästina und seiner Exegese*). Andere Gelehrte haben diese Untersuchungen fortgesetzt und auch in den Schriften der übrigen Hellenisten den national-jüdischen Stoff aus-zuscheiden gesucht, wie denn insbesondere bei Flavius Josephus ein Reichthum von Erklärungen, Vorstellungen und Sagen sich fand, der als Eigenthum palästinischer Exegese angesehen ward. Still-schweigend ward der Grundsatz festgehalten, dass überall, wo helle-nistische und palästinisch-babylonische Lehren sich berühren, diese als originell, jene als entlehnt anzusehen seien**). Was aber für die LXX und die gesammte spätere Litteratur der jüdischen Helle-nisten gilt, das dürfte denn wohl mit Fug und Recht auch auf Demetrios angewendet und somit angenommen werden, dass die

---

*) Frankel Vorstudien zu der Septuaginta: Ueber den Einfluss d. paläst. Exe-gese auf d. alex. Hermeneutik; Ueber paläst. und alex. Schriftforschung.

**) S. Plaut Josephus und die Bibel; Tachauer Das Verhältniss von Flav. Josephus zur Bibel; M. Zipser Des Flav. Josephus Werk gegen Apion. Ganz vereinzelt blieben die spärlichen Versuche, Lehren und Deutungen talmudischer Autoren auf jüdisch-hellenistische Anregung zurückzuführen, wie sie zuerst von P. Beer (Gesch. d. Juden I 112) und später von H. Joël (Religionsph. des Sohar S. 349 f.) angestellt wurden. Das Eindringen hellenischer, nicht aber jüdisch-hellenistischer Vorstellungen, in die Welt des Talmuds hat in glänzender Beweis-führung Sachs in seinen Beiträgen zur Sprach- und Alterthumsforschung dargelegt. An einem reichen Material behandelt Graetz in Gnostizismus und Judenthum die Einwirkungen des Gnostizismus.

Uebereinstimmung zwischen ihm und der nationalen jüdischen Exegese aus seiner Abhängigkeit von derselben sich erklärt. Aber ist jener Grundsatz und diese Annahme als begründet anzuerkennen? Diese heikle Frage muss, obgleich wir uns damit vom eigentlichen Gegenstande unserer Untersuchung eine Weile entfernen, ausführlich erörtert werden, weil wir nicht bloss bei Demetrios, sondern auch bei der Betrachtung der übrigen Alexandrischen Fragmente stets auf sie zurückgeführt werden.

Es muss zunächst daran erinnert werden, dass die Uebersetzung der LXX etwa 350 Jahre vor dem ersten Tanaimgeschlecht entstanden ist, dass von Demetrios, dem ersten selbständigen Schriftsteller innerhalb des jüdischen Hellenismus, bis zur Redaction der ältesten Midraschimsammlungen — wenn man Sifra, Sifri und Mechilta so nennen darf — ein Zeitraum von mindestens 370 Jahren, und von Philon, dem bedeutendsten Vertreter der hellenistischen Theologie, bis zu demselben Zeitpunkt noch immer etwa 100 Jahre verflossen sind. Man darf ferner nicht vergessen, dass die Exegese der Hellenisten von palästinischen und griechischen Eltern zugleich geboren ist, dass sie nicht immer in sclavischer Abhängkeit von diesen blieb, sondern nach eigenen Gesetzen das von diesen ihren Eltern Empfangene weiterbildete und umgestaltete, dass es zahlreiche, selbständig forschende Schulen der Hellenisten so gut wie der Palästiner gab, und dass diese wie jene Einwirkungen von aussen nicht häufiger empfingen als ausübten. — In diesen Schulen der Hellenisten ward eine Deutungsweise gross gezogen, welche wohl am besten als hellenistischer Midrasch bezeichnet werden kann. Ihn zu charakterisiren ist schwer, weil er die bunteste Fülle echt jüdischer und griechischer Elemente, nationaler Gedanken und fremder Anschauungen, biblischer Lehren und hellenischer Formen, äusserer Einflüsse und eigener Forschungen aufweist. In ihm lässt sich eine philosophische, ethische, historische und rein religiöse Exegese unterscheiden, die bald in scharfer Sonderung auftreten, bald einander durchdringen und ergänzen. Die Kette dieses bunten Gewebes ist meistens eine biblische oder echt nationale Lehre, der Einschlag aber Product Griechenlands oder eigener Forschung. Schneidet man nun hie und da ein Stück aus diesem Gewebe heraus, so ist in einzelnen Gedankenfäden um dieses Umstandes willen fast immer eine Aehnlichkeit mit palästinischer Exegese zu erkennen.

5*

aber der Ursprung des Ganzen ist damit nicht nachgewiesen. Denn offenbar haben wir überall, wo Aehnlichkeit oder vollständige Uebereinstimmung hellenistischer mit palästinischen Lehren hervortritt, ausser der obigen Annahme noch zwei andere Möglichkeiten in Betracht zu ziehen. Jene Lehren können erstlich von Hellenisten und Palästinern selbständig entwickelt worden sein, wie denn gleiche Verhältnisse unter Menschen verschiedenster Zeiten dieselben Gedanken und Anschauungen zu erzeugen im Stande sind. Die Palästiner können zweitens durch unmittelbare oder mittelbare Berührung jene Lehren von den Hellenisten empfangen haben, was bei dem lebhaften Verkehr zwischen Hellenisten und Palästinern und näher zwischen Alexandrien und Jerusalem von vornherein als durchaus möglich zugestanden werden muss. Zwischen diesen drei Möglichkeiten in jedem Falle zu entscheiden, festzustellen, was hellenistischem, was palästinischem Boden entsprossen, was hier und dort sich selbständig und bisweilen gleichzeitig entwickelt hat, ist schwer und oft unmöglich. Man könnte das frühere oder spätere Hervortreten in der Litteratur als Kriterium ansehen, wenn man damit nicht der palästinischen Exegese Unrecht thäte, die frühzeitig entstanden, Jahrhunderte lang mündlich fortgepflanzt, erst spät schriftlich fixirt wurde. Den einzig wahrhaften Entscheidungsgrund kann nur die Geschichte der verwandten Worte, Vorstellungen und Lehren liefern. Denn der Satz kann nicht angezweifelt werden, dass die Begriffe, Lehren und Anschauungen von den Hellenisten den Palästinern zugeführt sein müssen, die bei den Griechen Wurzel geschlagen hatten, noch ehe eine Verbindung zwischen Griechenland und Palästina bestand, und die im palästinischen Schriftthum erst nach geschlossener Verbindung hervortreten; dass dagegen als ursprünglich palästinisch anzusehen ist, was nur in Palästina, nicht in Griechenland vor dem Bestehen dieses Verkehrs angetroffen wird. Suchen wir, diesem Leitfaden uns anvertrauend, in dem Sagengewirr uns zurechtzufinden und aus der erdrückenden Fülle des Materials Einzelnes herauszugreifen, was den Einfluss hellenistischer auf palästinisch-babylonische Exegese zu bezeugen scheint.

Sagen von Mannweibern, Hermaphroditen und sonstigen androgynen Bildungen sind im Alterthum weitverbreitet. Sie treten schon bei den alten Babyloniern auf, liefern der künstlerischen Darstellung griechischer Meister oft benutzte Stoffe und nehmen in der Litteratur der Griechen und Römer einen breiten Raum ein*). Es kann daher nicht befremden, auch im Talmud vielfachen Anklängen an derartige Sagen zu begegnen. Ueber diese allgemeine Vorstellung geht aber weit hinaus und kann nur im Anschluss an eine bestimmte philosophische Lehre ausgesprochen sein, wenn Talmud und Midrasch den ersten Menschen als Mannweib geboren sein lassen. So Ber. Rab. c. 8: אמר ר' ירמיה בן אלעזר בשעה שברא הקב"ה את אדם הראשין אנדרוגינוס בראו.. אמר ר' שמואל בר נחמן בשעה שברא הקב"ה את אדם הראשין די: פרצופין בראו יעשאו נביים גב לכאן גב לכאן 'Es sagte R. Jirmija, Sohn Eleasar's: Als Gott den ersten Menschen schuf, da schuf er ihn als Mannweib. Es sagte R. Samuel, Sohn Nachman's: Als Gott den ersten Menschen schuf, da schuf er ihn mit zwei Gesichtern. Dann schnitt er ihn durch und gab ihm zwei Rücken, einen hier und einen anderen dort', Hiermit ist zu vergleichen Platon (symp. 189 c): ἀνδρόγυνον γὰρ ἓν τότε μὲν ἦν... καὶ πρόσωπα δύο (εἶχε) und (190 d): ἔτεμνε τοὺς ἀνθρώπους δίχα κτλ. Es ist hier ferner zu vergleichen Philon, der, häufig die Vorstellung Platon's wiederholend, den Idealmenschen als Mannweib geboren sein lässt (p. 17. 32. 69 Mang.). — Hier liegt also wörtliche Uebereinstimmung zwischen einem Midrasch und einer griechischen Lehre vor, von der auch nicht die leiseste Spur in der älteren hebräischen Litteratur anzutreffen ist. Wenn R. Jirmija und R. Samuel nicht Platon's Gastmahl gelesen haben, was Niemand annehmen wird, so verdanken sie diese Lehre Philon oder einem anderen jüdischen Hellenisten.

Ueberhaupt bietet die Schöpfungsgeschichte ungemein zahlreiche Berührungspunkte zwischen hellenistischen und späteren jüdischen Anschauungen dar. Auf echt hellenischem Grunde ruht die philonische Lehre von der Herrlichkeit des erstgeschaffenen Menschen (32, 12. 40, 37. II 653), die ebensosehr mit der eben berührten vom Idealmenschen, wie mit dem Satze, dass aus der Hand Gottes nur

---

*) Berossos bei Synk. p. 52 Bonn.; Diodor IV 6; Ovid metam. IV 285 f.; Plin. h. nat. VII 2. 3. XXXIV 19. 20. Eine Zusammenstellung von Anekdoten über Androgynen liefert Phlegon aus Tralles in seiner albernen Wundergeschichtensammlung bei Müller Fr. hist. Gr. III 618. 619. Die philonische Lehre erläutert Müller Philo von der Weltschöpfung S. 268 f. Für die talmudische Sage vgl. ausser dem von Sachs (Beitr. I 57) Mitgetheilten Berach. 61 a; Erubin 18 a; Waj. Rab. c. 14; Jalk. Sim. Beresch. c. 20.

das Vollkommenste hervorgehen könne, in Verbindung steht. Ganz
dasselbe aber lehrt in fast mythischer Form der Midrasch*), und
auch die philonische Vorstellung, nur Gutes könne vom absolut
Guten ausgehen, kehrt in folgendem Satze wieder (Ber. Rab. c. 3.):
א"ר אלעזר לעולם אין הק"בה מיחד שמי על הרעה אלא על הטובה 'Es sagte
R. Eleasar: Niemals lässt Gott seinen Namen auf Bösem, sondern
nur auf Gutem ruhen'. – Dass Adam der wahre Weltenbürger, dass
sein Haus die Welt war, lehrt Philon (34, 18): τὸν δὲ ἀρχηγέτην
ἐκεῖνον.. μόνον κοσμοπολίτην λέγοντες ἀψευδέστατα ἐροῦμεν · ἦν γὰρ
οἶκος ὁ κόσμος αὐτῷ, und er lehrt dies in genauem Anschluss an
stoische Gedanken über Weltbürgerthum (s. Zeller a. a. O. IV²
277 f.). Auf Entlehnung von Philon lässt es daher schliessen, wenn
in agadisch umgewandelter Form Talmud und Midrasch dasselbe
aussprechen (Ber. Rab. 8 Anf.): והיה מוטל מסוף העולם עד סופו und
das.: מלא כל העולם בראו 'Adam reichte von einem Ende der Welt
bis zum anderen', und 'Gott schuf ihn die ganze Welt erfüllend'.
Ferner Sanh. 38a: היה ר' מאיר אומר אדם הראשון מכל העולם כלו הוצבר
עפרו 'R. Meïr sagte: Der Staub, aus dem der erste Mensch geschaffen ward, ist aus der ganzen Welt zusammengeführt' **). — Wie
bei Philon den zuerst geschaffenen Idealwesen die irdischen Dinge
als schlechte Abbilder, wie insbesondere dem Idealmenschen der
sinnliche, sündhafte Adam gegenübersteht, so sind auch nach midra-
schischer Lehre der Mensch und alle Naturdinge von ihrer ersten
überirdischen Herrlichkeit zu ihrer gegenwärtigen Beschaffenheit
herabgesunken (Ber. Rab. 5 Ende. 12. 19 und sonst). — Einen Nachhall der in jüdisch-hellenistischen Schulen häufig auftretenden Controverse über die Schöpfung aus Nichts, oder aus einem ungeord-
neten, chaotischen Stoffe finden wir Ber. Rab. c. 1: 'R. Huna sagte
im Namen von Bar Kapra: Fände sich's nicht geschrieben, dürfte
man's nicht sagen. 'Im Anfange schuf Gott Himmel und Erde'.
Woraus sind sie? 'Und die Erde war wüst und leer' — d. h. sie
sind aus dem Chaos hervorgegangen'. — Höchst merkwürdig ist folgende Stelle (Ber. Rab. 3): 'R. Simeon fragte den R. Samuel: Woher ist

---

*) Chagig. 12a; Sanh. 38b; Ber. Rab. 8; Jalk. Sim. Ber. 20; Pirke der.
Elies. c. 11. Dass von Gott nur das Gute ausgehe, lehrt Philon 17, 30. 429, 35.
556, 1 und sonst. Dasselbe ist die Ansicht anderer Hellenisten.

**) Vgl. Chag. 12a; Jalk. Sim. Ber. c. 20; Pirke der. Elies. c. 11.

das Licht geschaffen? Er antwortete ihm: Aus dem Verse geht
hervor, dass Gott sich dasselbe wie ein Kleid umhüllte und den
Glanz seiner Herrlichkeit ausstrahlte von einem Ende der Welt bis
zum anderen. Das aber sagte er ihm insgeheim'*). Hiermit vergleiche man eine nicht minder merkwürdige Stelle bei Philon
(562, 23): Λέγω δὲ, τὸ ἡγεμονικὸν φωτὶ αὐγοειδεῖ περιλάμπεται, ὡς
ἀξιοχρεως ἐνδύσασθαι τὰ ἱμάτια νομισθῆναι · ἐνδύεται δὲ ὁ μὲν πρε-
σβύτατος τοῦ ὄντος λόγος ὡς ἐσθῆτα τὸν κόσμον · γῆν γὰρ καὶ ὕδωρ
καὶ ἀέρα καὶ πῦρ καὶ τὰ ἐκ τούτων ἐπαμπίσχεται. 'Das herrschende
Princip (das Haupt) ist umglänzt von strahlenartigem Lichte, und
mit Recht mag man von Gewändern umkleidet es glauben. Es hat
aber das älteste Geschöpf des wahrhaft Seienden, der Logos, als
Gewand sich umkleidet das Weltall. Erde und Wasser und Luft
und Feuer und was aus ihnen ist umhüllt er sich'. Bedenkt man,
dass anderen Ortes (156, 44. 631, 50) Gott der Sonne oder dem
Lichte von Philon verglichen wird, dass dieser hier offenbar pan-
theistisch-stoischem Einflusse unterlegen ist, dass dagegen der Lehre
des Judenthums ein solcher Gedankengang vollständig fremd ist;
beachtet man ferner die geheimnissvolle Art, in welcher der mit
dem philonischen so seltsam übereinstimmende Satz von dem Aga-
disten überliefert wird, so wird eine wenn auch nur indirecte
Entlehnung desselben von Philon schwerlich abzuweisen sein —
Aehnlich dem zuletzt angeführten Midrasch klingt Folgendes (Schem.
Rab. c. 15): ‏" בריית קדמי את העולם המים והרוח והאש : המים הרי ילדו‎
‏חשבו ילדה הרה הרה איר · הרה הרה ילדה והרה האש‎ אפילה. 'Drei Schöpfungen
gingen der Weltentstehung voran: Wasser, Luft und Feuer. Das
Wasser ward schwanger und gebar das Dunkel; das Feuer ward
schwanger und gebar das Licht; die Luft ward schwanger und gebar die Weisheit'. Wer glaubt hier, einen Midrasch und nicht vielmehr eine heidnisch-kosmogonische Sage, wie sich deren so viele
in den jüdischen Hellenismus verirrt haben, zu hören? — Nur aus
hellenistischen Kreisen, weil ohne geschichtliche Begründung durch
die ältere jüdische Litteratur, kann die Lehre von 'vorweltlichen
Welten' nach Palästina gelangt sein. Dieselbe zeigt sich Ber. Rab.

---

*) Gleiches oder Anklingendes in Schem. Rab. c. 50; Lev. Rab. c. 31; Jal
Ezech. c. 43; Pirke der. Elies. c. 3; Midrasch Mischle c. 93.

c. 3. 4. 9*); Es sagte R. Jehuda, Sohn Simeon's: Es gab eine
Reihe von Zeiten vordem' (vor der Schöpfung). Ferner: 'Es sagte
R. Abahu: Gott baute Welten und zerstörte sie, bis er diese schuf'. —
Hellenistischen Ursprungs ist der Begriff vorweltlicher Dinge überhaupt und erst durch die Ideen Platon's und die Urzahlen der
Pythagorecr, die auch Philon annimmt, ist er nach Palästina geführt
worden**). — Ebenso ist die Anschauung von der Präexistenz der
Seelen unjüdisch. Sie findet sich aber schon in der Sapienz (8, 19)
und bei Essäern (Jos. b. J. II 8, 11) und ist von den Hellenisten aus
in die talmudische Litteratur eingedrungen***). — In der Lehre, dass
die Seele des Menschen vor der Geburt Alles wisse, bei der Geburt
aber es vergesse (Nidda 30b), hat schon Mendelssohn (Ges. Schrift.
II 10) die bekannte platonisch-philonische Lehre erblickt. — Den
schönen Vergleich zwischen Gott und Menschengeist, den wir so
häufig bei Philon finden, kennt auch der Talmud (Berach. 10a;
Midr. Tehil. c. 103): 'Wie die Seele den Körper erfüllt, so erfüllt
Gott seine Welt. Wie die Seele den Körper trägt, so trägt Gott
die Welt. Wie die Seele sieht, aber nicht gesehen wird, so sieht
Gott, wird aber nicht selbst gesehen.' Vergleicht man Philon, so
findet man eine fast wörtliche Uebereinstimmung. So 16, 5: 'Wie
sich der grosse Herrscher zum ganzen Weltall verhält, so verhält
sich, wie es scheint, der menschliche Geist zum Menschen. Er ist
unsichtbar, selbst Alles sehend' u. s. w. (Vgl. 494, 45. 562, 28.
631, 48). — In naher Beziehung zu diesem Gleichniss, das mehr ist
als eine blosse Metapher, steht eine Bezeichnung für Gott, für die
wir in der biblischen Litteratur vergebens einen Anhalt suchen, die,
auch in der altgriechischen Philosophie nicht eben häufig, doch auf
griechische Einflüsse zurückgeht (Sext. Emp. adv. Math. X 33; Procl.
in Tim. 117d) und tief in die talmudische und ekklesiastische Litteratur eingedrungen ist: die Benennung Gottes als des Ortes der

*) S. ferner Chagig. 13b; Abot der. Nat. c. 31; Midr. Tehil. c. 34.
**) Pessach. 54a; Ber. Rab. 1: 'Sechs Dinge gingen der Schöpfung der Welt
voraut'. Für die Lehre der Griechen und Hellenisten vgl. Zeller a. a. O. V² 105. 314.
***) Chagiga 12b; Sanh. 91b; Berach. 60b; Abod. Sar. 5a; Jeb. 62a; Ber.
Rab. c. 8. Das noch unerklärte שמושי Jebam. 62a; Nid. 13b; Ber. Rab.
c. 21; Wajik. Rab. c. 15. Ueber die Philonische Auffassung vgl. meine Schrift
über Ps. Josephus S. 48.

Welt, auch des Ortes (τόπος, מקום) schlechthin. So sagt Philon
(557, 19): τόπον γὰρ καλεῖ νῦν (θεὸν), ἐπειδὴ περιέχων οὐ περιέχεται.
(Ebenso 630, 19 und oft). Dieser Name Gottes erscheint nun auch
schon in der Mischna (Abot II 9: Pessach. X 5; Middot V 4), und
nahe den philonischen Sätzen stehen folgende aus den Midraschim
(Ber. Rab. c. 68): 'R. Huna sagte im Namen von R. Ami: Warum
giebt man Gott den Namen 'Ort'? Weil er der Ort der Welt, nicht
aber die Welt sein Ort ist'. Und bemerkenswerth auch im Ausdruck ist Tanchuma und Jalk. Sim. zu Exod. 33, 21: מיקומי טפל לי
ואיני טפל למיקומי 'Mein Ort ist mir (Gott) nebensächlich, accidentell,
aber ich bin es nicht ihm.'

Den Mittelpunkt des Philonischen Systems bildet die Lehre von
den Mittelkräften, die als eine kühne Verbindung der heraklitisch-
stoischen Annahme eines Logos, als der Weltvernunft, der Platonischen
Ideenlehre, der stoischen Lehre von den Kräften, welche die Welt
allwirkend beherrschen, und der jüdisch-griechischen Vorstellung
von den Engeln und Dämonen anzusehen ist. Alle philosophischen
Elemente der philonischen Anschauung erscheinen auch in der talmudischen Litteratur wieder. Wie Philon die Entstehung der Welt
mit der Schöpfung eines Kunstwerks vergleicht (4, 14 nach Plat.
Tim. 28a), so auch der Midrasch (Ber. Rab. Anf.). Wie nach Philon
Gott bei der Schöpfung auf die Ideen, als auf die Musterbilder der
sinnlichen Welt, schaute (Zeller V² 314), so 'blickte Gott auf die
Thora und schuf die Welt' (Ber. Rab. das.). Wie die Gesammtheit
der Ideen nach Philon die Einheit der göttlichen Weisheit bildet,
und an anderen Orten daher Gott 'durch die Weisheit' die Welt
geschaffen hat (562, 21 und sonst), so übersetzt das Targ. Jerus. —
als lehre es philonische Theologie — den ersten Vers der Bibel:
'Mit Weisheit schuf Gott Himmel und Erde'. Die Verwandtschaft
ferner der Logos-Lehre Philon's mit der 'Memra' der aramäischen
Bibelübersetzungen ist so häufig hervorgehoben worden, dass hier
nur im Vorübergehen ihrer gedacht zu werden braucht. — Aus der
unendlichen Zahl göttlicher Kräfte treten nach Philon bald zwei als
die vornehmsten hervor, die δύναμις κολαστική und χαριστική (496,
22 und sonst); bald sind es sechs, die zusammen mit Gott die heilige
Siebenzahl erfüllen (560, 9; quaest. in Exod. II 68). Diese Kräfte
sind 'die Beisitzer seines Thrones, die Diener, das Gefolge des
Herrschers', durch die er die Welt geschaffen hat und erhält (I 173.

15. 431, 33. II 209, 5. 369, 22). Genau so finden wir in den talmudischen Schriften aus der Fülle göttlicher Eigenschaften bald
zwei herausgehoben מדת הדין und מדת הרחמים: die erstere schon
durch den Ausdruck דין statt צדק oder משפט (s. Frankel Jer. Talm.
S. 11) als Nachbildung von δίκη oder κόλασις (s. Philon 189, 23. 431,
15. II 369, 22) erkennbar, beide wie bei Philon den biblischen
Gottesnamen אלהים und יהוה angeschlossen (Ber. Rab. c. 12). Neben
diesen zweien treten im Midrasch nicht minder erhabene göttliche
Attribute auf, bald sieben, bald zehn an der Zahl, 'durch die Gott
die Welt geschaffen hat, das sind: Weisheit, Vernunft, Kraft, Strenge,
Gerechtigkeit, Gnade und Erbarmen' und 'die den Dienst versehen
vor dem Thron seiner Herrlichkeit, das sind: Weisheit, Gerechtigkeit, Recht, Gnade, Erbarmen, Wahrheit und Frieden' (Abot der.
Nat. c. 37; Chagig. 12 a).

Aber nicht bloss einzelne Lehren, sondern auch Methoden der
Deutung scheinen durch Vermittelung des jüdischen Hellenismus
ihren Weg in die Kreise des nationalen Judenthums gefunden zu
haben. Wie früh auch exegetische Forschungen in dem aus dem
babylonischen Exil heimgekehrten, für das väterliche Gesetz be-
geisterten Volke Wurzel geschlagen haben mögen, von rationalistischer
und allegorischer Erklärung finden wir gerade dieser Gesetzestreue
wegen in der älteren Zeit keine Spur. Denn allegorische Deutung
tritt erst auf, wo ein Zwiespalt zwischen dem Erklärer und dem
erklärten Texte besteht und durch künstliche Mittel beseitigt werden
soll. Darum entwickelt sie sich in Griechenland unmittelbar nach
dem Erwachen philosophischer Forschung. Sie hat zu Sokrates'
Zeit durch die Sophisten einen breiten Boden sich erobert und gelangt in der Stoa und durch dieselbe zu hoher Geltung. Wie sie, von
Griechenland aus zu den jüdischen Hellenisten gedrungen, bei diesen
jede andere Methode der Erklärung überwuchert hat, das ist allbe-
kannt. Wir können daher nicht ungewiss darüber sein, von wo in das
palästinische Judenthum der Same zu einer Exegese getragen ist,
die, weit abstehend von der gewohnten Forschungsweise, die entschiedenste Verwandtschaft mit jüdisch-hellenistischen Speculationen
aufweist. Aristobul hatte in der Mitte des zweiten Jahrhunderts
das Herabsteigen Gottes auf den Berg Sinai geistig zu deuten gesucht (Eus. pr. ev. VIII 10) und die Philonischen Quaestiones lehren
(II 45), dass nur Gottlosigkeit oder Thorheit es in grob örtlichem

Sinne auffassen könne. Dieselbe Erklärung findet sich, sehr schroff von der gewöhnlichen Annahme abstehend Sukka 5a: 'R. Jose sagte: Niemals ist die göttliche Herrlichkeit herabgestiegen, niemals sind Moses und Eliahu in die Höhe gestiegen'. Wenn Rosch Hasch. III 8 gelehrt wird, dass nicht die Hände Moses' Sieg verliehen und nicht die eherne Schlange Tod oder Leben gegeben habe, sondern der Aufblick zu Gott und die Unterwerfung des eigenen Sinnes*), so ist diese Exegese nicht urwüchsig, sondern fremdes Gewächs, das die jüdischen Hellenisten gepflanzt haben, und das wir schon in der Sapienz 16, 7 und häufig bei Philon (81, 15. 124, 21. 315, 10) finden. Wenn R. Akiba die Bibel für heilig, das hohe Lied Salomonis aber für allerheiligst angesehen wissen will (M. Jadaj. III 5), so deutet das auf allegorische Erklärung nach Art der philonischen, und es ist darum nicht gewagt, unter dem räthselhaften פרדס, in das sich R. Akiba mit drei Genossen begeben haben soll (Chagig. 14b. Jer. Chag. II 1), nicht etwa die hellenistische Theosophie, wohl aber eine ihr verwandte mystische Forschungsweise zu verstehen, wie denn in der That Philon das Paradies oft als Bild theosophischer Erkenntniss ansieht (51, 46; Quaest. in Gen. I 6f.). Hierzu stimmt, dass R. Meïr, der Schüler R. Akiba's, zu den 'Namendeutern' (דורשי שמיה) gerechnet wird, dass er Eigennamen erklärte, wie nur jemals ein Hellenist es that (Joma 83b, Ber. Rab. c. 42), und dass (nach Ber. Rab. c. 20) eine Lesart, die am Rande seines Pentateuchexemplars sich fand — כתנות אור für כ' עור (Genes. 3, 21) —, eine ähnliche allegorische Deutung voraussetzt, wie sie bei Philon auftritt**). — Nicht anders als Philon in seinen kühnsten Etymologien verfährt der Midrasch (Anf.

---

*) Diese Erklärung scheint übrigens im Gegensatz zur christlichen Auffassung vorgetragen worden zu sein, die in den ausgestreckten Händen und der Schlange ein Symbol des Kreuzes erblickte. S. Just. Mart. dial. c. 91 p. 199. c. 94 p. 201. 202; Tertull. adv. Jud. c. 10; adv. Marc. c. 18; Greg. Naz. carm. 53. Die Reaction gegen den Rationalismus der obigen Erklärungsweise zeigt sich M. Berach. V 3. Megil. IV 9. Jer. Meg. IV 10; Deut. Rab. c. 6.

**) Philon ist es, der zuerst die obigen Bibelworte zur Bezeichnung des Körpers als des 'häutenen Kleides' verwendet hat. Quaest. in Gen. I 53: 'tunica pellicea symbolice est pellis naturalis, id est corpus nostrum'. Bei Gnostikern und Neuplatonikern wird die kühne Metapher nachgewiesen von Bernays Theophrastos S. 143. Dass sie auch in der Kabbala ihre Rolle spielt, ist bekannt.

Kohel.), wenn er Jeremias als ἐρημία deutet, 'weil in seinen Tagen Jerusalem öde geworden' שבימי נעשה ירושלים אירימיאה. על שם Hier ist nicht einmal der hebräische Name ירמיהו, sondern das griechische Ἱερεμίας in der Schreibung der LXX zu Grunde gelegt, gerade wie Philon oft die verkehrtesten Erklärungen giebt, weil er nur die griechische Umschreibung eines hebräischen Wortes kennt. Selbst das Nationalste und Heimischste, die Thora, kann sich — nach Sachs' schönen Worten (Beitr. S. 30) — der Gräcisirung nicht entziehen. Sie wird (Anf. Midr. Konen) als θωρία (Du Cange gloss. med. Gr. s. v. θωρεῖν) ein 'Sichtbares, Offenbartes' hingestellt. Namenerklärungen ähnlicher Art sind in den talmudischen Schriften so zahlreich, dass es überflüssig ist, einzelne Stellen herauszugreifen*). So brauchen wir kaum noch an die 'Erklärer der Andeutungen' (דירשי רשומה) zu erinnern, um den Einfluss des jüdischen Hellenismus bei einer Deutungsweise hervortreten zu sehen, von der jede Seite der Philonischen Schriften die entschiedensten Belege liefert. Auch die oben bei Demetrios nachgewiesene Methode, Probleme aufzuwerfen und zu lösen, witzige Antworten auf verfängliche Fragen über die verschiedensten Gegenstände des Lebens und Schriftthums den Unterrednern zu entlocken, scheint von Griechenland durch Vermittelung jüdischer Hellenisten, bei denen diese Weise der Forschung sich frühzeitig eingebürgert hatte (oben S. 44 f.), nach Palästina übertragen worden zu sein. Bezeichnend ist, dass es die Alexandriner sind, von denen berichtet wird, dass sie R. Josua 12 Fragen vorgelegt haben und zwar drei aus dem Gebiete der Weisheit, drei aus dem der Agada, drei Narreteien, drei aus dem gewöhnlichen Leben (Nidda 69 b), und dass meist Fremde, 'ein Philosoph, ein Epikureer, eine matrona' dergleichen Fragen an jüdische Weisen richten; sodass schon hierdurch dies Frage- und Antwortspiel als fremdländischen Ursprungs hingestellt wird. — Doch wie es sich auch hiermit verhalte, wie niedrig man auch das Gewicht jedes einzelnen Gliedes in der hier dargelegten Kette von Beweisen anschlage, der Parallelen zwischen hellenistischem

---

*) Für das hier Besprochene vgl. Sachs (a. a. O.). Sachs hält derartige Namendeutung bei den Palästinern für originell und lässt sie von ihnen zu den ekklesiastischen Schriftstellern gelangen (das. S. 35). Nach obiger Darlegung würde sie von den jüdischen Hellenisten ausgegangen sein, und für die christlichen Patres, die aus Philon's Werken ganze Onomastica zusammengestellt haben, ist Abhängigkeit von jenen kaum zu bestreiten.

und palästinisch-babylonischem Midrasch sind zu viele, als dass sie
ohne Beziehung auf einander hier und dort sich selbständig entwickelt haben sollten. Sie tragen zu entschieden das Gepräge ihres
griechischen Ursprungs an sich, als dass wir die Hellenisten als
abhängig von Palästina ansehen dürften. Und endlich, sie sind
jüdischen Anschauungen zu eng angeschlossen, als dass sie unmittelbar aus heidnisch-griechischer Umgebung nach Palästina gelangt
sein könnten. Was liegt auch näher, als dass die jüdischen Weisen
Palästinas eher das wohlbekannte Alexandrien als das ferne, unbekannte Athen und lieber Glaubensgenossen als Heiden zu ihren
Lehrern wählen mochten? Wie vielfach aber die Beziehungen, wie
innig der Verkehr war zwischen den Gelehrten Aegyptens und
Palästinas, dafür genügt der Hinweis auf die Werke von Rapoport
(Erech Mil. S. 101 f.) und Frankel (Einl. in d. Jerus. Talm. S. 6).

Die vorstehende, vielleicht zu umständliche, aber um Demetrios' wie unserer späteren Untersuchungen willen nicht zu um-
gehende Darlegung genügt, um in Bezug auf dessen Verhältniss
zur palästinischen Exegese folgende Sätze als wohlbegründet erscheinen zu lassen. Unmöglich ist, an allen den Orten, wo Uebereinstimmung zwischen Demetrios und den Palästinern sich zeigt,
festzustellen, was jenem, was diesen ursprünglich angehört. Im
allgemeinen aber ist als höchst unwahrscheinlich zu bezeichnen,
dass Demetrios, der sich vom hebräischen Text der Bibel losgesagt
hat und durchaus auf hellenischem Boden steht, palästinischer Exegese seine Forschung verdanken sollte und das zu einer Zeit, da
von selbständiger Geschichtsforschung bei den Palästinern keine
Spur sich zeigt. Dass Demetrios auf diese eingewirkt habe, ist nicht
unwahrscheinlich. Da Josephus, wie erwiesen ward, ihm Vieles
entlehnt hat, mag mittelbar auch zu den palästinisch-babylonischen
Chronologen manche Kunde von Demetrios' Aufstellungen gedrungen
sein; aber streng erweisbar ist das nicht. Dagegen scheint die
durchaus griechische Form der ἀπορίαι καὶ λύσεις. die sich zuerst
bei Demetrios vorfand, von den jüdischen Hellenisten auf palästinischen Boden verpflanzt worden zu sein.

Hier aber drängt sich eine andere Frage auf. Es ist uns bei
dem Polyhistor nicht, wie bei Eusebios, möglich gewesen, von vorn
herein den Grad der Zuverlässigkeit zu bestimmen, der seinen Compilationen zuzuerkennen ist. Bei der Betrachtung unserer Frag-

mente hat sich dagegen herausgestellt, dass dieselben durch ihn
vielfache Schädigungen erlitten haben. Ist unter solchen Umständen
ein Urtheil über die Schriftstellerei des Demetrios überhaupt möglich? Kann das griechische Gewand, in dem derselbe auftritt, nicht
ein Mäntelchen sein, in das Alexander ihn kleidet? — Es ist nicht
schwer, diesen Zweifeln zu begegnen. Aus dem oben Dargelegten
ergiebt sich zunächst, dass Alexander seine Excerpte nur in den
allerseltensten Fällen durch Aenderung des Wortlautes entstellt
hat. Es ist schon hervorgehoben worden (S. 32), dass der von
Demetrios benutzte Text der LXX sehr oft in unseren Bruchstücken
wieder zu Tage tritt, und dass wir in diesem Falle den Wortlaut
der Urschrift vor uns haben. Ebenso gelingt es an anderen Stellen,
schon am Ausdruck den echten Text des Demetrios zu erkennen.
Wir finden z. B. 425 b und c die Worte: ʽseitdem Abraham aus den
Völkern erwählt ward' ($\dot{\alpha}\varphi'$ $o\tilde{v}$ $\dot{\varepsilon}\varkappa\lambda\varepsilon\gamma\tilde{\eta}\nu\alpha\iota$ $\text{'}A\beta\varrho\alpha\dot{\alpha}\mu$ $\dot{\varepsilon}\varkappa$ $\tau\tilde{\omega}\nu$ $\dot{\varepsilon}\vartheta\nu\tilde{\omega}\nu$)
und 423 d: ʽdarum isst man die Sehne in den Schenkeln der
Thiere nicht' ($\ddot{o}\vartheta\varepsilon\nu$ $o\dot{v}\varkappa$ $\dot{\varepsilon}\sigma\vartheta\dot{\iota}\varepsilon\sigma\vartheta\alpha\iota$ $\tau\tilde{\omega}\nu$ $\varkappa\tau\eta\nu\tilde{\omega}\nu$ $\tau\dot{o}$ $\dot{\varepsilon}\nu$ $\tau o\tilde{\iota}\varsigma$ $\mu\eta\varrho o\tilde{\iota}\varsigma$ $\nu\varepsilon\tilde{v}\varrho o\nu$).
Beide Sätze können — so gut wie das (S. 36 Anm.) erwähnte $\tau\dot{o}$
$\ddot{o}\varrho o\varsigma$ — wegen ihrer biblischen Färbung und ihrer im Munde eines
Heiden ganz unverständlichen Fassung nur von Demetrios selbst
geschrieben worden sein. Der heidnische Alexander kann weder
sagen, dass Abraham ʽaus den Völkern erwählt' worden sei, noch
dass ʽman' (d. h. das jüdische Volk) die Sehne im Schenkel der
Thiere nicht esse, noch dass Abraham seinen Sohn auf ʽden Berg'
(d. h. auf den Moria) geführt habe. Nur im Munde des bibelgläu-
bigen Demetrios sind ferner die umständlichen Worte erklärlich,
mit denen Unbedeutendes, wie die Geburt der Kinder Jakob's, die
Genealogie Sepphora's und Anderes (s. oben S. 37 f.) dargestellt
wird. — Entschiedener noch als diese und ähnliche Einzelheiten
beweist der Gesammtinhalt unserer Fragmente die Echtheit ihres
Ursprungs. Jeder Zeile ist der Stempel einer eigenartigen Schriftstellerei aufgedrückt, die nur aus dem jüdischen Hellenismus hervorgehen konnte. Sie enthalten Nichts, was ein heidnisches Publikum
interessiren konnte, Vieles, was einem solchen geradezu abschreckend
erscheinen musste. Die Fragmente geben die schlichteste Nachbildung der biblischen Erzählung, ohne flitterhaften Putz der Darstellung und ohne jede Rücksicht auf Wichtigkeit oder Unwichtig-
keit des dargestellten Stoffes. So bildet der Abstand, der diese

Fragmente von den übrigen durch Alexander gesammelten Excerpten jüdischer Hellenisten, wie von dessen sonstigen Compilationen trennt, und die innere Uebereinstimmung, die sämmtliche Stücke verbindet, die beste Gewähr für ihre Unversehrtheit. Wandeln wir die indirecte Rede des Epitomators in die directe Rede des Verfassers um, so findet sich in der gesammten Fragmentenreihe keine Zeile, die nicht einem Manne, wie Demetrios geschildert worden ist, angehören könnte und nur einem solchen zugeschrieben werden müsste. Alexander hat sich keine Verfälschung derselben zu Schulden kommen lassen. Er begnügt sich, die echten Excerpte oder deren Fetzen zusammenzuheften, wie seine Scheere sie ohne besondere Wahl, ja oft mitten aus dem Zusammenhang herausgeschnitten hatte. Er hat bisweilen den Kopf, bisweilen den Fuss eines Fragmentes weggeworfen und in einigen wenigen Fällen die Verstümmelung durch ungeschickte Heilungsversuche zu bessern gesucht. Alles Uebrige ist gerade darum, weil er über den Sinn seiner Excerpte ebenso flüchtig wie Eusebios hinwegging, vor ähnlichen gefährlichen Versuchen verschont geblieben.

Wenn aber die Laune eines urtheilslosen Compilators über die Auswahl der Fragmente entschieden hat, wer bürgt uns dafür, dass diese der Urschrift gleichen? Kann die umfangreiche Schrift nicht Fehler besessen haben, welche die spärlichen Ueberreste derselben nicht mehr aufweisen? Und umgekehrt, kann ihr der Epitomator nicht die lebensvolle Frische geraubt haben, an deren Stelle jetzt die trockene Gestalt einer Chronik erscheint? — Wie gering wir nun auch von Alexander's Geschmack denken mögen, sicherlich besass er Urtheil genug, um für seine Leser nicht gerade die Stücke aus seinen Vorlagen auszuwählen, die denselben missfallen mussten, und zu verwerfen, was ihnen allein behagen konnte. Denn dass er auch bei den Auszügen aus Demetrios die Rücksicht auf sein Publikum nicht aus dem Auge verloren hatte, beweist der Umstand, dass er ihnen, um sie doch einigermaassen schmackhaft zu machen, die wunderlichen Verse aus dem Drama des Ezekielos einfügte (Eus. pr. ev. IX 29). Verschmähte Alexander trotzdem die trockenen Auszüge aus unserer Chronik nicht, so war ihm offenbar keine andere Wahl gelassen, als entweder diese immerhin werthvollen Stücke ganz zu übergehen, oder sie, dürftig und schmucklos wie sie waren, in sein Sammelwerk aufzunehmen. Hätte unsere Schrift

ihm dagegen dargeboten, was wir als den Hauptinhalt seiner eigenen
Werke noch unter den Trümmern derselben vorgefunden haben,
abenteuerliche Erzählungen, hellenisirte Fabeleien und andere interessante Produkte der Wundersucht und der Leichtgläubigkeit —
der Polyhistor würde sie nicht bei Seite gelegt haben zu Gunsten
von Auszügen, die seine Leser im besten Falle kleinlich und inter-
esselos, wahrscheinlich aber albern und abgeschmackt gefunden
haben werden.

Diese Erwägungen sichern die früheren Ergebnisse unserer
Untersuchung. Sie ergänzen und bestätigen, was schon oben (S. 24 f.)
über Alexander's Verfahren — aber nicht mit der nöthigen Sicherheit — aus einzelnen Beispielen erschlossen worden ist. Sie zeigen
uns den flüchtig arbeitenden, Schriften zusammenzettelnden Compilator, der selten über den Sinn seiner Auszüge nachdenkt, dessen
Gedankenlosigkeit es aber gerade ist, welche die Integrität derselben gerettet hat. Unantastbar ist daher die Gesammtmasse der
Fragmente, weil in sich wohl zusammenstimmend und weil schroff
abstechend von den meisten Erzeugnissen des jüdischen Hellenismus.
Die Unversehrtheit dieser Stücke lässt uns denn mit dem guten
Glauben an die übrigen Reste der Alexandrischen Schrift heran-
gehen, dass sie zwar durch unverständige Verkürzung und leicht-
fertige Zusammenfügung ebenfalls vielfach gelitten haben, aber durch
absichtlichen Betrug nicht entstellt sein werden.

Die Betrachtung unserer Bruchstücke hat unsere Kenntniss des
Hellenismus in einigen wesentlichen Punkten bereichert. Sie haben
uns gezeigt, in welchem Zustand der Text der LXX im dritten vorchristlichen Jahrhundert war. Sie haben das Vorhandensein eines
hellenistischen Midrasch in dieser frühen Zeit erwiesen. Das Verhältniss des Flavius Josephus zu seinen Vorgängern hat durch einige
Beispiele beleuchtet werden können. Wichtiger noch ist, dass wir
durch unsere Fragmente den ersten selbständigen Schriftsteller und
den einzigen Chronographen unter den jüdischen Hellenisten kennen
gelernt haben. Demetrios — und er allein — giebt uns Kunde von
den wissenschaftlichen Bestrebungen des jüdischen Hellenismus in
einer Zeit, da ein reger Eifer die verschiedensten Völker ergriffen
hatte, die Geschichte ihrer Vorzeit in griechischer Sprache darzu-
stellen. In demselben Jahrhundert lebend, das einen Berossos,
Manetho und Fabius Pictor erzeugt hat, unternahm er es, bibel-

gläubig und bibelkundig, einen chronikartigen Abriss der Geschichte seines Volkes zu entwerfen, in demselben dunkle Punkte der biblischen Zeitrechnung zu beleuchten, wirkliche oder mögliche Angriffe von der Bibel abzuwehren und Schwierigkeiten rein exegetischer Art zu heben. Form, Inhalt und Zweck dieser Schrift sind somit sprechende, keiner weiteren Unterstützung bedürftige Beweise gegen die Meinung Dähne's, man müsse das zweite grosse Fragment über Jakob und seine Kinder dem Phalereer Demetrios beilegen (Jüd. alex. Religionsphilos. II 220), sowie auch gegen Valckenaer's Ansicht, der den ehrlichen Chronikenschreiber auf Eine Linie mit den falschen Aristeas, Hekatäos und anderen Trugschriftstellern stellt (diatr. de Arist. p. 18). Eine Tendenzschrift ist allerdings die Chronik des Demetrios, wie Alles, was von jüdischen Hellenisten geschrieben worden ist; aber ihre Tendenz ist nicht verwerflich, und kein unedles Mittel entheiligt den edlen Zweck. Demetrios kennt keine patriotische Vertuschung und keine fromme Erdichtung, und er ist frei von jenem Synkretismus, der auch den besten Erzeugnissen der theologischen und historischen Litteratur jüdischer Hellenisten wie eine unheilbare Krankheit anhaftet. Man könnte sagen, dass eine Chronik zu solchen Ausschreitungen ihrem Verfasser keinen Raum geboten habe. Aber die römische Geschichtschreibung kann uns lehren, wie sehr auch die Annalistik durch tapferes Verschweigen und keckes Erfinden an der Wahrheit sich versündigen konnte.

Ob Demetrios seine Chronik dem durch Hass und Vorurtheil getrübten Berichte Manetho's über die Hebräer, den er sehr wohl gekannt haben kann, entgegensetzen wollte, kann nicht mehr entschieden werden. Ist es der Fall, so hat er es in würdigster Weise gethan, nicht wie Josephus in bitterer Polemik, sondern indem er der sagenhaft entstellten ägyptischen Ueberlieferung mit den schlichten Erzählungen der Bibel begegnete. Keinesfalls aber hat er, wie der chaldäische, ägyptische und römische Hellenist, sein Werk zunächst für einen griechischen Leserkreis bestimmt. Jede Zeile der Fragmente beweist, dass er für jüdische Leser als gläubiger Jude schrieb, für den es nur Eine Wahrheit gab — die Bibel, dem Alles gleich wichtig war, was sie berichtete, der fremde Anschauungen nicht aufnehmen konnte, weil er im Innern frei von ihnen geblieben war. Darum ihm Lob zu spenden, könnte uns ungerechtfertigt dünken. Denn nicht besonderen Lobes werth scheint es, dass er von Eigenschaften frei war, die nur einem heidnischen oder durch heidnische Bildung innerlich umgewandelten Leserkreis behagen und nur bei einem Schriftsteller hervortreten konnten, der selber fremden Einflüssen verfallen war. Und doch, wer den bestrickenden Zauber kennt, den hellenische Cultur seit den makedonischen Eroberungen auf Sitte, Lehre und Schriftthum der orientalischen Völker ausübte; wer beachtet, wie tiefe Wurzeln selbst in Palästina das Griechenthum seit dem dritten Jahrhundert geschlagen hat, der darf es an Demetrios rühmen, dass er der falschen Richtung der Zeit nicht unterlegen ist, dass er jedes unlautere Mittel, Interesse zu erregen verschmäht und lieber eine ärmliche, aber wahrhafte Chronik, als eine prunkende und lügnerische Geschichte geschrieben hat.

Ein ungenannter samaritanischer Geschichtschreiber.

Wenn Jemand die Fehlbarkeit und Unsicherheit historischer Kritik durch die Widersprüche, in denen sie sich nur zu oft bewegt, erweisen wollte, so könnten die durch Alexander erhaltenen Fragmente des Eupolemos die treffendsten Belege liefern; denn es lassen sich kaum grössere Widersprüche denken, als seit achtzehnhundert Jahren über den Verfasser dieser Fragmente zu Tage getreten sind. Für einen Heiden hält ihn Josephus (c. Ap. 1 23) und ihm folgend Eusebios (pr. ev. IX 42). Einen Juden sieht in ihm Clemens (str. I 21. 403 Pot. vgl. Eus. h. e. VI 13), und dieser Ansicht schliesst sich Hieronymus an (de vir. ill. c. 38). Von neueren Forschern erklärt Gerard Voss ihn für identisch mit dem heidnischen Taktiker gleiches Namens (de hist. Gr. p. 441 West.); sein Sohn Isaak Voss dagegen erblickt in ihm den in den Makkabäerbüchern genannten Genossen des Juda Makkabäos (de LXX interpr. p. 2. 87 und sonst). Dass er unmöglich ein Jude sein, dass er niemals die heilige Schrift gelesen haben könne, behauptet Humphrey Hody in seiner Epoche machenden Schrift über die LXX (de bibl. text. orig. p. 106), während sein Gegner Masson erklärt, die Bruchstücke des Eupolemos enthalten Nichts, was nicht der heiligen Schrift entnommen sei und nicht den Juden verrathe (hist. crit. p 29). Von allen seinen Vorgängern abweichend, stellt ihn Valkenaer in seiner schon genannten diatribe (p. 18. 24) neben den falschen Aristeas, den falschen Hekatäos und andere Hellenisten jüdischer Abkunft, die in trügerischer Absicht ihren Schriften die Namen heidnischer

Schriftsteller vorsetzten. Im Gegensatz hierzu betrachtet ihn Kuhlmey, der Einzige, welcher diese Fragmente einer eingehenden
Untersuchung unterzogen hat, als einen Heiden, der aus den verschiedensten und zumeist aus jüdischen Schriften seine Geschichte
zusammengelesen habe (Eupolemi fragm. p. 20 f.). Als seien der
widerspruchsvollen Ansichten noch nicht genug, ward endlich eine
neue Hypothese aufgestellt, der zufolge Eupolemos' Geschichte entweder als eine durch einen samaritanischen Fälscher interpolirte
Schrift eines Heiden, oder geradezu als das Werk eines Samaritaners
angesehen werden sollte. Jenes wird allein von Dähne (a. a. O.
II 221) behauptet; diese Ansicht wird vertreten durch die gewichtige
Autorität eines Movers (Phönizier I 557) und durch die eines Ewald
(a. a. O. VII² 80). — Hiermit scheinen denn alle Möglichkeiten er-
schöpft, welche ein grübelnder Sinn überhaupt erdenken könnte.
Heide, Jude, Samaritaner, ein Jude in heidnisch-griechischer Ver-
kleidung, ein heidnischer Sammler grossentheils jüdischer Sagen,
ein heidnischer Verfasser einer durch Samaritaner interpolirten
Schrift — alles dies war Eupolemos im Laufe der Zeit geworden;
es lässt sich eine neue Hypothese kaum noch als möglich vorstellen.
Und doch kann aufmerksamer Prüfung der hier angeführten Ansichten die Unhaltbarkeit derselben nicht leicht verborgen bleiben.

Eupolemos kann zuvörderst kein Heide gewesen sein. Er
schreibt das mit Hebraismen stark versetzte Griechisch der jüdischen
Hellenisten, und er benutzt die Uebersetzung der LXX, wenn auch
nicht in so ausgedehntem Maasse wie Demetrios. Das letztere hat
schon Rauch nachgewiesen (a. a. O. p. 24). Entschiedener noch
als die Form weist der Inhalt der Fragmente auf nicht heidnischen
Ursprung derselben hin. Manches wird der Bibel nacherzählt, was
ein heidnischer Schriftsteller nicht geschrieben und heidnische Leser
nicht geglaubt haben würden. Ein Heide würde nicht in gut biblischer Sprache von dem Befehle Gottes an Abraham, nach Phönikien
zu ziehen, gesprochen haben, wie es Eupolemos thut (c. 17. 418d).
Ein heidnischer Schriftsteller würde sich schwerlich den Tadel eines
Alexander Polyhistor deshalb zugezogen haben, weil er gar zu weit-
läufig von Sara's Erlebnissen bei den Aegyptern gehandelt habe
(c. 17. 419 b). Ein Heide würde nicht berichtet haben, dass ein
Engel Gottes dem David den Ort gezeigt habe, wo der Altar des
Tempels stehen sollte (c. 30. 447 c). Und alles dies wird in gläu-

bigstem Tone vorgetragen, ohne dass das leiseste Wort verräth, der Erzähler erkenne nicht ganz die Wahrheit des Erzählten an. Ja Eupolemos erfindet, ganz ungleich dem ehrlichen Demetrios, die unglaublichsten Dinge zur Verherrlichung des jüdischen Volkes, seiner Stammväter, Könige und Propheten. Engel Gottes unterweisen den Metuselach in allen Wissenschaften, und dieser ihrer Unterweisung sollen auch wir das verdanken, was wir wissen (c. 17 Ende). Dass irgend ein heidnischer Schriftsteller Derartiges in eigenem Namen (denn die voraufgehenden Worte Ἕλληνας δὲ λέγειν beziehen sich offenbar nicht auf diese Sage) berichtet habe, ist durchaus unwahrscheinlich. Aehnliches bietet uns Eupolemos überall. Abraham lehrt Phöniker und Aegypter die Astrologie und 'alles Uebrige' (c. 17. 418d. 419c). David hat eine grosse Zahl asiatischer Völkerschaften sich unterworfen, welche die Bibel nicht einmal nennt (c. 30). Salomo hat Uaphres, König von Aegypten, zur Hilfleistung beim Tempelbau veranlasst (c. 30—32). Eine Jeremias verherrlichende Sage, zu der die Bibel keinen Anlass gegeben hat, finden wir im c. 39. Dergleichen ist nie von einem Heiden berichtet worden. Selbst die den Juden wohlgesinntesten Schriftsteller, wie Theophrast, der echte Hekatäos, Strabo, verschmelzen ihre Anschauungen nicht so vollständig mit dem jüdischen Inhalt, und überall klingt entweder das Missverständniss oder der Unglaube des Heiden durch — selbst da, wo sie offenbar von Juden Gehörtes oder in jüdischen Schriften Gelesenes mittheilen. — Eupolemos ist aber auch kein Excerpte sammelnder Heide, der, unbekümmert um den Inhalt seiner Auszüge, gleich Alexander Polyhistor an einander reihte, was seine Scheere aus jüdischen oder nichtjüdischen Schriften ausgeschnitten hatte. Denn nirgends tritt die Person des Compilators neben die der excerpirten Schriftsteller, wie das in Alexander's Werken so oft und in seiner Schrift περὶ Ἰουδαίων überall geschieht. Nirgends finden sich eigentliche Citate, die doch häufig sein müssten, wenn der Sammler mit dem Inhalt seines Sammelwerks nicht einverstanden gewesen wäre. Das erste Fragment (c. 17) liest sich allerdings wie ein Gemengsel von jüdischen, griechischen und babylonischen Berichten, und zweimal werden auch einige nichtjüdische Sagen von dem sonstigen Inhalt durch die Worte Ἕλληνας δὲ λέγειν, Βαβυλωνίους δὲ λέγειν gesondert (419c. d.). Nie aber begegnen wir in diesem oder den übrigen Fragmenten einem entsprechenden Ἰουδαίους λέγειν.

Der Schriftsteller ist also selbst in vollstem Einklange gerade mit
den jüdischen Berichten, eben weil er kein Hellene und kein Babylonier, sondern ein Judäer ist. Dass aber aus der synkretistischen
Verschmelzung fremder Sagen mit biblischen Erzählungen, die sich im
ersten Bruchstücke zeigt, nicht wohl auf die heidnische Abkunft
des Verfassers geschlossen werden könne, muss wegen der Häufig-
keit solcher Unmanier im jüdischen Hellenismus Kuhlmey (a. a. O.)
selbst anerkennen, und Hody (a. a. O.) berührt diesen Punkt kaum.
Beide weisen dagegen auf Eupolemos' Verstösse gegen die biblischen
Erzählungen, auf seine Unwissenheit in jüdischen Dingen hin, um
seine heidnische Herkunft zu erhärten. Aber das Heidenthum des
Verfassers müsste sich doch noch durch irgend etwas anderes als
durch seine Unwissenheit kenntlich machen. Unwissend in jüdischen
Dingen kann auch ein Jude sein; höchst unwissend sind insbesondere manche jüdische Hellenisten gewesen, und mit besseren Gründen,
als Hody gegen Eupolemos anführt, liesse sich beweisen, dass Philon
und Flavius Josephus Heiden gewesen sind. Denn Alles, was Hody
zum Erweise der Unwissenheit des Eupolemos vorbringt, ist sehr
anfechtbar. Er soll David einen Sohn Saul's genannt haben (c. 30.
447 b). Das ist allerdings ein Fehler, den die Hinweisung auf 1. Sam.
24, 17. 26, 17, wo Saul David seinen Sohn nennt, nicht hebt. Wohl
aber muss man sich daran erinnern, dass David Saul's Eidam wird,
und dass Eupolemos das etwa durch die Worte ποιεῖται αὐτὸν υἱὸν
bezeichnet haben mag, gerade wie Josephus dies von Moses' Verhältniss zu Jitro sagt (Ant. II 11, 2). Da die Epitome Alexander's an
diesem Orte ungemein kurz ist, kann aus diesen Worten leicht
das uns jetzt Vorliegende entstanden sein. Ferner soll Eupolemos
den Metuselach zum Sohne Noach's gemacht haben (c. 17 Ende).
Er nennt aber M. den Sohn Henoch's, so dass nicht ein Fehler
Eupolemos', sondern Hody's anzuerkennen ist, wogegen Kuhlmey
(p. 55) vergebens sich sträubt.

Eupolemos kann aber auch kein Jude gewesen sein. Denn im
ersten Fragment lesen wir Folgendes (c. 17. 419 a): (Eupolemos
sagt,) 'er (Abraham) sei gastlich aufgenommen worden bei dem Heiligthum der Stadt, Argarisin, das Berg des Höchsten übersetzt werde:
von Melchisedek aber, dem Priester Gottes und Könige, habe er
Geschenke empfangen' (ξενισθῆναί τε αὐτὸν ὑπὸ πόλεως ἱερὸν Ἀργαριζὶν, ὃ εἶναι μεθερμηνευόμενον ὄρος ὑψίστον · παρὰ δὲ τοῦ Μελχι-

σεδὲκ ἱερέως ὄντος τοῦ Θεοῦ καὶ βασιλεύοντος λαβεῖν δῶρα). Wie weit die Kluft war, welche die Juden von den Samaritanern gerade in nachalexandrinischer Zeit trennte, ist hinlänglich bekannt. Im eigenen Lande wie in der Fremde traten die verwandten Stämme einander gegenüber. Die Samaritaner verwüsteten Judäa (Jos. Ant. XII 4, 1) und misshandelten die Bewohner von Maresa (das. XIII 9, 1); sie standen den Syrern im Kampfe gegen die Makkabäer bei (1 MB. 3, 10); sie befehdeten die Juden auch in Alexandrien (Jos. Ant. XIII 3, 4). Dass die Erbitterung auf Seiten der Juden keine geringere war, bezeugen die ingrimmigen Worte, in denen der sonst so milde Sirachsohn seinem Hasse gegen sie Ausdruck giebt (50, 25 f.), bezeugt der Spottname, den man dem samaritanischen Sichem gab (Ev. Joh. 4, 5), bezeugt vor Allem die Zerstörung der Hauptstadt und ihres Tempels durch Johannes Hyrkan (Jos. Ant. XIII 9, 1. 10, 2; b. J. I 2, 7). Die nie versiegende Quelle des Hasses und der Angelpunkt, um den sich alle Streitigkeiten drehten, waren aber nicht sowohl gewisse Glaubenssätze, als die Anerkennung oder Verwerfung des samaritanischen Tempels auf dem Garisimberge. Ist es unter solchen Umständen denkbar, dass jemals ein jüdischer Hellenist der allgemeinen Ueberzeugung seines Volkes so ganz untreu geworden sein sollte, um in den angeführten Worten von einem Heiligthume auf dem Garisim zu sprechen und diesen 'den Berg des Höchsten' zu nennen? Wollte Jemand diese Annahme für möglich halten, so würde ihn der samaritanische, aber zum Heidenthum bekehrte Philosoph Marinos bei Photios (345 b 20 Bek.) eines Besseren belehren. Denn Nichts kann den wahren Ursprung jener Worte deutlicher zeigen, als dass auch dieser Samaritaner gleich Eupolemos den Tempel auf Garisim mit Abraham in Verbindung bringt, indem er ihn 'des höchsten Gottes heiligsten Tempel' nennt, den Abraham, der alten Hebräer Stammherr, geweiht habe. Wer jene Worte in unseren Fragmenten schrieb, war also kein Judäer, und um ihretwillen ist Eupolemos zum Samaritaner erklärt worden. — Aber würde ein Samaritaner Eli einen Hochpriester, Samuel, Elia und Jeremias Propheten genannt, würde er Samaria als abhängig von Salomo, dem Könige Judäas, hingestellt haben, wie Eupolemos es thut (c. 30. 447 a. d; c. 39)? Würde von einem Samaritaner die Geschichte David's und Salomo's in den glänzenden Farben gemalt worden sein, die Eupolemos anwendet (c. 30—31)?

Und endlich, würde ein Samaritaner eine Verherrlichung des Jerusalemischen Tempels geschrieben haben, wie Eupolemos sie giebt (das)? Alles dies ist nicht minder undenkbar, als dass ein Judäer den Garisim 'Berg des Höchsten' genannt habe. Denn die Samaritaner verwerfen mit Ausnahme des Pentateuchs alle biblischen Bücher, denen Eupolemos seine Erzählung entnommen hat. Sie erkennen weder Eli, Samuel, Elia und Jeremias als Hochpriester und Propheten, noch Saul, David und Salomo als wahre Könige der Israeliten an, sondern behaupten, dass nach Simson's, des letzten 'Königs' Tode durch den abtrünnigen Eli der Abfall der Judäer von ihnen, den wahren Israeliten, erfolgt sei (s. lib. Josuae c. XL— XLIV ed. Juynb.) Mit der Annahme vollends, dass Salomo auf Befehl Gottes den Tempel erbaut, dass ein Engel den Ort gezeigt habe, wo der Altar stehen sollte (c. 30. 447c), negirt Eupolemos gerade den Cardinalpunkt der samaritanischen Glaubenslehre, die Lehre von der Heiligkeit des Tempels auf Garisim, und giebt sich hiermit als den entschiedensten Gegner der Samaritaner und ihres Glaubens zu erkennen.

So sind wir denn dahin gelangt, sämmtliche oben erwähnte Annahmen über den Verfasser unserer Fragmente für unzulässig erklären und behaupten zu müssen, dass Eupolemos weder Heide, noch Jude, noch Samaritaner gewesen sein könne. Was anderes aber als eines von diesen kann Eupolemos gewesen sein? Um eine Antwort auf diese Frage und einen Ausweg aus dieser Verlegenheit zu finden, könnte man versucht sein, die zwei kleinen Sätze, die den Eupolemos zum Samaritaner stempeln, als ungehöriges Einschiebsel auszuscheiden und somit den Knoten auf eine freilich nicht sehr glimpfliche Art zu zerhauen. Doch dieses Mittel, Eupolemos' jüdische Herkunft zu retten, versagt bei genauer Betrachtung des ersten Fragmentes und des vermeintlichen Einschiebsels. Kein Wort in diesem letzteren berechtigt uns, es von seiner Umgebung zu trennen; ja es finden sich selbst in den zwei kurzen Sätzchen einige Worte, die, weil übereinstimmend mit anderen Theilen dieses Bruchstücks, sich als demselben Verfasser angehörig erweisen *).

---

*) Vgl. 419a ὃ εἶναι μεϑερμηνευόμενον = 418d εἶναι δὲ μεϑερμηνευομένην. Wie die Deutung von ‎‏גריזים הר‏‎ als ὄρος ὑψίστον, d. h. als ‎‏עליון הר‏‎ nur bei griechischer Schreibung Ἀργάριζιν (nach Photios 315b 20) möglich ist, so beruht wohl auch die Deutung von ‎‏כשדים עיר‏‎ als Χαλδαίων πόλις (418d) auf griechischer Schreibung

Doch ist das bei der Farblosigkeit dieser Worte noch immer ein schwacher Gegenbeweis. Auffallender wäre, wenn hier in der That eine Interpolation vorläge, warum alle übrigen Fragmente des Eupolemos frei von solchen geblieben sind, warum z. B. die für einen Samaritaner sehr anstössigen Aeusserungen über den Salomonischen Tempel nicht durch kleine geschickte Aenderungen oder Zusätze, in denen die Samaritaner ja Meister waren, unschädlich gemacht wurden. Entscheidend aber ist der Umstand, dass durch die Beseitigung der anstössigen Worte durchaus kein Ausgleich zwischen dem ersten und den übrigen Fragmenten hergestellt wird. Jenes erscheint uns als ein Conglomerat jüdischer Geschichte und griechisch-babylonischer Mythologie. Diese zeigen keine Spur von derartigen heidnischen Einflüssen, sondern geben die Berichte der Bibel wieder, freilich in der grellen Beleuchtung, unter der sie den unwissenden und leichtfertigen Hellenisten erschienen. In offenem Widerspruch mit dem ersten Fragment steht ferner ein anderes von Eusebios dem Eupolemos beigelegtes Stück (c. 26). Dem letzteren zufolge ist Moses der erste Weise gewesen, durch welchen Juden und Phöniker die Buchstaben kennen gelernt haben. Das erste Fragment stellt dagegen schon Henoch als den Erfinder der Astrologie hin, lässt Metuselach durch Engel Gottes Alles lernen, was wir heute wissen (419d), und berichtet, dass Abraham Astrologie und alle übrigen Wissenschaften (καὶ τὰ λοιπὰ πάντα) — also doch wahrlich auch die Kunde der Buchstaben — Aegypter und Phöniker gelehrt habe (418d. 419c). Wenn also das erste Fragment nicht bloss durch die samaritanische Färbung einiger Worte,. sondern durch seinen Gesammtinhalt in entschiedenem Gegensatz zu Allem steht, was uns sonst unter dem Namen des Eupolemos überliefert ist; wenn alle übrigen Fragmente dagegen mit einander trefflich übereinstimmen und keine Spur eines ähnlichen inneren Widerspruchs aufweisen: so liegt die Lösung des Problems auf der Hand.

(Ὠρ X. = 'כ יֵּי vgl. בֵּאַש עַי = בֵּאַש יֵּי). Aehnlich deutet bekanntlich auch Philon oft allein auf Grund der Form, welche die LXX den hebräischen Eigennamen gegeben haben, und mit nicht geringeren Verstössen gegen die hebräische Etymologie. Wie Eupolemos עַי mit אֵשׁ. so verwechselt Philon (96, 15. 20) הָיָה (Exod. 17, 10) und הֹר (Num. 20, 26) mit אֵשׁ, weil die LXX immer Ὠρ schreiben. An anderen Orten leitet er בְּלִבָל von בְּלִי (84, 7), אוֹנָן von עַיִן (162, 2), גֵּדוֹר von יָרַד (424, 28) ab; verwechselt שִׁפְרָה mit צִפֹּרָה (491, 7), löst נָהָר auf in נָתַן und אוֹר (525, 34), weil er überall die griechische Schreibung zu Grunde legt.

Nicht bloss zwei Sätzchen, sondern das ganze erste Fragment ist
von den übrigen Bruchstücken des Eupolemos abzusondern und
einem anderen Verfasser beizulegen. Jenes ist von einem Samaritaner geschrieben worden; diese können nur einem Judäer angehören.

Welcher von beiden aber ist der echte Eupolemos? Welcher
von beiden trägt diesen Namen mit Unrecht? Alexander nennt
Eupolemos bei dem ersten, wie bei den übrigen Bruchstücken; aber
nur das samaritanische Fragment soll einer Schrift περὶ Ἰουδαίων
entnommen sein; die übrigen Stücke sollen Theile von Werken
sein, denen Eusebios (c. 30 Anf.) und Clemens (a. a. O.) ganz andere Titel — περὶ τῆς Ἠλίου προφητείας und περὶ τῶν ἐν Ἰουδαίᾳ
βασιλέων — geben. Die Vermuthung liegt nahe, dass der Samaritaner
und der Judäer den gleichen Namen geführt und dass dieser Umstand
zu einer Verwirrung Anlass gegeben habe, deren sich Alexander noch
nicht, wohl aber schon Josephus, Clemens und Eusebios, die nur von
Einem Eupolemos wissen, schuldig gemacht haben. Doch wie viel
Verlockendes auch diese Annahme hat, die jede Schwierigkeit heben
und erklären würde, berechtigt ist sie nicht. Alexander selbst
hat dem Geschichtswerke, dem er das samaritanische Stück entnahm, eine falsche Aufschrift gegeben. Er bezeichnet es als eine
Schrift περὶ Ἰουδαίων. Aber kein Samaritaner würde einer Geschichte
seiner Vorfahren diesen Titel geben. Denn 'Schomrim', 'Israeliten'
oder 'Hebräer' nennen sie sich, niemals 'Judäer', welchen Namen
sie allein ihren jüdischen Gegnern beilegen. Darum erklären sie
selbst vor Alexander dem Makedonier, dem sie doch als Stammgenossen der Juden zu erscheinen wünschten, sie seien Hebräer,
nicht Judäer (Jos. Ant. XI 8, 6). Der Name Ἰουδαῖοι findet sich
daher nicht in dem Texte des ersten Bruchstücks, sondern nur in
der vom Polyhistor herrührenden Aufschrift und in allen übrigen
von jüdischer Hand geschriebenen Fragmenten (c. 26. 30. 33. 34. 39.
Clem. Alex. str. I p. 403), für deren nicht-samaritanischen Ursprung
hierdurch ein neuer gewichtiger Beweisgrund gewonnen ist*). —

---

*) Ueber die Namen der Samaritaner s. Juynboll comm. in hist. gent. Sam.
p. 10 f. Der Name Ἰουδαῖοι sichert auch die Fragmente des Artapanos als nicht-
samaritanischen Ursprungs (c. 18. 27 sehr oft). Demetrios ist als Nichtsamaritaner
schon daran zu erkennen, dass er Salem (Genes. 33, 18) nicht als Eigennamen
ansieht (423 d), wie die Samaritaner es thun, und dass er die Eroberung Samarias

Man könnte den Titel der Schrift opfern, um den Namen des Verfassers zu retten. Sind doch Ungenauigkeiten in der Benennung von Schriften im Alterthum ungemein häufig, und noch mehrere Male werden wir für die Alexandrischen Fragmente dergleichen anzunehmen genöthigt sein. Aber der Polyhistor selbst zeugt gegen sich und liefert uns einen schwer abzuweisenden Beweis dafür, dass er auch den Namen des Verfassers fälschlich diesem Bruchstücke vorgesetzt hat. Dass das von Eusebios (pr. ev. IX 18. 420b) mitgetheilte anonyme Bruchstück von Alexander Polyhistor und nicht, wie gemeinhin angenommen wird, von Artapanos, dem lügenhaften Fabulanten, der niemals seine Quellen nennt, den früheren Excerpten angereiht sei, ist schon oben (S. 11) dargelegt worden. Es erhellt auch daraus, dass Alexander seine Gewährsmänner fast immer in indirecter Rede einführt, also dem Artapanos hier statt des *εἴρομεν* ein *εἰρηκέναι* in den Mund gelegt haben würde. Doch mag nun der Polyhistor oder Artapanos dies Stück der anonymen Schrift entnommen haben, überraschend ist die Uebereinstimmung desselben mit unserem samaritanischen Fragment. Hier wie dort wird der Bau des Thurmes zu Babel auf die Giganten zurückgeführt, was weder mit der Bibel, noch mit der griechischen Uebersetzung derselben übereinstimmt. In beiden Fragmenten wird Abraham mit den Giganten und dem Thurmbau in Verbindung gebracht, was zwar auch in anderen hellenistischen Schriften nachweisbar, aber doch auffallend genug ist. Heidnische Elemente sind beiden Berichten beigemischt. Im ersten erscheinen ausser den Giganten noch Kronos-Belos, Asbolos-Chum und Atlas-Henoch; im zweiten wird sogar die Zerstörung des babylonischen Thurmes auf die Götter zurückgeführt. In beiden Fragmenten werden die kanaanitischen Völkerschaften, mit denen Abraham verkehrte, als Phöniker bezeichnet. Das aber passt schlecht zum Text der LXX und zu den Erzählungen anderer Hellenisten, die hier nirgends der Phöniker erwähnen. Uebereinstimmend berichten beide Stücke, Abraham habe die Astrologie von den Chaldäern empfangen und sie Phöniker und Aegypter gelehrt. Endlich beachte man, dass nicht bloss einzelne Worte, wie *κατοικεῖν* (418d. 419b. 420b), *παραγενέσθαι*

durch Salmanassar richtig und genau den biblischen Büchern entsprechend ansetzt (oben S. 59f.) Die Samaritaner lassen Nabukodrossor zugleich Samaria und Jerusalem erobern (s. Lib. Josuae c. XLV).

(419 a. 420 c) und andere, sowie die Namensform Ἀβραάμ (die auch 420 c aus D herzustellen ist) beiden Fragmenten gemeinsam sind, sondern dass folgende Sätze zum grossen Theil wörtlich übereinstimmen.

Ps. Eupolemos c. 17:

Τοῦτον (sc. Ἀβραάμ) εἰς Φοινίκην ἐλθόντα καὶ τροπὰς ἡλίου καὶ σελήνης καὶ τὰ ἄλλα πάντα διδάξαντα τοὺς Φοίνικας εὐαρεστῆσαι κτλ. ὕστερον δὲ Ἀρμενίοις ἐπιστρατεῦσαι . . . τὸν Ἀβραὰμ ἀπαλλαγῆναι εἰς Αἴγυπτον κτλ.

Anonymos c. 18:

Τὸν δὲ Ἀβραὰμ πρῶτον μὲν ἐλθεῖν εἰς Φοινίκην καὶ τοὺς Φοίνικας ἀστρολογίαν διδάξαι, ὕστερον δὲ εἰς Αἴγυπτον παραγενέσθαι.

Man darf nicht erwarten, je auf so kleinem Raume eine grössere Uebereinstimmung zwischen zwei verschiedenen Excerpten aus derselben Schrift anzutreffen. Denn nichts Anderes kann bei solcher Uebereinstimmung das anonyme Fragment sein, als ein nur noch stärker gekürzter Auszug aus der Schrift, die Alexander zuerst unter falschem Titel dem Eupolemos beigelegt hat, deren Verfasser aber, seiner späteren Angabe (c. 18) zufolge. ihm unbekannt war. Die Verwirrung entstand etwa in folgender Weise: Alexander hatte ein ziemlich ausführliches Excerpt aus eines ungenannten Samaritaners Schrift angefertigt. Dasselbe gerieth unter die ebenfalls von ihm bearbeiteten Fragmente eines argen Gegners der Samaritaner, des Eupolemos, was bei der unendlichen Zahl seiner Excerpte und der hinlänglich erkannten Flüchtigkeit seiner Arbeit nichts Unwahrscheinliches hat. Als er bei der Ausarbeitung seiner Schrift über die Juden einen Auszug aus dem Anonymos vermisste, fertigte er ein zweites kürzeres Excerpt an und bezeichnete es, der Wahrheit gemäss, als einer anonymen Schrift entnommen. Beispiele ähnlicher Gedankenlosigkeit des Polyhistors, die um den Inhalt der Auszüge sich nicht im mindesten kümmert, haben uns die Fragmente des Demetrios ergeben; Belege für derartige Unordnung unter den Papieren eines Epitomators hat uns Eusebios geliefert.

Die zwei Fragmente des ungenannten Samaritaners sind, neben spärlichen Resten einiger später noch zu erwähnenden Schriften, die einzigen Ueberbleibsel der älteren samaritanisch-hellenistischen Litteratur. Als solche haben sie einen Werth, den ihr innerer Gehalt nicht ansprechen kann. Sie sind urkundliche Beweisstücke für die Existenz eines samaritanischen Schriftthums in vorchristlicher

Zeit und einzig zuverlässige Zeugen für die Beschaffenheit dieses
Schriftthums, da alle sonstige Kunde über die Samaritaner aus
gegnerischem Lager stammt. Trotz geringen Umfangs und arg zer-
rütteter Verfassung bestätigen sie, was wir über Anschauungen des
merkwürdigen Volkes bis jetzt bloss aus jüdischen Quellen wussten.
Sie sind Denkmale einer traurigen Verzerrung hebräischer Ueberlieferung. Wo der Samaritaner die Bibel benutzt, missversteht oder
missdeutet er sie; wo er Sagen fremder Völker anführt, stellt er
sie nicht in ursprünglicher Bestimmtheit den hebräischen Berichten
gegenüber, sondern mischt die feindlichen Elemente derart, dass
beide entstellt oder zerstört erscheinen.

Das erste Fragment erzählt, dass Giganten sich aus der Sintfluth gerettet, Babylon und den vielgenannten Thurm (τὸν ἱστορούμενον πύργον) gebaut und, nachdem dieser 'durch die Kraft Gottes
gefallen sei', sich über die ganze Erde zerstreut haben (c. 17. 418 c).
Die biblische Erzählung bildet auch den griechischen Worten nach
den Kern dieser Sage, der aber von fremden Vorstellungen vollständig verdeckt wird. Und noch entschiedener treten die heidnischen Bestandtheile des Sagengemenges im zweiten Bruchstück
(420 b) hervor. Diesem zufolge haben die Giganten in Babylonien
gewohnt, sind wegen ihrer Gottlosigkeit von den Göttern (durch die
Sintfluth) vernichtet worden, und Belos, der dem Tode entging,
lässt sich in Babylon nieder und erbaut den Thurm, der nach ihm
benannt wird. Obgleich im wesentlichen mit der vorigen übereinstimmend, scheint dies doch eine andere Variante der Sage zu
sein. Pseudo-Eupolemos liebt es überhaupt, die verschiedensten
Berichte zusammenzustellen, und dass er über den babylonischen
Thurm vielfache Sagen kannte, deutet der Ausdruck τὸν ἱστορούμενον πύργον an. — Der Bibel aber widerspricht ebensosehr die
erste, wie die zweite Fassung. Denn der biblische Bericht nimmt
eine allgemeine Fluth an, in der das ganze Menschengeschlecht zu
Grunde geht und nennt nicht Riesen, sondern die Nachkommen
Noach's als die Erbauer des babylonischen Thurmes. Um so näher
kommen heidnische Fluthsagen sowohl westasiatischer Völker, wie
hellenisch-römischer Schriftsteller der Erzählung des Samaritaners.
Um die Berichte zu übergehen, die eine bloss auf Ein Land be-
schränkte Ueberschwemmung kennen, sei wenigstens auf Molon
(bei Eus. pr. ev. IX 19), den Damascener Nikolaos (Jos. Ant. I 3,

6), Josephus selbst (Ant. I 4, 1) und Berossos (bei Synk. p. 55) hingewiesen, die sämmtlich ausser dem Einen durch göttlichen Schutz
geretteten Frommen noch andere Menschen der Sintfluth entrinnen
lassen. Der Schrift des Berossos oder einem ähnlichen babylonisch-
hellenistischen Werke hat wohl Pseudo-Eupolemos seinen Bericht
entlehnt. — Nicht minder häufig wird ein zweites Gigantengeschlecht
ausser dem durch die Sintfluth vernichteten erwähnt und bald mit
dem Bau des babylonischen Thurmes, bald mit anderen gottlosen
Unternehmungen in Verbindung gebracht. Diese Form der Sage
findet sich am entschiedensten ausgesprochen bei Abydenos (Eus.
pr. ev. IX 14; chr. Arm. p. 24), Moses von Chorene (hist. Arm. I
5), und unverkennbar lehren das auch die jüdische Sibylle (III 97 f.
102. 156) und die christliche (I 306 f.). Eine ähnliche Verbindung
zwischen Sintfluth, Giganten und deren Kampf gegen die Götter
setzt ferner voraus, was Thallos (bei Müller III 517. fr. 2) und Kastor
(bei Eus. chr. p. 36) berichten. Hier nun treffen jüdische, griechische
und babylonische Einflüsse zusammen. Die biblischen sind durch
die LXX vermittelt, die der Giganten auch nach der Sintfluth oft
erwähnen. Die babylonische Sage geht wie bei unserem Samaritaner auf die Vorstellung von Belos, dem ältesten König, dem Giganten, dem Sohn des Bel-Kronos zurück, der Babylon und den
Belostempel erbaut und sich mit anderen Giganten gegen die Götter-
herrschaft aufgelehnt hat*). — Mit den Giganten wird im ersten Fragment Abraham in Verbindung gebracht. Seine Geburt wird unmittelbar nach der Erzählung vom Thurmbau der Giganten berichtet und nach Kamarina, einer Stadt Babyloniens, verlegt. Diese
soll identisch sein mit Ur-Kasdim (Οὐρίη s. Kuhlmey p. 47), gegen
die Angaben der Bibel, denen zufolge es offenbar im Norden von
Charan und Mesopotamien zu suchen ist (s. Ewald Gesch. I³ 415).
Auffallend ist, dass Abraham's Geburt zuerst in das zehnte und
wenige Worte später in das dreizehnte Geschlecht gesetzt wird.
Dass die letztere Zahl nicht durch Conjectur getilgt werden darf,
haben Kuhlmey (p. 49) und M Niebuhr (a. a. O. p. 506) nicht verkannt. Denn viel leichter konnte statt 13 die für Abraham's Zeit-

---

*) Ausser den oben angeführten Stellen aus Thallos und Kastor vgl. Abydenos
bei Eus. pr. ev. IX 41; Plin. h. n. VI 30; Curtius V 1, 24; Steph. Byz. s. v. Βαβυλών, Servius zu Aen. I 642. 729; Joh. Ant. bei Müller IV 540f.; Etym. m. s. v.
Βαβυλών und Movers Phönizier I 185f.

alter feststehende, allgemein angenommene Zahl 10 geschrieben, als jenes aus diesem hergestellt werden. Zudem erklärt Molon, dessen Uebereinstimmung mit dem Sagenkreise des Samaritaners schon oben hervorgetreten ist, Abraham sei drei Geschlechter nach der Sintfluth geboren (c. 19). Möglich, dass beide Zahlen richtig sind, dass Eupolemos wieder zwei verschiedene Berichte neben einander gestellt und Alexander abermals sinnlos gekürzt hat. Dann würde vor ἐν τρισκαιδεκάτῃ γενεᾷ etwa zu ergänzen sein: ἢ ὡς ἔνιοι λέγουσιν. — Jedenfalls ist diese Erzählung des Samaritaners von babylonischen Einflüssen nicht frei. Selbst die Worte erinnern an Berossos (Jos. Ant. I 7, 2):

Der Samaritaner:

Δεκάτῃ δὲ γενεᾷ φησιν ἐν πόλει τῆς Βαβυλωνίας . . γενέσθαι Ἀβραάμ . . εὐγενείᾳ καὶ σοφίᾳ πάντας ὑπερβεβηκότα, ὃν δὴ καὶ τὴν ἀστρολογίαν καὶ Χαλδαϊκὴν εὑρεῖν.

Berossos:

δεκάτῃ γενεᾷ παρὰ Χαλδαίοις τις ἦν δίκαιος ἀνὴρ καὶ μέγας καὶ τὰ οὐράνια ἔμπειρος.

Bestimmter als das erste lehrt das zweite Fragment, dass Abraham mit den Giganten, also mit Belos, den es allein nennt, in Verbindung stehe. Ueber die Art dieser Verbindung wird aber auch hier Nichts angegeben. Offenbar ist nun der Gigant Belos kein anderer als Nimrod. Gleich Bel wird er ein Gigant genannt (LXX Gen. 10, 9; Oros. II 6; Synk. p. 67 Bonn.; Joh. Ant. bei Müller IV 541); gleich Bel wird er als Gott verehrt (Joh. Ant. das.); er ist der Erbauer des Thurmes (Jos. I 4, 2. Synk. p. 67. 77. 149; Bab. Chulin 89a) oder Babylons (Oros. das.); er wollte die ganze Welt wider Gott aufreizen (Chag. 13a; Pessach. 94b). Diese Identität wird noch klarer, wenn man die Sagen von Ninos, der ebenfalls häufig nur ein anderer Name für Nimrod ist, vergleicht (Movers Phönizier I 471). So erklärt denn Moses von Chorene I 6: ʼquem Belum (nuncupant) Nebrothum fuisse ajoʼ, und dasselbe schliesst aus einheimischen Denkmalen Rawlinson (The five great mon. I 148). — Mit Nimrod-Belos also hat der Samaritaner Abraham in Verbindung gesetzt, und das in Uebereinstimmung mit vielen hellenistischen und talmudischen Schriften, die Nimrod als den erbitterten Feind Abraham's in den verschiedensten Beziehungen zeigen (s. Beer Leben Abrah. S. 7 f. 107). Da nun Nimrod das dreizehnte Geschlecht nach der Bibel repräsentirt, musste dem Samaritaner Abraham's

Geburt in dasselbe Geschlecht fallen. Damit weicht er freilich von anderen biblischen Angaben ab; aber wann hätte ein Hellenist dieses Schlages an derartigen Widersprüchen Anstoss genommen, wenn ein synchronistisches System durchgeführt, oder irgend ein frommer Zweck erreicht werden sollte? So setzt auch die sehr bibelgläubige christliche Sibylle Noach in die fünfte Generation (I 284), und die nicht weniger fromm gesinnte jüdische lässt den Thurmbau im zehnten Geschlecht nach der Sintfluth stattfinden (III 108), vielleicht aus demselben Grunde, wegen dessen Pseudo-Eupolemos das dreizehnte nach der Schöpfung für Abraham annimmt, um diesen nämlich mit Nimrod verbinden zu können. Auch Ninos erscheint in der 10. Generation nach Noach bei Moses von Chorene (I 5) wohl aus demselben Grunde. — Wie aber erklärt es sich, dass Abraham, der im dreizehnten Geschlecht geboren wird, gleichzeitig mit Belos-Nimrod leben soll, der nach dem zweiten Fragment der Sintfluth entronnen ist, also im zehnten Geschlecht nach der Schöpfung gelebt haben muss? Die Antwort giebt das erste Fragment (419 c), das, wie auch sonst bezeugt ist (Movers I 186), zwei Belos unterscheidet, sodass schon hierdurch wie durch die sonstigen Wechselbeziehungen der beiden Bruchstücke ihre Zusammengehörigkeit erkennbar wird. Die zwei Belos hat Pseudo-Eupolemos in die Zeit nach der Fluth gesetzt (s. chr. Pasch. I p. 67 Bonn.), und da Belos-Nimrod bei Abraham's Geburt schon König ist, fällt diese in das folgende, also richtig in das dreizehnte Geschlecht. Wer aber eine solche Ineinanderschiebung der Generationen für unwahrscheinlich hält, der erinnere sich, dass nach der Chronologie des biblischen Textes Sem, der 100 Jahre vor der Sintfluth geboren war, noch 35 Jahre nach Abraham's Tode gelebt hat, und dass er nach einer Sage des Midrasch (Ber. Rab. c. 67. 94) der Lehrer Jakob's gewesen ist. — Durch das Schlussstück des ersten Fragmentes soll erwiesen werden, dass nicht die Aegypter die Astrologie erfunden haben, und das geschieht folgendermaassen. Der Stammvater der Aegypter repräsentirt das 3. oder 4. Geschlecht nach der Sintfluth: kundig der Astrologie aber ist schon vor der Sintfluth Atlas (Diodor III 60) oder der mit ihm identische Henoch gewesen; sie kann also nicht von Aegyptern erfunden sein. Wahrscheinlich hat dem Samaritaner auch hier die Vergleichung babylonischer Sagen als Stütze gedient, da ein Edor-ankos und A-memp-sinos gleich Henoch und Metuselach vor der Sintfluth in der 7. und 8. Generation bei Berossos erscheinen (Eus. chr. p. 7; s. Niebuhr a. a. O. S. 478).

In diesem genealogischen Stücke ist die Spitze des synkretistischen Wirrsals erreicht. Babylonische, hellenische, hebräische Ueberlieferungen werden in einer Weise durch einander gewirrt, für die sich in der jüdisch-hellenistischen Litteratur kein zweites Beispiel findet. Das aber, wie alles Aehnliche, das wir früher bei dem Samaritaner gefunden haben, entspricht durchaus dem Charakter des Volkes, dem er angehört. Aus der Vermischung assyrisch-babylonischer, medisch-persischer, syrisch-phönikischer und israelitischer Bestandtheile hervorgegangen, liebäugeln sie bald mit Juden, bald mit Heiden, rühmen sich bald hebräischer (Jos. Ant. XI 8, 6), bald phönikischer Abkunft (das. XII 5, 5)*); üben gewisse Vorschriften des mosaischen Gesetzes strenger als selbst das jüdische Volk (Berach. 47b; Chulin 4a) und weihen ihren Tempel dem Ζεὺς ξένιος (2 MB. 6, 2; Jos. Ant. XII 5, 5); verehren den Einen Gott Israel's und sind es, aus deren Mitte der heidnische, jüdische und christliche Lehren durcheinander werfende Simon Magus und sein Anhang hervorging.

In weniger synkretistischer, aber immerhin sehr eigenthümlicher Weise benutzt unser Samaritaner die biblischen Quellen für die weitere Geschichte Abraham's (418d f.). Die Kanaaniter sind ihm Phöniker, wie denn auch in seinem genealogischen Schema (419c) Kanaan der Vater der Phöniker genannt wird Hierzu berechtigt ihn die Bibel, der zufolge Kanaan der Vater Sidon's ist (Gen. 10, 15), und die auch an anderen Orten Phöniker als Kanaaniter bezeichnet. Aber mit Unrecht erklärt Pseudo-Eupolemos alle Kanaaniter und insbesondere die von Phönikien weitab wohnenden Bewohner von Sodom und Gomorrha für Phöniker, und er hat hierin unter jüdischen Hellenisten keine Nachfolger gefunden. Die gegen diese 'Phöniker' ziehenden Feinde (Gen. 14, 1 f.) nennt er, ebenfalls im Widerspruch mit der Bibel (s. die Erklärer z. St.), Armenier. Das Alles stimmt schlecht zur Bibel, passt aber sehr gut zu seiner samaritanischen Abkunft. Phöniker bildeten einen Hauptbestand-

---

*) Die Worte des Josephus (99, 28 Bek.): ἦν δεδηλώκαμεν καὶ λέγοντες αὐτοὺς Μήδων ἀποίκους καὶ Περσῶν sind unverständlich, da die Samaritaner im Nachfolgenden sich nicht persisch-medischer, sondern phönikischer Abkunft rühmen; καὶ vor λέγοντες ist zu streichen und dies auf δεδηλώκαμεν (s. Ant. IX 14, 1. 3) zu beziehen.

theil des samaritanischen Volkes. Sidonier wollen sie nach Josephus sein (Ant. XI 8, 6; XII 5, 5). Darum soll Abraham mit Phönikern verkehrt, die Wissenschaften sie gelehrt und ihnen Schutz
gegen ihre Feinde gewährt haben. Und weil der Samaritaner zugleich der assyrisch-babylonischen Vorfahren seines Volkes nicht
vergass, lässt er die von Abraham geschlagenen Feinde der Phöniker nicht Babylonier, was doch der Name Sincar (Gen. 14, 1) ihm
so nahe legte, sondern Armenier sein. — Alle übrigen Abweichungen
von der Bibel gehen aus dem Bestreben hervor, Abraham's Tugend,
seine Tapferkeit, seine Grossmuth gegen die Feinde, sein umfassen-
des Wissen in noch hellerem Lichte zu zeigen, als die Bibel es thut.
Darum berichtet er auch, im Widerspruch mit seiner Quelle, dass
Abraham den Feinden nicht etwa bloss ihren Raub abgewonnen,
sondern ihre eigenen Frauen und Kinder als Kriegsbeute davon-
geführt, aber auf ihre Bitten ohne Lösegeld zurückgegeben habe
(419a). — Dasselbe Bestreben zeigt sich bei der Erzählung von
Abraham's Zug nach Aegypten, der gegen die Bibel erst nach den
besprochenen Ereignissen stattgefunden haben soll (419b). Auffallend ist der ersichtliche Eifer, die Aegypter als das den Babyloniern gegenüber jüngere Volk hinzustellen, das erst von diesen
durch Vermittelung Abraham's die Astronomie und 'das Uebrige'
empfangen habe. Darum ist Belos der Stammvater der Aegypter und Aethiopen (419d), während doch die Bibel Nimrod den Sohn
Kusch's, des Bruders von Mizraim, nennt (Gen. 10, 8) und auch
Aegypter und Griechen das Verhältniss umkehren (Diod. I 28. 81;
Pausan. IV 23, 10; Moses Chor. I 5). Doch steht Pseudo-Eupolemos nicht ganz allein. Auch Apollodor (bibl. II 1), Charax bei
Steph. Byz. (s. v. Αἴγυπτος), Johannes Antiochenus (Müller IV 544)
und Andere stellen die Bezüge der Aegypter zu den Babyloniern
in derselben Weise wie Pseudo-Eupolemos dar. Alle diese Schriftsteller nun berichteten unbefangen, was sie irgendwo gelesen hatten.
Wenn aber ein Hellenist hebräischer Abkunft von klaren biblischen
Angaben abweicht, so muss ein bestimmter Grund dafür aufgesucht
werden, und der ist hier die bei dem Samaritaner sehr wohl erklärliche Hinneigung zu den Babyloniern. — Hervorgehoben sei
noch, dass bei Ps. Eupolemos sich eine Deutung (von Gen. 12, 17)
findet, die genau so in der Exegese der Judäer sich wieder-
findet, dass nämlich Pharao, da er Sara zum Weibe genommen, ihr

7

nicht habe beiwohnen können (419b), für welche Sage Beer die
talmudischen Belege giebt (a. a. O. S. 128). Es wird schwerlich
ausgemacht werden können, ob die Deutungen hier oder dort als
entlehnte zu betrachten sind. Dagegen tragen die bei unserem
Samaritaner, wie bei anderen jüdischen Hellenisten, wie in der talmudischen Litteratur hervortretenden Schilderungen Abraham's als
des sternkundigen Weisen*) so entschieden das Gepräge hellenistischen Ursprungs, dass hier ein Eindringen des historischen Midrasch
judäischer Hellenisten in die palästinischen Anschauungen nicht abzuweisen ist.

Wichtiger als diese Uebereinstimmung ist es, dass durch Pseudo-
Eupolemos ein unverwerflicher Beleg für die Benutzung der LXX
durch Samaritaner geliefert wird. Schon Rauch, der, da er Eupolemos nicht für einen Samaritaner hält, der spruchfähigste, weil
unbefangenste Richter ist, hat gerade für unser erstes Fragment
nachgewiesen, dass in ausgedehnter Weise die LXX benutzt worden
sind, und die von ihm (p. 24) beigebrachten Belege lassen sich
vielfach vermehren. Selbst die Form der Eigennamen beweist diesen
Zusammenhang; denn sie sind durchgängig die, welche die LXX
darbieten. So Ἀβραάμ, Ἑνώχ, Μαϑουσάλα, Μελχισεδὲκ, Μεσραεὶμ (wie
Gen. 10, 6 gute codd. bei Holm. und Lag. schreiben), Χαναὰν, Χούς ⁸.
— Hiermit ist eine Thatsache festgestellt, die erst in jüngster Zeit bestritten wurde, und die für die Erkenntniss der Beziehungen, welche
zwischen der griechischen und der samaritanischen Bibelübersetzung
bestehen, nicht ohne Wichtigkeit ist. Die Ansicht Frankel's, dass
die Samaritaner bei ihrer Bibelübersetzung die LXX benutzt haben
(Einfl. S. 237 f.), hat Geiger als unhaltbar zurückgewiesen und seinerseits behauptet: 'kein geschichtliches Document ist vorhanden für
die nahe Berührung zwischen griechischen Juden und Samaritanern'
(Urschrift S. 17). Dies geschichtliche Document liegt jetzt in unseren
Fragmenten vor Augen. Hat aber ein samaritanischer Geschichtschreiber die LXX in so ausgedehntem Maasse benutzt, wie Pseudo-
Eupolemos es thut, so kann die Möglichkeit nicht bestritten werden,

---

*) Eus. pr. ev. IX 18; Philon II 13, 33 und oft; Jos. Ant. I 7, 1; Ber.
Rab. zu Gen. 15, 5; Sab. 156a; Nedar. 32a; s. ferner Beer a. a. O. S. 102. 142.
Wörtlich stimmt mit den talmudischen Stellen Philon (486, 22; quaest. in Gen.
III 1) überein.

dass die samaritanische Bibelübersetzung nicht ohne dasselbe wichtige Hilfsmittel werde zu Stande gekommen sein.

Die Thatsache der Benutzung der LXX und der Einreihung dieser Bruchstücke in das Sammelwerk Alexander's liefert die Endpunkte, innerhalb deren die Lebenszeit des Samaritaners liegen muss. Eine genauere Bestimmung ergiebt sich vielleicht aus dem Nachfolgenden. — Ueber die Heimath des Verfassers lässt sich nur das vermuthen, dass sie nicht Aegypten war, welches er, wie erwähnt, ersichtlich in den Hintergrund treten lässt, und dessen Beziehungen zu Abraham wohl auch ein Samaritaner, der in Aegypten lebte, stärker hervorgehoben hätte. Nichts steht dagegen der Annahme im Wege, dass er in einer der syrisch-phönikischen Griechenstädte gelebt hat.

Ein Unicum annehmen zu müssen, ist immer misslich. Es ist daher für die Sicherstellung des bisher gewonnenen Resultates von Werth, dass sich unter den Excerpten Alexander's die Ueberbleibsel einer zweiten samaritanischen Schrift vorfinden. Im c. 22 theilt Eusebios Auszüge aus dem Epos eines Theodotos mit, das ihm zufolge περὶ Ἰουδαίων überschrieben war. Dass dieser Theodotos 'vielleicht ein Samaritaner' gewesen sei, ist Ewald nicht entgangen (Gesch. III³ 338), und diese Vermuthung lässt sich zur Gewissheit erheben. Nicht ein Gedicht περὶ Ἰουδαίων, wie Alexander nach dem flüchtig erfassten Inhalt die mit Aufschrift wohl nicht versehene Schrift benannte, sondern eine versificirte Geschichte Sichems hat Theodotos geschrieben, wie dergleichen poetische Chroniken im alexandrinischen Zeitalter häufig waren. Wäre jene Bezeichnung richtig, wie hätte eine Beschreibung Sichems der Erzählung von den Erlebnissen Jakob's bei Laban voraufgeschickt werden können? Erst nach dieser durfte eine Geschichte der Judäer über Sichem sprechen; denn vor der Ankunft Jakob's in Sichem erwähnt die Bibel nur Einmal (Gen. 12, 6) und ganz beiläufig dieser Stadt. Die Erlebnisse Jakob's, die in einer Geschichte der Judäer den Hauptinhalt bilden mussten, werden als Einschiebsel in flüchtiger Kürze behandelt (426 d f.); Alles dagegen, was auf Sichem Bezug hat, wird ausführlich geschildert. Die Hauptstadt der Samaritaner wird in schwungvollen Versen besungen und besonders ihre herrliche Lage gerühmt (426 b); selbst Gestalt, Wuchs und 'untadliges Gemüth' der Dina verherrlicht die Phantasie des Dichters, weil ihr

7*

Geschick an das der Stadt geknüpft ist; von den elf Brüdern wird
nur berichtet, dass sie geboren sind (427c). Sichem ist also der
Mittelpunkt des Gedichtes, wie Jerusalem der eines anderen, das
der ältere Philon, ein Judäer, verfasst hat (c. 20. 24. 34)*). Ist es
aber denkbar, dass in hellenistischer Zeit ein Judäer den Preis der
feindlichen Hauptstadt gesungen, dass er Sichem mit offenbarem
Nachdruck 'die heilige Stadt' (426c) genannt haben würde? Nur
bei samaritanischem Ursprung ist das erklärlich, wie hierauf auch die
unbiblische Erwähnung von 10 Völkern, deren Land den Kindern
Israels gegeben werden solle (428c), hindeutet; denn diese Zahl
entspricht den 10 Stämmen des Nordreiches. — Bemerkenswerth und
mit dem schon oben erkannten Charakter des samaritanischen Hellenismus durchaus übereinstimmend ist ferner, wenn Theodotos griechische Mythologie mit jüdischer Geschichte mischt: Sichem soll
nach Theodotos von Sikimios, einem Sohne des Hermes, gegründet
sein (426b), was offenbar auf Verschmelzung von Ἐμώρ, dem Vater
des Σιχέμ, mit Ἑρμῆς zurückzuführen ist.

Ein Samaritaner scheint ferner der von Alexander (bei Eusebios
pr. ev. IX 20) excerpirte Malchos-Kleodemos zu sein, was an seinem
Orte nachgewiesen werden soll. — Andere Stücke samaritanischen
Ursprungs mögen unerkannt und unerkennbar unter die Schriften
judäischer Hellenisten sich verirrt haben, wie z. B. in den Versen
der Sibylle (XI 239—242) Ewald (IV³ 340) die Hand eines Samaritaners erblickt. Mancher Samaritaner mag, ohne seine Abstammung uns heute kenntlich zu machen, unter griechischem Namen
fremde Stoffe bearbeitet haben. So ist der schon oben erwähnte
Neuplatoniker Marinos ein Samaritaner von Geburt, und nicht ganz
scheint er seiner Herkunft und seines Volkes vergessen zu haben
(s. oben S. 86). — Auch der ziemlich unbekannte Thallos gehört
wohl hierher. Dass er identisch sei mit dem von Josephus (Ant.
XVIII 6, 4) erwähnten Samaritaner dieses Namens, einem Freige-
lassenen des Tiberius, hat Müller (III 517) vermuthet. Hierzu stimmt,
dass er eine Schrift über Syrien (s. Eus. X 10. 489a) abgefasst,
Moses' als eines sehr alten Führers der Israeliten Erwähnung gethan hat (Just. Mart. coh. 10a) und auch sonst auf palästinische

*) Φίλων ἐν τῇ ιδ τῶν περὶ Ἱεροσόλυμα wird IX 24 citirt. Aber dass Philon
Jerusalem in 14 Büchern besungen habe, ist unglaublich. Darum ist ἐν τῇ δ zu
lesen; das ι ist durch Dittographie nach THI entstanden.

Dinge Rücksicht genommen zu haben scheint (Synk. p. 610 Bonn.). Bemerkenswerth ist ferner, dass er einen mit dem des Pseudo-Eupolemos im wesentlichen übereinstimmenden Bericht über die Empörung des Titanen Belos gegen die Götter gegeben hat (Theoph. ad Autol. III 29). — Eine ähnliche Vermischung babylonischer, griechischer und hebräischer Elemente zeigt sich in den Angaben eines nur im chr. Pasch. (p. 68) genannten Σεμηρώνιος ὁ Βαβυλώνιος ὁ Πέρσης. Ob in diesem räthselhaften Namen ein Samaritaner (Σεμηρώνιος = Σομερώνιος) steckt, wie M. Niebuhr (a. a. O. S. 311) vermuthet, muss dahingestellt bleiben. — Dem Namen nach sei hier endlich noch der samaritanisch-griechischen Bibelübersetzung, des Σαμαρειτικὸν, gedacht, aus welcher die Kirchenväter spärliche Fragmente gerettet haben, sowie der dem Simon Magus beigelegten ἀπόφασις, aus welcher Schrift, einem Gemenge heidnischer, christlicher und hebräischer Anschauungen, Hippolytos (refut. haer. VI 7 f.) und Andere grössere Stücke mittheilen.

So steht denn Pseudo-Eupolemos als Samaritaner nicht allein da unter den Hellenisten. Es fehlt ihm aber, wie an gleichgesinnten Stammgenossen, so auch nicht an Gegnern. Denn wie der poetischen Verherrlichung Sichems durch Theodotos die Philonische versificirte Geschichte Jerusalems gegenübersteht, so scheint der echte Eupolemos, wenn nicht gegen den falschen Namensgenossen, so doch gegen die Samaritaner seine Geschichte geschrieben zu haben. Weil die Samaritaner nicht Ἰουδαῖοι. wohl aber Ἑβραῖοι oder Ἰσραηλῖται sein wollten, (Juynboll a. a. O. S. 10), gebrauchen Eupolemos und Artapanos, welcher ein Zeitgenosse von Eupolemos zu sein scheint, mit Ostentation nur den ersten, nie die letzteren Namen, eben um auch hierdurch ihre Vorfahren als echte Judäer hinzustellen. Der unbefangene Demetrios dagegen spricht nicht von Ἰουδαῖοι, sondern von Ἰσραηλῖται (446 d), und ebenso gebrauchen Philon und Josephus, bei denen der Gegensatz zu den Samaritanern wieder zurückgetreten ist, für die Zeit vor der babylonischen Gefangenschaft die Namen Ἑβραῖοι und Ἰσραηλῖται (s. Jos. I 6. 4; XI 5, 7). Auch ein übler Anachronismus, die Erwähnung Samarias als einer zu Salomo's Zeit von Judäa abhängigen Landschaft (c. 33) und die über die Maassen ausgeschmückte Beschreibung des Tempels zu Jerusalem findet in Eupolemos' Gegnerschaft zu den Samaritanern die leichteste Erklärung.

Es wäre falsch, wollte man, weil Pseudo-Eupolemos, Theodotos und Malchos-Kleodemos einem trüben Synkretismus zugethan waren, allen Samaritanern Annäherung an heidnische Anschauungen zur Last legen. Es wird unter ihnen auch in hellenistischer Zeit Parteien gegeben haben, die den strengen Monotheismus festhielten, der aus ihrer Bibelübersetzung hervorleuchtet. Dass sie jedoch für heidnische Lehren empfänglicher gewesen sein müssen, als die Judäer, geht aus der Thatsache hervor, dass unter den samaritanischen Hellenisten keiner ist, der denselben nicht in irgend einer Weise Eingang in seine Schrift gestattet hätte. — Freilich hat es bestimmte Zeiten gegeben, welche zu solchem Synkretismus das samaritanische Volk gleichsam einluden. Als eine solche Zeit erscheint die, welche den grossen Makkabäerkämpfen folgte. Diese hatten die Samaritaner auf Seiten der heidnischen Syrer gesehen, hatten ein mächtiges, den Nichtjudäern und besonders den Samaritanern feindliches Volksbewusstsein bei den Judäern erweckt und so zu den erbitterten Streitigkeiten geführt, welche ihren Höhepunkt in der Zerstörung des samaritanischen Tempels fanden. Den Judäern aufs tiefste entfremdet, mögen sich die Samaritaner in dieser Zeit den Heiden, insbesondere den Phönikern, für deren Abkömmlinge sie selbst sich ausgeben (Jos. a. a. O.), genähert haben, und diese Annäherung findet in den Schriften, die wir besprochen haben, ihren Ausdruck. Dass man aber in der schreib- und kampflustigen Zeit nicht bloss mit den Waffen gestritten haben wird, dass insbesondere die Hellenisten hüben und drüben das gute Recht ihres Volkes historisch zu erweisen bemüht gewesen sein werden, leuchtet von selbst ein.

Auf dieselbe Zeit führt uns noch ein anderer Umstand. Unter neun von Alexander excerpirten Schriften israelitischer Hellenisten sind fünf oder sechs, welche eine entschiedene Gesinnung, die einen für, die anderen wider die Samaritaner kund geben; das Excerpt einer siebenten, der des Aristeas, ist von zu geringem Umfange, um eine Entscheidung zu ermöglichen, und nur zwei, die des Demetrios und Ezekielos, scheinen von diesem Gegensatz nicht berührt zu sein. Nicht zufällig können solche Schriften dem planlos sammelnden Polyhistor in die Hand gerathen sein. Man muss vielmehr vermuthen, dass Alexander wahrscheinlich in Aegypten, das er nach fr. 108 und 135a bereist hat, eine Sammlung pro- und antisamaritanischer Schriften gefunden hat, die er neben wenigen

anderen in seiner Compilation über die Juden benutzte. Dies aber
setzt voraus, dass eine Sammlung solcher Schriften zu Alexander's
Zeit existirte, dass sie zu einem bestimmten Zwecke veranstaltet
worden war — nicht von Alexander selbst, der den Gegensatz
zwischen den beiden verwandten Stämmen überhaupt nicht gekannt
hat, da er sogar, wie oben erwiesen ist, samaritanische Werke mit
judäischer Aufschrift versieht. Nun berichten judäische und samaritanische Quellen (Graetz III[1] 497), dass vor König Ptolemäos
Philometor einst eine Controverse über die Heiligkeit der Tempel
in Jerusalem und auf dem Garisim von Juden und Samaritanern
geführt worden sei. Wie nahe liegt bei dem Zusammentreffen aller
übrigen Umstände die Vermuthung, dass jene Sammlung zur Kennt-
nissnahme desselben Königs veranstaltet ward, dem auch Aristobul
seinen Pentateuchcommentar widmete, und dessen Interesse für
jüdische Dinge aus vielfachen anderen Berichten hervorgeht. Möglich ist es sogar, dass in der Ueberlieferung die litterärische Fehde
eben zu jenem fabelhaft ausgeschmückten Wortkampf umgewandelt
worden ist. Der Name Eines samaritanischen Kämpfers in diesem
angeblichen Religionsstreit stimmt wenigstens zu dem, welchen
Alexander dem samaritanischen Gedicht über Sichem giebt: הדוסיאֹ
in jüdischen Berichten ist Theodosios bei Josephus und Theodotos
bei Alexander. Doch man mag über die Berechtigung dieser Hypothese, die Nichts sein will, als eine solche, denken wie man will;
dass die besprochenen pro- und antisamaritanischen Schriften um
die Mitte des zweiten vorchristlichen Jahrhunderts abgefasst sind,
ist eine Vermuthung, auf welche die verschiedensten Anzeichen
hinführen, und die im Fortgange dieser Untersuchungen noch weitere
Bestätigung finden wird.

Den griechischen Text der besprochenen Fragmente, grössere Anmerkungen,
auf welche die in vorstehender Schrift fortlaufende Zahlenreihe hinweist, sowie
Untersuchungen über Malchos, Eupolemos, Aristeas und Artapanos wird das
zweite Heft enthalten.

S. 6 Z. 4 und 5 v. u. lies Goedeke.

„ 12 „ 12 . . v. u. der gehört ans Ende von Z. 13.

„ 16 „ 1 „ 6 v. o. lies Drama und Dramatiker.

„ 33 „ 17 v. u. „ Judäas durch Pompejus.

„ 50 „ 15 „ 18 v. u. „ 290.

„ 59 „ 10 . . v. o. „ Homoioteleuton.

Alexander Polyhistor

und

die von ihm erhaltenen Reste
judäischer und samaritanischer Geschichtswerke

von

Dr. J. Freudenthal.

Breslau.
Verlag von H. Skutsch.
1875.

Druck von Grass, Barth und Comp. (W. Friedrich).

Eupolemos, der judäische Geschichtschreiber*).

Der jüdisch-hellenistischen Geschichtschreibung war eine grosse
und schöne Aufgabe zugefallen. Das Leben der hebräischen Nation
zu schildern von ihrer Entstehung bis auf die hellenistische Zeit;
den unendlichen Stoff, welchen die Bücher der Bibel darbieten, zu
ordnen, durch Vergleichung der Profanlitteratur zu ergänzen und in
künstlerische Formen gegossen, der gebildeten Welt zuzuführen;
Geschichte zu schreiben im Sinne treuer nationaler Ueberlieferung
und im Geiste der grossen hellenischen Geschichtsforscher: das war
das Ziel, dem man zustreben musste. Durch Demetrios war um die
Zeit des dritten Ptolemäers der erste Schritt zu diesem Ziele gethan
worden. Seine Chronik bildet den Anfang einer durch Jahrhunderte
sich erstreckenden litterärischen Entwicklung, den die Ehrlichkeit
des Chronographen, seine Quellenkunde, die Umsicht und Besonnen-
heit seiner Forschung als einen sehr achtungswerthen erscheinen
lassen, obgleich die kunstlose, ja rohe Form seiner Schrift ihn aus der
Reihe wahrer Geschichtschreiber ausschliesst. Längere Zeit nach Demetrios hat Eupolemos gelebt, und von seinem Werke 'über die Könige
in Judäa'⁹ sind auch nach Ausscheidung alles dessen, was nicht
ihm, sondern einem ungenannten Samaritaner angehört, stattliche

---

*) Erst nach Veröffentlichung des ersten Heftes dieser Studien ist mir die Be-
nutzung nachfolgender Werke möglich geworden: Clemens Alexandrinus ed.
Dindorf Oxon. 1869; Eusebios präp. evang. ed. Migne Paris 1857; Ἑρμῆς λόγιος
ed. Κόντος. Lugd. Bat. 1866. Auf Herzfeld's gelehrte Anmerkungen zu Alexander's
Fragmenten (Gesch. III. 481f.) hat mich eine freundliche Mittheilung des Ver-
fassers aufmerksam gemacht. Die wahrscheinlich werthvolle Uebersetzung der
Eusebischen präparatio von Seguier de St. Brisson dagegen habe ich in zahlreichen
Bibliotheken Deutschlands vergebens gesucht. Uebrigens erscheint dies zweite
Heft, weil blosse Ergänzung des ersten, ebenfalls als Programmschrift.

1

Fragmente übrig geblieben. In der Zwischenzeit muss die Kunde
griechischer Litteratur viel tiefer in die Kreise des jüdischen Hellenismus eingedrungen sein, als wir für Demetrios' Zeit voraussetzen
dürfen. Hat die bessere Kenntniss griechischer Muster Eupolemos
vor den Fehlern des Demetrios geschützt, ohne dessen Vorzüge ihm
zu nehmen? Doch ehe wir über Eupolemos und seine Leistungen
ein Urtheil wagen, müssen wir uns fragen, ob wir zu diesem Urtheil
berechtigt sind. Wie vielfach Alexander's Fahrlässigkeit seine Excerpte geschädigt hat, ist des öftern und auch an der dem Eupolemos
beigelegten Schrift dargethan worden. Wer bürgt dafür, dass Alexander
an den Fragmenten des Eupolemos sich nicht in ähnlicher Weise
versündigt hat, wie er es an Eupolemos' Namen durch die früher
nachgewiesene Verwechselung mit dem samaritanischen Wirrkopf
gethan hat? Wer lehrt uns hier, wie bei den Fragmenten des Demetrios, die Ueberreste der Quellenschrift von den Zuthaten des Compilators scheiden und die Gestalt des Originalwerks wenigstens den
Grundzügen nach in der gewaltsamen Verkürzung wiedererkennen,
die es durch Alexander erlitten hat? Durch einen glücklichen Zufall wird dies ermöglicht. Unter den Fragmenten des Eupolemos
sind uns (c. 31—34) vier Briefe erhalten worden, die, weil durch
den Bearbeiter nicht verändert, sondern im ursprünglichen Wortlaut
mitgetheilt, ein helles Licht über die Schreibweise ihres Verfassers
verbreiten. Bei diesen Briefen wird die Untersuchung anzusetzen
haben; in ihnen findet sie den festen Standort, von dem aus die
übrigen Fragmente klar erkannt werden können.

Die zwei zwischen Salomo und dem Phönikischen Könige ge-
wechselten Briefe (c. 33—34) sind rohe Bearbeitungen des biblischen
Berichtes, wie ihn das zweite Buch der Chronik (2, 3f.) liefert*).
Eupolemos giebt demselben eine neue, seiner eigenen Schrift ange-
passte Form, wie ähnlich Josephus (Ant. VIII 2, 6) verfährt, und

---

*) Dass Eupolemos sich viel enger an die Chronik als an die Bücher der
Könige angeschlossen hat, ist nicht zu verkennen. Die Eulogie c. 34 stimmt wörtlich mit LXX II Chr. 2. 11 (12) überein. Die Mutter des tyrischen Baumeisters
ist bei Eupolemos aus dem Stamme Dan (oben S. 55) nach II Chr. 2, 13 (14),
aber aus dem Stamme Naphtali ist sie I Kön. 7, 14 (2). Eine Lieferung von Wein
an die phönikischen Arbeiter kennt Eupolemos nur aus II Chr. 2, 9 (10). Σούρων
ist nur aus צריח in der Chronik, nicht aus חריס in den Büchern der Könige zu
erklären.

wie es die alte Geschichtschreibung überhaupt liebt, Reden. Ver-
handlungen und selbst Actenstücke nicht in ihrer authentischen Fassung mitzutheilen, sondern ein zum Ganzen stimmendes Gepräge
ihnen aufzudrücken. Aber während Josephus den Gesammtinhalt
der Briefe, den er dem ersten Buche der Könige (5. 17 (3)f.) ent-
nimmt, nicht verändert und nur statt der fremdartigen, ganz hebräisch
klingenden Sprache der Siebenzig gefälligere Wendungen wählt,
schaltet Eupolemos ganz frei mit Form und Inhalt der biblischen
Erzählung. König Chiram, den er Suron [10] nennt, ist ihm nicht König
von Tyros allein, sondern von Tyros, Sidon und ganz Phönikien
(c. 33) — natürlich, weil mit der wachsenden Macht des dem Salomo
dienstwilligen Herrn von Phönikien auch die des israelitischen Königs
steigt. Salomo will sich an Suron, wie an den ägyptischen König
Uaphres nicht aus eigenem Antrieb, sondern auf Geheiss Gottes gewendet haben (das.) — offenbar, damit die heidnischen Könige in
Erfüllung eines göttlichen Befehles am Tempelbau mitgewirkt haben
möchten. Nicht aus der Bibel, sondern aus eigener Phantasie kennt
Eupolemos die einzelnen Länder, welche den phönikischen und
ägyptischen Arbeitern die Lebensmittel liefern sollten (das.). Ein
übler Anachronismus ist, dass Salomo Samarias, das erst von König
Omri seinen Namen empfangen hat, als einer ihm unterthänigen
Landschaft gedenkt, und dass er nach Artaben, einem erst viel später
aus Persien in Aegypten und Syrien eingeführten Maasse, rechnet
(das.), was doch in einem Briefe Salomo's ganz anders klingt, als
wenn etwa der Chroniker (I 29, 7) für die Zeit David's eine Geld-
summe nach Dariken bestimmt. Einige Zahlen hat Eupolemos will-
kürlich verändert, wenn ihm kein anderer Bibeltext vorgelegen hat.
Er spricht von 10,000 χόροι Wein und Getreide (c. 33) statt der
20,000 χόροι Getreide und der 20,000 μέτρα Wein bei den LXX
(II Chr. 2, 9 (10)). Auch fasst er hier als monatliche Leistung, was
ohne nähere Bestimmung in der Chronik und als jährliche Lieferung
im ersten Buche der Könige (5, 11) angegeben wird. — Den Briefen
an und von Chiram ist der Briefwechsel zwischen Salomo und Uaphres
nachgebildet (c. 31—32). Ungeschichtlich ist schon der Name des
ägyptischen Königs. Denn die ägyptischen Königslisten verzeichnen
einen Uaphres nur in der 26. Dynastie, das ist der Pharao-Chophra
der Bibel, der etwa 400 Jahre nach Salomo gelebt hat. Doch bei
den vielfachen Lücken und Widersprüchen der Ueberlieferung und

der Schwierigkeit, die ägyptischen Könige mit ihren unendlichen
Namen im Griechischen oder Hebräischen richtig zu bezeichnen, darf
die Möglichkeit nicht bestritten werden, dass Eupolemos oder wer
sonst diese Briefe verfasst hat, in seinen Quellen einen König ähnlichen Namens, der Zeitgenosse des Salomo sein konnte, vorgefunden
habe: ein blosses Phantasiestück scheint aber der Inhalt dieser Briefe
zu sein. Denn es beweist doch nur die traurige Gedankenöde des
Verfassers, dass nicht bloss der Brief Salomo's an Uaphres ein blosser
Abklatsch des an Chiram gesendeten ist, sondern dass auch Uaphres
sich der Worte Chiram's bedient. Und nur als Zeugniss für die
Frechheit der Erfindung erscheint es, wenn die Zahl der dem Salomo
gesendeten Arbeiter genau nach den Nomen, denen sie angehören,
angegeben ist (c. 32). — Doch wie Vieles auch Eupolemos in den
Briefen frei erdichtet haben mag, Einzelnes ist jedenfalls aus Vergleichung und agadischer Deutung von oft ziemlich entlegenen Bibelstellen hervorgegangen. Er macht Chiram, den König von Tyros,
zum Beherrscher von Sidon und ganz Phönikien, weil nach 1 Chr.
22, 4 auch Sidonier beim Tempelbau thätig waren; diese aber konnten,
wie Eupolemos vermuthete, nur von Chiram entsendet, mussten ihm
also unterthänig sein. Dass Araber bei der Lieferung von Lebens-
mitteln für den Tempelbau sich betheiligten (c. 33), deutete er vielleicht auf Grund von LXX Ps. 72, 10. wonach arabische Könige dem
Salomo Geschenke bringen. Nicht mehr und nicht weniger als 160,000
phönikische und ägyptische Arbeiter werden dem Salomo gesendet,
weil (nach 1 Kön. 5, 29; 11 Chr. 2, 17) 153,300 oder 153,600 Fremde ihm
frohndeten: 160,000 ist also bloss eine Abrundung dieser Zahl.

Bei diesen seinen Erzählungen und Deutungen hat sicherlich der
Text der LXX dem Eupolemos vorgelegen, wie schon die genau mit
den LXX übereinstimmende Eulogie im Munde des tyrischen Königs
(c. 34) und andere Entlehnungen erweisen. Doch ist es nicht unwahrscheinlich, dass er ab und zu auch einen Blick auf den hebräischen
Text geworfen hat. Nur aus dem hebräischen חורם, nicht dem
Χείραμ oder Χίραμ der LXX konnte er die Form Σούρων bilden,
und auch wenn der Name aus צור entstanden ist, wie Sgambatus
bei Fabricius (cod. pseud. v. t. p. 1022) vermuthet, liegt das hebräische
Wort, nicht das griechische Τύριος der neugebildeten Form zu
Grunde. Wenn Eupolemos ferner berichtet, Salomo habe Chiram
10,000 κόροι Weines zu liefern versprochen, und hinzufügt, 'ein κόρος

aber enthält 10 *μέτρα'*, so können nicht die LXX, sondern nur der
fehlerhafte oder flüchtig benutzte hebräische Text von II Chr.
2, 9 (10) diese Erklärung veranlasst haben; denn die LXX haben selbst schon
das hebräische Maass in *μέτρα* verwandelt. So zeigt sich in diesen
Briefen ein ähnliches Verhältniss zur Bibel, wie bei Josephus; denn
auch dieser folgt in seiner Bearbeitung der biblischen Zeit zumeist
den LXX, ohne jedoch, wie andere Hellenisten, den hebräischen
Text gänzlich zu verschmähen. — Viel schlechter aber als selbst in
den schlechtest geschriebenen Stücken der Josephischen 'Alterthümer'
ist der Stil dieser Briefe. Derselbe ist incorrect und geschmacklos,
wie ihr Inhalt; der Wortvorrath ein äusserst dürftiger, der Satzbau
plump und wirr bis zur Unverständlichkeit. Für diese stilistischen
Mängel kann es nicht als Entschuldigung gelten, dass gewisse Rhetoren für Königsbriefe eine ganz eigenartige einfache Redeweise vor-
schrieben *). Denn die stilistische Noth des Eupolemos zur rhetorischen
Tugend zu erheben, hindert die Incorrectheit der Briefe, die kein
Kanzleistil zu rechtfertigen vermag, und die Ungeschicktheit, welche
den phönikischen König (c. 34) in treulicher Nachahmung des Aegypter-
königs und der LXX reden lässt. Um dies absprechende Urtheil
in seiner ganzen Ausdehnung bestätigt zu finden, wird die Hinweisung auf den ersten Brief und auf folgende Sätzchen genügen: *περὶ
δὲ ὧν γράψεις μοι περὶ τῶν κατὰ τοὺς λαοὺς τοὺς παρ' ἡμῖν* (c. 32.
448c; c. 34. 449c) oder *ὑπὲρ ὧν ἄν αὐτὸν ἐρωτήσῃς τῶν ὑπὸ τὸν
οὐρανὸν πάντων* (c. 34. 449c).

So bestätigt denn Inhalt und Form dieser Briefe, welche die
Hand der Ueberarbeiter nicht angetastet hat, das, was früher (S. 86 f.)
über die Abkunft des Eupolemos zu erhärten versucht worden ist.
Der stolze Ton, in dem Salomo zu den Königen von Aegypten und
Phönikien redet und der bescheidene, den sie ihm gegenüber an-
schlagen — sie nennen ihn übereinstimmend den Grosskönig —, die
Hinweisung auf die vielen dem Salomo unterthänigen Landschaften,
unter denen Samaria nicht fehlt, auf die Verehrung, welche der Gott
der Hebräer bei den Heiden findet, die Benutzung der griechischen
Bibelübersetzung und daneben des hebräischen Textes, endlich der

---

*) Philostrat. vit. sophist. II 33, 3 : *αὐτοκράτωρ γὰρ δὴ ὁπότε ἐπιστέλλοι οὐ δεῖ
ἐνθυμημάτων οὐδ' ἐπιχειρήσεων, ἀλλὰ δόξης, οὐδ' αὖ ἀσαφείας, ἐπειδὴ νόμους φθέγγεται,
σαφήνεια δὲ ἑρμηνεὺς νόμου.*

von Barbarismen strotzende Stil: alles dies verräth den nichtgriechischen, und man darf genauer sagen, den judäischen Schriftsteller, der nur oberflächlich vom Geiste der griechischen Litteratur
angehaucht, überall bestrebt ist, seinen Gott und seine Nation, das
Heiligthum und die Geschichte Judäas zu verherrlichen, und der
um dieses Zweckes willen selbst vor verwegenen Erfindungen und
kecken Aenderungen der biblischen Ueberlieferung nicht zurück-
schrickt. Schwer begreiflich ist, wie trotz dieser so scharf hervortretenden Eigenart Eupolemos für einen Heiden oder für einen
Samaritaner hat angesehen werden können.

Doch wie, wenn die Authentie der Briefe selbst bestritten werden
könnte? wenn sie nicht dem Eupolemos angehörten, sondern einer
ungenannten Quellenschrift entlehnt wären, einem Apokryphon etwa,
wie Ewald (III³ 305) vermuthet? Ist nun auch in den uns erhaltenen biblischen Apokryphen keine Spur der Uebereinstimmung mit
diesen Briefen aufzufinden, so bestätigt doch das Zusammentreffen
mit einem anderen übel beleumundeten Schriftsteller den ausgesprochenen Verdacht und macht fürerst die Verwerthung der gewonnenen Ergebnisse unstatthaft. Eine Vergleichung der Briefe des
Eupolemos mit der Trugschrift des Aristeas ergiebt nämlich, dass
zwischen ihnen eine unverkennbare Verwandtschaft besteht. Die
Lieblingsausdrücke des falschen Aristeas wendet auch der Verfasser der
Briefe an [*]; viele Redewendungen sind beiden gemein: in einigen Sätzchen zeigt sich eine fast wörtliche Uebereinstimmung. Man vergleiche:

Eupolemos 448 c (vgl. 449 c):

Ἅμα τῷ ἀναγνῶναι τὴν παρὰ σοῦ
ἐπιστολὴν σφόδρα ἐχάρην καὶ
λαμπρὰν ἡμέραν ἤγαγον ἐγώ τε καὶ
ἡ δύναμίς μου πᾶσα κτλ.
448 d: φρόντισον δὲ ... ἵνα ἀπο-
καταστασθῶσιν εἰς τὴν ἰδίαν ὡς
ἂν ἀπὸ τῆς χρείας γενόμενοι.

Aristeas 21, 25 Schm.:

λαβόντες τὴν παρὰ σοῦ ἐπιστολὴν μεγάλως ἐχάρημεν καὶ
συναγαγόντες τὸ πᾶν πλῆθος
παρανέγνωμεν κτλ.
22, 24: καλῶς οὖν ποιήσεις προσ-
τάξας, ὡς ἂν ἡ μεταγραφὴ γένη-
ται τῶν βιβλίων, ἵνα πάλιν ἀπο-
καταστασθῶσι πρὸς ἡμᾶς.

---

[*] Es findet sich unter Anderem ὁ μέγιστος θεός 448b = 16, 24. 20, 25 Schm.;
παραλαμβάνειν τὴν βασιλείαν 448a. c. d. 449c = 20, 20; ἡ ἰδία (für πατρὶς) 448d = 36,
19; ἀποκαθιστάναι 448d = 22, 25. 65, 18 und sonst; χορηγεῖσθαι 449a. b. d = 59,
13. 66, 21 und sonst; χρεία 448b. d. 449a = 14, 28. 34, 4 und sonst: ὡς ἂν mit
dem Particip 448d = 19, 14. 30, 8. 33, 10. 64, 15 und sonst.

Wie ist dieses offenbar nicht ganz zufällige Zusammentreffen zu erklären? Haben die dem Aristeas und dem Eupolemos beigelegten Briefe denselben Verfasser? Oder schöpfen beide aus derselben Quelle? Oder hat der falsche Aristeas die Schrift des Eupolemos benutzt? Oder, um alle Möglichkeiten aufzuzählen, hat dieser jenem nachgeahmt? Die zwei ersten Fragen sind am schnellsten erledigt. Der Verfasser des Aristeasbriefes kann nicht identisch sein mit dem Verfasser unserer Briefe. Er hat entweder eine griechische Rhetorenschule besucht, oder — was die zahllose Menge seiner sprachlichen Sünden wahrscheinlicher macht — nur als Autodidakt durch das Studium griechischer Litteratur eine gewisse Kenntniss der Rhetorenkünste sich angeeignet, die den Spätlingen des griechischen Schriftthums oft genug zusammenfielen mit der Kunst der Schriftstellerei selbst. Er vermeidet fast ganz den Hiatus, liebt seltene und poetische Worte: sein Ausdruck ist geziert und schwülstig, wenn auch fremdartig und sprachwidrig. Ein solcher Mann kann nicht Briefe, wie die dem Eupolemos beigelegten verfasst haben, sie, die dürftig an Gedanken, jedes rednerischen Schmuckes baar, unendlich weit von dem buntscheckigen Griechisch des Briefes an Philokrates abstehen. Noch weniger aber konnten sie in ihrem ärmlichen Gewande den falschen Aristeas zur Nachahmung reizen. Sie mussten vielmehr einen solchen Mann um so entschiedener abstossen, je mehr er nach einer bis zum Ueberdruss gezierten Darstellung strebte. Was auch hätte er ihnen entlehnen sollen? Ausdrücke, wie die angeführten, konnte er überall finden und aus reineren Quellen schöpfen, da er ältere griechische Autoren kennt, wie Hekatäos von Abdera (p. 19. 18), Theopomp (68, 15), Theodektes (68, 21). Und was von der Schrift des Eupolemos gesagt werden muss, das hat auch für ihre etwaige Quelle volle Geltung. Diese musste dem putzsüchtigen Verfasser des Aristeasbriefes ebenso abstossend erscheinen, wie unsere Briefe, wenn sie dieselbe armselige Gestalt hatte und wenn die Briefe ihr wörtlich entnommen sind. War sie aber besser stilisirt, konnte sie durch ein glänzendes Aeussere einem Manne wie dem falschen Aristeas als nachahmungswerth erscheinen, so kann Eupolemos seine plumpen Stilübungen ihr nicht wörtlich entlehnt haben; so hat er höchstens einzelne Ausdrücke und den ungefähren Inhalt ihr entnommen, ihre äussere Form aber vollständig umgestaltet: ein Fall, der an und für sich nicht wahrscheinlich, uns das Recht wiedergeben würde, von ihnen als dem authentischen Werke des Eupolemos zu reden. Dürfen wir also weder annehmen, dass Pseudo-Aristeas unsere Briefe abgefasst, noch dass er sie ausgeschrieben, noch dass er aus derselben Quelle geschöpft habe, die Eupolemos benutzte, so bleibt nur übrig anzunehmen, dass der Brief oder eine andere Schrift des Pseudo-Aristeas Eupolemos vorgelegen habe. Alles, was der umgekehrten Annahme im Wege stand, begünstigt diese Vermuthung. Den der griechischen Sprache kaum mächtigen, an Worten und Wendungen äusserst armen und seiner Armuth wohl bewussten Eupolemos musste eine Schrift zur Bewunderung und Nachahmung reizen, die von einem der höchsten Hofbeamten des ägyptischen Königs verfasst sein sollte, deren glänzender Wortflitter ebensosehr sein unreifes Urtheil bestach, wie ihr Inhalt seinem Nationalstolz schmeichelte, und deren zahllose Fehler ihm, dem stümperhaften Stilisten, für ebensoviele Vorzüge gelten mochten. Was Wunder, dass er mit einzelnen, ihr entlehnten Lappen die Löcher seines Bettlerkleides zu verdecken suchte, und dass er mit besonderer Freude die von Aristeas gefälschte Correspondenz zwischen König Ptolemäos II. und dem Hochpriester Eleasar, die er natürlich als Muster des eleganten Hofstiles ansah, für seine den Königen Aegyptens, Phönikiens und Israels angedichteten Briefe benutzte. — Eine letzte Möglichkeit, die aber auf dasselbe Resultat hinausläuft, ist folgende. Pseudo-Aristeas hat nicht allein den Brief an Philokrates und zahlreiche in denselben eingeschobene Briefe gefälscht; er beruft sich auch auf andere, wahrscheinlich von ihm selbst verschiedenen Historikern untergeschobene Schriften, unter denen ein Werk des Abderiten Hekatäos (19, 19 Schm.) und eine Schrift ägyptischer Priester über die Juden (14, 3) besondere Aufmerksamkeit verdienen. Es ist sehr wohl möglich, dass der Fälscher in einer dieser Schriften einen Briefwechsel des Uaphres mit Salomo erdichtete, der Eupolemos bei seiner Schrift vorgelegen hat. Ist das aber der Fall, so ist es doch bei der grossen Verschiedenheit des Stiles, welche die Briefe des Eupolemos und der des falschen Aristeas aufweisen, unabweisbar anzuerkennen, dass Eupolemos aus irgend welchen Gründen diese Briefe ebenso gründlich umgestaltet hat, wie er es mit den der Bibel entlehnten gethan hat, so dass nur einzelne Ausdrücke und Wendungen noch an die Vorlage erinnern, das Ganze aber als selbständige Arbeit des Eupolemos angesehen werden muss.

Diese Erwägungen, auch wenn sie als wohlbegründet anerkannt werden, haben nicht die Authentie der Briefe erhärtet, sondern nur Gegengründe entkräftet. Ein directer Beweis kann erst aus eingehender Betrachtung aller uns erhaltenen Bruchstücke des Eupolemos sich ergeben, die, um ihrer selbst willen unabweislich, auf Grund des bisher Erwiesenen ebenso sichere Auskunft über den einstigen Charakter der Urschrift, wie über die Echtheit der Briefe, wie über die Methode der Alexandrischen Compilation zu geben vermag. Die von **Alexander** überarbeiteten Bruchstücke stimmen mit den Briefen nach Inhalt, Form und Tendenz überein und beweisen damit erstlich, dass sie einen und denselben Verfasser wie jene haben, sodann, dass Alexander im grossen Ganzen ihr eigentliches Wesen unberührt gelassen hat. Die Berichte der Bibel bilden in den Briefen wie in den übrigen Bruchstücken den Grundstock der Erzählung; aber hier wie dort sind sie von vielen oft sehr bedenklichen Zuthaten überwuchert, die bisweilen noch auf biblischem Boden sich halten, zumeist aber midraschartiger Deutung oder unverbürgter Ueberlieferung enstammen, oder wohl gar vollkommen erdichtet sind. Genau der Bibel entsprechen eine Menge Angaben, wie über Dauer der Prophetie Moses' (447a), Lebenszeit Josua's (das.), Aufstellung der heiligen Lade (das.), Erwählung Saul's durch Samuel (447b) und vieles Andere, das aufzuzählen der Mühe nicht lohnt, weil der flüchtigste Blick auf die Fragmente es kennen lehrt. Viel häufiger aber sind die Fälle, in denen Eupolemos vom Text der Bibel bald mehr, bald weniger sich entfernt. Nirgends geschieht das so entschieden, als in der ausführlichen Erzählung vom Tempelbau — und das aus gutem Grunde. Denn wenn irgendwo, so sind derartige Abweichungen hier verzeihlich, wo der Urtext fast unüberwindliche Schwierigkeiten darbietet, wo die LXX in ihrer Rathlosigkeit sich häufig jeder Uebersetzung enthalten, wo die zahlreichsten, widersprechendsten Vermuthungen in alter und neuer Zeit neben einander Platz gefunden haben. Wenn aber selbst Männer, wie etwa Johannes Villalpandus und Bernhard Lamy trotz ihrer Gelehrsamkeit, ihrer unanfechtbaren Rechtgläubigkeit und ihres beispiellosen Fleisses — jener hat 16, dieser gar 23 Jahre an seiner Beschreibung des Tempels gearbeitet — die willkürlichsten Aenderungen des Textes sich erlauben und doch ihm überall treu zu bleiben glauben konnten, so wird unser früheres Urtheil über Eupolemos' Abstammung und über den Charakter

2

seiner Schrift durch die Ungenauigkeit und Fehlerhaftigkeit seiner
Darstellung sowenig in Frage gestellt, wie die Orthodoxie jener
Männer — des Jesuiten und des Oratorianers — durch nicht viel geringere Sünden. Auch würden wir Eupolemos Unrecht thun, wollten
wir annehmen, dass er bloss aus Unwissenheit und Flüchtigkeit ge-
irrt habe. Viele, dem Buchstaben der Bibel widersprechende Angaben sind ersichtlich aus dem Bestreben, Widersprüche des Bibeltextes auszugleichen, hervorgegangen. Wenn nach I Kön. 5; II Chron.
2 erst Salomo das Holz zum Tempelbau auf dem Libanon hat fällen
lassen, während nach I Chron. 22 das schon von David gethan war,
so beseitigt Eupolemos den Widerspruch durch die Deutung, dass
David das Holz habe fällen, Salomo es vom Libanon nach Jerusalem
habe bringen lassen (447d. 449d). Nach I Kön. 6, 15 waren die
Wände des Tempels mit Cedernholz bekleidet, nach II Chron. 3, 5
mit Cypressenholz. Die LXX übersetzen auch an letzterem Orte
ξύλα κέδρινα; Eupolemos dagegen verbindet beide Angaben und lässt
zugleich Cedern- und Cypressenholz verwendet sein (450a). In den
Angaben über die Höhe der Säulen des Tempels sind unlösbare
Widersprüche zwischen I Kön. 7, 16, wonach sie mit ihren Capitälen
23 Ellen, und II Chron. 3, 15, wonach sie 40 Ellen hoch waren.
Eupolemos vereinigt beides, indem er den Säulen Aufsätze von
20 Ellen Höhe giebt (s. Anm. 12), die somit den Tempel — der nach
450b eben so hoch wie die Säulen war — um 20 Ellen überragen
(451a). Die noch übrige Differenz von 2—3 Ellen lässt Eupolemos
unbeachtet, wie wir ihn auch in den Briefen die Zahlen der Bibel
abrunden sahen. Demnach hat Eupolemos hier durchaus nicht —
wie die Erklärer der Stelle annehmen — eine freie Erdichtung vorgetragen, sondern nur die sehr dunkle biblische Beschreibung der
Capitäle des Netzwerks in seiner Weise gedeutet, was schon die
wörtliche Uebereinstimmung mit den LXX (II Chr. 4, 12. 13) beweist. Eupolemos' Vermuthung über die Höhe des Tempels billigen
übrigens auch Bähr (der Salom. Tempel S. 34) und Herzfeld (Geschichte I 492).

Abweichungen anderer Art sind wie in den Briefen durch Vergleichung der vorliegenden mit anderweitigen Bibelstellen entstanden.
Salomo soll (gegen I Kön. 10, 16; I Chron. 9, 16) nicht 500, sondern
1000 goldene Schilde haben anfertigen lassen, weil das Hohelied
(4, 4) von soviel Schilden spricht. Den geschichtlichen Büchern

zufolge hat David Philistäa, Ammon, Moab, Edom und einen Theil
Syriens überwunden, aber mit dem Könige von Tyros in steter
Freundschaft gelebt (I Kön. 5, 15), und von einem Krieg mit Arabern
ist nirgends die Rede. Dagegen berichtet Eupolemos auch von der
Unterwerfung König Suron's, sowie assyrischer und arabischer Stämme
(447b f.), offenbar weil nach Psalm 83, 7 'Ismaeliten und Hagrim,
Peleschet und Bewohner Tyros' Israel bekämpft haben und 'auch
Assur sich ihnen gesellte'. Die Voraussetzung ist hierbei, dass Eupolemos diesen Psalm als Davidisch ansah, was keine Schwierigkeit
hat, da bekanntlich in der talmudischen und hellenistischen Litteratur die ganze Psalmensammlung David zugeschrieben wurde*).
In diesen Fällen nun ist das Bestreben, die Machtfülle der alten
israelitischen Könige mit möglichst glänzenden Farben zu malen,
nicht zu verkennen, wie denn auch Josephus auf David und Salomo
hinweist, um die einstige Grösse seiner Nation den Hellenen zu erweisen (c. Ap. II 11). Doch kann Eupolemos hier wenigstens seine
Lust an Uebertreibungen durch die angeführten poetischen Stellen
der Bibel vertheidigen; nicht selten aber ist er durch seine Vorliebe
für möglichst grosse Zahlen und möglichst glänzende Schilderungen
zu der Bibel geradezu widersprechenden Angaben verleitet worden.
Alle Quellen — hebräischer Text der Königsbücher und der Chronik,
LXX und Josephus — geben dem Tempel eine Breite von nur
20 Ellen: bei Eupolemos (449d) ist er 60 Ellen breit[11]. Der Bibel
zufolge hatte das eherne Meer einen Durchmesser von nur 10 Ellen
(I Kön. 7, 23. II Chr. 4, 2); nach Eupolemos (450d) war es 20 Ellen
breit und lang. Die Bibel kennt nur erzene Säulen (I Kön. 7, 15f.;
Jerem. 52, 21): nach Eupolemos (450b) sind sie mit fingerdickem
Golde überzogen. Ueberhaupt ist die Masse Goldes eine ganz ungeheure, welche in Eupolemos' Erzählung auf die Decke des Tempels
(das.), die Leuchter (das.) und andere Geräthe verwendet ist. —
Im Gegensatz zu diesen stark geschminkten Berichten werden bisweilen biblische Zahlenangaben verringert, um sie glaublicher erscheinen zu lassen. Eupolemos giebt der im Tempel aufgestellten
Kanzel, die (nach II Chr. 6, 13) drei Ellen hoch war, nur zwei Ellen
(450d), weil sonst der in ihr Stehende dem Volke unsichtbar ge-

---

*) Bab. Batr. 14b. Pessach. 117a; Chrysost. prol. in psalm.; August. de civ.
D. XVII 14; Philastr. de haer. c. CXXVII p. 269 Fabr.

8*

wesen wäre, wie denn aus demselben Grunde Thenius (zu 1 Kön.
8, 22) sie selbst nur 1½ Ellen hoch sein lässt. Er nimmt für die
geschlachteten Opferthiere sehr bescheidene Zahlen an (451 c) in
offenem Widerspruch mit der Bibel (I Kön. 8, 5; II Chr. 7, 5), und
auch die ungeheuren Summen Erzes verringert er (451 c) gegen
I Chr. 22, 14 f. und im Widerspruch mit seinen eigenen übertreiben-
den Angaben über das auf die einzelnen Geräthe verwendete Material.
— Zahlreich sind die Fälle, in denen Eupolemos die biblischen Berichte nach den Eingebungen der eigenen Phantasie erweitert und
ausschmückt. Er giebt Thatsachen an, über die bei dem Schweigen
jeder geschichtlichen Ueberlieferung auch die leiseste Vermuthung
verstummen müsste; er beschreibt Geräthe und Einrichtungen des
Tempels, deren die Bibel gar nicht gedenkt, so umständlich, als ob
er der Baumeister gewesen wäre oder den Grundriss selbst gezeichnet
hätte. Das Verfahren bei der Vergoldung der Tempelwände (450 a),
die Gestalt und das Gewicht der verwendeten Nägel und Klammern
(das.), die Beschaffenheit des Tempeldaches (450 b), das Gewicht der
Leuchter (das.), die Art der Geschenke, welche Salomo den in ihre
Heimath entlassenen fremden Arbeitern gab (451 d), alles das und
vieles Andere weiss er ebenso genau, wie er in den Briefen die
Nomen kennt, aus denen Uaphres seine Mannschaft aushob (448 c),
und die Landschaften, welchen die Lieferung der Lebensmittel ob-
lag (449 a). — Eigene oder fremde Vermuthungen über die Chronologie der biblischen Zeit werden als sichere Thatsachen hingestellt.
Eupolemos versucht es eben in derselben Weise wie andere hellenistische Geschichtschreiber, die Zeiträume vom Ursprung der israelitischen Geschichte bis auf seine Zeit herab zu bestimmen [12], und wo
die Kette der chronologisch gesicherten Daten Lücken aufweist, da
fügt er, wie alle diese Chronologen, neue Glieder von oft sehr
zweifelhaftem Werthe ein. So weiss er, dass Josua 30, Saul 21 Jahre
die Herrschaft geführt haben (447 a), ohne durch die Bibel zu diesen
Angaben berechtigt zu sein.

Von diesen vielfachen Erdichtungen mag nun Manches unter
dem Einfluss der angegebenen Gründe der blossen Lust am Fabu-
liren sein Entstehen verdanken; Anderes aber geht offenbar auf
ältere Sagen oder Ueberlieferungen zurück. Eupolemos berichtet
(fr. 1), dass Moses der erste Weise gewesen sei, der den Hebräern die
Kunde der Buchstaben gebracht habe, die von ihnen zu den Phönikern

und von den Phönikern zu den Griechen gelangt sei. Das hat er
sicherlich nicht zuerst ersonnen: denn es ist eine bei jüdischen Hellenisten weit verbreitete Sage, dass die Juden — und insbesondere
Moses — die Lehrer der Griechen gewesen seien*). Uebrigens ist Eupolemos zurückhaltend genug, Moses nicht die Erfindung, sondern nur
'die Mittheilung' der Buchstaben an die Hebräer zuzuschreiben, und
er verdient schon darum nicht den bitteren Spott, mit dem Cobet
(Ἑρμῆς λόγιος I 169) ihn um dieser Angabe willen überschüttet.
Denn dass das Alphabet aus dem Orient durch Vermittelung der
Phöniker zu den Griechen gekommen sei, leugneten diese selbst
nicht (Herod. V 58; Jos. c. Ap. I 6), und bei der Uebereinstimmung
des griechischen und hebräischen Alphabets durfte ein jüdischer Hellenist seinem Volke mit ebenso gutem Rechte einen Antheil an der
Verbreitung desselben zuschreiben, wie es in neuerer Zeit aus streng
wissenschaftlichen Gründen Hitzig (Die Erfindung des Alphabets),
Olshausen (Ueber den Ursprung des Alphabets) und Andere gethan
haben. Doch selbst wenn Eupolemos' Angabe eine unbegründete
Fabelei ist, so sündigte er und seines Gleichen nicht mehr, als
Aegypter, Babylonier, Phöniker, Syrer und andere orientalische Völker, die den Griechen nicht oft genug einschärfen konnten, sie und
sie allein seien die Erfinder der Handwerke, Künste und Wissenschaften, ein Vorgeben, für das die Schriften Manetho's, Berossos',
Philon's des Bybliers, ebenso zahlreiche Belege liefern, wie die grie-
chischer und römischer Schriftsteller. Ja im Vergleich mit den ge-
waltsamen Versuchen, die Ursprünge alles Griechischen auf den
Orient zurückzuführen, wie sie uns nicht bloss bei den genannten
Geschichtschreibern, sondern auch bei Herodot, Platon, Diodor,
Plutarch, Plinius und zahlreichen anderen Schriftstellern begegnen,
sind die gleichartigen Bestrebungen jüdischer Hellenisten wahre
Muster kindlicher Bescheidenheit. — Auch sonst sehen wir Eupolemos'
Angaben in voller Uebereinstimmung mit anderweitigen Berichten.
Salomo soll dem Chiram eine goldene Säule geschenkt haben, welche
dieser dem tyrischen Zeus weihte. Aehnliches finden wir bei Me-
nander, Dios (Jos. c. Ap. I 17. 18) und Theophilos (Euseb. pr. ev.
IX 34. 451 d), sodass denn Movers diese Erzählung des Eupolemos für

---

*) Artapan Eus. pr. ev. IX 27. 432a; Aristobul das. XIII 12. 667d; Jos. Ant.
I 8, 2. c. Ap. I 22. II 16. 39. Umgekehrt lehrt Philon, dass Moses von den Griechen
belehrt worden sei II 84.

gar nicht unglaubwürdig erklärt (Phöniz. I 176). Eine unmittelbare
Entlehnung aus Ktesias scheint die Nachricht zu sein, dass Astibares
von Medien als Bundesgenosse Nabukodrossor's gegen Palästina gezogen sei, was von Niebuhr (Gesch. Assur's S. 98. 325. 356) mit
anderen geschichtlichen Ueberlieferungen in Verbindung gebracht
wird. Dass die heilige Lade und die Gesetzestafeln nicht nach
Babylon gebracht, sondern von Jeremias gerettet worden seien, erzählt nicht bloss Eupolemos (c. 39), sondern auch der dem II. Makkabäerbuch vorgeschobene Brief (2. 4f.) auf Grund einer älteren Schrift,
die schwerlich identisch mit der des Eupolemos war. Dass der Tempel
an bloss Einer Seite eine Säulenhalle gehabt habe, berichten auf
Grund der von den LXX I Kön. 7, 31 (45) erhaltenen Nachricht
Eupolemos (450 e) und Josephus (b. J. V 5, 1; Ant. XX 9, 7), ohne
dass der hebräische Text ihnen den geringsten Anhalt bot. Aber
Josephus verlegt sie nach dem Osten, Eupolemos nach der Nord-
seite des Tempels: Josephus hat diese Nachricht also nicht diesem
entlehnt, sondern benutzt ausser den LXX eine beiden gemeinsame
Ueberlieferung (vgl. Joh. 10, 23. Act. 3, 11). Dass der Tempel eine
Vorrichtung gegen Verunreinigung durch Vögel gehabt habe, erzählt
Eupolemos vom Salomonischen, Josephus und die Mischna (Middot
IV 6) vom Herodianischen Tempel. Da Eupolemos lange Zeit vor
Herodes gelebt hat, so hat wohl eine alte Ueberlieferung über jene
Vorrichtung am Salomonischen Tempel, die sich im Talmud (Moëd
Kat. 9a) erhalten hat, die Herstellung einer ähnlichen für den Hero-
dianischen veranlasst. Dass Salomo im Alter von 12 Jahren den
Thron bestiegen habe, steht im Einklang nicht bloss mit den LXX
zu I Kön. 2, 12 (nach cod. Alex. und den meisten Handschriften);
sondern auch mit talmudischen Quellen (s. Sed. Ol. Rab. c. 14). — Von
sonstigen Uebereinstimmungen mit talmudisch-agadischen Anschauungen ist bei Eupolemos nur wenig aufzustöbern, und bei keiner
ist an Entlehnung aus palästinischem Deutungskreise zu denken.
Das aber — und die geringen Berührungspunkte zwischen palästinischer Exegese und der des Eupolemos überhaupt — beweist abermals, dass der jüdische Hellenismus durchaus nicht Alles aus dem
abgeschlossenen Sagenschatze Palästinas entnahm, was er mit diesem
Gemeinsames aufweist: sonst könnten derartige Uebereinstimmungen
bei Niemandem häufiger sein, als bei dem, wie sich später zeigen
wird, in Palästina lebenden Eupolemos.

Das Verhältniss Eupolemos' zum Text der Bibel ist in den Fragmenten dasselbe wie in den Briefen. Hauptquelle ist hier wie dort die Chronik. Dass ein Engel den Ort des Heiligthums David gezeigt habe, weiss er (447c) allein aus I Chr. 22, 1; II Chr. 3, 1. Die Begründung der Aufschiebung des Tempelbaus durch den Hinweis auf das viele Blut, das David vergossen habe, giebt er (447c) ganz nach I Chr. 28, 3. Dass schon David alles zum Bau Nöthige habe herrichten lassen, berichtet er (447d) nach I Chr. 22 und 28. Auch dass das Material auf dem Seewege über Jope nach Jerusalem gebracht worden sei (449d), kann er bloss aus II Chr. 2, 15 erfahren haben. Bisweilen sind jedoch auch die Königsbücher benutzt worden. Die innere Bekleidung des Tempels (450a) ist nach I Kön. 6, 15, die Errichtung eines in mehreren Etagen aufsteigenden Anbaues, den er mit den LXX ἔνδεσμος nennt (das.), ist nach I Kön. 6, 14 beschrieben worden. Auch die Breite der Vorhalle, die unter οἰκοδομή (das.) allein verstanden sein kann, wird nach I Kön. 6, 3 auf 10 Ellen bestimmt. — Ueberall — in den Briefen wie in den Fragmenten — ist die Benutzung der LXX zu erkennen*): deutlicher als in den Briefen aber zeigt sich hier, dass Eupolemos auch eine gewisse Kenntniss des Hebräischen gehabt und den Urtext der Bibel ab und zu benutzt haben müsse. Er übersetzt und erklärt auf eigene Faust die von den LXX unübersetzt gelassenen hebräischen Worte: אולם (I Kön. 6, 3) ist durch οἰκοδομή (450a), שרשרת (II Chr. 3, 16) durch ἁλυσιδωτοί (451a) erklärt; גלית (I Kön. 7, 4) (27). II Chr. 4, 12) wird mit δακτύλιοι (das.), כברים (I Kön. 7, 16 (4), 7,

---

*) Ausser dem oben (S. 108. 114. 118. 119) gelegentlich Bemerkten vergleiche man: c. 30 Anf.: πῆξαί τε τὴν ἱερὰν σκηνὴν ἐν Σηλοῖ mit Jos. 18, 1: καὶ ἔπηξαν ἐκεῖ τὴν σκηνὴν τοῦ μαρτρίου; 450a: οὕτω οἰκοδομήσαντα ξυλῶσαι ἔσωθεν (s. Anm. 11) κεδρίνοις ξύλοις mit I Kön. 6, 15: καὶ ᾠκοδόμησε .. ἔσωθεν διὰ ξύλων κεδρίνων und II Chron. 3, 5: καὶ τὸν οἶκον ἐξύλωσε ξύλοις κεδρίνοις; 451a: καὶ προσκρεμάσαι ἑκάστῃ δικτύι κώδωνας χαλκοῦς τετρακοσίους mit II Chr. 4, 13: καὶ κώδωνας χρυσοῦς τετρακοσίους εἰς τὰ δύο δίκτυα; 450b στῆσαι δ' αὐτοὺς (sc. τοὺς στύλους) ὃν μὲν ἐκ δεξιῶν ὃν δὲ ἐξ εὐωνύμων mit II Chron. 3, 17: καὶ ἔστησε τοὺς στύλους.. ἕνα ἐκ δεξιῶν καὶ τὸν ἕνα ἐξ εὐωνύμων. Zahlreiche auch seltene Eigennamen (Ἰησοῦς, Ναυῆ, Σαμουήλ, Σαούλ-ος, Ἡλεί), die meisten Namen der Tempelgeräthe (στέλοι, λυχνίαι und λύχνοι, σκηνὴ τοῦ μαρτυρίου (450c), λουτὴρ χαλκοῦς (450d aus Exod. 30, 18), βάσις χαλκῆ aus II Chron. 6, 13, κιβωτός, βωμός, θυσιαστήριον, ἔνδεσμος sind den LXX entlehnt. Die meisten codd. der LXX von Josua schreiben Σηλώ, in anderen Büchern überwiegt die Form Σηλώμ; dem entsprechend schreibt Eupolemos in der Geschichte Josua's Σηλώ (c. 30 Anf.), später aber Σηλώμ (c. 34. 451b).

43 (28)) mit *μηχανήματα* übersetzt. Wenn er Cedern- und Cypressenholz (ξύλα κέδρινα καὶ κυπαρίσσινα) für den Tempel verwendet sein
lässt (447 d. 450 a. c), so hat er das ארז und ברוש des hebräischen
Textes (1 Kön. 5, 22 (8). 24 (10). 6, 15; II Chr. 2. 7. 3, 5) richtiger
übersetzt als die LXX, welche ברוש bald in κέδρος bald in πεύκη
übertragen. Auch seine Chronologie zeigt ein aus Angaben des
hebräischen und griechischen Textes gemischtes System [12]. Wenn
er aber den Namen Jerusalem von einem griechischen Worte ab-
leitet — er erklärt es (451 b) als ἱερὸν Σολομῶνος —. so wird hierdurch weder seine Unkenntniss des Hebräischen, noch, wie Kuhlmey
behauptet (p. 23), seine heidnische Herkunft erwiesen. Denn derartige etymologische Spielereien sind selbst von Schriftstellern beliebt worden, denen die Kenntniss des rechten Sachverhaltes nicht
abgesprochen werden kann [*]).

Hat nun im Voraufgehenden das exegetische Verfahren des
Eupolemos auch oft genug Anlass zu gerechtem Tadel dargeboten —
und die Vergleichung der Fragmente mit den ganz ähnlich klingenden Briefen beweist. dass wir hier den echten Eupolemos vor uns
haben —. so muss doch ein besonnenes Urtheil sich hüten, ihm
Fehler aufzubürden. die offenbar seinem Bearbeiter Alexander zur
Last fallen. In der Vorgeschichte des Tempelbaus (447 c—d) sehen
wir zwei verschiedene biblische Erzählungen in einander geschoben.
Auf einen der Chronik (1 21, 25 f.) nacherzählten Bericht von der
Engelserscheinung bei der Tenne Aravna's (βουλόμενον — ἐν Ἱερο-
σολύμοις) folgt ein von der Bibel früher (1 Chron. 17) gegebener
Bericht von David's Plan, den Tempel zu bauen und der Verhin-
derung desselben durch den Propheten Nathan (καὶ κελεύειν — κέδρινα).
Statt des Propheten Nathan aber tritt hier ein Engel *Διάναθαν* auf,

---

*) Josephus giebt dieselbe unsinnige Etymologie von Jerusalem wie Eupo-
lemos (b. J. VI 10), obgleich er anderswo mit Recht eine ähnliche verspottet (c. Ap.
I 35). Er deutet auch sonst auf Grund griechischer Schreibung hebräischer Namen
(Ant. II 9. 6). Philon leitet hebräische Worte ungemein häufig von griechischen
Worten ab: Lea von λεῖος I 77. 523, Chavila von εὖ ἵλεως I 56, Pischon von
φείδεσθαι I 56, Pithom von πείθειν I 632 Mang. Dasselbe Verfahren finden wir
bei griechischen Schriftstellern, wofür bloss auf Diodor's. Plutarch's und Philon's,
des Bybliers, zahllose Ableitungen ägyptischer und phönikischer Götternamen hingewiesen sein mag. Im Talmud sind derartige Etymologien ebenfalls nicht selten
(Sachs Beitr. I S. 30. 34; Zunz G. V. S. 327). Ferner gilt ἱερὸν als Etymon für Jerusalem auch bei christlichen Schriftstellern (s. Suicer s. v. Ἱεροσαλήμ).

dessen räthselhafter Name allein schon die Hand des flüchtig excer-
pirenden, der Bibel unkundigen Polyhistors verräth, was auch Herzfeld (a. a. O. III 482) annimmt. Denn man muthet diesem nicht zu
viel zu, wenn man annimmt, Eupolemos habe seinen Bericht etwa
mit den Worten abgeschlossen: ἄγγελον δ' αὐτῷ ἔπεμψε διὰ Νάθαν,
das heisst 'eine Botschaft aber sendete ihm Gott durch Nathan';
Alexander aber habe, anstatt ἄγγελος in dieser allerdings seltereren
Bedeutung zu fassen und anstatt διὰ Νάθαν zu lesen, das erste Wort
für 'Bote, Engel' genommen, die letzteren zwei aber als Einen Eigennamen angesehen und so aus dem Propheten Nathan den Engel
Dianathan gemacht, was um so leichter geschehen konnte, als er
unmittelbar vorher von einer Engelserscheinung berichtet hatte.
Dass dagegen dem Eupolemos selbst die Umstellung und Ineinanderschiebung der zwei Berichte zuzuschreiben ist, kann nach dem oben
(S. 114 ff.) Bemerkten nicht als unglaubwürdig erscheinen. — Abweichungen von der Bibel finden sich bei Eupolemos häufig genug, aber
undenkbar ist, dass er von der Heldenzeit der Richter Nichts gewusst und Nichts berichtet habe. Wenn wir demnach (447 b) lesen,
dass Samuel nach Josua (μετὰ ταῦτα) Prophet geworden sei, so kann
damit keine unmittelbare Aufeinanderfolge gemeint sein. Eupolemos
hatte sicherlich nach der Erwähnung Josua's noch Manches über die
nachfolgende Zeit berichtet, was Alexander, sei es absichtlich oder
unabsichtlich, in seinem Excerpt unterdrückt haben muss. Auf eine
Lücke gerade an diesem Orte weist ein anderer Fehler in demselben
Fragment (447 d) hin. Hier soll David 'in Gegenwart des Hochpriesters Eli' seinem Sohne Salomo die Regentschaft übergeben
haben. Dass Eupolemos selbst einen so gräulichen Fehler begangen
habe, ist nach dem im Texte über seine Bibelkunde Nachgewiesenen
schwer zu glauben. Wahrscheinlich hatte er den Namen des Hochpriesters gar nicht genannt, und Alexander ergänzte irrig Eli, weil
früher von diesem gesprochen war — was denn das Vorhandensein
einer durch Alexander's Scheere entstandenen Lücke nach der Erwähnung Josua's durchaus bestätigen würde.

Dass Alexander nun in der That zahlreiche Aenderungen am
Texte seiner Vorlagen sich erlaubt hat, lässt sich noch durch andere
Belege erweisen. Die Uebereinstimmung der Fragmente mit den
Briefen hat sich in den verschiedensten Beziehungen klar heraus-
gestellt: in Einem Punkte aber zeigt sich eine auffallende Verschieden-

heit zwischen denselben: die Sprache der Fragmente ist viel correcter als die der Briefe; grobe Verstösse, wie sie in den Briefen in Hülle und Fülle sich zeigten, finden sich in jenen nicht. Entscheidet dieser Umstand allein gegen die angenommene Identität ihrer Verfasser? Gewiss nicht. Denn es darf nicht übersehen werden, dass die Briefe allein in ihrem ursprünglichen Wortlaut vorliegen, während die Fragmente fast durchweg in indirecter Rede mitgetheilt, also ihrer Form nach überarbeitet worden sind. Es kann aber nicht auffallen, dass Alexander in seinen Excerpten wenigstens die ärgsten Unebenheiten zu glätten suchte, dass diese daher nach ihrer stilistischen Seite viel weniger Anstoss erregen, als die wortgetreu abgeschriebenen Briefe. Im Uebrigen lässt sich leicht beweisen, dass Alexander wenigstens einen grossen Theil des vorgefundenen Wortvorraths in seine Bearbeitung aufgenommen hat. Es fehlt in derselben nicht an Incorrectheiten und Hebraismen, die nur dem Judäer Eupolemos, nicht aber dem im kleinasiatischen Griechenland geborenen Polyhistor zuzutrauen sind*). Häufig blickt durch die Bearbeitung Alexander's die von Eupolemos benutzte Bibelübersetzung durch — ein unwiderleglicher Beweis für die Unversehrtheit des ursprünglichen Textes an diesen Stellen. Dasselbe geht hervor aus der Uebereinstimmung, die zwischen Briefen und Fragmenten in der Form der Namen und dem Gebrauch anderer hervorstechender Worte besteht. Hier wie dort finden wir die Formen Σούρων für Εἴραμος (447b. 451d), Οὐαφρῆς (oft), Ιαβὶδ, Σολομὼν (oft), Γαλαδῖτις (449a. 454c), Ἰουδαῖοι statt Ἑβραῖοι (oft); hier wie dort werden Γαλιλαία und Σαμαρεῖτις zusammen genannt (449a. 454c), erscheinen Tyrier und Sidonier oder Tyrier und Phöniker zugleich am Tempelbau betheiligt (447c. 449c. d); hier wie dort wird nach Artaben und Metreten oder Metra gerechnet (449a. 451d), und an beiden Orten werden diese Maasse zur Erklärung alter hebräischer Maasse angewendet. Das aber sind Dinge, die grossentheils viel zu kleinlich sind, als dass absichtliche Gleichmacherei sie zugleich in die Briefe und die Fragmente hätte hineintragen können,

---

*) So ξυλόω für 'mit Holz bekleiden' (450a); ὁλοκάρπωσις (451b) für 'Opfer', dessen sich übrigens auch der phönikische Hellenist Philon (bei Euseb. pr. ev. I 10. 38d) bedient hat; so ferner σκηνὴ τοῦ μαρτυρίου (450c), ἔνδεσμος für 'Anbau' (450a), alles dies nach den LXX gewählt. Incorrect ist ferner δικτὺς für δίκτυον (451a) und Aehnliches.

und sie dürfen im Verein mit dem früher über die durchgängige Uebereinstimmung beider Theile der Excerpte Beigebrachten als beweisend für die Behauptung angesehen werden, dass Briefe und Fragmente des Eupolemos von einer und derselben Hand gearbeitet oder doch überarbeitet worden sind, und dass Alexander den Gesammtinhalt seiner Auszüge nicht angetastet hat.

Die Untersuchung der Fragmente hat uns vom schriftstellerischen Charakter des Eupolemos in allen wesentlichen Punkten dasselbe Bild geliefert, welches uns die Briefe darboten, jenes nur noch in deutlicheren und breiteren Zügen und ergänzt durch eine Zahl bemerkenswerther neuer Eigenthümlichkeiten, die in dem engen Rahmen der Briefe nicht hervortreten konnten. Eine kecke Exegese bemächtigt sich der biblischen Berichte. Unbekümmert um den Buchstaben der Schrift sucht sie bald durch Vergleichung verschiedenster Bibelstellen, bald durch gewaltsame Deutung des vorliegenden Textes, bald durch Aufnahme eines die Geschichte überwuchernden sagenhaften Stoffes der Darstellung neuen Glanz und neuen Inhalt zu geben; nur selten hat eine leichtsinnige, vielleicht bloss dem Gedächtniss vertrauende Benutzung der Quellen zu Abweichungen geführt, für die weder die scharf hervortretende Tendenz der Schrift verantwortlich, noch sonstige Gründe aufzufinden waren. Um sein Ziel, die Verherrlichung der Geschichte Israels zu erreichen, ist dem Eupolemos kein Mittel zu schlecht und keines zu gefährlich. Seiner Exegese fehlt kaum eine jener Unarten, welche die Schriften anderer jüdischer und christlicher Hellenisten verunzieren. Denn wenn Religion oder das, was man für religiös hielt, wenn polemische oder apologetische, wissenschaftliche oder erbauliche Zwecke es zu erheischen schienen, nahm man selten und nahm auch Eupolemos nicht Anstand, den Wortlaut der Bibel zu ändern, durch Zusätze und Streichungen ihn zu fälschen oder ihn einfach bei Seite zu schieben. Gänzlich frei ist dagegen Eupolemos von jener Krankheit der späteren hellenistischen Exegese, welche in allegorischen Auslegungen ihr Heil erblickt und das Verständniss für den einfachen Wortsinn vollständig eingebüsst hat.

Die Lebenszeit des Eupolemos kann durch das bei Clemens (str. I 21. 404 Pot. II 114 Dind.) erhaltene chronologische Bruchstück näher bestimmt werden. In demselben zählt Eupolemos 'von Adam bis zum fünften Jahre der Regierung des Demetrios, dem zwölften des Ptolemäos von Aegypten'. C. Müller (fr. h. Gr. III 208) versteht Demetrios II. Nikator und Ptolemäos Physkon. Das fünfte Regierungsjahr des Demetrios, das freilich nicht dem 12. sondern dem 6. Jahre nach der zweiten Thronbesteigung Physkon's entspricht, ist 171 Sel. = 142/1 v. g. Z., in welchem er die Unabhängigkeit der Juden anerkannte. Dies Jahr könnte somit als passender Endpunkt obiger Zählung gelten. Aber eine unbefangene Prüfung der von Clemens erhaltenen Worte des Eupolemos findet bei dieser Erklärung ausser der angedeuteten, noch viele andere unübersteigliche Schwierigkeiten [12] und kommt zu dem Ergebniss, dass nur Demetrios I. Soter und Ptolemäos Physkon, der 170 zuerst zur Regierung kam, verstanden und als Endtermin der Zählung das Jahr 155 Sel. = 158 g. Z. angenommen sein könne, in welchem Jahre ein förmlicher Friede zwischen Demetrios I. und Jonathan den Kämpfen der vorangehenden Jahre ein Ziel setzte (1 MB. 9, 70 f.). Es muss allerdings eingeräumt werden, dass, wenn auch das Jahr 158 einen guten Abschluss bildet, doch ein viel tiefer einschneidendes Datum durch das Jahr 142 gegeben wäre. Nur ist der Schluss ein übereilter, dass darum Eupolemos bis zu diesem letzteren Jahre gezählt haben müsse — denn er wird eben seine Schrift vor 142 abgeschlossen haben. Und diese Annahme stimmt vollkommen zu der oben (S. 103) aufgestellten Vermuthung, dass die Schrift des Eupolemos vielleicht zu denen gehört habe, welche dem König Philometor über die Streitigkeiten der Judäer mit den Samaritanern übergeben worden sind. Dass sie wenigstens nicht ohne Parteinahme gegen die Samaritaner abgefasst ist, ergiebt sich aus dem Hinweis auf Samaria, als auf eine von Judäa abhängige Landschaft (c. 33), aus dem geflissentlichen Gebrauch des Wortes Ἰορδαῖοι für Ἑβραῖοι oder Ἰσραηλῖται (oben S. 89), aus der nachdrücklichen Betonung des Umstandes, dass der Zion von Gott selbst als Ort des Heiligthums erkoren sei (c. 30 f.) und endlich aus der Wahl des Stoffes selbst, der Königsgeschichte von Judäa und der Prophetie Eli's, die nach dem früher Erwähnten kein Samaritaner zu Gegenständen eingehender, ehrender Darstellung würde erwählt haben. Doch wie dem auch sei, jedenfalls gehört die Schrift, weil bis 158 herabgehend und von Alexander excerpirt, in die Zeit von der Mitte des zweiten bis in die erste Hälfte des ersten Jahrhunderts v. g. Z. Dem widerspricht nicht die Thatsache, dass Eupolemos schon den falschen Aristeas gekannt hat (oben S. 112), sondern umgekehrt ist hierdurch ein wichtiger Beweis dafür gewonnen, dass dieser nicht später als um die Mitte des zweiten Jahrhunderts abgefasst ist, wie denn auch Aristobul ihn gekannt zu haben scheint, was, freilich bedingter Weise, auch Hody (Bibl. text. p. 50), Nöldeke (Altt. Lit. S. 115) und Andere anerkennen. Allerdings zeigt der Anfang des Briefes (21, 23) auffallende Aehnlichkeit mit der lateinischen Formel S. V. B. E. Wäre nun Cobet's Annahme (Ἑρμῆς I 178) richtig, dass diese Worte römischen Briefen entlehnt sein müssen und bei keinem griechischen und auch wohl bei keinem anderen jüdischen Schriftsteller anzutreffen seien, so wäre man versucht, die Abfassungszeit der Aristeasschrift nicht über die Zeit des Pompejus hinaufzurücken. Aber Nichts nöthigt uns hierzu: denn dieselbe Formel findet sich schon in einem allgemein als echt geltenden Schreiben Antiochos' des Grossen und ist ungemein häufig in Briefen ägyptischer Hellenisten *).

Die Schrift des Eupolemos scheint weder in Aegypten, noch im eigentlichen Syrien abgefasst zu sein; dort würde der Verfasser nicht

---

*) Antiochos' Brief (Jos. Ant. XII 3, 4; Ewald IV³ 369) beginnt: εἰ ἔῤῥωσαι, εὖ ἂν ἔχοι, ὑγιαίνω δὲ καὶ αὐτός. Cobet hat ferner übersehen: Jos. Ant. XIII 5, 8; II MB. 9. 20. 11, 28; III MB. 3, 12 f. 7, 1 f. und Pap. Brit. 18; Vat. A; Par. 32, 42. 43, 44, 45, 46, 63, die sämmtlich ungefähr aus der Zeit stammen, in der unserer Annahme zufolge der Aristeasbrief abgefasst ist. — Mit Unrecht hält ferner Cobet (p. 181) μεταλαμβάνω statt πυνθάνομαι (Aristeas 68, 22) für einen Latinismus; denn es findet sich in derselben Bedeutung oft bei ägyptischen Hellenisten des zweiten Jahrhunderts: Pap. Taur. 1 ² 2. 1 ⁶ 34. 2, 28; Par. 15 ¹ 19. 15 ² 34; s. Peyron zu P. T. I 91. Bei jüdischen Hellenisten ist diese Bedeutung des Wortes nicht minder häufig (vgl. II MB. 4. 21. 11, 6. 13, 10 und sonst), und erinnert hier an קבל, in welchem ebenfalls die Bedeutungen 'empfangen' und 'hören' sich vereinigen. — Auch die übrigen Beispiele für die unsaubere, halbbarbarische Sprache des Aristeas (Ἑρμῆς das.) sind schlechter gewählt, als man von dem grossen holländischen Philologen erwarten sollte. παραναγιγνώσκειν im Sinne einfachen Vorlesens findet sich Pap. Taur. 1 ³ 20. 1 ³ 23. 1 ⁴ 32. 1 ⁵ 25; aber auch Apollod. II 4. 9. Polyb. II 12, 4. III 21, 5 und in anderen der κοινή angehörigen Schriften. αἰχμὴν λαμβάνω konnte Aristeas sogut sagen, wie Sophokles (O. C. 729) φόβον λ., Euripides (Suppl. 1050) und Demosthenes (743, 22) ὀργήν λ.; Xenophon (Kyrop. IV 6, 7) ἐλπίδα λ. schreiben. λίαν ohne tadelnde Nebenbedeutung belegen alle grösseren Wörterbücher (vgl. auch Pap. Par. 42, 3). — Dass gegen die hier versuchte Zeitbestimmung der Hinweis auf den Brauch des Händewaschens vor dem Gebet die Aristeasschrift nicht in nachchristliche Zeit hinunterrückt (Graetz Gesch. III² 441), und dass die sehr wirre Stadtbeschreibung (32, 10 f.) zur Fixirung der Abfassungszeit nur insoweit zu verwerthen ist, als es Ewald thut (IV³ 615), kann hier nicht weiter ausgeführt werden.

nach einem syrischen, hier nicht nach einem ägyptischen Könige datirt haben, was Eupolemos in dem eben besprochenen Fragment thut. Er muss also in einem Lande geschrieben haben, das nach Aegypten wie nach Syrien zugleich zu blicken gewohnt war, also doch wohl in Palästina, an das wir bei einem Judäer zunächst denken müssen, wenn jene Länder ausgeschlossen sind. Hierhin weisen uns denn auch verschiedene andere Anzeichen: zunächst einige Maass- und Münzbestimmungen. Denn nach κόροι und σίκλα rechnet Eupolemos (c. 33. 34), aber doch wohl kein Aegypter oder Kleinasiate. Auf dem Boden Palästinas dagegen haben sie ihre Berechtigung. Eupolemos ist überhaupt — wie nachgewiesen werden konnte — des Hebräischen nicht ganz unkundig und hat ausser den LXX den hebräischen Text der Bibel benutzt. Das lässt sich von keinem der nichtpalästinischen hellenistischen Schriftsteller behaupten und ist in ganz ähnlicher Weise nur noch bei Josephus nachzuweisen, der, ein geborner Palästiner, in den Schulen seines Vaterlandes genug Hebräisch gelernt hatte, um neben der griechischen Uebersetzung auch den Urtext der Bibel zu Rathe ziehen zu können. Aus der Entfernung von Aegypten erklärt sich ferner der sonst auffällige Umstand, dass Eupolemos nach Jahren des Ptolemäos Physkon zählt, der im Jahre 158 nur noch über Kyrene herrschte; in Aegypten würde Eupolemos sicherlich nach Jahren des Philometor gerechnet haben. Endlich weist auch der Stil der Schrift darauf hin, dass ihr Verfasser nicht unter einer rein griechischen Bevölkerung, sondern in einem Lande lebte, dessen Muttersprache ein nichtgriechisches Idiom war. Aus der zweiten Hälfte des zweiten Jahrhunderts findet sich keine andere ausserhalb Palästinas abgefasste Profanschrift, deren Gräcität so viel Blössen zeigte, wie die des Eupolemos. Dass dagegen in Palästina auch die hellenistisch Gebildeten die griechische Sprache nie bis zur vollständigen Beherrschung des Ausdrucks sich angeeignet haben, bezeugt, wenn auch mit arger Uebertreibung, Josephus (Ende der Alterthümer), lehrt sein eigener holpriger Stil, wo griechische Freunde ihn nicht gefeilt haben, beweisen auch die zwei Jahrhunderte nach Eupolemos schreibenden palästinischen Autoren, deren ungelenke und über die Maassen incorrecte Schreibweise wir im neuen Testament antreffen. — Stehen nun diese Erwägungen über Lebenszeit und Heimath des Eupolemos auf sicherem Grunde, so gewinnt auch eine Vermuthung an Wahrscheinlichkeit,

die, bisher haltlos in der Luft schwebend, ebenso oft bestritten wie
aufgestellt worden ist. Eupolemos hat dem Vorstehenden zufolge
in der Mitte des zweiten Jahrhunderts in Palästina gelebt. Er hat
sein Werk nicht ohne Kenntniss des Hebräischen, aber mit geringer
Gewandheit in der Handhabung des Griechischen und in der Absicht
geschrieben, den mächtigen Bau der Geschichte Israels in ruhmrediger
Darstellung den Hellenen vor das Auge zu stellen. Alle diese Züge
passen vortrefflich auf den Eupolemos, den (nach 1 MB. 8, 17 f.)
Juda der Makkabäer im Jahre 161 als seinen Unterhändler nach Rom
entsendet hat [*]. Genau stimmen Zeit und Ort zusammen; aufs beste
fügen sich auch die Lebensumstände des Gesandten den Zügen ein,
die den Schriftsteller kennzeichnen. Jener muss des Griechischen
kundig gewesen sein; sonst würde man ihn nicht mit der Gesandtschaft
haben betrauen können. Auch hat schon sein Vater am Hofe eines
hellenistischen Fürsten den Unterhändler für sein Volk gemacht (nach
II MB. 4, 11). Dass er dagegen der griechischen Sprache mächtiger
gewesen sein müsse, als der Geschichtschreiber, lässt sich nach dem
eben Bemerkten nicht voraussetzen. Leicht aber konnte er durch
den Verkehr mit heidnischen Griechen die mässige Kunde griechischer
Litteratur und jene zu sehr freiem Schalten mit dem Bibelwort
führende Gesinnung sich angeeignet haben, welche auf den ersten
Blick so befremdend aus den Fragmenten hervorleuchtet. Dass der
von dem Makkabäerhelden mit einer wichtigen politischen Mission
Betraute ein guter Patriot gewesen sein muss, ist von selbst klar,
und kein geringes Vaterlandsgefühl hat auch trotz aller Seltsam-
keiten, Unarten und Sünden seiner Exegese des Historikers Feder
geleitet. — Dass aber im zweiten Jahrhundert ein palästinischer
Hellenist Gegensätze wie die geschilderten in sich vereinigen konnte;
dass es Hellenisten gab, deren willkürliche Behandlung des Bibelworts
gleichsam ihrer Liebe für ihr Volk und dessen Geschichte; dass ein
und derselbe Mann eine Vertrauensperson Juda's des Makkabaers
und Verfasser der hier besprochenen Schrift sein konnte, das sind
Thatsachen, die für Geschichte und Litteratur des jüdischen Hellenismus von Wichtigkeit sind. Ihre Möglichkeit wird nicht erschüttert
durch die gewöhnliche Ansicht über den Charakter des palästinischen

---

[*] Dass diese Gesandtschaft historisch ist, kann nach dem von L. Mendelssohn
(De SCti Roman. tempor. p. 6 f.) Erwiesenen nicht wohl bezweifelt werden.

Hellenismus um die Zeit der Makkabäerkämpfe. Denn dass diese
Zeit neben Hellenisten von ausgesprochen antinationaler, geradezu
dem Heidenthum zugewendeter Gesinnung, wie Jason, Menelaos und
Alkimos, auch Männer erzeugt hat, die trotz ihrer Kenntniss griechischer Litteratur und ihrer Vorliebe für griechische Studien mit
unverbrüchlicher Treue ihrer Nation und ihrer Religion anhingen,
ist aus vielen anderen Anzeichen als gerade aus den Fragmenten
des Eupolemos ersichtlich. Wie albern auch die Einzelheiten der
dem Aristeasbrief zu Grunde liegenden Fabel sind, um die Zeit seiner
Abfassung muss es wenigstens als glaublich erschienen sein, dass
Bewohner Jerusalems hinlängliche Kunde des Griechischen besassen,
um die Bibel ins Griechische zu übertragen: sonst hätte diese Fabel
nicht einmal erdichtet werden können. In der That spricht der
wenigstens in diesem Punkt durch Nichts verdächtigte Verfasser von
Palästinern, 'die nicht nur die Kenntniss der jüdischen Wissenschaft
sich erworben, sondern auch auf die Aneignung der hellenischen
nicht geringe Sorgfalt verwendet .. und die barbarische Starrheit der
Gesinnung abgelegt hatten' (35, 22 f.). Die Existenz solcher Männer
wird ebenfalls bewiesen durch die dem II MB. vorgesetzten Briefe,
die zwar gefälscht, aber doch nur unter Voraussetzung der Kunde
hellenischer Sprache bei patriotisch gesinnten Palästinern gefälscht
worden sind: denn dass beide Briefe ursprünglich hebräisch abgefasst sein sollten, ist kaum glaublich. Dasselbe wird bewiesen durch
die Thatsache, dass die zwei einzigen Uebersetzer der Bibel und der
Apokryphen, deren Namen und Vaterland wir kennen, Palästiner
waren: der Sirachsohn und der Uebersetzer des Estherbuches*),
Männer, die, geborene Palästiner, beide durch ihre Uebersetzung und
jener auch durch seine Vorrede eine nicht gemeine Kenntniss des
Griechischen verrathen. Nach Palästina gehört wahrscheinlich auch
Uebersetzung und Bearbeitung des Esrabuches, die nebst einigen
neuen Zuthaten jetzt den Namen des 3. oder des griechischen Esra-

---

*) Ich denke hier zunächst an den Uebersetzer des kanonischen Buches, von
dem vielleicht auch die ursprünglich hebräisch geschriebenen 'Stücke' herrühren —
bis auf die Briefe des Artaxerxes, deren langgestreckte Perioden und gesuchte
Redeweise griechischen Ursprung verrathen, die daher auch im 2. Targum und
anderen hebräischen Bearbeitungen fehlen. In der Nachschrift ist doch wohl statt
des unsinnigen ἣν ἔφασαν εἶναι καὶ ἤρμ. zu schreiben ἣν ἔφασαν ἀνεῖναι κ. ἡ. —
trotz der ungleichartigen aber durch Aehnliches zu belegenden Infinitive.

buches führt (s. Zunz G. V. S. 105; Fritzsche Exeg. HB. 19). Die Philonische Beschreibung und Verherrlichung Jerusalems in mindestens
vier Büchern (oben S. 100) setzt ferner voraus, dass ihr Verfasser
eine genaue Kenntniss der Oertlichkeit hatte (s. Euseb. pr. ev. IX
37), dass er also in Palästina gelebt oder doch zeitweilig sich daselbst aufgehalten hat. Dass endlich das II. Makkabäerbuch, das
glühenden Patriotismus mit hellenistischer Bildung vereint, in Palästina verfasst sei, ist eine begründete Vermuthung Geiger's (Urschr.
S. 226). Hinzu treten spätere Erscheinungen: griechische Münzen
seit Alexander Jannai (Madden Iew. Coin. p. 68. n. 5; de Sauley Rev.
num. 1864 p. 386f.), Bethäuser der Hellenisten in Jerusalem (AG. 6, 9),
endlich das vierte Sibyllenbuch, dessen nichtägyptischer Ursprung fest-
steht und dessen essäische Färbung es eher nach Palästina als nach
einer Stadt Syriens oder Kleinasiens weist*). — Die entscheidenden
Thatsachen gehören der Litteraturgeschichte an: aber sie sind vollgiltige
Zeugnisse für das Vorhandensein auch einer politischen Partei national-
und religiös-gesinnter Hellenisten in Palästina. Denn die Litteratur ist
nur das idealisirte Spiegelbild der Wirklichkeit, und es kann keine littera-
rische Erscheinung geben, der nicht eine richtunggebende Strömung

---

*) Dass dies schöne Gedicht nimmermehr von einem Christen verfasst sein
kann, sollte aus v. 24f., 30f., 133, dem Schlusse und dem Umstande klar sein, dass
nirgends eine Anspielung auf eine christologische Lehre sich findet, die der Inhalt
so nahe legte. Essäische Anklänge hat Ewald (Sibyll. Bücher S. 44f.) nachgewiesen. Ausser diesen und den längst als jüdisch erkannten ist auch das grosse
Gedicht, welches die Bücher XI—XIV umfasst, nicht christlichen, sondern jüdischen
Ursprungs. Denn es ist unglaublich, dass in diesen sehr spät — nach Ewald
(das. S. 92) im 7. Jahrh. — geschriebenen 1157 Versen, in denen die Sibylle die
fernste Zukunft enthüllen will, nur zwei offenbare Interpolationen (XII 30—34
und 232) an eine christliche Lehre erinnern sollten. Neben diesem Gedicht ist
noch manches andere litterärische Erzeugniss griechischer Juden aus der nach-
hadrianischen Zeit uns erhalten worden. Die Anhänglichkeit der Hellenisten
an ihren Glauben und ihren ungeschwächten Sinn für wissenschaftliche, besonders
religions-philosophische Fragen bezeugen schon die Controversen des Justin mit
Tryphon, die Aristonische des Jason mit Papiskos und zahlreiche Angaben der
Kirchenväter. Die Pseudo-Philonischen Reden (s. meine Schrift über Pseudo-Jos.
S. 141f.) sind schwerlich vor dem Ende des zweiten Jahrhunderts verfasst. Um
dieselbe Zeit sind die dem Pythagoreer Numenius fälschlich beigelegten Stücke
(s. unten) entstanden. Das letzte Erzeugniss des jüdischen Hellenismus ist die
Bibelübersetzung jenes zweiten Aquila, welche die Marcusbibliothek bewahrt: von
einem Juden mit Kenntniss, aber absichtlicher Zurücksetzung der LXX auf Grund
des masoretischen Textes und mit Benutzung jüdischer mittelalterlicher Grammatiker
in mir unbekannter Zeit gearbeitet.

im Volksleben selbst entspräche. Und dass dies hier der Fall ist, dass es in Palästina Männer genug gab, die, Hellenisten wie Eupolemos, doch der Patriotenpartei mit Ueberzeugung angehörten, beweisen die zahlreichen Gesandtschaften, welche im Dienste der nationalen Sache an griechisch sprechende Fürsten und Völker gingen, und welche Mittelspersonen voraussetzen, die der griechischen Sprache mächtig, also hellenistisch gebildet waren. So wird denn das Angeführte im Verein mit dem über Eupolemos' Schrift Erwiesenen vielleicht genügen, die jetzt geltenden Vorstellungen, dass jeder palästinische Hellenist ein Vaterlandsverräther und jeder palästinische Patriot ein Feind hellenischer Bildung gewesen sein müsse, wesentlich zu berichtigen.

Malchos-Kleodemos, der samaritanische Geschichtschreiber.

Nicht mehr als etwa acht Zeilen sind uns durch Josephus (Ant. I 15) und Eusebios (pr. ev. IX 20) aus der Schrift eines Malchos oder Malchas, wie der Name bei Eusebios lautet — Kleodemos ist sein griechischer Beiname —, aufbewahrt worden. Wir dürfen nicht hoffen, in diesen wenigen Zeilen, welche von drei Söhnen Abraham's und Ketura's und ihrer Verbindung mit Herakles berichten, genügenden Aufschluss über die persönlichen Verhältnisse des Verfassers zu finden. Man hat bisweilen schon aus der Thatsache, dass Malchos über jüdische Dinge in griechischer Sprache schreibt, schliessen wollen, er müsse ein jüdischer Hellenist gewesen sein. Dieser Schluss ist aber ungerechtfertigt. Denn da der Polyhistor über die Geschichte der Juden ebensowohl heidnisch-griechische und samaritanische, wie judäische Schriftsteller befragt hat, darf Malchos von vornherein mit nicht grösserem Rechte zu den letzteren, als zu den ersteren gerechnet werden. Nicht minder voreilig wäre es, aus dem Beinamen des Propheten, der ihm nach Alexander's Zeugniss bei Josephus und Eusebios gegeben wird, zu folgern, dass er dem hebräischen, als dem wahren Prophetenvolke angehört haben müsse. Denn der Glaube an Seher und Propheten, Orakelwesen und Weissagung jeder Art hat bei den Griechen nicht minder tiefe Wurzeln geschlagen, als bei den Hebräern und ist bei jenen kaum weniger verbreitet im Zeitalter des Polyhistors und in den folgenden Jahrhunderten, als in der sagenhaften Zeit eines Epimenides. Geradezu verschwenderisch wird darum auch der Beiname eines 'προφήτης, μάντις, vates' von Griechen

und Römern nicht bloss an Priester und Seher, sondern auch an
Dichter und Künstler, ja selbst an Staatsmänner und Gelehrte verliehen (s. Pauly Real-Enc. s. v. vates): er beweist daher nicht das
mindeste für die Abstammung des Malchos. Gegen die griechische
Abkunft des Mannes aber entscheidet der Name Malchos selbst, der
bei geborenen Griechen nicht angetroffen wird; denn der einzige
griechische Schriftsteller dieses Namens, von dessen byzantinischer
Geschichte ziemlich umfangreiche Fragmente erhalten sind, ist nach
Photios (cod. 78) im palästinischen Philadelphia geboren. Erscheint
aber neben dem semitischen noch der griechische Name Kleodemos
bei unserem Schriftsteller, so ist gerade hierin die in alexandrinischer Zeit gäng und gäbe Sitte des Orients zu erkennen, die bei
Syrern und Aegyptern, Phönikern und Karthagern sich findet, der
auch die Zeitgenossen der Hasmonäer und ihre Nachkommen sich
fügten, wie die Begleiter und Nachfolger Jesu's, und die noch in
späterer Zeit einem anderen Malchos den wohlbekannten Namen des
Porphyrios gegeben hat.

Wenn also ein Semite, war Malchos ein Judäer oder ein Samaritaner? Volle Gewissheit hierüber ist nicht zu erreichen, wahrscheinlich aber ist das letztere. Der Name Malchos zunächst ist
ebensowenig jüdisch, wie griechisch. Während uns in biblischen
Schriften noch מַלְכִּי (Μαλοίχ oder Μαλώχ LXX 1 Chr. 6. 29 (44);
Neh. 10. 4. 27). מַלִּיךְ (Μέλχας LXX 1 Chr. 8. 9) begegnen, ver-
schwinden diese und ähnliche, an die Götzen der kanaanitisch-phöni-
kischen Völker erinnernde Namen in späterer Zeit fast vollständig,
obgleich man sonst dergleichen Namen nicht ängstlich vermied
(Zunz Namen d. J. S. 6. 34). In keinem der apokryphischen Bücher,
bei keinem der jüdisch-hellenistischen Profanscribenten finden sich
diese Namen für Judäer gebraucht, und wenn bei Josephus (Ant.
XIV 5, 2 und oft) ein Μάλχος auftritt, so ist doch dessen Herkunft
vollständig unbekannt. Auch in der fast unübersehbaren Reihe von
Namen, welche die beiden Talmude aufführen, erscheint nur Ein
מַלִּיךְ, aber als Araber (Frankel Einl. in d. jer. T. S. 114). Wie selten
bei Juden, so häufig findet sich dagegen der Name bei Syrern, Phönikern und Arabern, wie aus Josephus und einer Reihe von Inschriften bekannt ist. Darum haben denn Ewald (Gesch. VII² 80
Anm.) und Herzfeld (Gesch. III 575) mit vollem Rechte die Annahme
zurückgewiesen, Malchos sei ein Grieche oder ein Judäer gewesen.

Erklärt Ewald ihn nun aber 'diesem Namen zufolge' für einen Phöniker, Herzfeld für einen Syrer, so ist dagegen zunächst einzuwenden, dass es schwerlich in der Zeit vor Alexander Polyhistor einen phönikischen oder syrischen Schriftsteller gegeben haben wird, der wie Malchos die Bibel benutzte [13]. Geradezu unglaublich aber erscheint, dass ein Phöniker, Syrer oder überhaupt ein Heide angenommen haben sollte, Assyrien, Afrika und einige Völkerschaften Libyens seien nach den Nachkommen Abraham's benannt worden, zumal wenn man bedenkt, welch hohen Werth man im Alterthum der Abstammung eines Volkes beilegte, wie oft der patriotische Stolz so vieler alten Schriftsteller sich beeiferte, die eigenen Ahnen als Stammväter mächtiger Völker hinzustellen, und wie feindlich gesinnt gerade Phöniker und Syrer den Juden sich immer erwiesen haben (Jos. Ant. XIV 12. 3—6. b. J. I 4. 3. II 18. c. Ap. I 13). Malchos kann aber seine Ansicht über die Abstammung der Assyrer und Aphrer nicht unbefangen und ohne Nebenabsicht dem biblischen Bericht (Gen. 25. 1 f.) nacherzählt haben, da sie nur gewaltsam aus diesem herausgedeutet worden ist; denn die Bibel will daselbst mit den Namen Assurim, Epha und Epher offenbar nicht Vorfahren der Assyrer und Libyer, sondern arabischer Stämme bezeichnen. Sehr nahe liegt dagegen die Vermuthung, dass wie Pseudo-Eupolemos (oben S. 97) so Malchos die Vorfahren seines eigenen Volkes zu adeln glaubte, wenn er die Assyrer von Abraham abstammen liess. Dass ferner bei der Hinneigung der Samaritaner, wenigstens eines Theiles derselben, zu heidnischem Wesen, wie dieselbe oben (S. 92f.) nachgewiesen worden ist, sie nicht zu scrupulös gewesen sein werden, einen den Judäern missfälligen, weil an Götternamen anklingenden, Personennamen ihren heidnischen Nachbarn zu entnehmen, dürfte keine zu kühne Annahme sein, wenn dieser Name auch in den geringen Resten der älteren samaritanischen Geschichte uns sonst nicht begegnet.

Auch der Name 'Prophet', der Malchos gegeben wird, zeugt gegen judäische Abkunft; denn es findet sich nach Maleachi Niemand, dem er als ständiger Beiname von Judäern beigelegt worden wäre. Schon die späteren Psalmen beklagen den Untergang des Prophetenthums (74, 9; vgl. Cant. 3 puer. 14). Das erste Buch der Makkabäer berichtet, dass in langer Zeit kein Prophet aufgetreten sei (9, 27), und dass man erst von der Zukunft einen wahren Propheten erwarte (4, 46. 14, 41). Dass unter Artaxerxes I. die Prophetie erloschen sei, giebt auch Josephus an (c. Ap. I 8), und scharf scheidet er (das.) und andere Schriftsteller, wie der Enkel des Sirachsohnes zwischen prophetischen und nichtprophetischen Büchern der Schrift. Nun fehlt es allerdings in nachbiblischer Zeit nicht ganz an prophetischen Stimmen und Vorhersagungen (Jos. Ant. XI 8, 4. XIII 10, 3. 7. 11, 2; b. J. III 8, 9. vgl. Bab. Batr. 12a), und auch falsche Propheten tauchen hie und da auf (Jos. Ant. XX 5, 1; b. J. VI 5. 2); aber erst aus der Mitte der vom Judenthum abgefallenen Secten wird der Anspruch auf wahres Prophetenthum wieder erhoben, so von dem jungen Christenthum*), so von den Samaritanern, wie die Geschichte des Magers Simon und des Sectenstifters Dostai beweist. Zu diesen wird man daher mit grösserer Wahrscheinlichkeit auch den Propheten Malchos rechnen, als zu den Judäern. Doch wollte man selbst den unwahrscheinlichen Fall annehmen, dass ein judäischer Hellenist später Zeit den ständigen Beinamen des Propheten geführt habe, so ist es doch unglaublich, dass Judäer einen Schriftsteller, der sich wie Malchos der Vermischung heidnischer mit biblischen Ueberlieferungen schuldig gemacht hatte, für einen Propheten gehalten haben sollten. Wie wenig anstössig aber ein solcher Synkretismus bei samaritanischen Hellenisten ist, haben wir durch Pseudo-Eupolemos und Theodotos erfahren (S. 92f.), und der 'Prophet' Simon hat sich eines ähnlichen und noch schlimmeren Synkretismus schuldig gemacht.

Noch tiefer führt aber die Anknüpfung der Geschichte Abraham's an die Heraklessage in echt samaritanische Gedankenkreise. Zunächst darf als wahrscheinlich angenommen werden, dass unter Herakles hier nicht der Sohn Jupiter's und der Alkmene, sondern der phönikische Gott verstanden wird, da bei jenem schwerlich an eine Verbindung mit Abraham und den Assyrern gedacht worden wäre. Die Verehrung des tyrischen Herakles aber, das ist nach Movers des als Moloch gedachten Baal, wie sie nachweislich bis tief in die nachchristliche Zeit bestanden hat, ist auch in Samaria selbst in griechischer und römischer Zeit nicht ganz erloschen. Wie sogar von dem heidnisch gesinnten Theile des judäischen Volkes unter An-

---

*) 1 Kor. 12. 28f. 14, 29f. Eph. 3. 5. 4, 11. Apokal. 1. 3. 16, 6. 18, 20. 22. 9. AG. 11, 27f. 13, 1. 15, 32. 21, 9f.

tiochos Epiphanes eine Beisteuer zum Feste des Götzen nach Tyros
geschickt wurde (II MB. 4, 19), so weihen ihm in derselben Zeit die
Samaritaner ihren Tempel auf Garisim. Denn kein anderer Gott als
der bald Zeus, bald Herakles genannte Baal-Moloch kann unter dem
Ζεὺς ξένιος (II MB. 6, 2), den Josephus Ant. XII 5, 5 fälschlich zum
Ζεὺς Ἑλλήνιος macht, verstanden sein, da nach dem Zeugnisse gerade des Josephus (das.) nicht als Hellenen, sondern als Phöniker
die Samaritaner damals gelten wollten, und dieser Beiname dem
tyrischen Götzen häufig beigelegt worden ist (Movers Phöniz. 142, 305).
Auf Hinneigung zu heidnischen Culten deutet ferner die abgöttische
Verehrung, welche, wie Epiphanios (haer. 55. II 517 Dind.) bezeugt, in Sebaste der Tochter Jephta's noch im vierten Jahrhundert
geweiht wurde, gewisse Darstellungen des samaritanischen Tempels
auf Münzen aus römischer Kaiserzeit (Mionnet Deser. d. méd. V 513f.
Suppl. VIII 356f.), endlich der Beiname des θεὸς ὕψιστος, den Eupolemos und Marinos ihrem Gotte gaben und als dessen Incarnation
Simon der Mager erscheinen wollte (s. Movers I 79. 558). Endlich
liefert Epiphanios (a. a. O.) ein ausdrückliches Zeugniss, dass wahrscheinlich die Samaritaner Herakles in die Zeit Abraham's setzten,
indem sie dem Melchisedek Herakles zum Vater, die Astarte zur
Mutter gaben (εἶτον δέ τινες Ἡρακλῆν εἶναι καλεῖσθαι τὸν αὐτοῦ (sc. τοῦ
Μελχισεδὲκ) πατέρα, μητέρα δὲ Ἀστάρθ, τὴν δὴ καὶ Ἀστοριανήν). Unter
den τινὲς, als deren Meinung diese auffallende Lehre von Epiphanios
mitgetheilt wird, können nicht Heiden verstanden sein, die den Melchisedek der Bibel nicht kannten und auf deren Ansichten Epiphanios nicht eingeht, nicht Christen, die Melchisedek vater- und mutter-
los geboren werden lassen (Hebräerbr. 7, 3f.), nicht Judäer, denen
eine derartige Anerkennung phönikischer Gottheiten in später Zeit
fern lag und die Melchisedek entweder mit Sem identificiren oder
ihm eine sehr niedrige Herkunft zuweisen, indem sie ihm eine Dirne
zur Mutter geben*) (Beer Leben Abraham's S. 144f.): es sind allein

---

*) Joh. Antiochenos (IV 546, 11 Müll.) und andere ekklesiastische Schriftsteller
erzählen noch eine andere Sage, wonach er von Sidos, einem Sohn Aegyptos',
Königs von Libyen, abstammen soll (s. Snidas s. v. Μελχισεδέκ). Auf die als bös-
willige Verläumdung verschriene Nachricht des Talmuds, Samaritaner hätten das
Bild einer Taube verehrt (Chulin 6a), dürfte dem Obigen zufolge mehr Gewicht
gelegt werden, da die Taube im phönikischen Cult der Semiramis-Astarte als
stehendes Symbol erscheint (Movers Phöniz. I 632).

die Samaritaner, deren Ansichten Epiphanios gerade an dieser Stelle vorher und nachher berichtet, und die auch unmittelbar nachher als ἄλλοι eingeführt werden. Giebt er aber später an, die Samaritaner hätten Melchisedek mit Sem für identisch erklärt, so verwechselt er hier, wie schon Petavius (z. St.) angenommen hat, jene mit den Judäern. Diese Annahme ist schon darum nicht abzuweisen, weil nur nach dem jüdischen Bibeltexte Sem's Lebenszeit mit der Melchisedek's zusammentrifft, während nach dem Pentateuch der Samaritaner Sem Jahrhunderte vor Abraham's Geburt gestorben ist. Gab es also unter den Samaritanern einige, welche in Herakles den Vater Melchisedek's erblickten, so konnte er auch mit den Nachkommen Abraham's nach Libyen ziehen, was Malchos erzählt, und was wiederum mit vielfachen phönikischen und griechischen Sagen über die Züge des Herakles in engem Zusammenhang steht*). — Auch die übrigen Angaben des Malchos finden sich ihren Elementen nach bei späteren griechischen Schriftstellern wieder. Wie bei Malchos Apher, ein Bruder Assur's, Afrika seinen Namen giebt, so erscheint bei Johannes Antiochenos (IV 541, 3 Müll.) Aphros, ein Sohn des assyrischen Nimrod-Kronos, als Stammvater der Afrikaner. Noch entschiedener ist die bisher übersehene Uebereinstimmung zwischen Malchos und einem Fragment aus König Juba's libyscher Geschichte (bei Plut. Sertor. c. 9). Malchos erzählt, Herakles habe mit einer Enkelin Abraham's auf seinem Zuge nach Libyen gegen Antäos Diodoros, den Vater des Sophon oder Sophonas, den Stammvater der Sophaker, erzeugt. König Juba aber wird selbst ein Nachkomme dieses Diodoros genannt (bei Plutarch das.): Diodoros soll, wie bei Malchos der Vater, so bei Juba der Sohn des Sophax gewesen sein, und Herakles soll ihn nach Malchos, oder den Sophax nach Juba, auf seinem Zuge gegen Antäos erzeugt haben. Unverkennbar ist, dass Juba, der etwa 50 Jahre nach dem Polyhistor lebte, der durch seine jüdische Gemahlin mit jüdischen Schriften und Sagen und durch das Herodische Haus, das mit Samaritanern gern liebäugelte, auch mit diesen bekannt sein konnte, unmittelbar oder mittelbar Malchos' Geschichts-

*) Diod. I 17, 21, 24, IV 29, V 15; Pausan. X 17; Sallust. Iug. c. 18; Movers a. a. O. S. 45, 48, 54, 155, 326, 386. Vielleicht ist aus einer Ideenverbindung wie der obigen die Angabe des Tacitus geflossen, dass Judäer aus der Insel Kreta vertrieben, das äusserste Gebiet Nordafrikas besetzt haben zu der Zeit, 'als Saturnus durch Zeus verdrängt zu regieren aufgehört habe' (hist. V 2).

werk benutzt hat, oder, was wahrscheinlicher ist, dass beide aus ge-
meinsamer Quelle geschöpft haben.

Die obige Ausführung verstösst vielfach gegen die Annahme
neuerer Forscher, welche die Samaritaner auf Grund ihrer Bibelübersetzung, der Nachrichten des Josephus und ihres jüngern Schriftthums für strenge Monotheisten erklären. Dass diese Annahme
aber nur bedingten Werth hat, ist Movers (Phönizier I 50. 558),
Baur (Christl. Gnosis S. 310) und Anderen nicht entgangen. In der
That kann die viel später entstandene, samaritanische Bibelübersetzung, die zudem nicht aus hellenistischem Boden hervorgegangen
ist, Nichts über die Anschauungen der hellenistischen Samaritaner
beweisen. Josephus aber bekümmert sich nur um die politischen,
nicht um die religiösen Zustände des samaritanischen Volkes, dessen
Parteiungen und Anschauungen ihm fast ganz unbekannt gewesen
zu sein scheinen. Und zudem, wer vermöchte aus den LXX und
Josephus ein Bild von den unter judäischen Hellenisten geltenden,
tausendfach schwankenden Ansichten sich zu entwerfen? So wenig
aber wie Saadias und die Peitanim für Aristobul und Philon, so
wenig beweisen die späten samaritanischen Schriftsteller für Pseudo-
Eupolemos, Theodotos und Malchos.

Aristeas, der israelitische Geschichtschreiber.

Ein kurzes Excerpt aus der Schrift eines Aristeas oder Aristaias *)
'über die Juden' enthält eine Darstellung der Geschichte Iob's.
Derselbe sei, so besagt unser heutiger Text, ein Sohn Esau's und
der Bassara gewesen, habe im Ausitischen Lande gewohnt und 'früher'
Jobab geheissen. Von Gott mit vielfachen Leiden heimgesucht, sei
er fromm und standhaft geblieben und habe des Zuspruches nicht
erst bedurft, den seine Freunde ihm brachten. Wegen seiner Stand-
haftigkeit habe Gott ihn hochgeschätzt (ἀγασθέντα), von seiner
Krankheit befreit und mit vielen Gütern gesegnet. Alles dies ist
der Bibel treulich nacherzählt — bis auf wenige Punkte. Zunächst
fällt die Identität von Iob und Jobab auf, die aber leicht erklärt
werden kann. Der Verfasser des biblischen Gedichtes hat offenbar.

---

*) Da Ἀριστέας, die gewöhnliche Form des Namens, durch vier codd. empfohlen
ist und diplomatisch zwischen beiden Formen kein Unterschied besteht, mag sie
hier stehen bleiben, obgleich mit JC und B im griech. Text Ἀρισταίας zu schreiben ist.

um das geographische Colorit der Schrift zu wahren. einige der von
ihm gewählten Namen der Genes. 36 gegebenen Geschlechtstafel
Esau's entnommen. So finden wir Eliphas als Sohn Esau's (36, 11)
wieder; 'der Taimanite' (Job 2, 11) erinnert an Taiman und das Tai-
manitische Land (36, 11. 34). und Uz, das Vaterland Iob's, an Uz,
den edomitischen Fürsten (36, 28). Wer nun Iob als geschichtliche
Person ansah und an eine dichterische Fiction nicht glaubte, musste
ihn unter den Nachkommen Esau's suchen. um so lieber, als die
geheimnissvolle Hauptfigur des Buches, in dem jeder Anklang an
die sinaitische Gesetzgebung vermieden ist, am besten in die vor-
mosaische Zeit zu passen schien. Für einen Leser der griechischen
Bibelübersetzung traten sogar zu den erwähnten noch einige andere
gemeinsame Züge hinzu. Sophar, der Freund Iob's. Σωφἀρ bei den
LXX (Iob 2, 11). erscheint bei diesen auch als Enkel Esau's (Gen. 36,
11. 15), während der hebräische Text allerdings keinen Anlass gab,
צפר dort mit צפו hier zu verwechseln. Endlich musste der Name
Iob's selbst, in griechischer Schreibung Ἰώβ. die Vergleichung mit
Jobab (Ἰωβάβ), dem Urenkel Esau's (36, 33), nahelegen. Ja es scheint,
als ob schon der griechische Uebersetzer des Buches Iob diesen mit
Jobab identificirt und unter die edomitischen Fürsten versetzt habe;
denn nur unter dieser Voraussetzung ist es begreiflich, warum die
drei Freunde Iob's bei ihm in Könige verwandelt sind (2, 11): eben
weil Eliphas. Sophar und Jobab selbst in der Geschlechtstafel der
Genesis als Fürsten und Könige von Edom auftreten. — Einem Hellenisten wie Aristeas. der die LXX gelesen und die Erhebung der
Freunde Iob's zu Königen schon vorgefunden hat — wie sein mit
LXX Iob 2. 11 genau übereinstimmender Ausdruck beweist —. war
hiermit und aus allen übrigen Gründen die Identität von Iob und
Jobab eine geschichtliche Thatsache, und die letzte Schwierigkeit,
welche die noch übrige geringe Verschiedenheit der Namen darbot,
glaubte er zu beseitigen, indem er annahm. Jobab sei 'der frühere
Name' Iob's gewesen, eine Annahme. für die er auf die 'früheren
Namen' Abraham's, Sara's und Josua's hinweisen konnte. — In talmudischen Schriften verlautet Nichts von einer Identität Iob's mit
Jobab. Nur die Meinung wird mehrfach ausgesprochen. Iob habe
vor Moses oder zugleich mit Moses gelebt (Bab. Batr. 14b. Sota 11a.
Ber. Rab. 57). und der freilich sehr späte Pseudo-Jonathan (zu Gen.
36, 12) hält Eliphas, den Freund Iob's. mit dem gleichnamigen Sohn

Esau's für identisch. Bei dem vollständigen Schweigen dieser Quellen gerade über den Hauptpunkt — trotz der unendlichen Zahl verschiedenster Meinungen über Iob's Lebenszeit (s. Bab. Batr. das.: Ber. Rab. das.: Jalk. Bam. c. 766) —, bei der Leichtigkeit der Deutung auf Grund des griechischen Bibeltextes — nur der Name עוץ (LXX Iob 1. 1: Ἀυσῖτις) bot nach Anfertigung der griechischen Iobübersetzung im Hebräischen grössere Uebereinstimmung —, bei dem hohen Alter der Deutung in hellenistischen Kreisen ist daher der hellenistische Ursprung derselben nicht zu bezweifeln. Doch wird, was an sie im Talmud anklingt, nicht auf directe Entlehnung zurückgehen. Desto entschiedener tritt eine solche Entlehnung aus Aristeas in der viel besprochenen Nachschrift zur griech. Uebersetzung des Iobbuches hervor. Wir finden hier nicht bloss gemeinsamen Inhalt: Iob identisch mit Jobab, Sohn der Bassara und Nachkomme Esau's, Uz (Ausitis) vollkommen richtig an die Grenzen Idumäa's und Arabiens verlegt, die drei Freunde und Iob selbst zu Fürsten erhoben; auch ein Theil der Worte ist beiden gemeinsam. Folgende Zusammenstellung mag zugleich das Verhältniss des Aristeas zu den LXX und zu dem Zusatz in Iob ins Licht setzen:

LXX:	Aristeas:	Nachschrift zu Iob:
		p. 36 l. 4 Tisch. ἦν δὲ αὐτὸς πατρὸς μὲν Ζαρὲ
	. . τὸν Ἡσαῦ γῆμαντα	ἐκ τῶν Ἡσαῦ υἱῶν υἱός,
	Βασσάραν . . γεννῆσαι	μητρὸς δὲ Βοσόρρας.
	Ἰώβ· κατοικεῖν δὲ τοῦ-	l. 2: ἐν μὲν γῇ κατοι-
	τον ἐν τῇ Αὐσίτιδι	κῶν τῇ Αὐσίτιδι
	χώρᾳ ἐπὶ τοῖς ὅροις	ἐπὶ τοῖς ὁρίοις
Iob 1, 1: καὶ ἦν ὁ	τῆς Ἰδουμαίας καὶ	τῆς Ἰδουμαίας καὶ
ἄνθρωπος . . δίκαιος	Ἀραβίας· γενέσθαι δ᾽	Ἀραβίας.
. . καὶ ἦν τὰ κτήνη αὐ-	αὐτὸν δίκαιον καὶ	
τοῦ πρόβατα ἑπτα-	πολύκτηνον · κτήσασ-	
κισχίλια, κάμηλοι	θαι γὰρ αὐτὸν πρό-	
τρισχίλιαι, ζεύγη	βατα μὲν ἑπτακισ-	
βοῶν πεντακόσια,	χίλια, καμήλους δὲ	
ὄνοι θήλειαι νο-	τρισχιλίας, ζεύγη	
μάδες πεντακόσιαι	βοῶν πεντακόσια,	
	ὄνους θηλείας νο-	
	μάδας πεντακοσίας·	

	. . . τοῦτον δὲ τὸν Ἰὼβ πρότερον Ἰωβάβ ὀνομάζεσθαι .. φαί-λως δὲ αὐτοῦ διακειμένου	l. 3: προϋπῆρχε δὲ αὐτῷ ὄνομα Ἰωβάβ..
2. 11: παρεγένοντο .. Ἐλιφὰζ ὁ Θαιμα-νῶν βασιλεὺς, Βαλ-δὰδ ὁ Σαυχέων τύραννος, Σωφὰρ ὁ Μιναίων βασι-λεὺς . . . 32, 2: Ἐλι-οὖςὁ τοῦ Βαραχιὴλ ὁ Βουζίτης.	ἐλθεῖν εἰς ἐπίσκεψιν Ἐλιφαζ τὸν Θαι-μανιτῶν βασιλέα καὶ Βαλδὰδ τῶν Σαυ-χαίων τύραννον καὶ Σωφὰρ τὸν Μινναί-ων βασιλέα, ἐλθεῖν δὲ καὶ Ἐλιοῦν τὸν Βα-ραχιὴλ τὸν Ζωβίτην.	l. 10: οἱ δὲ ἐλθόντες πρὸς αὐτὸν φίλοι Ἐλιφὰζ τῶν Ἠσαῦ υἱῶν Θαιμανῶν βα-σιλεὺς, Βαλδὰδ ὁ Σαυχαίων τύραν-νος, Σωφὰρ ὁ Μι-ναίων βασιλεύς.

Dass Aristeas die LXX in einer dem heutigen Text sehr nahe kommenden Gestalt, dass der Verfasser der Nachschrift zu Iob aber Aristeas und zwar ohne Vermittelung einer nichtgriechischen Schrift benutzt haben müsse, ist aus der völligen Gleichheit vieler griechischen Worte ersichtlich. Denn Niemand wird behaupten wollen, dass die von Alexander excerpirte, also spätestens im Anfang des ersten vorchristlichen Jahrhunderts abgefasste, historische Schrift des Aristeas nach einigen unbedeutenden Zusätzen zu den LXX, einem Sammelsurium von allerlei Notizen gearbeitet sei, die selber wenigstens zum Theil aus einem syrischen oder aramäischen Targum geflossen sind (l. 1 Tisch.: οὗτος ἑρμηνεύεται ἐκ τῆς Συριακῆς βίβλου κτλ.)[*]. —

---

[*] So erklärt die Worte Zunz (G. V. S. 62. 80). Bleek (Einl. in d. a. Test. ¹ 664) glaubt, dass 'damit höchst wahrscheinlich unser hebräisches Buch selbst nur etwas ungenau als syrisch bezeichnet' werde — schwerlich mit Recht. Die Bezeichnung syrisch für hebräisch ist freilich nicht ungewöhnlich; aber welchen Sinn hat es gerade hier hervorzuheben, man übersetze die hebräische Bibel? Die Zusätze selbst aber enthalten fast Nichts von Allem, was im Buche Iob sich findet, und soll sich die Angabe bloss auf die nächsten Worte τῇ Αὐσίτιδι, der griechischen Uebersetzung von עוץ (Iob 1, 1) beziehen, so wäre es doch geradezu unsinnig, sie erst mit der einleitenden Ankündigung zu versehen. Der Verfasser der Nachschrift las seine Notizen aus Aristeas und einem Targum zusammen, das nachweislich im ersten nachchristlichen Jahrhundert vorhanden war (Zunz das.). schwieg aber über Aristeas, weil die Autorität des letzteren eine viel grössere zu sein schien, als die eines griechisch abgefassten Geschichtswerkes. Nach Bleek's Ansicht müsste er die LXX und Aristeas benutzt haben; denn sicherlich existirte doch dieser Zusatz zu der allen Anzeichen nach nicht sehr früh abgefassten griechischen Uebersetzung Iob's noch nicht zur Zeit Alexander's, kann also auch nicht,

Ist nun aber in der Nachschrift das Excerpt Alexander's oder die Schrift des Aristeas benutzt worden? Das letztere ergiebt sich aus folgender Erwägung.

Dass Iob-Jobab der Sohn der Bassara war, was Aristeas und die Nachschrift berichten, ist keine blosse Erdichtung und kein Schreibfehler, aus der Verwechselung Bassara's mit Bossmas hervorgegangen, wie Herzfeld (Gesch. III 577) annimmt, sondern eine dem griechischen Wortlaut der LXX (Gen. 36, 33) genau entsprechende Erklärung: *Ἰωβὰβ υἱὸς Ζαρὰ ἐκ Βοσόρρας*. Diesen Namen konnte ein Grieche nur für den der Mutter, nicht der Heimath ansehen, da in letzterem Falle *Βοσσοράτης* oder sonst ein *ἐθνικὸν* erwartet werden durfte. *Ζαρὲ* aber nennt den Vater Jobab's die Nachschrift, nicht *Ζαρὰ*, wie unsere heutigen Texte der LXX aufweisen, und beweist damit, dass sie ihn mit *Ζαρὲ*, dem Enkel Esau's (36, 13), identificirt. In der That fehlt jeder Grund, sie auseinander zu halten, da auch der hebräische Text beide Male זרח darbietet. Doch wie erklärt sich, dass Aristeas trotz seiner sonstigen guten Kenntniss der Bibel in ihrer griechischen Uebersetzung, trotz der eben angeführten, von ihm selbst benutzten Worte und der übrigen unzweideutigen Angaben der Bibel über die Kinder Esau's, den groben Verstoss begehen konnte, Iob-Jobab einen Sohn Esau's zu nennen, der sein Urenkel war? Die Nachschrift zu Iob beweist, dass nicht Aristeas, sondern Alexander diesen Verstoss begangen hat. Die entsprechenden Worte lauten hier: *ἦν δὲ αὐτὸς* (sc. *Ἰώβ) πατρὸς μὲν Ζαρὲ ἐκ τῶν Ἠσαῦ υἱῶν υἱὸς, μητρὸς δὲ Βοσόρρας, ὥστε εἶναι αὐτὸν πέμπτον ἀπὸ Ἀβραάμ*. Das oder Aehnliches hat Aristeas selbst geschrieben und in diesem schlechten Griechisch, wie es sich auch sonst trotz der Kürze des Excerptes bei ihm findet*), sagen wollen: Iob-Jobab sei ein Sohn Sare's und Bassara's und 'ein Nachkomme unter den Nachkommen

---

wie Kamphausen (bei Bleek das. S. 654) annimmt, von Aristeas benutzt worden sein. Die Frage nach dem christlichen oder jüdischen Ursprung der Zusätze wage ich nicht zu entscheiden. Bleek (das.[1] S. 648) entscheidet für christlichen, Frankl (M.-Schr. 1872 S. 306 f.) für jüdischen Ursprung, beide, ohne des Aristeas zu gedenken.

*) Unbeholfen und unlogisch ist die Zusammenstellung in *γενέσθαι δ' αὐτὸν δίκαιον καὶ πολύκτηνον* (430d) und *ἐμμενεῖν αὐτὸν ἔν τε τῇ εὐσεβείᾳ καὶ τοῖς δεινοῖς* (431 b); sprachwidrig die Verbindung in *πειράζοντα δ' αὐτὸν τὸν θεὸν ἐμμεῖναι* (431 a). Ist *ἐμμένω* wie *διατελέω* construirt und sollen die Worte bedeuten, 'Gott habe fortwährend ihn versucht'? oder sind sie aus *πειράζοντος δ' αὐτὸν τοῦ θεοῦ* verderbt?

Esau's' gewesen. Oder er hat den Nominativ υἱὸς auf den Genetiv Ζαρὲ bezogen (vgl. apok. Joh. 1, 4 f.) und Zare einen Nachkommen der Nachkommen, also Iob einen Urenkel Esau's genannt. Kein Grieche konnte so construiren und diesen Sinn aus diesen Worten herauslesen. Alexander bezog den Sprachgesetzen gemäss υἱὸς auf 'Ιὼβ und verstand: 'Iob war ein Sohn Sare's und einer von den Söhnen Esau's'. Dachte er bei seiner schnellfertigen Art zu excerpiren über diesen Widerspruch überhaupt nach und strich er nicht einfach die unpassenden Worte πατρὸς μὲν Ζαρὲ, so sah er Sare für einen der vielen Namen Esau's an, und in der That konnte Ζαρὲ so gut Ζηεὶρ (שעיר) sein, wie Iob zu Jobab geworden war*). Hieraus ergiebt sich denn, dass der Verfasser des Zusatzes einen vollständigeren Text vor sich gehabt hat, als das Excerpt des Alexander: also entweder die Originalschrift des Aristeas oder eine aus dieser abgeleitete, aber sicherlich griechische Quelle. Keine dieser Annahmen ist undenkbar, denn eines Targums zu Iob wird um die Mitte des ersten nachchristlichen Jahrhunderts Erwähnung gethan (Zunz G. V. S. 62); die Zusätze zu Iob, in denen dieses Targum angeführt wird, können also aus den ersten Jahrhunderten stammen, und dass Aristeas' Schrift oder Bearbeitungen derselben bis um diese Zeit sich erhalten haben, ist durchaus nicht unwahrscheinlich.

Schwieriger ist es zu bestimmen, in welchem Verhältniss die Schrift des Aristeas zu dem angeblichen Aristeasbriefe steht. Man hat jene entweder als eine echte Schrift jenes ägyptischen Hofbeamten Aristeas angesehen, die Pseudo-Aristeas erst Veranlassung

---

*) Wer das nicht für möglich hält, muss bei Aristeas τὸν Ἡσαῦ in υἱὸν Ἡσαῦ 'ein Sohn Esau's' — Sare — (zur Construction vgl. 422 c. d. 424 d. 425 a. 429 c.), was die schwankende Ueberlieferung des Satzes begünstigt, und in der Nachschrift zu Iob υἱὸς in υἱοῦ ändern. Auch in diesem Falle hat Alexander die von der Nachschrift erhaltenen schwer verständlichen Worte Aristeas' in seiner Weise verstanden: das Ergebniss ist also dasselbe. Aristeas kannte jedenfalls das richtige Verhältniss Jobab's zu Esau (wie der Zusatz beweist: ὥστε εἶναι αὐτὸν πέμπτον ἀπὸ Ἀβραάμ. Hierbei rechnet er das erste Glied der Geschlechterreihe nicht mit, was Demetrios (fr. 3): Philon (II 81. 35); Jos. Ant. (I 3, 2. II 9, 6) thun. Vielleicht hat der Polyhistor aus Aristeas auch die Form Βασσαρᾶς oder Βοσορρᾶς aufgenommen, welche die Nachschrift als Genetiv darbietet und die er als nicht declinirte Nominativform ansah (wie Ἐλιφᾶς LXX Gen. 36, 11. 12). So finden wir auch c. 24. 430a: τὸ ἐν Ἀθώς. Βασσαρᾶς schreiben alle Codices bis auf den von schlimmsten Fehlern strotzenden B.

gegeben habe, dem als Verfasser einer Schrift über die Juden bekannten Manne sein Machwerk unterzuschieben, oder sie für die Schrift ausgegeben, welche der Fälscher seinem Philokrates früher übersendet haben will (14. 3 Schm.). Der erste Fall ist undenkbar; denn die sclavische Abhängigkeit unserer Schrift von den LXX, der ganze Zuschnitt ihrer Exegese, der plumpe und fehlerhafte Stil lassen es als unmöglich erscheinen, dass ein heidnischer Grieche, ein Hofmann des Königs Ptolemäos II., sie verfasst habe. Aber auch der andere Fall ist ausgeschlossen. Die angeblich früher dem Philokrates übersendete Schrift soll ein Werk ägyptischer Priester sein; denn das besagen die Worte: 'Auch habe ich dir früher in Betreff dessen, was ich für denkwürdig hielt, die Schrift geschickt, welche ich über das Volk der Juden von den gelehrtesten Oberpriestern des höchst gelehrten Aegypten empfangen habe'*). Es unterliegt keinem Zweifel, dass eine solche Schrift niemals von 'Oberpriestern Aegyptens' abgefasst worden, dass sie wahrscheinlich ein Machwerk desselben Mannes ist, der den Brief an Philokrates dem Aristeas untergeschoben hat, und der am Schlusse des Briefes im Namen dieses Aristeas ankündigt, dass er auch noch 'die übrigen erwähnenswerthen Dinge aufzuzeichnen versuchen werde' (69, 27 Schm.). So tölpelhaft ist aber doch der schlaue Fälscher nicht, dass er eine Schrift als die ägyptischer Priester oder als die eines hochgestellten Griechen in die Welt geschickt haben sollte, die durch ihre unverblümte Benutzung der Bibel das kleinste Excerpt als echt jüdisch kennzeichnete. War er doch klug genug, in dem grossen Briefe an Philokrates jede Benutzung der LXX zu vermeiden und nur Einmal dem jüdischen Hochpriester ein noch dazu geändertes Citat aus denselben in den Mund zu legen (41, 1 Schm.). Der philosophisch gebildete Verfasser des Aristeasbriefes würde ferner schwerlich des

---

*) καὶ πρότερον δὲ διεπεμψάμην σοι περὶ ὧν ἐνόμιζον ἀξιομνημονεύτων εἶναι, τὴν ἀναγραφὴν, ἣν μετελάβομεν παρὰ τῶν κατὰ τὴν λογιωτάτην Αἴγυπτον λογιωτάτων ἀρχιερέων περὶ τοῦ γένους τῶν Ἰουδαίων. Die hervorgehobenen Worte 'die Schrift, welche ich empfangen habe' können nur ein fertiges Werk der Oberpriester, nicht Materialien zu einem solchen bezeichnen, was Herzfeld (Gesch. III 578) annimmt. Pseudo-Aristeas fügt hinzu περὶ ὧν ἐνόμιζον ἀξιομνημονεύτων εἶναι, weil es viele Schriften von Priestern gab, deren Inhalt ihm nicht 'denkwürdig' schien. Die beiden oben verworfenen Fälle sieht Havet in seinem mémoire sur la date . . de Bérose et de Manethon (p. 60) als allein möglich an.

Ausdrucks 'Gott habe den Iob hochgeschätzt' (ἀγασθέντα 431 b) sich
bedient haben. Es besteht also zwischen der Schrift und dem angeblichen Briefe des Aristeas gar kein anderes Verhältniss, als das
der Name geschaffen hat, und ein solches könnte man auch zwischen
ihr und den dem alten Prokonnesier Aristäos untergeschobenen
Werken (Dion. Hal. De Thuk. c. 23) finden. Nichts aber widerspricht,
Alles begünstigt die Annahme, dass unsere Schrift von einem Israeliten
Namens Aristeas verfasst ist, der ohne jeden Truggedanken eine der
griechischen Bibelübersetzung sich treulich anschliessende Bearbeitung der Geschichte Israel's geliefert hat. Möglich, dass sie der
Fälscher des Aristeasbriefes schon gekannt hat; jedenfalls ist sie in
der Zeit entstanden, die zwischen der Uebersetzung des Iobbuches
und dem Zeitalter des Polyhistors liegt, also wahrscheinlich im zweiten
vorchristlichen Jahrhundert. Was man Näheres über ihre Abfassungszeit, was man über Heimath und Herkunft ihres Verfassers vermuthen
möchte und vermuthet hat, das ist zu unsicher, als dass es Gegen-
stand weiterer Erörterung werden dürfte.

Die Trugschrift des Artapanos.

Nachdem das in Alexander's gesammter Schriftstellerei hervortretende Verfahren auch in den bisher untersuchten Bruchstücken
seines Sammelwerkes 'über die Juden' nachgewiesen worden ist,
darf für die umfänglichen Fragmente des Artapanos, die derselben
Schrift angehören, vorausgesetzt werden, dass der Compilator diesen
Theil seines Werkes nicht anders zusammengestückelt haben werde,
wie seine übrigen Excerpte; dass er auch hier, trotz mancher kleinen
Sünden, im allgemeinen als zuverlässig anzusehen sei. Dies vorausgesetzt, bieten die Fragmente des Artapanos der Erklärung nicht
geringere Schwierigkeiten dar, als die des Demetrios und Eupolemos.
Der erste Eindruck, den sie auf den Kenner der hellenistischen Litteratur machen, entscheidet für ihren jüdischen Ursprung. Unverkennbar tritt das Bestreben hervor, die Geschichte Israel's durch Deutung
und Erweiterung der biblischen Erzählungen zu verherrlichen, ihre
Lücken durch romanhafte Dichtung zu schliessen, die Helden der
jüdischen Vorzeit vor möglichem Tadel zu schützen und als die
Wohlthäter der Menschheit hinzustellen, ein Streben, das bei einem
Heiden undenkbar, allein schon hinreicht, um den Verfasser als

patriotisch gesinnten Judäer zu kennzeichnen. So wird Abraham
als Lehrer der Aegypter gepriesen (c. 18. 420 b), und noch viel ruhmrediger werden die Verdienste Joseph's um Aegypten geschildert
Als Verwalter des ganzen Landes soll er der Unordnung gesteuert,
der Vergewaltigung der Schwachen ein Ende gemacht, die Maasse
erfunden, die Ländereien zuerst vermessen und einen grossen Theil
Aegyptens urbar gemacht haben (c. 23. 429 d). Wenn auch diese
Angaben in ihren Einzelheiten der Geschichte widersprechen, so liegt
doch wenigstens ein Anlass zu denselben in den Erzählungen der
Bibel (Gen. c. 41 und 47) vor: durchaus grundlos aber erscheint
der abenteuerliche Roman, den uns Artapanos zur Verherrlichung
Moses' erzählt (c. 27). Ihm zufolge ist Moÿsos — so nennt er Moses
— nur ein anderer Name für Musäos, der nicht wie in der griechischen Sage Schüler, sondern Lehrer des Orpheus gewesen sein soll.
Diesem Moses-Musäos wird die Erfindung der Philosophie, der Hieroglyphenschrift, der verschiedenartigsten Geräthe, Werkzeuge und
Waffen, die Eintheilung des Landes in 36 Nomen und die Zuwen-
dung der Ländereien an die Priester zugeschrieben. Aber nicht bloss
in den Künsten des Friedens hat nach Artapanos Moses sich aus-
gezeichnet: er wird auch als gewaltiger Kriegsheld geschildert, der
an der Spitze unkriegerischer Ackerbauer die Aethiopen bezwungen
und sogar die Herzen der Feinde für sich gewonnen habe. Während
dieses Krieges soll er Hermopolis, später Meroë erbaut haben. —
Nichts kann klarer sein als die Absicht, durch diese und ähnliche
Fabeleien bei heidnischen Lesern eine recht hohe Meinung von der
Bedeutung, den Thaten und Verdiensten der Erzväter zu erwecken:
Nichts klarer, als dass nur bei einem Schriftsteller judäischer Abkunft diese Absicht in so entschiedener Weise sich geltend gemacht
haben kann. Eine Menge kleiner anderer Züge bestätigt das. Moses
soll nicht in jähem Zorn den Aegypter getödtet, sondern in gerechter
Nothwehr sich desselben erwehrt haben (434 a). Das ist ersonnen,
offenbar um den grössten der Propheten von dem Vorwurf zu befreien, welcher der Bibel zufolge ihn treffen könnte. Der ägyptische
König soll, als er den Namen Gottes hörte, leblos niedergestürzt
und erst von Moses wieder ins Leben zurückgerufen worden, ein
Priester aber, der den Namen Gottes schmähte, von Krämpfen ergriffen und gestorben sein (435 a). Das erinnert an ähnliche Erzählungen und Sagen, wie sie in jüdischen und christlichen Kreisen

späterer Zeit sich finden*). Der König Chenephres soll, um die Juden
der Verachtung preiszugeben, ihnen befohlen haben, eine besondere
Art von Kleidern zu tragen und zur Strafe als der erste von allen
Menschen an der Elephantiasis gestorben sein (434 b). Wer denkt
bei dieser Art von Verfolgung und Bestrafung nicht an die Erzählungen der Makkabäerbücher (III MB. 2, 29. II MB. 9, 9)? Wohl
könnte man einem Heiden, der Mancherlei über den Aufenthalt der
Juden in Aegypten aus jüdischem Munde gehört haben mochte, die
phantastische Umwandlung der Bibelerzählung zutrauen, die wir
435 a f. lesen; aber würde ein Heide ohne das leiseste Wort des
Zweifels von all den Wundern berichtet haben, die Moses 'auf Geheiss Gottes' vor den Augen des Königs und der Priester Aegyptens
verrichtet hat (das.)? Würde er in gläubigster Unbefangenheit erzählen, dass der Nil Aegypten seit der Zeit alljährlich überschwemme,
da Moses ihn mit dem Stabe geschlagen habe (435 b)? dass ein
Stab in jedem ägyptischen Tempel zum Andenken an diesen Moses-
stab aufbewahrt werde, insbesondere in den Tempeln der Isis, weil
Isis die Erde sei und diese, von Moses geschlagen, die Wunderzeichen
emporgesendet habe (435 d)? Man könnte es vielleicht als verträg-
lich mit diesen Angaben Artapan's ansehen, wenn man in ihm einen
heidnischen Sammler verschiedenartiger Ueberlieferungen sähe; aber
auch diese Ansicht ist nicht zu rechtfertigen. Allerdings hat Artapan
aus verschiedenen oft einander widersprechenden Quellen geschöpft.
Er erzählt z. B., dass Joseph Verwalter Aegyptens (διοικητής) gewesen sei (429 d); aber nachdem er die Lebensgeschichte des Patriarchen bis zu ihrem Ende geführt hat, theilt er einen anderen Bericht
mit, demzufolge Joseph — wie er zweimal sagt — Herrscher und
Gebieter des Landes (δεσπότης) geworden sei (430 a). Die Israeliten
sollen das Heiligthum in Heliopolis noch unter Joseph gebaut haben
(430 a); nach einem späteren Bericht aber erst nach seinem Tode
(431 d). Und ausdrücklich beruft sich Artapan auf verschiedenartige
ägyptische Ueberlieferungen an der unten noch zu erwähnenden Stelle
(436 a). Aber Artapan hat es doch nicht minder verstanden, seiner
Darstellung ein gleichmässiges Colorit zu geben, als etwa Livius
oder Diodor. Er hat Nichts in sein Werk aufgenommen, was seiner

---

*) Tanch., M. Rab. und Jalk. zu Exod. 2, 12; M. Teh. und Jalk. zu Ps. 91;
AG. 5, 5; Apok. Joh. 19, 15, 21. Clem. Al. I 23. p. 413 Pot.

Absicht widersprach, die Geschichte des jüdischen Volkes durch
Uebertreibung und Erdichtung zu verherrlichen. Bei wem anders
könnte man diese so entschieden hervortretende Absicht suchen, als
bei einem Schriftsteller jüdischer Herkunft? Wenn Artapanos ein
um den Inhalt seiner Excerpte so wenig bekümmerter heidnischer
Compilator war, wie Alexander Polyhistor, wie ist es zu erklären,
dass Alles, was aus seiner Schrift gerettet ist, den Juden günstig
lautet; dass alle Wundererzählungen und abenteuerlichen Fabeleien,
die er in Menge vorträgt, nur im Interesse der Juden erdichtet sein
können; dass selbst die Abweichungen von der Bibel, die sich bei
ihm finden, entschieden auf die Absicht deuten, die biblischen Personen und das israelitische Volk im glänzendsten Lichte zu zeigen?

Je entschiedener nun alles dieses den judäischen — nicht samaritanischen (nach S. 89) — Schriftsteller kennzeichnet, den auch Graetz
(III² 41) und Herzfeld (III 574) in ihm erblicken, desto schärfer ist
der Widerspruch, den hiermit einige andere Angaben des Artapanos
bilden. Wunderlich erscheint zunächst, dass Moses mit Musäos oder
wohl gar mit Hermes-Tôt (432 c) identificirt wird. Doch ist das nicht
ohne Beispiel. In einer Zeit, da die flache Ansicht des Euhemeros
vom Wesen der Götterwelt bei gebildeten Griechen und Römern
überaus beliebt war; da man in den Göttern nur Lehrer und Wohlthäter der Menschen erblicken mochte, kann es nicht zu sehr befremden, umgekehrt die ehrwürdigen Gestalten der israelitischen
Vorzeit den Heroen des Heidenthums angeschlossen zu sehen. Freilich haben wir bisher eine derartige Verbindung heidnischer und
hebräischer Ueberlieferungen nur bei den Samaritanern gefunden
(oben S. 88f. 100. 102), und vergebens wird man sie in dieser Bestimmtheit bei anderen judäischen Hellenisten suchen. Aber beweisen nicht der bunte mythologische Apparat eines Gemistios Pletho,
die tollen Einfälle eines Huetius in seiner demonstratio evangelica
und die Träume anderer Theologen über Joseph und Moses (s. Fabricius cod. pseud. v. t. p. 760. 833), dass von phantastischen Anhängern
der Bibel noch viel anstössigere Verbindungen von heidnischen und
jüdischen Anschauungen ausgebrütet worden sind, als die Meinung
Artapanos', Moses sei Eine Person mit Musäos und Hermes? Viel
mehr muss es uns befremden, von einem Schriftsteller jüdischer Abkunft die Gründung heidnischer Heiligthümer in Athos und Heliopolis den Stammvätern der Juden zugeschrieben zu sehen (430 a.

vgl. 431 d). Unerhört aber ist, dass ein Jude geschrieben haben
sollte, Moses habe einem jeden der 36 ägyptischen Nomen je einen
besonderen Gott zu verehren*) geboten (432 b), wie das in der
That in Aegypten der Fall war (Brugsch Geogr. Inschr. I 130 f.);
undenkbar ist, dass Artapanos, wenn er ein Jude war, auf Moses,
den göttlichen Propheten, den Ursprung des ägyptischen Thierdienstes
zurückgeführt haben sollte, die Verehrung des Ibis (432 d), des Apis
(433 b) also eben jenen gräulichsten aller Götterdienste des Alterthums, der, selbst den gegen fremde Culte sehr nachsichtigen Griechen und Römern ein unbegreiflicher, ja verächtlicher Wahn, den
jüdischen Hellenisten aber, auch den mildest urtheilenden, wie dem
Verfasser der Sapienz, Philon, Flavius Josephus, also Männern der
verschiedensten Richtungen und Anschauungen, Anlass zu wahrhaft
ingrimmigen Angriffen bot. So stehen denn auch bei Artapanos wie
bei Eupolemos feindliche Anschauungen einander gegenüber. Aber
keines der Mittel, die bei Eupolemos einen Ausweg boten, ist bei
Artapanos anwendbar. Denn die heidnisch gefärbten Stellen sind
mit den durchaus in jüdischem Sinne und Interesse geschriebenen
Stücken derart verwebt, dass es bodenlose Willkür wäre, sie als
Interpolation auszuscheiden oder durch Zuweisung der Fragmente
an zwei verschiedene Verfasser den Widerspruch zu heben. Ebensowenig darf man nach Allem, was über Alexander's Verfahren festgestellt worden ist, diesem hier eine absichtliche Fälschung seiner
Excerpte zutrauen, die allein in Auszüge aus streng jüdischen
Schriften Stücke von so entschieden heidnischer Gesinnung einschieben

---

*) Die obige Bedeutung der Worte: καὶ ἑκάστῳ τῶν νόμων ἀποτάξαι τὸν θεὸν
σεφθήσεσθαι darf, wenn man das ἑκάστῳ τῶν ν. beachtet, nicht bezweifelt und
nicht abgeschwächt werden, wie es Dähne (Jüd. al. Rel.-Ph. II 201) und Herzfeld
(III 574) thun. Vgl. 433 b: τὰ ζῷα τὰ καθιερωθέντα ὑπὸ Μωῦσου; Plut. de Is. 72;
Diod. I 89. καθ᾽ ἕκαστον δ᾽ αὐτῶν (sc. τῶν νόμων) καταδεῖξαι τοῖς ἐγχωρίοις σέβεσθαί
τι ζῷον. Was Griechen und Römer über ägyptischen Thierdienst dachten, ersehe
man aus Diodor I 83—86; Strabon XVI 760: Plut. de Is. 71; Cic. nat. deor. I 36;
Juven. XV. Dass die Komiker den dunkbaren Stoff ebensowenig ungenutzt liessen,
wie der Spötter Lucian, beweist Athen. VII 299 f.; Luc. conc. deor. 10. 11. imag.
11. Jup. tr. 42. Aber auch Männer, vorsichtig wie Herodot, konnten ihre Verwunderung nicht zurückhalten (II 46). — Wie die jüdischen Hellenisten urtheilten,
zeigen folgende Stellen: Ps. Aristeas 38, 14 f. Sibyll. III 30; Sap. Sal. 11, 16. 12,
24 f.; Philon 371, 46. II 76, 50. II 193, 26. II 303. 12. II 472. 36. de prov. I 86;
Jos. c. Ap. I 25. II 6. 7. 13. Auch nach Manetho und in dem Briefe Philometor's
sind die Israeliten Verächter des Thierdienstes (Jos. c. Ap. I 26. 28. Ant. XIII 3, 2).

und damit den Juden Artapanos in einen Heiden hätte verwandeln
können. — Es sind sicherlich diese Stellen, die Dähne (Jüd. alex.
Rel.-Ph. II 201) und Ewald (II³ 129) veranlasst haben, Artapanos für
einen Heiden anzusehen, Segnier de St. Brisson (bei Migne Patrolog.
Gr. XXI z. St.) aber, jede Entscheidung abzulehnen. Das erstere
ist, wie oben dargelegt worden ist, unmöglich, und um der Rathlosigkeit Segnier's zu entgehen, giebt es noch einen Ausweg, der
nicht gar zu fern liegt. — Schon Heyne hat erkannt (de font. hist.
Diod. sect. 1) und Lepsius (Chron. d. Aeg. I 246 f.) hat es bestätigt,
dass die von Irrthümern und Missverständnissen strotzenden Berichte
griechischer Schriftsteller über Altägypten nicht etwa Märchen sind,
welche Schalkhaftigkeit und Bosheit verschmitzter Priester den wiss-
begierigen und leichtgläubigen Fremden aufgebunden hätten, sondern
dass hier Ansichten und Auffassungen vorliegen, die ihrem Kerne
nach auf echter nur exoterischer Erklärung sachverständiger Männer
beruhen, die aber, im Munde halbgebildeter Laien umgestaltet, durch
tendenziöse Zuthaten entstellt, zu dem Gemisch von Geschichte,
Sage und Erdichtung geworden sind, das wir bei Herodot, Diodor,
Plutarch und Anderen finden. Unter den in Aegypten ansässigen
Griechen nahmen jene alten Ueberlieferungen die griechische Farbe
an, die ihnen jetzt anhaftet; namentlich waren die mit den Griechen
verkehrenden, häufig aus unteren Graden der Priesterschaft hervor-
gegangenen Fremdenführer bemüht, Beziehungen zwischen ägyptischer
und griechischer Religion und Geschichte zu schaffen, die in Wirklichkeit nie bestanden haben. In ähnlicher Weise nun wie ägyptische Dinge hellenisirt wurden, ägyptisirte man israelitische Geschichte. Seitdem unter den ersten Ptolemäern der Einfluss der
Juden in Aegypten eine erstaunliche Höhe erreicht hatte, verfolgten
Heiden und Juden mit besonderer Theilnahme das Zusammentreffen
der Geschichte Israel's mit der Aegyptens, durchforschte man die
Denkmale und heiligen Schriften nach neuen Beziehungen und Zu-
sammenhängen zwischen denselben, wies aber auch weder unver-
bürgte volksthümliche Sagen zurück, noch verschmähten Böswillig-
keit und Zuneigung die willkürlichsten Erdichtungen. Manetho theilt
neben dem, was er aus guten alten Quellen über das Volk der Juden
erkundet haben will, auch Nachrichten mit, die er selbst als 'herren-
lose Sagen' (ἀδεσπότως μυθολογούμενα) bezeichnet (c. Ap. I 16. 26.
31). Seine Aufzeichnungen liefern späteren Geschichtschreibern einen

Grundstock von Erzählungen, der bei einem Chäremon (c. Ap. I 32 f.). Lysimachos (das. I 34 f.) und anderen Judenfeinden durch Hass und Leichtfertigkeit ins Fratzenhafte verzerrt worden ist. Von altägyptischen Ueberlieferungen, die in einem den Juden günstigen Sinne sich aussprachen, ist heute in den Schriften heidnischer Autoren Nichts nachzuweisen. Auch ist dergleichen nicht zu erwarten, da die feindliche Gesinnung der Aegypter gegen die Juden vielfach bezeugt wird (Philon II 521, 32 und sonst, Jos. c. Ap. I 13. 25). Was aber Hekatäos der Abderit (Diod. XL 3) und ihm folgend Strabon (XVI 760 f.) Wohlwollendes erzählen, muss als Milderung des aus feindlichem Lager Stammenden und als Ausgleichung desselben mit jüdischen Berichten angesehen werden. Häufiger finden sich Ueberlieferungen ägyptischer Farbe und judenfreundlicher Gesinnung in jüdischen Kreisen. Allerdings ist nur der kleinste Theil von dem, was als Erweiterung der biblischen Erzählungen über die Beziehungen Israel's zu Aegypten in hellenistischen und hebräisch geschriebenen Aufzeichnungen sich vorfindet, aus echt ägyptischen Quellen geflossen. Wohl Nichts von dem, was bei den LXX derartiges sich findet, ist den Schriften oder den Sagen der Aegypter entlehnt, sondern Deutung des Bibelwortes, wie sie aus der Kunde ägyptischer Verhältnisse hervorging, die den ägyptischen Juden aus tausend Quellen zuströmte. Nicht anders verhält es sich mit all den Ausschmückungen und midraschartigen Erzählungen, die in späteren Schriften in Menge auftreten *). Nur bei Flavius Josephus findet sich hie und da (z. B. Ant. II 9 f.) Einzelnes, das weder den Werken judenfeindlicher Aegypter noch jüdischer Dichtung allein entnommen sein kann. Doch ist fürerst beim Mangel jedes Citates nichts Näheres über den Ursprung dieser Berichte festzustellen. Um so bedeutsamer aber ist jene merkwürdige Stelle des Aristeasbriefes, deren schon oben (S. 142) Erwähnung gethan worden ist und die besagt, dass der angebliche Verfasser des Briefes eine Schrift über die Juden von ägyptischen Priestern empfangen habe. Es bedarf keines Beweises, dass diese Schrift den Juden günstig lautete: sonst würde der über

---

*) LXX Gen. 10, 13. 14. 41, 45. 45, 10. 46, 28. Exod. 1, 11. 28, 26. und Aehnliches bei Hody (a. a. O. p. 110 f.); Gesenius D. Proph. Jes. II 60; Sapienz 16. 16 f: Ezekielos bei Euseb. pr. ev. IX 29. 444 b f.; Philon in den Lebensbeschreibungen Joseph's und Moses'; Sib. IV 72 f.; testam. Jos.; Hieron. in den quaestiones zur Genesis; Talmud, Midrasch und Targume an den verschiedensten Stellen.

die Maassen patriotische Urheber dieser Fälschung sich nicht auf sie berufen haben. Dass eine solche aber nimmermehr ägyptischen Priestern zuzutrauen sei, ist oben hervorgehoben worden. Nichts wahrscheinlicher, als dass der Fälscher selbst sie abgefasst hat, sogut wie andere Trugschritten, auf die er hinweist (19, 18, 68, 15, 69, 27), und dass er sie 'von den gelehrtesten Erzpriestern des gelehrten Aegypten' nur will empfangen haben, um ihrem Inhalt die höchste Autorität zu verleihen. Diese Schrift trug also weder den Namen des wahren noch des vorgeschobenen Verfassers des Aristeasbriefes; sie handelte über denkwürdige Begebenheiten der israelitischen Geschichte und war im Interesse der Juden abgefasst; es war aber der Schein gewahrt, dass ägyptische Priester sie geschrieben hätten. Wenn nicht Alles trügt, so liegen die Reste dieser oder einer sehr ähnlichen Schrift in den Fragmenten des Artapanos vor uns; denn aufs genaueste passen auf sie die Worte des falschen Aristeas. Sie sind offenbar die Ueberbleibsel eines Geschichtswerkes, in welchem ein sehr patriotisch gesinnter Jude Erzählungen über die Geschichte seines Volkes mittheilte, wie er sie von ägyptischen Priestern empfangen haben wollte. Sie behandeln die Geschichte Israel's nur insoweit sie auf ägyptischem Boden spielt, weil nur dies oder das zunächst damit Verknüpfte von ägyptischen Priestern erzählt sein konnte. Ueberall wird mit besonderer Geflissenheit auf religiöse Verhältnisse Aegyptens, die Gründung von Tempeln, die Einführung von Götterdiensten, die Thätigkeit und Interessen der Priesterschaften hingewiesen, weil diese Dinge im Munde von Priestern am natürlichsten klangen (s. 429 d. 430 a. 431 d. 432 b. d. 433 a. b. d. 435 a. d. 436 a. b). Wichtige Einrichtungen, religiöse Bräuche, sociale Verhältnisse der Aegypter, ja selbst Naturereignisse, wie das Steigen des Nil, werden auf Personen und Thatsachen der hebräischen Vorzeit zurückgeführt. Wie albern und wir müssen sagen, wie frech alle diese Angaben auch sein mögen, sie beweisen jedenfalls, dass Artapanos seiner Darstellung ein ägyptisches Colorit zu geben und mit solchen Erfindungen seine Nationaleitelkeit zu befriedigen bemüht war. — Im Munde eines Juden, der ägyptische Priestersagen mitzutheilen vorgab, sind denn auch die räthselhaften Erzählungen von hebräischen Erbauern ägyptischer Tempel, von Moses als dem ägyptischen Tôt, als dem göttergleicher Verehrung gewürdigten Erfinder ägyptischer Kunst und Wissenschaft und dem Urheber der

Thierverehrung erklärlich. Ein Aegypter hätte dergleichen nie von
einem Nichtägypter ausgesagt: ein Jude, der in eigenem Namen re-
dete, den Gründer seiner Religion nicht für den Urheber ägyptischer
Abgötterei ausgegeben. Wohl aber konnte ein Jude, der ägyptische
Priester reden liess, diesen in den Mund legen, was er selbst zwar
als unwahr zurückwies, aber doch mittheilte, um zu zeigen, wie
gewaltig die Bedeutung des jüdischen Gesetzgebers selbst den Fremden
erschien. — Die Rechtfertigung dieser Muthmaassung gewährt uns eine
lange Reihe noch heute erhaltener, ebenfalls in ägyptischer Verklei-
dung erscheinender griechischer Schriften. Will man selbst den
angeblich von dem ägyptischen Priester Abammon an Porphyrios
gerichteten Brief über die Mysterien für echt halten, was gewichtige
Stimmen widerrathen (Bunsen Aegyptens Stellung I 37), so zeigen
doch die falsche Sothis, die ἀποτελέσματα Manetho's und eine grosse
Zahl hermetischer Schriften, wie oft Heiden und Christen durch
Zurückführung ihrer Ansichten und Lehren auf ägyptische Priester
und Götter denselben den glänzenden Anstrich uralter ägyptischer
Offenbarung zu geben versuchten. Dass auch Verherrlichungen
jüdischer Geschichte ägyptischen Priestern von Hellenisten zugeschrieben wurden, beweist nicht bloss die oben (S. 142) angeführte
Nachricht Pseudo-Aristeas', nicht bloss desselben Mannes Versiche-
rung, dass die vornehmsten Priester die Israeliten 'Söhne Gottes'
genannt haben (38, 25), sondern auch des Josephus Angabe, dass
selbst 'die Aegypter Moses für einen wunderbaren, ja göttlichen
Mann erklärten' (c. Ap. I 31). Ja selbst Apion hat seinen Lügen
eine Erzählung beigemengt, welche dem von Artapanos über Moses
Berichteten ähnlich ist, da auch in ihr der Gesetzgeber Israel's
als Urheber einiger den Tempeldienst der Aegypter betreffenden
Einrichtungen erscheint (c. Ap. II 2). Wem aber alle diese Gründe
als blosse Vermuthungen noch nicht genugthun, den kann mehr als
Ein Citat, das selbst in den verstümmelten Excerpten Alexander's
stehen geblieben ist, von der Richtigkeit der hier dargelegten Auffassung der Artapanischen Schrift überzeugen. Als die gelehrtesten der
ägyptischen Priester galten schon dem Herodot (II 3, vgl. Strab. XVII
806) die von Heliopolis, und an zweiter Stelle nennt er die Priester
von Memphis und Theben (das.). Jene führt Artapanos als Zeugen
für die Dauer des von Moses gegen Aethiopien geführten Krieges
an (432 d). Ihnen wird ferner eine Mittheilung über den Durchgang

der Israeliten durch das rothe Meer beigelegt*). Im Namen der Memphiten aber wird (436a) eine Ueberlieferung mitgetheilt, welche zum ersten Male die später so häufig gegebene Erklärung enthält, Moses als der Gegend besonders kundig habe sein Volk während der Ebbe durch das Meer geführt.

Man darf behaupten, dass keine von den plumpen Fabeln, die Artapan über den Ursprung ägyptischer Sitten und Satzungen erzählt, wirklich von ägyptischen Priestern herrührt. Auch der verlogenste Tempeldiener, der willfährigste Fremdenführer würde nicht Dinge ersonnen haben, wie die oben erwähnten (S. 144 f.), die dem eigenen Nationalstolz geradezu ins Gesicht schlugen. Vieles ist offenbar der Bibel entnommen. So die Erzählung von Joseph's Aufenthalt in Aegypten (429d f.) und von den Wunderzeichen, die Moses geübt (435b). Es tritt sogar eine — wenn auch in Folge der Verkappung des Schriftstellers sehr vorsichtige — Benutzung der LXX oft unverkennbar hervor[14]. Aber wenn so unter der Maske die wahre Gestalt des Verfassers zum Vorschein kommt, ist das weniger bei den übrigen von jüdischen Hellenisten verfassten Pseudepigraphen der Fall? Ist der eigentliche Ursprung der Sibyllinen, der unechten Orphischen Gedichte, des untergeschobenen Aristeasbriefes weniger kenntlich, als der der hiesigen Bruchstücke? Es wäre denkbar, dass Artapan durch geschickte Einführung von Nichtägyptern Einzelnes, was er nicht wohl im Namen heidnischer Priester sagen konnte, Juden in den Mund gelegt habe, wie das ja auch Pseudo-Aristeas zu thun pflegt. Aber nothwendig ist diese Annahme nicht; denn dass Artapanos verwegen genug war, echt biblische Berichte für ägyptisch auszugeben, zeigt die eben erwähnte angebliche Erzählung der Heliopoliten über den Durchgang der Israeliten durch das Meer, die nicht von ägyptischen Priestern herstammt, sondern vollständig der Bibel nachgeschrieben ist. — Aus alledem folgt, dass wir es hier mit einer Trugschrift zu thun haben, soweit der Inhalt derselben in Betracht kommt, und da dergleichen verwegene Erfindungen nicht in eigenem Namen vorgetragen zu werden pflegten, so scheint auch der Name Artapanos ebensowenig der des Verfassers zu sein, wie

---

*) 436b: Ἡλιουπολίτας δὲ λέγειν — ὁδοῖ πορεύεσθαι. Soweit muss sich der angebliche Bericht der Heliopoliten erstrecken, da sonst ein Gegensatz zu der vorher erwähnten Erzählung der Memphiten nicht vorhanden wäre.

Orpheus, Aristeas und Phokylides die ihnen angedichteten Werke abgefasst haben. Warum nun aber gerade der Name Artapanos der Schrift vorgesetzt wurde, lässt sich nicht sicher bestimmen. Vielleicht gerade darum, weil, soviel wir wissen, nie ein Jude diesen ursprünglich persischen Namen geführt hat. Vielleicht hatte der wahre Verfasser die Fiction gewählt, einem in Aegypten wohnenden Perser die Geschichte Israel's von ägyptischen Priestern erzählen zu lassen, der nun seinerseits Mancherlei aus den Ueberlieferungen seines Volkes hinzufügen konnte. Doch nothwendig ist diese Annahme nicht; denn es sind persische Namen auch bei Aegyptern in Gebrauch. Heisst doch sogar ein Priester der Isis Μίθρας (Appul. metam. XI 800 Oud.), und andere persische Namen nennt Aeschylos (Pers. 37. 38. 308).

Niemand wird in einer Trugschrift, wie sie hier geschildert worden ist, neue Aufschlüsse über israelitische oder ägyptische Geschichte suchen; doch ist nicht zu verkennen, dass viele von ihren wirren Angaben aus ursprünglich reiner Quelle geflossen sind, die nur durch den Fälscher arg getrübt worden ist. Der Kern des Sagengemenges ist die Gestalt Moses'. Ihn schildert Artapan, der angenommenen Maske gemäss, wie ein ägyptischer Priester es thun würde, der, mit trefflicher Kenntniss der altägyptischen Ueberlieferungen und guter hellenistischer Bildung, aus der Bibel soviel entlehnen wollte, als seinem Stande und dem Interesse der Juden angemessen schien. Darum wurde Moses zunächst mit Hermes*) identificirt, wobei vielfache Vergleichungspunkte maassgebend gewesen sein können: zunächst die Aehnlichkeit des von der Bibel über ihn Berichteten mit den Hermes-Tôtsagen. Wie Hermes 'Hermeneut' der Götter ist

---

*) Wie Moses in der Priestersprache Ἑρμῆς, so sollen auch die Judaer ägyptisch Ἑρμιοῦϑ, Ἑβραῖοι aber nach Abraham dem 'Ebräer' (Gen. 14, 13) heissen und Ἰουδαῖοι von den Griechen genannt werden (420a). Ἑρμιοῦϑ ist also von dem erfindungsreichen Artapan einmal gewählt, weil es die Judäer als 'Mosaiten' bezeichnet und ägyptischen Klang hat, sodann weil es für אֶרֶץ יְהוּדָה gelten konnte, das, nach der Analogie von אֶרֶץ מִצְרַיִם , אֶרֶץ כְּנַעַן und Aehnlichem gebildet, nach Brugsch (G. J. II 76) nicht anders ägyptisch geschrieben werden durfte. Vgl. das oft besprochene Judh Malk (Brugsch das. S. 62). Man darf aber auch daran erinnern, dass Ἀραμαῖοι mit Ἐρεμβοί, Ἀρίμαιοι, Ἀρμένιοι (also Ἑρμιοῦϑ näher kommenden Worten) von Poseidonios für identisch gehalten wurden (Strabon I 41f. XVI 784). Für arabische Stämme hielt auch Hellanikos die homerischen Ἐρεμβοί (Etym. M. s. v.). Viger (zu Euseb. IX 18) erklärt Ἑρμιοῦϑ für אֶרֶץ יְהוּ.

(432 c), so ist auch Moses Hermeneut des göttlichen Willens
(Exod. 4, 12 f. 20, 19). Wie die heiligen Schriften der Aegypter
sammt und sonders auf Hermes-Tôt zurückgeführt wurden (Jambl.
de myst. VIII 1; Lepsius Chron. d. Aeg. I 40), wie Tôt 'der Bücher-
schreiber des grossen Neungötterkreises' heisst (Brugsch Geogr.
Inschr. I 220), so ist ja auch das Grundbuch der heiligen Schriften Israel's das Werk Moses'. Beide sind Lehrer der Gerechtigkeit, beide
Gesetzgeber ihres Volkes (Diod. I 94; Plut. de Is. c. 61; Ael. var.
hist. XII 4; Cic. nat. deor. III 22). Es genügten im Alterthum geringere Berührungspunkte, um zwei Sagenkreise mit einander zu verbinden, um z. B. Kronos in Bel, Mars in Moloch, Dionysos in Osiris,
Faunus in Pan zu entdecken. — Bei der Verschmelzung von Tôt
mit Moses wirkten aber noch andere Gründe mit. Zu einer solchen
bedurfte es für einen Artapanos blosser Kenntniss des so häufigen
Namens Tôt-mosis; denn wenn er den zweiten Theil des Wortes als
einen Eigennamen ansah und nicht in der wahren Bedeutung 'Sohn'
erklärte, so war die Identität von Tôt und Moses gefunden. Als
Urform des biblischen Namens sieht übrigens Ewald (I³ 559) Tôt-
mosis an, und mit Amosis verwechselt Tôt-mosis auch Synkellos
(117, 17. 233, 3). Geringere Namensähnlichkeit genügte, um sodann
Μώϊσος in Μουσαῖος, den sagenberühmten griechischen Sänger, zu
verwandeln (432 a). Diese Verquickung des Ungleichartigsten ward
dadurch erleichtert, dass nach Euhemeristischer Ansicht Tôt-Hermes
nur ein trefflicher, weiser Mensch war, der erst nach seinem Tode
göttlich verehrt wurde. Darum konnte denn Moses in dem träu-
merischen Gehirn eines hellenistischen Synkretisten sehr wohl zugleich
Gesetzgeber Israel's, Gott Tôt Aegyptens und ein Heros Griechenlands werden. — In diesen Weichselzopf sind nun die meisten Angaben Artapan's verflochten. Moses ist ihm zunächst der Pflegesohn
der Merris oder, wie sie Josephus (Ant. II 9. 5) nennt, der Thermuthis,
in welcher längst die Isis erkannt worden ist (Lauth Moses d. Ebräer
S. 66; Brugsch G. J. I 237). Auch Artapan giebt an, 'Merris werde
von den Eingeborenen nicht weniger als die Isis verehrt' (433 d), und
dasselbe berichtet Synkellos über einen dritten Namen für Merris:
Φαρίη (227, 3. 228, 1. 237, 7). In die Verbindung mit Isis aber setzte
Artapanos seinen Moses, weil Tôt mit ihr verbunden wird, bald als
Gemahl (Brugsch G. J. I 220), bald als Vater (Plut. de Is. 12), bald
als Rathgeber und Erzieher (Diod. I 17. 27). Darum hat Moses auch

den Leichnam der Merris-Isis nach Meroë gebracht, die Stadt ihr zu
Ehren erbaut und benannt (433 d): denn die Namen stimmten, und
in Meroë ward die Isis verehrt (Strabon XVII 822); ja das ganze, süd-
lich von Assuan gelegene, Aegypten unterworfene Land war von
den Ptolemäern ihr geweiht worden (Brugsch G. J. 1 69. 100). Zu
diesem aber rechnet Artapan sicherlich und vielleicht auch die Denkmäler (Brugsch das. 100) Meroë. Zudem findet sich auch bei Diodor
(I 22) die Ansicht ausgesprochen, Isis sei an der Grenze Aethiopiens
begraben. — Tôt-Hermes ist ferner Erfinder der Schrift (Diod. 1 16;
Phil. Bybl. bei Euseb. pr. ev. I 9. 31 d. 36 a: Cic. nat. deor. III 22),
der Kunst und Wissenschaft (Diod. 1 16. 43; Plut. de Is. 3): darum
legt Artapan ein Gleiches seinem Moses bei (432 b). Jener ist Urheber ägyptischer Götterverehrung, Schreiber der priesterlichen und
gottesdienstlichen Bücher (Diod. I 20; Clem. str. VI 757): darum muss auch nach Artapan Götterdienst und Thierverehrung auf
Moses zurückgehn. Das heilige Thier des Tôt ist der Ibis (Herod.
II 67: Apion bei Aelian n. a. X 29: Horapollon I 14 Leem.): darum soll Moses die Verehrung des Ibis in Hermopolis anbefohlen
haben (432 d). Diese Stadt aber ist 'die Wohnung des Tôt' (Brugsch
das. 1 219): Artapanos lässt sie daher von Moses erbaut sein (432 d).

Dem Wirrkopf war aber mit der Vereinigung des Gottes. Heros und
Propheten noch kein Genüge geschehen. Moses ward auch ein ägyptischer Feldherr. In Inschriften und Papyros wird häufig Prinzen aus
königlichem Hause der Titel 'Königssohn von Kusch' gegeben, und
noch heute findet sich in der Nähe von Assuan ein Felsen mit der Inschrift 'Messu (oder Mesu griech. Μωσῆς). Königssohn von Kusch'. Dieser
ägyptische Moses ist lange Zeit Gouverneur von Aethiopien gewesen; er
hat unter Ramses II und Menephta gelebt, war also ein wirklicher
Zeitgenosse des biblischen Moses (Brugsch Hist. d'Egypte I 173). Diese
oder ähnliche Inschriften, die von den Kriegszügen eines Aah'mes gegen
Aethiopien berichten (Brugsch das. p. 86 f.), von ägyptischen Dolmet-
schen jüdischen Hellenisten mitgetheilt, scheinen Veranlassung zu
der zuerst bei Artapanos, häufig von Späteren berichteten Sage gegeben zu haben, die Moses gegen die Aethiopen ziehen und in einem
langwierigen Kriege sie besiegen lässt. Eine solche Combination ist
wenigstens nicht verwunderlicher bei einem Schriftsteller, zu dessen
Zeit einzelne Priester noch eine lebendige Kunde der alten Hieroglyphenschrift besassen (Tac. annal. II 60), als sie es heute ist, da

der Scharfsinn der Forscher oft vergebens sich abmüht, auf dem
Boden einer aus tausendjährigen Gräbern neu erstandenen Wissenschaft festen Fuss zu fassen. Wie oft aber ist in den letzten Decennien von Deutschen, Engländern und Franzosen aus den Hieroglyphen
die Geschichte des biblischen Moses zu schreiben wenigstens versucht worden! Hätten wir ein Recht, die Ergebnisse dieser neueren
Forschungen hier zu benutzen, so würde noch mancher Verglei-
chungspunkt zwischen Artapanos und alt-ägyptischen Berichten sich
ergeben. Dürften wir z. B. auf Grund der Untersuchungen Lauth's
(Moses der Ebräer Münch. 1866) Moses mit dem 'Sotem Mesu' und
einem 'Mohar' betitelten Manne für identisch halten, über die in
Papyros Vielerlei berichtet wird, so wären der Beziehungen zwischen
diesen und dem Moses des Artapanos noch viele andere gefunden.
Denn sowohl von dem hohen Ansehen des Mannes unter den ägyptischen Schriftgelehrten (Lauth S. 49f.), wie von den Anfeindungen,
denen er ausgesetzt war (Lauth S. 17f.), wie endlich von seinen
Reisen und Kriegszügen (Lauth S. 25f. 52f.) wird manches überraschend Zusammenstimmende erzählt. Und wie glücklich wäre
jeder jüdische Hellenist gewesen, dem ein ägyptischer Interpret einen
Mesu-Moses aus uralten Papyros und Inschriften nachgewiesen hätte,
durch diese unantastbaren Zeugnisse die vielbestrittenen Nachrichten
der Bibel zu bekräftigen und die Verläumdungen der Judenfeinde
zu widerlegen! Denn ebensosehr seine Stellung am Königshofe, wie
seine geistige Bedeutung, wie seine frühe Lebenszeit ward von ihnen in
Frage gestellt. Aber alle diese Untersuchungen sind zu schwankend
und zu strittig, als dass sie zur Begründung des hier Behaupteten
benutzt werden dürften. Unbestreitbar dagegen ist, dass sich bei
Artapanos in Anklängen an die Hyksössage Spuren einer alten Ueberlieferung zeigen, die weder auf Deutung der Bibel, noch auf Remi-
niscenzen an Manetho beruhen können. Artapanos berichtet, dass
zu verschiedenen Zeiten semitische Stämme in Aegypten eingedrungen
sind und sich dort sesshaft gemacht haben. Nach Abraham's Abzug
aus Aegypten sollen schon 'Viele von denen, die mit ihm zusammen
dorthin gezogen waren, wegen der Glückseligkeit des Landes dort
geblieben sein' (fr. 1). Sodann wird Joseph nach Aegypten nicht
verkauft, sondern von verwandten Araberstämmen auf seine eigene
Bitte hinabgeführt (fr. 2. 429c). Darin erblickt Ewald (1³ 588) 'eine
vorstellung, welche am deutlichsten einen zusammenhang Josefs

mit den Hyksôs erkennen lässt'. Doch hier könnte man ausweichend annehmen, Artapan habe nur die Erzväter von dem Vorwurfe reinigen wollen, den die schlichte Wahrheitsliebe der Bibel auf sie ladet. Mit dergleichen Ausflüchten aber lassen sich andere Angaben Artapan's nicht erklären. Nach dem Tode Joseph's und des mit ihm gleichzeitigen Königs Mempsasthenoth wird dessen Sohn Palmanothes König von Unterägypten (431 d); König von Mittel- und Oberägypten ist Chénephres (432 a. 433 a); denn — wie Artapan sagt — 'es regierten damals Viele über Aegypten' (432 a). Diese letzte Nachricht, zu der keinerlei Veranlassung vorlag, passt nur auf die Hyksôszeit. Noch entschiedener erhellt Artapan's Bekanntschaft mit der Hyksôssage aus Folgendem: Reüel, der Schwiegervater Moses' will mit seinen Arabern 'einen Feldzug gegen Aegypten unternehmen und die Königsherrschaft seiner Tochter und seinem Eidam verschaffen'. Moses verhindert ihn daran. 'befiehlt aber den Arabern, Aegypten zu brandschatzen' *). Später 'heisst ihn eine göttliche Stimme gegen Aegypten zu Felde ziehen', und so 'beschliesst er denn auch, eine feindliche Heeresmacht gegen die Aegypter zu führen' (434 c). Alles dies, die durch Nichts motivirte Zutheilung des Reiches an verschiedene gleichzeitige Könige und die ausdrücklichen Angaben Artapan's über feindliche und freundliche Züge von Semiten in das Land der Aegypter, beweist, dass hier eine Gestalt der Sage vorliegt, die zu sehr von den jetzt vorliegenden Angaben Manetho's abweicht, als dass sie diesem entnommen sein könnte. Nur in zwei sehr bemerkenswerthen Zügen stimmt Manetho (c. Ap. 1 14. 26) mit ihm überein: im Herbeirufen der Hirtenstämme durch Moses und in der Unterscheidung derselben von den Israeliten. Hierin ist Artapan sogar genauer als Josephus, der, einem schon gefälschten Manetho folgend, die Hyksôs mit seinen eigenen Stammgenossen für identisch hält (s. Brugsch Hist. 1 76 f.; Lepsius Chron. 1 317 f.). — Im übrigen ist Alles bei Artapan zu suchen, nur nicht Klarheit der geschichtlichen Situation. Der Name Chénephres, als der des Königs, an dessen

---

*) 434 b 4: τὸν δὲ (sc. Μώϋσον) ʹΡαγουῆλον διακωλύοντα στρατεύειν, τοῖς ῎Αραψι προστάξειν λῃστεύειν τὴν Αἴγυπτον. Der in den Ausgaben und natürlich auch in den lateinischen Uebersetzungen gänzlich unverständliche Satz wird durch Setzung des Kommas vor, statt (wie bei Stephanus, Vigerus, Heinichen, Gaisford, Migne) nach τοῖς ῎Αραψι vollkommen klar.

Hof Moses erzogen wird. deutet darauf hin, dass er seine Erzählung
in die Zeit der 18. Dynastie versetzen will: denn unter König Chen-
cheres. den 12. dieser Dynastie. setzt auch Eusebios (chron. p. 99
Zohr.) den Auszug an. Nach Lepsius' Vermuthung (Chron. I 359)
würde Chenephres identisch sein mit Menophres. wie Menephtha bei
dem Mathematiker Theon heisst: dann hätte Artapan Moses in die
19. Dynastie versetzt. Doch weder zu einem Könige der 18. noch
zu einem der 19. Dynastie passt der Name des mit Chenephres gleichzeitig regierenden Königs Palmanothes. Das will nun freilich wenig
besagen. wenn man bedenkt, wie vielfache widersprechende Angaben
über die zur Zeit des Auszugs regierenden Könige von alten und
neuen Forschern gemacht worden sind (s. Kellner de fragm. Maneth.
p. 5). Aber es braucht nicht erst hervorgehoben zu werden, dass
auch sonst fast jede Zeile dieser Fragmente gänzlichen Mangel an ge-
schichtlichem Sinn verräth: dass insbesondere die Angabe. die Erfindung der Hieroglyphenschrift. die Einführung des Ibis- und Apis-
dienstes. der Beginn der jährlichen Nilschwelle. die Erbauung von
Hermopolis und Meroë habe unter der 18. oder 19. Dynastie oder
überhaupt während der Lebenszeit Moses stattgefunden, fast ebenso
thöricht ist. wie die Verbindung von Moses' und Tòt. — Sehen wir
hiervon ab, so ist anzuerkennen, dass Artapanos, wie sich schon
oben gezeigt hat. eine bei jüdischen Hellenisten ungewöhnliche
Kenntniss ägyptischer Verhältnisse beweist. Die von ihm gewählten
Namen sind ein wenig entstellte. übrigens echt ägyptische Namen,
wenn ein Nichtägyptologe, der alle seine Kenntniss ägyptischer Dinge
durchaus secundären Quellen entnehmen muss, sich dieses Ausdrucks
bedienen darf. Palmanothes erinnert an Pamenothes und Pamonthes
bei Brugsch (Dem. Griech. Eigenn. S. 32. 11). Ueber Chenephres
ist eben gesprochen worden (vgl. Synk. 104. 4 Bonn.). Chanethoth
ist echt ägyptisch nach Lauth (a. a. O. S. 78): Nacheros ist wohl
mit Neh'era bei Brugsch (G. J. I 49. 113). Merris mit den verschiedenen
Formen des Namens Moeris. Mares. Meyres (s. Bunsen Aeg. II 200f.)
zusammenzustellen. — Die geographischen Namen der Bibel ägyp-
tisirt Artapan. Er sagt (431d) Κεσσὰν statt Γεσὲμ der LXX. entsprechend dem hieroglyphischen Kesem (Ebers Durch Gosen S. 505).
Das biblische Pi-thom. Pathumos bei Herodot (II 158). wird bei ihm
nach Abscheidung des Artikels P und gewiss in Vergleichung mit
Etam der Bibel zu Ἀθὼς (430a). wohl entsprechend dem Ats oder

Athits der Denkmäler (Brugsch G. J. I 274; Ewald II³ 20). Er
lässt die Israeliten in Heliopolis und San wohnen (denn das besagt
die richtige Lesart 430a ¹¹), auch hier in Uebereinstimmung mit
guten Nachrichten. In Heliopolis wohnten Israeliten nach Papyros
und anderen Quellen (LXX Ex. 1, 11; Josephus Ant. II 7, 6: Chabas
voy. d'un Egypt. p. 211; Lepsius Chronol. I 326). San ist einer der
vielen ägyptischen Namen von Tanis, wo Moses nach Ps. 78, 12 seine
Wunder gethan hat (Brugsch G. J. I 300; Ebers d. Gos. 498f.), und
Artapan nennt die Stadt so und nicht mit ihrem griechischen Namen,
weil er die gemeine ägyptische Schreibung, wie bei Kessa statt
Gesem, vorzieht. Dass der östlichste Gau Aegyptens Arabia heisst
(Brugsch G. J. I 126. 140), ist ihm wohlbekannt (436a; vgl. LXX
Gen. 45, 10. 46. 34). — Die Beschreibung der Körperbeschaffenheit
Moses' (436c) scheint eine Kenntniss jener priesterlichen Bücher vorauszusetzen, in denen nach Diodor (I 44) genau verzeichnet wurde,
'wie beschaffen jeder König an Körpergrösse gewesen war'. Artapan
kennt das Kastenwesen, wenn er, um unkriegerische Schaaren zu bezeichnen, einfach von Ackerbauern spricht (432d; s. Lumbroso Rech. p.
55). Er weiss, dass der Apis in Memphis verehrt wird (433b; Plut.
de Is. 20. 29). Die Erzählung, dass der Apis und 'die anderen von
Moses geheiligten Thiere' in Memphis begraben seien (das.), setzt
voraus, dass er Kunde von der grossen Nekropolis hatte, die in der
Nähe von Memphis sich meilenweit ausdehnt (Brugsch G. J. I 239).
Mit der Beisetzung der todten Thiere wird aber Moses-Tôt in Verbindung gebracht, weil (nach Diodor I 96) 'der ägyptische Hermes
die Mumie des Apis bis an eine gewisse Stelle bringt' (s. Brugsch
das. 241). Dass bloss die Priester Aegyptens die Beschneidung üben,
erklärt er mit Recht (433a; s. Horap. I 23 Leem.), während dagegen
Herodot (II 36. 104) die Allgemeinheit der Sitte fälschlich anzunehmen
scheint. Nur seine Schilderung einer gewaltigen Nilüberschwemmung
als eines Nationalunglücks für Aegypten (435b) scheint Allem zu
widersprechen, was wir hierüber wissen (s. Leps. Chron. S. 24); doch
trägt auch hier wieder Alexander mit seiner gewohnten Leichtfertigkeit
die Schuld des Missverständnisses. Denn Artapan hat nicht von einer
gewöhnlichen Ueberschwemmung, sondern (nach der von der besten
Handschrift gebotenen Lesart ¹⁵) von einer Ueberschwemmung durch
das in Folge der Verwandlung in Blut faulig gewordene Nilwasser
gesprochen.

Den grössten Theil seiner Angaben muss Artapanos griechischen Schriften über Aegypten, deren es eine unendliche Zahl gab, entnommen haben. Nur aus solchen erfuhr er, dass Orpheus und Musäos in Aegypten gewesen seien (Diod. I 23. 92. 96), der letztere also wohl mit seinem Moysos verglichen werden konnte. Dass Aegypten in 36 Nomen getheilt sei, berichtet er (432 b) in Uebereinstimmung mit Diodor I 54; Strabon XVII 787, während diese Zahl von den Denkmälern nicht bezeugt wird (Brugsch G. J. I 93). Seine Angabe, Isis sei die Erde (435 d), ist die vieler griechischen Rationalisten (Diod. I 12. 13; Plut. de Is. 32. 57; Serv. zu Verg. Aen. VIII 696). Seine Meinung, dass der Grund für die Verehrung der Thiere ihre Nützlichkeit sei: dass der Ibis wegen der Schlangenvertilgung, der Apis wegen seiner Brauchbarkeit als Pflugthier verehrt werde (432 d. 433 b), stimmt genau mit Herodot (II 75) und Diodor (I 21. 87 f.). Auch einige denen des Artapanos (432 d)*) ganz entsprechende Geschichtchen, dass die heiligen Thiere Rettung im Kriege gebracht und deshalb verehrt worden seien, berichten Diod. I 86. 88. Plut. de Is. 72. Doch mehr noch als diese Einzelheiten, beweist der gesammte Euhemeristische Zuschnitt der Artapanischen Darstellung, dass dem Verfasser geschichtliche oder philosophische Schriften dieser Richtung zugänglich gewesen sind. In der That findet sich an Einer Stelle eine fast wörtliche Uebereinstimmung zwischen Artapanos (432 b) und einer solchen Quelle des Euhemeristen Diodor (I 89), welche Stellen sich gegenseitig ergänzen. Artapanos, wie er von Alexander verkürzt worden, ist unverständlich, wenn er angiebt, dass Moses, indem er den Staat in 36 Nomen theilte und jedem Nomos einen besonderen Gott zutheilte, indem er ferner die Hieroglyphenschrift

---

*) Die Erzählung von der Einführung des Ibisdienstes im Feldzuge gegen Aethiopien ist von Alexander sehr gekürzt worden und muss aus Josephus (Ant. II 10, 2), der demnach Artapan's Originalschrift oder eine vollständigere Bearbeitung derselben vor sich gehabt hat, ergänzt werden. Nur durch Vergleichung von Josephus erklärt sich die jetzt unverständliche Stelle (433 b), dass 'Chenephres, um Moses' Rathschläge (ἐπινοήματα) zu verheimlichen, die von Moses geheiligten Thiere habe begraben lassen'. Moses hat — nach Josephus — den bewundernswerthen Gedanken (νοεῖ στρατήγημα θαυμαστόν), Ibisse mit nach Aethiopien zu nehmen, welche die dort hausenden Schlangen vertilgen und dadurch den Sieg ermöglichen. Darum hat er sie — nach Artapan — für heilig erklärt. Zurückgekehrt würden die lebendigen Thiere das Volk immer an Moses' Klugheit erinnern: darum lässt sie der König den Augen des Volkes entziehen (433 b).

erfand und eigenes Land den Priestern vorbehielt, das Reich den
Königen gesichert habe. Diodor erklärt, dass durch Zerlegung des
Landes in kleine Bezirke und durch Absonderung derselben nach
eigenen Culten die Aegypter nicht mehr sich vereinigen und Eines
Sinnes gegen ihre Könige sich wenden konnten. Die Erzählung des
Diodor aber wird wiederum durch Artapan ergänzt, der auch auf
die Scheidung des Volkes in die Priester- und andere streng geson-
derte Kasten hinweist. — Vieles hat Artapan gegen die von Griechen
und Aegyptern ausgestreuten Unwahrheiten geschrieben und zum
Theil erdichtet. Von Manetho bis auf Apion und Tacitus herab
lassen die Feinde des jüdischen Volkes dasselbe aus der Hefe
des ägyptischen Volkes hervorgehn (vgl. Jos. c. Ap. I 26. 32. II 3;
Diod. I 28 und viele Andere). Darum hebt Artapan besonders hervor, dass die Juden aus 'syrischem Lande' sind und von Abraham
dem Palästiner abstammen (fr. 1. 2). Moses ist nach Manetho (c.
Ap. I 26. 28) ein ägyptischer Priester, nach Artapan das Kind jüdischer Eltern, das die kinderlose Merris nicht etwa adoptirt, sondern
unterschiebt (432 a). Nach Manetho und Anderen war Moses sammt
einer zahlreichen Volksmenge eines bösen Aussatzes wegen von den
Aegyptern vertrieben worden (c. Ap. I 26. 28. 34); nach Artapan
ist Moses der bewunderte Lehrer, Berather und Feldherr der Aegypter, und gerade König Chenephres stirbt am Aussatz (434 b). Von
allen Seiten hiess es. die Juden seien Verächter der heidnischen
Götter und Menschen (Man. bei Jos. das.; Jos. Ant. III 7. 7; Diod.
XXXIV 1; Tac. hist. V 5). Um diesem Vorwurfe die Spitze abzu-
brechen, mussten ägyptische Priester selber in Moses den Gründer
ägyptischer Götterverehrung und den grössten Wohlthäter der Menschheit erkennen. Judenfeindliche Griechen hatten den Israeliten vorgeworfen, niemals habe es grosse Männer unter ihnen gegeben, nie
sei eine Erfindung von ihnen ausgegangen (Jos. c. Ap. II 12): darum wird von Artapan auf Abraham, Joseph und Moses hingewiesen,
und diesen werden gerade die allernützlichsten Erfindungen zugeschrieben. Nach Herodot (II 104) und Diodor (I 55. III 32) kann
es kein göttliches Gebot sein, wenn die Juden die Beschneidung
üben, da sie wie andere Völker diese Sitte erst von den Aegyptern gelernt haben sollten (s. Jos. c. Ap. I 22; Cels. bei Orig. I 17 Sp.):
darum muss Artapan das Verhältniss umkehren und Aegypter wie
Aethiopen auch hierin zu Schülern Moses' machen (433 a). Man

5

könnte noch vielerlei andere Parallelen ziehen; doch genügt das
Angeführte, um die Absicht der Artapanischen Schrift nunmehr dahin zu bestimmen, dass durch sie nicht bloss die Geschichte Israel's
verherrlicht, sondern auch meist höchst ungerechte Angriffe gegen
dasselbe durch allerlei Erdichtungen abgewehrt und so Unwahrheit
durch Unwahrheit verdrängt werden sollte.

Den Schlüssel zum Verständniss der Artapanischen Schrift hat
uns eine Angabe des unechten Aristeas geliefert, der zufolge er ein
Werk ägyptischer Priester über die Juden in Händen gehabt, in
Wahrheit aber selbst gefälscht hat, dem das des Artapanos vollständig
entspricht. Diese zwei Werke, beide von gleicher Tendenz, beide
desselben höchst seltsamen Inhalts, beide denselben Personen zum
Scheine beigelegt, beide von Männern gleicher Herkunft, gleicher
Sprache und gleicher Gesinnung verfasst, wird jeder Unbefangene
für identisch halten. Doch könnte sie Jemand, der Lust am Zweifel
hat, auf einen freilich sehr sonderbaren Zufall bauend, trotz alledem
vielleicht für verschiedene Schriften verschiedener Verfasser darum
erklären, weil Existenz und Beschaffenheit der einen Schrift aus einer
Stelle erschlossen werden musste, die an sich zwar klar, doch ver-
schieden gedeutet worden ist. Es wäre nun aber doch mehr als
ein Zufall, wenn diese verschiedenen Verfasser nicht bloss, wo jenes
jetzt verschwundene angebliche Werk ägyptischer Erzpriester, sondern auch da, wo der uns heute noch vorliegende Brief des falschen
Aristeas eine Vergleichung mit Artapanos' Trugschrift zulässt,
durchgängige Uebereinstimmung mit einander aufwiesen. Das aber
ist der Fall. Nach wie vielen Seiten auch die Fragmente des angeblichen Artapanos beleuchtet worden sind, in ihrem Verhältniss
zum Judenthum, zu Aegypten und zur griechischen Litteratur: es
ist auch nicht die geringste Eigenheit zu Tage getreten, die nicht
einem Manne wie Pseudo-Aristeas zukäme. Wie Pseudo-Aristeas
unter heidnischer Maske für das Judenthum wirken will, für einen
Bekenner des Zeus sich ausgiebt (16, 2)*) und nicht Worte genug
finden kann, um den Gott und das Gesetz Israel's zu verherrlichen,
so auch Pseudo-Artapanos, nur dass dieser ägyptische Priester, jener
griechische Hofbeamte und Gelehrte auftreten lässt. Wie Pseudo-

---

*) Schmidt's Vorschlag ἡμεῖς in ὑμεῖς zu ändern (S. 11) beruht auf Verkennung
dieses Charakters der Schrift.

Artapanos mit der Geschichte verführt. so auch Pseudo-Aristeas (s.
Hody a. a. O. c. 2. 7. 8ff.). Wie jener die Geschichte Israel's um
seiner Tendenz willen trübt und verwirrt, so mischt auch dieser
Wahrheit und Dichtung über palästinische Dinge durcheinander.
Wie Pseudo-Artapanos besonders gern die Ansichten griechischer
Judenfeinde bekämpft, so vertheidigt auch Pseudo-Aristeas seine Re-
ligion gegen allerlei Vorwürfe (36. 26f.), und mit dem Eifer eines
Josephus ist er bemüht es zu rechtfertigen, dass ältere griechische
Schriftsteller der Juden nicht gedenken (19. 14f. 68. 6f.). Ja als
wollte der falsche Aristeas selbst den letzten Unterschied beseitigen,
der sie trennt, so lässt er ebenfalls ägyptische Priester Lobeserhe-
bungen der Juden aussprechen (38, 25), die nur ein Mann wie der
falsche Artapan erdichten konnte. Auch Josephus spricht zwar von
Aegyptern, die Moses einen göttlichen Mann nennen (oben S. 151):
er aber, weil er Artapan's Schrift, wie erwiesen ist, benutzt hat. Auf
dem philosophisch-euhemeristischen Standpunkt des Pseudo-Artapanos
steht auch Pseudo-Aristeas. Wie jener in Betreff ägyptischer Gottheiten, so nimmt dieser von den griechischen Göttern an, dass sie
in ihren Statuen um der Wohlthaten willen verehrt werden, die sie
den Menschen erwiesen haben (38, 2). Ganz nach Art Artapanischer
Sagenmischung erklärt der falsche Aristeas, dass der Gott, den die
Juden anbeten, derselbe sei, 'den Alle verehrten, am meisten aber
die Griechen, nur dass sie ihn anders benennen' (15, 34f.). Von den
zahlreichen Werken jüdischer Hellenisten giebt es ausser Philon's
Streitschrift gegen Flaccus keines, das von Beziehungen auf Aegypten
so durchtränkt wäre, wie die Artapanos und Pseudo-Aristeas beigelegten Schriften, die daher beide an keinem anderen Orte abgefasst
sein können, als in Aegypten*). Pseudo-Aristeas und Pseudo-Artapanos besitzen eine bei jüdischen Hellenisten ungewöhnliche Kunde
ägyptischer Dinge. Beide aber haben zugleich die griechische Litteratur, insbesondere die historische kennen gelernt, von welcher
Kenntniss sie allerdings nicht den besten Gebrauch machen. Die
Uebereinstimmung zwischen den beiden Trugschriften erstreckt sich

---

*) Wie Kurz (Arist. ep. p. 22) Ps.-Aristeas, der einen Hochpriester zur Zeit
Ptolemäos' II. je sechs Männer aus den zwölf Stämmen Israel's entsenden lässt,
der Palästina eine Ausdehnung von etwa 4000 Q.-M. giebt, der ägyptische Verhältnisse aufs treueste schildert und die Sprache der ägyptischen Hellenisten redet
(s. Peyron Pap. Taur. I 22; Lumbroso Rech. p. XIII f.), für einen Palästiner ansehen kann, ist schwer zu begreifen.

selbst auf die geringfügigsten Einzelheiten. Wie Pseudo-Artapanos
Moses für Chenephres, so lässt Pseudo-Aristeas die Juden als Psam-
metich's Bundesgenossen gegen Aethiopien ziehen (15, 14f.) — beides
unwahre Thatsachen. Wie Pseudo-Artapan die Israeliten in den κατὰ
Συρίαν τόποι wohnen lässt (fr. I vgl. fr. 2. 430a), so bis aufs Wort zusammenstimmend auch Pseudo-Aristeas (17, 10. 14, 32). Der Name
Artapanos ist persisch und findet sich bei jüdischen Hellenisten sonst
nicht: aber auch Pseudo-Aristeas wendet persische Namen für Nicht-
perser, ja für Bewohner Jerusalems an: Ἄρσαμος (23, 15), Ἀάκις
oder Ἀάκης (23. 4). Die Vergleichung des Sprachgebrauches ist freilich durch die Umwandlung erschwert, welche die Artapanischen
Fragmente durch Alexander erfahren haben: aber mit grosser Bestimmtheit lässt sich behaupten, dass ihr Stil so ist, wie der des
Aristeasbriefes sein würde, wenn ein Mann wie der Polyhistor diesen
excerpirt hätte [14]. Obgleich sehr incorrect geschrieben, sind sie doch
nicht so gänzlich auf hebräischen Leisten geschlagen, zeigen sie doch
nicht einen solchen Mangel an Sprachgefühl, wie die Fragmente des
Demetrios, Eupolemos und des echten Aristeas. Wie bei Pseudo-
Aristeas (s. Kurz Arist. ep. p. 8) tritt in ihnen unverkennbar das
Streben hervor, die Darstellung zu verzieren durch poetische, seltene
und ganz neugebildete Worte, wie ἐκλιμπάνειν (435a), γεωμορεῖν
(429d), das nur noch bei Theodotos (427d) nachgewiesen ist, λιθο-
θεσία (432b), ein ἅπ. λεγ., κατεγγυᾶν im Sinne von 'Verloben der
Tochter'. Wie Aristeas und viele ägyptische Hellenisten (Peyron Pap.
Taur. I 89) bildet er pomphaft klingende Compositionen, wie προ-
καταταχεῖν (434a), ἐπικαταρέχειν (436b), ἐπισυνίστασθαι (433c) und
ἐπισύστασις (429c), προκαθέζεσθαι (432d). Aber so wenig wie Pseudo-
Aristeas trotz aller Ziererei den Barbaren verleugnen kann (Schmidt
Aristeas S. 9), so wenig kann es Artapanos. Ganz ungriechisch ist
die Anwendung von ἀποξενοῦν τινα für 'Jemandem entfremdet sein'
(433b). ὑπέχεσθαι (nicht ὑποσχνεῖσθαι) für 'übergeben' (433c), κατάβασις
für 'Ueberschwemmung' (435c) [15] und was dergleichen mehr ist.
— Noch entschiedener vielleicht als diese sachlichen und sprachlichen Uebereinstimmungen ist es der gleiche sittliche Standpunkt
der zwei Schriften, der die Identität ihrer Verfasser bezeugt. Es gehörte eine eherne Stirne dazu, 'Heliopoliten' einen der Bibel genau
nacherzählten Bericht, ägyptischen Priestern Angaben in den Mund
zu legen, die aller ägyptischen Ueberlieferung und Ueberzeugung

schnurstracks widersprachen. Dem Verfasser des Aristeasbriefes dürfen
wir die Lügenfertigkeit des Artapanos zutrauen. Er betreibt ja das
trügerische Handwerk im grossen. Er hat Briefe, die von Unwahrheiten
und Unwahrscheinlichkeiten erfüllt sind, einem hohen Würdenträger
Ptolemäos' II., dem Könige von Aegypten selbst, dem Hochpriester von
Jerusalem und dem Phalereer Demetrios untergeschoben; er hat den
gelehrtesten Erzpriestern Aegyptens eine judenfreundliche Schrift ange-
heftet, die sie nimmermehr verfasst haben können; er legt dem Philosophen Menedemos (48, 20), dem Geschichtschreiber Theopompos (68,
15), dem Könige Ptolemäos und dem Phalereer Demetrios Aeusserungen
in den Mund, er will selber von Theodektes, dem Schüler des Iso-
krates, Worte gehört haben (68, 22), die nie von heidnischen Griechen gesprochen worden sind; er gedenkt sein Gewerbe auch in Zukunft zu betreiben, wie er seinem Philokrates verspricht (69, 27).
Es ist demnach keine ungerechtfertigte Vermuthung, es ist eine von
den verschiedensten Seiten bestätigte Annahme, dass Pseudo-Aristeas
und Pseudo-Artapanos eine und dieselbe Person sind, und dass es
die dem letzteren beigelegte Trugschrift ist, auf die sich der erstere
im Anfange seines Briefes (14, 3f.) beruft.

Auf denselben verwegenen Fälscher ist wahrscheinlich ein grosser
Theil der noch jetzt vorhandenen Pseudepigraphen zurückzuführen.
Von den zwei oben (S. 112) angegebenen, bisher unentscheidbaren
Möglichkeiten, welche allein die unzweifelhafte Verwandtschaft der
Briefe des Eupolemos mit der Schrift des Pseudo-Aristeas zu erklären
vermochten, erscheint jetzt, nach Allem, was über diesen nachgewiesen worden ist, als die wahrscheinlichere, dass Eupolemos von
Pseudo-Aristeas verfasste Briefe gleichen Inhalts vorgefunden und
nur die ihm unpassend scheinende Form ähnlich umgestaltet hat,
wie es Josephus mit den der Bibel entlehnten Briefen gethan hat (oben
S. 107). Diese Annahme wird bekräftigt durch die Erdichtung des
echt ägyptischen Namens Οὐαφρῆς, durch die Anwendung von ägyp-
tisch-hellenistischen Redewendungen [11] und durch die genaue Kenntniss
ägyptischer Nomen (c. 32). Das setzt eine Kunde ägyptischer Dinge
voraus, wie sie Eupolemos nicht, in hohem Grade aber Pseudo-
Aristeas besessen hat (oben S. 153f.).

Zwischen dem Aristeasbriefe und der Hekatäos dem Abderiten
fälschlich beigelegten Schrift 'über die Juden' oder 'über Abraham'
besteht offenbar eine Verwandtschaft der Tendenz, des Inhaltes, der

Anschauung, ja sogar der äusseren Form. In beiden bildet eine
übertreibende Verherrlichung jüdischer Sitte und des jüdischen Landes
den Kern der Schrift. In beiden Schriften wird einem Hochpriester
eine Erklärung des jüdischen Gesetzes vor Heiden zugeschrieben
(Jos. c. Ap. I 22; Arist. 37, 6); in beiden tritt, wie auch in den
Briefen des Eupolemos und bei Artapan, eine den Samaritanern
feindliche Absicht hervor, wird Samaria einfach zu Judäa geschlagen
(c. Ap. II 4; Arist. 33, 18; oben S. 86. 89); in beiden, wie auch
bei Artapanos, wohnen die Juden ἐν τοῖς κατὰ Συρίαν τόποις (oben
S. 164; c. Ap. I 22). — Auch in anderen rein äusserlichen Umständen
stimmt der falsche Hekatäos mit dem falschen Aristeas überein. So
vermeiden beide den Hiatus; aber nur in der Ausdehnung, wie es
etwa von dem Historiker Theopompos, den Pseudo-Aristeas kennt
und citirt (68. 15), geschieht. Auch diese Schrift — denn die zwei
verschiedenen Titel scheinen ein und dasselbe Werk zu bezeichnen
(Müller fr. h. Gr. II 385) — nahm Rücksicht auf ägyptische Dinge,
wie Clemens beweist, der ihr die Aufschrift giebt: Κατ' Ἄβραμον καὶ
τοὺς Αἰγυπτίους (str. V 14. 717 Pot.). Was aber noch wichtiger ist,
auch sie ist durch Pseudo-Aristeas' Hand gegangen; denn dieser
citirt einen Ausspruch des Hekatäos (19, 17), der sicherlich ihm
nicht angehört, der vielmehr in der ihm untergeschobenen Schrift
seine Stelle gehabt haben wird. Bei dieser Menge von Berührungs-
punkten hat der Umstand kein Gewicht, dass Pseudo-Hekatäos' Angabe über den Umfang Jerusalems (c. Ap. I 22) der des Pseudo-
Aristeas (33, 6 Schm.) widerspricht, ebensowenig, wie dass Pseudo-
Aristeas einen Hochpriester gegen den Thierdienst eifern und als
Artapanos ägyptische Priester ihn mit Moses' Namen schützen lässt.
Wer möchte auch von diesem Lügner innere Uebereinstimmung ver-
langen? Und wer möchte etwa dem Josephus die Antiquitäten oder
die Lebensbeschreibung aberkennen, weil sie unzählige Male seinem
zuerst geschriebenen Werke widersprechen?

In derselben dem Hekatäos beigelegten Schrift lesen wir einige
dem Sophokles untergeschobene Verse, die keinem Anderen als dem
Verfasser der Trugschrift angehören werden. In diesem hat Boeckh
(Gr. tragoed. princ. p. 146 f.) schon längst den Urheber vieler ähnlichen Fälschungen vermuthet, und diese wohlbegründete Ansicht befreit zugleich einen übel belenmundeten Mann von ungerechter Be-
schuldigung. Die blosse Thatsache, dass der alexandrinische Peri-

patetiker Aristobul zahlreiche Verse citirt, die den von ihm genannten Dichtern in jüdischem Interesse untergeschoben sind, hat einem Valckenaer, einem Cobet ('Ερμῆς p. 176), einem Boeckh (a. a. O.), einem Bernays (Phokyl. S. XXXIV) und unzähligen Anderen genügt, um ihn für den Verfasser dieser Verse zu erklären; bei Valckenaer ist diese Voraussetzung sogar die Grundlage der mit Recht gerühmten 'diatribe de Aristobulo Judaeo'. Ob, was wir sonst von Aristobul wissen, zu dieser Bezichtigung stimme, wurde nicht gefragt; dass ein Mann, der ehrlich genug ist, die leichte Aenderung von .Δία in Θεόν in Versen des Aratos ausdrücklich anzugeben (Eus. pr. ev. XIII 12. 666 d)*), nicht wissentlichen Trug an echten Gedichten des Homer und Hesiod, an vermeintlich echten des Orpheus und Linos begangen haben werde; dass einem mit Ptolemäos Philometor in Verbindung stehenden Manne nicht die Frechheit zuzutrauen sei, in einem diesem Könige gewidmeten Werke — dessen Echtheit keiner der genannten Forscher bezweifelt — den griechischen Dichterfürsten zahlreiche Verse von theilweise ganz jüdischem Gepräge unterzuschieben, das wurde nicht beachtet. So wurde Aristobul zum Fälscher und Betrüger gestempelt und büsste für die Sünde eines Anderen — vielleicht des falschen Aristeas-Artapanos. Ihn konnte Aristobul sehr wohl kennen, weil beide in Aegypten gelebt haben, und er hat ihn gekannt. Bei Aristobul tritt die Septuagintasage, die erdichtete Mitwirkung des Demetrios von Phaleron und des Königs Philadelphos, ja sogar die Fabel von einer voralexandrischen Bibelübersetzung (Aristeas 19. 10 f. 68. 15) in derselben Weise, die letztere sogar in viel bestimmterer und entwickelterer Gestalt auf, wie bei Aristeas, der das Märchen allem Anscheine nach ersonnen hat, und der in viel festerem Tone von der uralten Uebersetzung gesprochen hätte, wenn umgekehrt ihm Aristobul bekannt gewesen wäre. Aristeas-

---

*) Valckenaer (p. 86) nimmt an, Aristobul habe das gethan, weil Aratos in Alexandrien viel gelesen ward und bekannter gewesen sei als selbst Homer. Unglaublich! Aratos' Phänomena bekannter als das Schul- und Volksbuch der Griechen, als die Grundlage hellenischen Rechts und hellenischer Religion, als die Quelle hellenischer Bildung, bekannter als des göttlich verehrten Homer unsterbliche Gesänge! Bei Aratos eine Entschuldigung wegen der kaum merklichen, den Sinn nicht störenden Aenderung zweier Silben; bei Homer freche Einschiebung mehrerer durchaus jüdisch klingender Verse ohne ein Wort der Erklärung! Und das konnte ein Mann von Valckenaer's Gelehrsamkeit behaupten und nicht minder Gelehrte konnten es nachsprechen!

Artapanos aber war nicht zu schüchtern, um Fälschungen zu begehen, wie die an Sophokles in der falschen Hekatäosschrift geübten und wie alle die, welche Aristobul an Orpheus und Linos, an Homer und Hesiod begangen haben soll, in Wirklichkeit aber in gutem Glauben aus Aristeas' Trugschriften in sein grosses Werk aufgenommen hat. Der philosophische Anstrich vieler der eingeschobenen Verse, der in vielen Beziehungen an Pseudo-Aristeas' Brief und an die Pseudo-Sophokleischen Verse erinnert, begünstigt diese Annahme, deren nähere Begründung hier nicht gegeben werden kann*). Man mag sie als unsicher zurückweisen; aber Vermuthung gegen Vermuthung: ist es wahrscheinlicher, dass Aristobul, der untergeschobene Verse Homer's, Orpheus' und Anderer bloss citirt, der sie in einem dem Griechenkönig gewidmeten Werke citirt, dessen sonstige schriftstellerische Thätigkeit keinen Anhalt zu irgend welcher Verdächtigung bietet, dass dieser unbescholtene Mann die Fälschung begangen habe, oder jener lügenhafte Hellenist, der, in der griechischen Litteratur bewandert, in Fälschungen auch von Gedichten geübt, hier das

---

*) Die Verse 664 d 5 f. widersprechen Artapan's Worten (432 a), können aber um so weniger gegen die obige Annahme geltend gemacht werden, als sie sicher zu dem überlieferten, alten Bestande der Orphika gehört haben. — Durch die aufgestellte Hypothese wäre ein neues Mittel gewonnen, die Lebenszeit des falschen Aristeas-Artapanos zu bestimmen. Aristobul lebt zur Zeit Ptolemäos Philomotor's und hat jenen gekannt. Dem Verfasser des Aristeasbriefes aber liegt, wie Graetz (Gesch. III² 441) nachgewiesen hat, die Zeit der Septuaginta-Uebersetzung schon sehr fern. Er muss also nicht gar zu lange vor Aristobul, in der ersten Hälfte des zweiten Jahrhunderts gelebt haben. Das aber ist dasselbe Resultat, zu dem uns die Betrachtung der Eupolemischen Fragmente (oben S. 125) geführt hat. Dass man mit Unrecht den Brief in das erste nachchristliche Jahrhundert oder wohl gar noch später ansetzen wollte, erhellt daraus, dass der der klassischen Litteratur kundige Verfasser nur wenige Schriften kennt, die der Juden gedenken (19, 14. 68, 10). Das Vorhandensein gehässiger Schriften über die Geschichte der Juden in der Mitte des zweiten Jahrhunderts, welche Artapanos voraussetzt (oben S. 161), wird nicht bloss durch Manetho, sondern auch durch das Excerpt aus Diodor (XXXIV. II 524 Wess.) und durch Agatharchides (c. Ap. I 22) erwiesen. — Dass nicht Aristobul die von ihm angeführten Verse erdichtet hat, lehrt Ewald (IV³ 339) in einer kurzen Anmerkung, die lange Abhandlungen aufwiegt. Herzfeld (III 567) kommt aus anderen als den oben erwähnten Gründen zu demselben Resultat. Sehr beachtenswerth ist auch die Bemerkung Nöldeke's über die Abhängigkeit Aristobul's vom Aristeasbrief (Altt. Lit. S. 115). — Ob die der griechischen Uebersetzung des Buches eingefügten Briefe des Artaxerxes denselben Verfasser haben, wie die Briefe des Eupolemos, was Valckenaer (Diatr. p. 17) annimmt, ist nicht sicher zu entscheiden.

verhältnissmässig leichtere Werk nicht vollständiger Erdichtung, sondern blosser Interpolation von Gedichten gethan hat? Doch, wie man dieses Dilemma auch lösen mag, die Annahme wird als höchst wahrscheinlich gelten dürfen, dass der Verfasser des Aristeasbriefes einem Artapanos das im Namen ägyptischer Priester geschriebene Trugwerk untergeschoben hat, und dass in der Werkstatt dieses Fälschers ein grosser Theil der jüdisch-hellenistischen Pseudepigraphen geschmiedet worden ist.

Der gerade wegen seiner Abenteuerlichkeit interessante Roman des Artapanos hat eine Verbreitung gefunden, die ihm seinem sittlichen Werthe nach wenig gebührte. Wie der Augenschein lehrt, hat ihn Josephus als Grundlage seiner von der Bibel durchaus abweichenden Erzählung von der Jugendgeschichte Moses' benutzt. Es besteht genaue Uebereinstimmung zwischen ihm und Artapan in den Berichten über die Kinderlosigkeit der Königstochter (Jos. Ant. II 9, 7), die Stellung Moses' am Hofe (das.), seine Körpergrösse und Schönheit (II 9, 6; Artapan 436 e), den Zug gegen Aethiopien (II 10), den durch seine Kriegsthaten geweckten Neid des Königs und der Priester (II 11, 1). Wie Artapan verschweigt Josephus den Todtschlag Moses', und wie dieser motivirt er die Flucht nach Midian (das.). So genau hat Josephus sich an seine Vorlage gehalten, dass es möglich war, eine in den verstümmelten Excerpten Alexander's jetzt unverständliche Stelle aus Josephus zu erklären und zu ergänzen (oben S. 160). Umgekehrt kann man einen dunklen Ausdruck Josephus' aus Artapan erläutern. Die ägyptischen Priester — so berichtet jener (II 10, 2) — freuen sich über Moses' Zug gegen Aethiopien, weil sie hoffen, durch ihn die Feinde zu besiegen und seiner selbst 'durch dieselbe List sich zu entledigen'. Welche List angewendet wurde, erfahren wir allein aus Artapan (432 d). Bei diesem Sachverhalt ist die Annahme gerechtfertigt, dass Josephus derselben Quelle noch manche andere von der Bibel abweichende Angabe entnommen hat. Die Erzählung von dem Aufenthalte Abraham's in Aegypten, seine Absicht, hier bei den Priestern Weisheit zu lernen, sein eigenes Wirken daselbst (Ant. I 8, 1) entspricht ganz den Artapanischen Berichten (fr. 1). Selbst die Form des Namens 'Pharaothes', die Josephus statt 'Pharao' wählt, kommt der (wie der beste Codex J und B lehren) von Artapan geschriebenen Φαρεθώθης (fr. 1, 420 b) am nächsten. Das Märchen von den die Geburt des

Befreiers Israel's vorhersagenden ägyptischen Priestern, deren Weissagung sich im Grunde vollständig bewährt (II 9, 2. 7. 10, 1), ist ganz im Sinne der Artapanischen Fiction. Es entspricht nicht dem sonst hervortretenden Charakter der Josephischen Darstellung, neue Züge frei zu erdichten. In Artapan's Schrift wird er daher gefunden haben, dass nach Joseph's Tode die Herrschaft an eine andere Dynastie übergegangen sei (II 9, 1), was wohl mit der Hyksossage, wie sie Artapan (oben S. 156 f.) auffasst, in Verbindung stand; dass die Israeliten im Dienste der Aegypter die Pyramiden gebaut, Canäle gezogen und die Städte durch Dämme geschützt haben. Da neuere Forschungen eine Bestätigung des letzteren Berichtes aus ägyptischen Inschriften ergeben (Rev. archéol. 1864 p. 228; Stud. und Krit. 1863 S. 719 f.), so darf man annehmen, dass eine wenn auch getrübte ägyptische Quelle hier von Artapan benutzt und aus seiner Schrift bis zu Josephus herab gelangt ist. Auch in späteren Darstellungen des Josephus finden wir Anklänge an Artapan. So wenn Moses bei seinem ersten Auftreten vor Pharao ihn an seinen Kriegszug nach Aethiopien erinnert und mit Achtung von den ägyptischen Priestern spricht (Ant. II 13. 2 – 3). Ob nun aber die Urschrift selbst, ob eine spätere Ueberarbeitung derselben Josephus vorgelegen habe, kann nicht mit Bestimmtheit ausgemacht werden. Da bei Josephus Alles ausgemerzt ist, was im Namen ägyptischer Priester zu Gunsten heidnischen Götzendienstes von Artapan erdichtet war; da Merris von Josephus Thermuthis genannt wird; da er ferner den Artapan, den er sicher wie Eupolemos und Demetrios für einen Heiden gehalten hätte, wenn er ihm bekannt gewesen wäre, dort, wo er eine möglichst grosse Reihe von Autoren aufführt (c. Ap. I 23), nicht nennt*), so scheint allerdings eine von jüdischer Hand angefertigte

---

*) Josephus nennt ebensowenig den Alexander an dieser Stelle, und doch hat er Alexander's Sammelwerk in den Antiquitäten benutzt (oben S. 33) und in der Streitschrift 'gegen Apion' (I 23), Theodotos, Eupolemos, Demetrios und Philon, die letzten drei in einer Reihenfolge erwähnt, die beweist, dass er sie aus Alexander's Excerpten kennt. Er benutzt ferner Demetrios häufig in den Antiquitäten, wie oben (S. 34. 16. 49. 61 f.) nachgewiesen worden ist. Aber wie Artapan, so mag er auch diesen aus Ueberarbeitungen kennen gelernt haben, die er, überall flüchtig und nachlässig, mit den Alexandrischen Excerpten nie verglich und daher als Eines Ursprungs mit denselben nicht erkannte. So konnte er denn den unverzeihlichen Irrthum begehen, den Chronographen Demetrios mit dem Phalereer zu verwechseln, was zu entschuldigen noch schwerer ist, wenn man, wie oben (S. 61 f.)

Umarbeitung der Trugschrift ihm vorgelegen zu haben. Doch ist eine sichere Entscheidung hierdurch nicht geboten. Soviel aber steht fest, aus Alexander's Auszug allein hat Josephus Artapan nicht kennen gelernt, und aus den Antiquitäten (1 8, 1—2. II 9, 1—2. 5—7. 10, 1—11, 1. 13, 2—3) lässt sich Artapan trotz mancher Zuthat des späteren Geschichtschreibers ebenso sicher ergänzen, wie eine grosse Zahl theilweise verlorener Schriften aus den Ueberarbeitungen Diodor's, Strabon's, Plutarch's und Anderer. Seine wirkliche Quelle anzugeben unterlässt aber Josephus, weil er ausser der Bibel überhaupt keine einzige seiner jüdischen Vorlagen nennt. Er erklärt, dass er durchaus nach dem hebräischen Text arbeite, und doch folgt er den LXX auf Tritt und Schritt. Er nennt nie das I. Makkabäerbuch, das er oft wörtlich ausschreibt; nie Philon's grosses allegorisches Werk, Lebensbeschreibungen und Streitschriften, die er doch häufig benutzt hat [16]. Den Aristeasbrief dagegen citirt er, weil er ihn für das Werk eines Heiden hält (Ant. XII 2, 11). — Dass die Kirchenschriftsteller die durch Josephus ihnen dargebotene Gelegenheit, eine Lücke von 80 Jahren in der Geschichte Moses' durch so wunderbare Erzählungen zu schliessen, sich nicht haben entgehen lassen, versteht sich von selbst. Doch kann hier nicht näher auf sie eingegangen werden. Es genüge die Hinweisung auf Fabricius (a. a. O. p. 825f.) und die von Haverkamp angeführten Erklärer des Josephischen Berichtes, welche Belege in genügender Zahl gesammelt haben. — In midrasischen Schriften tritt die Mosessage in einer Gestalt auf, die natürlich der von Josephus gewählten Umarbeitung Artapan's näher steht, als der von dem Heiden Alexander angefertigten. Wie bei Josephus finden wir die Weissagungen der ägyptischen Schriftgelehrten (Sanh. 101b; Schem. Rab. c. I; Jalk. Schem. c. 165f.), die Erzählungen von Moses' herrlicher Körpergestalt, dem

geschehen ist, annimmt, dass er Demetrios Originalschrift benutzt hat. Alexander aber nannte er nicht, weil er die (nach S. 33f.) nicht umfangreiche Compilation, die wahrscheinlich bloss einen Theil eines grösseren Ganzen gebildet hat, zu erwähnen für nicht geboten erachtete, und lieber die in ihr excerpirten Schriftsteller nannte. Vielleicht hat ihm auch, als er seine Streitschrift ausarbeitete, Alexander's Werk nicht vorgelegen. Erklärt er doch ausdrücklich, dass er nicht alle Schriften, die der Juden gedenken, sich habe verschaffen können (c. Ap. das.). Die Namen Demetrios, Eupolemos, Philon entnahm er in diesem Falle seinen bei der Ausarbeitung der Antiquitäten gemachten Notizen. Artapan dagegen überging er, wie auch Kleodemos, Ezekielos und Aristeas.

Spiel mit des Königs Krone, dem dadurch wiedererweckten Argwohn
der Priester (Schem. Rab. das.; Tanch. Exod. 2, 6; Jalk. das.). Auch
Moses' Kriegführung in Aethiopien, seine Vermählung mit einer äthio-
pischen Fürstin wird mit einzelnen Aenderungen wie bei Josephus
erzählt; selbst Moses' Rath, die Schlangen, welche die Feinde schützen,
durch die Ibisse zu vertilgen, fehlt nicht (Chron. Mos. in Jalk. c.
168 und Sef. Hajasch. 89b Land.; eine jüngere Chronik bei Jellinek
Bet Ham. II 1f.). Wie nahe diese Sagen auch den Josephischen Berichten kommen, so stammen sie doch nicht aus denselben; denn in
einigen bedeutsamen Zügen, die Josephus nicht aufgenommen hat,
stimmen Midrasch und Alexander's Excerpte überein. So darin, dass
das Aussprechen des göttlichen Namens genügt habe, um einen
Aegypter zu tödten (Tanch. und Jalk. Exod. 2, 12, wonach Schem.
Rab. z. St. zu emendiren ist); dass die von Pharao ausgesendeten
Mörder Moses vergebens zu tödten gesucht haben (Tanch. und
Schem. Rab. Ex. 2. 15; Jalk. c. 167; Chron. Mos. II 5 Jell.); dass
die Wächter Pharao's aus wunderbarem Grunde Moses' Eintritt in
den Königspalast nicht hindern konnten (Jalk. das.; Chron. Mos. II
8); dass Pharao plötzlich stumm geworden, Einige aus seiner Umgebung in anderer Weise bestraft worden seien (Tanch. das.; Chron.
Mos. II 5); dass der König am Aussatz gestorben sei (Schem. Rab.
Ex .2. 23; Sef. Haj. 92a. b). Die neunjährigen Kämpfe Moses' in
Aethiopien (Jalk. c. 168; Chron. Mos. II 6 und die verwandten Berichte) entsprechen dem zehnjährigen Kriege bei Artapan (432d),
und der Angabe desselben, dass Moses 89 Jahr alt aus Aegypten
zog (436d). Selbst die Namen der Agada haben Aehnlichkeit mit
den von Artapan erdichteten. Menkris heisst der äthiopische König,
den Moses vertreibt (Sef. Haj. 91b), Menophres der Chenephres Artapan's bei Theon (Lepsius Chron. d. Aeg. I 359); Nekanos (Chron.
Mos. II 5f. Jell.) könnte man mit Nacheros bei Artapan vergleichen;
doch haben ältere Quellen Kyknos oder Kikinos. — Einzelne Berührungspunkte mit der Alexandrischen oder Josephischen Bearbeitung Artapan's weisen auch andere Hellenisten auf. Dass Moses die
Krone Pharao's ergriffen und an seiner Stelle den Thron bestiegen
habe, schildert der von Alexander ebenfalls excerpirte Ezekiel (Eus.
pr. ev. IX 29, 140a). Dass die Israeliten Canäle graben mussten,
erzählt Philon (II 86, 45) wie Josephus. Dass die kinderlose Königstochter Moses untergeschoben hat (II 82, 38. II 83, 28), stimmt ganz

zu Artapan. Dass Moses die in Symbolen überlieferte Weisheit der
Aegypter, welche die Hieroglyphen mittheilen, erlernt habe (II 84.
19). ist wenig Philonisch (s. oben S. 147). aber durchaus Artapanisch.
In welchem Verhältniss nun aber Ezekielos und Philon zu Artapan
stehen, kann aus diesen und wenigen anderen Uebereinstimmungen
nicht erschlossen werden. — Aus Artapan scheint auch die dem
Pythagoreer Numenios (bei Euseb. pr. ev. IX 8) zugeschriebene Erzählung zu stammen*). Nur Artapan kann die Namensform *Mov-
σαῖος* für Moses entlehnt sein. da sie sich bei keinem anderen Hellenisten findet. Die Namen der ägyptischen Schriftgelehrten Jannes
und Jambres (oder Mambres) ferner sind gräcisirte ägyptische Namen
(Lauth Mos. d. Ebr. S. 77; Ewald Gesch. II³ 128), und der Charakter
der Erzählung erinnert durchaus an Artapanische Dichtung. — Die
Sage von dem Kampfe der beiden ägyptischen Zauberer mit Moses
geht fast unverändert durch eine unendliche Zahl griechisch-römischer,
jüdischer und christlicher Schriften. Wir finden sie bei Plinius, Appu-
lejus und Celsus. Von ihr wissen Talmud, Midrasch und Targum.
Sie erscheint im neuen Testament. in christlichen Apokryphen und
in einer unübersehbaren Zahl patriotischer und ekklesiastischer
Schriftsteller. Ja selbst der Spötter Voltaire hat die alte Fabel benutzt, um in seinem Eunuchen und weiland Oberhofzauberer Mambres eine seiner ergötzlichsten Gestalten zu schaffen**).

Wohl Niemand wird bezweifeln. dass Märchen, wie sie Pseudo-
Artapan über diese Zauberer und über seinen Moses-Musaios-Hermes

---

*) Sie Numenios abzusprechen, was Valckenaer (diatr. p. 18) und viele An-
dere thun, ist ungerechtfertigt; denn offenbar nicht von einem Juden, sondern nur
nach jüdischen Sagen ist diese den Juden eben nicht günstige Erzählung geschrieben
worden. Anders verhält es sich mit den über die Maassen judenfreundlichen
Aeusserungen. die ihm bei Origenes (I 13. IV 198 f. Sp.): Clemens (str. I 22. 411 Pot.);
Hesych. Miles. (bei Müller fr. h. Gr. IV 171): Suidas (s. v. *Νουμήνιος*) beigelegt werden.

**) Plin. nat. hist. XXX 1: Appul. apol. II 580 Oud.; Cels. bei Origen. IV 199
Spenc. —; Menach. 85a: Tanch. Exod. 32. 1; Jalk. Schem. 168. 176; Chron. Mos.
II 5 Jell.; Ps.-Jonath. Exod. I, 15. 7. 11. Num. 22, 22 —; Timoth. II 3. 8; evang.
Nikod. c. 5: Origenes in Matth. tr. 26. 35 (zahlreiche andere Belege aus christlichen Schriften giebt Fabricius cod. pseud. v. t. p. 813 f.): Voltaire Le taureau
blanc oeuvr. XLV 369. — Als Bestätigung für die hier aufgestellten Ansichten
über das Verhältniss Josephus' und Numenios' zu Artapanos, diene Ewald's schöne
Bemerkung (Gesch. II³ 128). Ohne an Artapan zu denken, schliesst er bloss aus
dem Charakter dieses Schriftthums, dass Josephus' Quelle, wie die des Numenios.
nur das Werk eines 'griechelnden Judäers' sein könne, das diese und ähnliche
'Romane' enthielt.

aus eigener Phantasie und aus ägyptischen. griechischen, jüdischen Quellen zusammengegossen hat, nicht palästinischem Boden entsprungen sind. Sie sind eine schülerhafte Nachahmung dessen, was nach Juvenal's beissendem Ausdruck (X 174) 'das trügerische Griechenland in der Geschichte wagte'; sie tragen die Kennzeichen hellenistischer Manier ebenso entschieden an sich, wie die Septuagintasage, die palästinische Gesetzeslehrer demselben Manne, wenn auch nicht unmittelbar, entlehnt haben (Frankel Vorstudien S. 27), entschiedener noch als jene überschwengliche Schilderung der Weisheit, die wir auf dem ersten Blatte der sogenannten 'grossen Midraschsammlung' lesen, und als viele andere hellenistische Anschauungen, von denen früher (S. 68f.) Einzelnes erwähnt worden ist. Nichts kann besser als die Artapanischen Fabeleien beweisen, dass auch der harte palästinische Boden nicht unberührt von hellenistischen Einflüssen geblieben ist; denn nirgends liegt der Weg, auf dem die Erzählungen der Hellenisten zu den Palästinern und in alle Welt gewandert sind, so klar vor unseren Augen. Allerdings, wie viele Mittelglieder die Kette zwischen Artapan und den Midraschim schliessen mögen, kann hier nicht bestimmt werden; aber bis auf geringfügige Einzelheiten genau wird folgendes Stemma diese Sagenkette veranschaulichen:

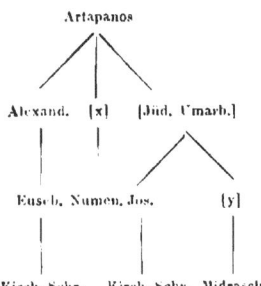

Echtheit und Bedeutung der Fragmente.

Die Voraussetzung der vorstehenden Untersuchungen war die Echtheit der Fragmente und ihre Sammlung durch Alexander Polyhistor. Diese Grundlage und mit ihr der ganze über ihr aufgeführte Bau ist durch die Angriffe bedroht, welche von mehreren, besonders französischen Gelehrten gegen sie gerichtet worden sind. Ueber

diese Thatsache dürfen wir nicht, wie es von Anderen geschehen ist,
mit vornehmem Schweigen hinweggehn, sondern müssen die vorge-
brachten Anklagegründe einer Prüfung unterziehen, die erst jetzt
eine genaue sein kann, nachdem wir Alexander und sein Werk
kennen gelernt haben. — Man hat unter Echtheit unserer Fragmente
ein Doppeltes verstanden: entweder ihre Abfassung durch die Männer, deren Namen sie tragen, oder ihre Sammlung durch den Polyhistor. In ersterem Sinne kann ihre Authentie nicht ernstlich bestritten werden. Auch der hartnäckigste Zweifler muss sich sagen,
dass diese Trümmer von Schriften einen innerlich zu verschiedenen
Charakter aufweisen, als dass man annehmen dürfte, Ein Mann habe
sie sämmtlich zu irgendwelchem unlauteren Zwecke gefälscht und
seiner Fälschung Anstrich und Namen einer Sammlung gegeben.
Wer hätte auch zugleich Fragmente eines Demetrios und eines Artapanos, eines Ezekielos und eines Theodotos erdichten mögen und
können? Allerdings musste oben eingeräumt werden, dass eine der
in das Sammelwerk aufgenommenen Schriften — die des Artapanos —
einen unechten Namen an der Stirne trage; aber der Compilator
war blöde genug, ein apokryphes Werk als echt in gutem Glauben
hinzunehmen, und zudem hatte ja auch eine Trugschrift Anrecht auf
Einreihung in eine Compilation, wie die Alexander's ist. — Es war
Havet vorbehalten, auch in diesem Sinne die Authentie der Eusebischen Texte zu leugnen und sie für gänzlich werthlos zu erklären
(Mémoire sur la date des écrits de Bérose etc. p. 64). Das wagt
er, gestützt auf die unleugbare Thatsache, dass der Aristeas des
Alexander nicht der Hofbeamte des Ptolemäos, Demetrios nicht der
Phalereer, Theodotos und Eupolemos keine heidnischen Griechen,
Molon nicht der berühmte Apollonios Molon von Rhodos sei. Und
da man das zugeben kann — und Alles bis auf das letzte zugeben
muss — ohne darum die Echtheit unserer Excerpte im mindesten
für erschüttert zu halten, so wird die fehlende Beweiskraft der Gründe
durch eine ebenso neue, wie unklare Definition ersetzt, wonach man
unter authentischen Texten diejenigen versteht, 'qu'on peut rapporter
à des écrivains connus d'ailleurs et faisant autorité'. Mit einer solchen
Definition bewaffnet, kann man freilich recht viel bestreiten und von
der Hälfte der aus dem Alterthum geretteten, kostbaren Fragmente
verschollener Schriftsteller behaupten, 'qu'ils n'ont pour nous aucune
valeur'.

Gründe von grösserem Gewicht sind beigebracht worden, um darzuthun, dass nicht Alexander Polyhistor die Sammlung unserer Excerpte angelegt habe. P. M. Cruice hat (De Flavii Josephi fide p. 23) auf die von Eusebios (c. 19, 421 b) erhaltenen Worte hingewiesen und behauptet, dass sie nur von einem Juden geschrieben sein können. Das ist unbestreitbar und entspricht dem, was oben (S. 36 Anm.) zu erweisen versucht worden ist. Aber Cruice folgert weiter, dass um dieser Worte willen der Heide Alexander nicht der Urheber der Compilation sein könne. Dabei vergisst er zu beweisen, dass sie überhaupt von dem Compilator herrühren, wie sie denn von Havet (p. 64) dem Molon, oben (S. 36) dem Demetrios zugewiesen worden sind. Noch viel willkürlicher verfährt Cruice (p. 24 f.) mit Angaben des falschen und des echten Eupolemos. Nachrichten, die Alexander ohne Kritik und ohne jede Bemerkung aus seinen Vorlagen excerpirt hat — die Erfindung der Astrologie durch Henoch, Moses' Mittheilung der Buchstabenschrift an die Phöniker, der Briefwechsel zwischen Salomo und Chiram — erweisen nach Cruice die Unechtheit der Excerpte; denn der Sammler soll diese Angaben geglaubt und den Briefwechsel für echt erklärt haben. Das erste ist unbeweisbar, das zweite geradezu unwahr; doch wenn auch beides wahr und bewiesen wäre, würde doch nur die Urtheilslosigkeit eines eilfertigen Compilators. Nichts aber über seine Herkunft dargethan sein. — Etwas weiter holt Rauch (p. 25) zu dem Beweise der Unechtheit aus. Ein Sammelwerk über israelitische Geschichte anzulegen, sei, so meint er, Sache eines Juden und nicht eines Griechen. Ein Jude müsse daher wohl den Namen des Polyhistors, welcher als gelehrter Erforscher der Geschichte Asiens bekannt war, seiner Compilation vorgesetzt und damit den arglosen Eusebios getäuscht haben. Diese Beweisführung Rauch's — welcher bei C. Müller (oben S. 17), wie bei Havet (p. 65) als 'Rumpf' erscheint — sucht Havet durch die Behauptung zu verstärken, dass ein Mann wie der Polyhistor nicht ein Werk verfasst haben könne, das mit Dingen angefüllt sei, von denen ein Heide niemals sprechen hörte und um die er sich nicht im geringsten kümmerte (p. 64). Um den Ungrund aller dieser Behauptungen darzulegen, mögen in gedrängter Uebersicht die Zeugnisse griechischer Schriftsteller über das jüdische Volk von der ältesten Zeit bis auf den Polyhistor herab zusammengestellt werden. Sie werden beweisen, dass die Compilation Alexander's nicht als ein unmögliches oder erstaunliches Phänomen angesehen werden kann.

Noch bevor Alexander der Grosse der griechischen Nation den Orient aufgeschlossen hatte, haben einige griechische Schriftsteller eine wenn auch noch sehr dunkle Kunde von dem kleinen jüdischen Volke gehabt. Dürfte man den Angaben mehrerer Kirchenväter trauen, so hätte schon der ältere Zeitgenosse Herodot's, Hellanikos von Lesbos, Moses' Erwähnung gethan (s. Jul. Africanus bei Eus. pr. ev. X 10. 489a; Just. Mart. coh. p. 10; Cyrill. c. Jul. I 15 Spanh.); doch beruht diese Annahme wohl auf einem Missverständniss. Sicher aber ist, dass Herodot die Juden gekannt hat; denn wenn auch die von ihm (II 159) erwähnte Stadt Kadytis nur Gaza, nicht Jerusalem sein kann und Megiddo von ihm mit Migdol verwechselt wird (das.), so kann er doch unter den Syrern in Palästina, welche die Sitte der Beschneidung üben (II 104), nur die Juden verstanden haben. Sein jüngerer Zeitgenosse, der Epiker Chörilos, singt von einem Volke, das 'phönikische Rede entsendet und im solymischen Gebirge wohnt am breiten See' (Jos. c. Ap. I 22), worin wenigstens eine grosse Zahl von Gelehrten eine Hinweisung auf den dem todten Meere benachbarten Stamm der Juden erblickt (s. Bernays Theophr. S. 109). Es häufen sich die Zeugnisse, nachdem Alexander's Schwert und Aristoteles' Geist die Welt erobert hatten. Das bei den Griechen, wie die Logographen bekunden, immer vorhanden gewesene Interesse für die 'Barbaren' steigerte sich zu lebhafter Theilnahme für die wunderbaren Länder und Leute des Orients, und auch Judäa, das von Ackerbauern bewohnt, dem Handel und der Seefahrt abgeneigt, von der Küste des Mittelmeeres durch den schmalen Saum phönikischer und philistäischer Ansiedelungen getrennt war, trat ein in den hellen Kreis der universellen griechischen Forschung. Schon Aristoteles beschreibt, wenn auch in zweifelnd ungläubigem Tone, Naturphänomene des todten Meeres (Meteor. II 3, 359, 16). Seinem Schüler Klearchos zufolge hatte der Meister die Juden für eine philosophische Secte der Syrer erklärt und in philosophischem Verkehr mit einem Juden die echt griechische Haltung des Mannes, seine Enthaltsamkeit und Selbstbeherrschung rühmend hervorgehoben (Jos. c. Ap. I 22). Theophrast, der Nachfolger des Aristoteles auf dem Lehrstuhle des Peripatos, kennt nicht bloss genau die Balsamgärten von Jericho und ihr köstliches Erzeugniss, sondern spricht auch mit

unverhohlener Bewunderung von Sitten und Bräuchen des fremden
Volkes (s. Bernays das. S. 110). Wie diese vorurtheilsfrei forschen-
den Schüler des grossen Mannes, so haben auch die der Zeit nach
ihnen nahe stehenden Euhemeros (Jos. c. Ap. I 23), Hekatäos von
Abdera (bei Diodor XL 1) und Megasthenes (Clem. str. I 360 Pot.)
der Juden gedacht. Von Euhemeros' Berichten wissen wir nichts
Genaues; Hekatäos aber erzählt im Tone ehrender Anerkennung
und mit besonderer Ausführlichkeit von dem merkwürdigen Völk-
chen, seinem Lande, seiner Geschichte und seinen Sitten, und Megasthenes, der Zeitgenosse des Seleukos Nikator, versichert sogar,
dass Alles, was die Griechen über die Natur der Dinge philosophirt
haben, auch von Brahmanen und Juden gelehrt worden sei. Nur
unsicher ist dagegen die Kunde jüdischer Dinge bei Ephoros dem
Kumäer (Clem. str. I 404), und mit nicht grösserem Rechte als von
Hellanikos ist sie von Philochoros (Müller fr. h. Gr. I 385) bezeugt.
Derselben wissensdurstigen und schreiblustigen Zeit gehören an der
chaldäische Hellenist Berossos und der Aegypter Manetho, die beide
von den Juden sprechen, soweit das Interesse der eigenen Volks-
geschichte es räthlich erscheinen lässt. Auf den Boden Griechenlands aber führen uns zurück Hermippos, der einen Einfluss jüdischer
Anschauungen auf Pythagoras annimmt (Jos. c. Ap. I 22; Origen. c.
Cels. I 13 Sp.), Polemon, der gelehrteste und zuverlässigste der
Periegeten, welcher vom Auszuge der Israeliten aus Aegypten unter
der Führung Moses' berichtet (Just. Mart. coh. p. 13; Jul. African.
bei Euseb. pr. ev. X 10. 490b), Mnaseas, dessen Kenntniss jüdischer
Geschichte Josephus bezeugt (c. Ap. I 23), Agatharchides, der über
die Strenge der Sabbatgesetze spöttelt (das. I 22), Polybios, der an
verschiedenen Stellen seines grossen Werkes die Geschichte Palästinas berührt und eine ausführliche, jetzt leider nicht vorhandene
Schilderung Jerusalems und seines Tempels versprochen hat (XVI
39), und endlich die Zeitgenossen unseres Polyhistors, Apollonios
Molon (Jos. c. Ap. II 7. 14) und Poseidonios (das. II 7. 8). — Der
Reihe dieser Schriftsteller, die vom fünften bis in das erste Jahrhundert sich herabzieht, könnte noch eine ansehnliche Zahl anderer
eingefügt werden, die übergangen sind, weil über ihre Lebenszeit
und die Beschaffenheit ihrer Schriften Sicheres nicht zu ermitteln
ist, so die Griechen Aristophanes (nicht der Komiker, etwa im Hin-
blick auf Plut. v. 267), Hermogenes, Konon, Zopyrion, deren Josephus

flüchtig gedenkt (c. Ap. I 23). Dios und Menander, aus deren Schriften er grössere Auszüge mittheilt (das. I 17. 18. 21). Ihnen schliessen sich an die gänzlich unbekannten, angeblich phönikischen Geschichtschreiber Mochos, Hypsikrates, Theodotos (sicherlich nicht der oben S. 99 erwähnte) und der Aegypter Ptolemäos, die Tatianos nennt (c. Gr. c. 58. 59), endlich die von Alexander selbst excerpirten Theophilos, Timochares und Xenophon, 'der Vermesser Syriens'. — Rauch mochte wohl die ganze Zahl dieser zum grössten Theil wohlbeglaubigten Documente nicht gekannt haben, als er seine Behauptung aufstellte, dass ein Sammelwerk über die Geschichte der Juden im ersten vorchristlichen Jahrhundert von einem heidnischen Verfasser nicht herrühren könne; erstaunlich aber ist das dieser stattlichen Reihe von Zeugen gegenüber ausgesprochene Machtwort Havet's (a. a. O. p. 76). 'qu'il n'existe avant l'époque romaine aucun témoignage authentique sur le judaïsme'. Ein solches Wort konnte freilich erst gesprochen werden, nachdem eine Art kritischen Gemetzels einen grossen Theil dieser Zeugen aus dem Wege geschafft hatte: eine Gewaltthat, die einer kurzen aber schneidenden Verurtheilung von Seiten des competentesten Richters, A. v. Gutschmid's, nicht hat entgehen können (s. LCBl. 1874 N. 21). — Etwas anders gewendet erscheint Rauch's Beweisführung bei Cruice. Dieser hält es für undenkbar, dass von allen griechischen und römischen Schriftstellern Alexander allein jüdische Autoren anführe und ihre Schriften über alle Gebühr lobpreise (p. 26). Das wäre in der That bedenklich, wenn es nur wahr wäre. In Wirklichkeit aber hat Alexander niemals über seine Excerpte ein Urtheil abgegeben. Das einzige, was er einige Male von ihnen sagt, ist, dass sie mit der heiligen Schrift übereinstimmen (c. 20 und 29. 439 b. 445 d). Heisst das mit Recht 'de judaicis libris laudatoria ultra fas jactitare'? Zudem findet Alexander jene Uebereinstimmung auch da, wo nicht die Spur einer solchen besteht, nämlich in Bezug auf das Fragment des Malchos-Kleodemos. Einer solchen und grösseren Genauigkeit im Citiren jüdischer Schriften dürfen sich aber noch zahlreiche andere heidnische Schriftsteller rühmen: Hekatäos von Abdera (Diodor XL 1); Longin oder Cäcilius (περὶ ὕψους IX 9)*), Trebellius Pollio (Claud. c. 2), ja selbst

---

*) Selbst wenn diese, wie der Name des Verfassers der Schrift, vielfach angefochtene Stelle interpolirt ist, wofür entscheidende Gründe nie beigebracht sind,

Manetho oder der heidnische Interpolator desselben (Jos. c. Ap. I
14 g. E.). Eine sehr gründliche Kenntniss und eingehende Benutzung der Bibel aber treffen wir bei heidnischen Schriftstellern der
Zeit an, da das immer stärker gegen das Heidenthum andringende
Christenthum Aller Augen auf seine Grundlage, die Bibel, lenkte.
So finden sich grosse Bibelcitate bei Celsus (s. Origenes c. Cels I
14 ff. IV 186 ff. V 270, VI 311 ff.) und Julian (fragm. p. 295; Cyr. c.
Jul. I 49, 58. II 75, 86 und an unzähligen anderen Stellen). Nicht
bloss richtiger als Alexander Polyhistor, sondern richtiger sogar als
zahlreiche jüdische und christliche Anhänger der Bibel in der Gegenwart urtheilt ferner über biblische Schriften Porphyrios, der den
Grund gelegt hat zu einer wissenschaftlichen Erkenntniss des Buches
Daniel, und der auch Josephus' Schriften kennt, beschreibt und excerpirt (s. Bernays Theophr. S. 23 f.). Benutzung von jüdischen
Schriften, wenn auch von den Schriftstellern selbst nicht zugestanden,
findet sich ferner bei Tacitus, der Josephus' bellum häufig ausgeschrieben hat, bei Kallimachos nach der Ansicht Valckenaer's (diatr.
p. 125) und, dürfen wir neueren Gelehrten folgen, selbst bei Theokrit (s. Paulus Memorab. II 162 f.). Wenn es sich aber nur um das
Lob des jüdischen Volkes, nicht um Benutzung jüdischer Schriften
handelt, so können gegen Chäremon, Lysimachos, Agatharchides,
Manetho, Apion und Tacitus, die Cruice allein nennt, die Namen
eines Aristoteles, Klearchos, Theophrast, Hekatäos, Megasthenes,
Hermippos und Strabon angeführt werden, um derer zu geschweigen,
die in ruhigem Erzählertone jedes Urtheils sich enthalten. — Auch
dass der Compilator von einer 'heiligen Schrift' der Juden spricht,
beweist nicht den jüdischen Ursprung des Werkes; sonst würden

kann sie doch (wegen der unbiblischen Worte γενέσθω γῆ, κτλ.) nur von einem
Heiden herrühren, worauf mich Herr Prof. Graetz aufmerksam gemacht hat. —
Chalcidius, in dessen Compilation über Platon's Timäos häufig die Bibel citirt
wird, ist oben nicht erwähnt worden, weil er kein Heide und kein Christ, sondern
ein Jude gewesen zu sein scheint. Christlich ist in derselben Nichts als die Interpolation c. 125: 'Est quoque — nuncupasse'. Dass auch römische Juden litterärisch
thätig gewesen sind, beweist der Dichter, den Martial (XI 94) mit unfeinem Spotte
verfolgt, der Verfasser der quaestiones zu den Königsbüchern und der Chronik
und der Ueberarbeiter der quaestiones des Hieronymus, von denen Lagarde im Psalter.
j. Hebr. Hieron. p. VIII und in der Vorrede zur Genesis p. 23 Kunde giebt. Chalcidius muss übrigens, da Nemesios stark benutzt ist, frühestens dem Anfang des
5. Jahrhunderts angehören.

wir auch Manetho, Augustus und Julianus Apostata für Juden (nach
Jos. c. Ap. I 14. Ant. XVI 6, 2; Jul. I 398 Sp. epist. 25), Philon für
einen Götzendiener (nach II 306, 34). Hekatäos und Diodor. Onias,
den Erbauer des Heliopolitanischen Tempels, und Flavius Josephus
für Anhänger ägyptischen Götzendienstes (nach Plut. de Is. 6; Diodor
I 49. 70. 73; Jos. Ant. XIII 3, 1. c. Ap. I 26) erklären müssen.
Was sonst gegen Alexander's Urheberschaft vorgebracht worden
ist, ist noch grundloser, als alles früher Erwähnte. Den Einen, wie Sevin
und Burigny (Mém. de l'acad. des inscr. et b. l. III 374. XXIX 204),
war er zu unwissend in jüdischen Dingen, den Anderen, wie Havet
(p. 64), zu gelehrt und zu geistvoll, um solch eine Excerptensammlung anzulegen. In Wirklichkeit aber war er weder das eine noch
das andere, sondern eben gut genug zu einem Werke, das ebensosehr von wüster Gelehrsamkeit zeugt, wie Alles, was wir sonst von
dem nirgends geistvollen, sondern überall urtheilslos sammelnden
Notizenkrämer wissen. Ob er von einer Gesetzgeberin Moso oder
von dem Gesetzgeber Moses spricht; ob er den ehrlichen Demetrios
oder den trügerischen Artapanos excerpirt; ob er jüdische oder indische, chaldäisch-babylonische oder ägyptische und libysche Geschichte darstellt; ob er Wundergeschichten sammelt oder über die
Abfolge der Philosophen schreibt — immer bleibt er derselbe leichtgläubige. kritiklose, gedankenarme Vielschreiber, den man gelehrt
nennen kann, wenn Aufhäufung von todten Kenntnissen Gelehrsamkeit ist, den aber vor Havet Niemand 'geistvoll' genannt hat und
wohl Niemand nach ihm so nennen wird*). — Endlich meint Cruice
(p. 26). ein Werk wie das Alexandrische hätte Männern wie Plutarch,
Valerius Maximus, Diogenes Laertios, Athenäos, Stephanos von

---

*) Eusebios hat ihn πολύνορς genannt (pr. ev. IX 17); aber man kann doch
Eusebios zu dergleichen Urtheilen nicht für competent halten, und zudem heisst
πολύνοος nicht 'renommé par son esprit', sondern, wenn es hoch kommt, 'sehr
verständig'. Das aber war der Polyhistor dem sehr fleissigen, sehr verdienten,
aber wahrlich nicht geistvollen Eusebios gerade um der geistlosen Sammlung περὶ
Ἰουδαίων willen, weil diese ihm die für die praeparatio unschätzbaren Excerpte
geliefert hatte, und weil Eusebios in dem ganzen litterärischen Schaffen des Polyhistors nur die eigene Sammlerthätigkeit erkannte und schätzte. Hulleman (Miscell.
phil. p. 178) billigt das Urtheil des Eusebios auf Grund einer starken Ueberschätzung des Polyhistors und einer maasslosen Unterschätzung des Kirchenvaters
(oben S. 3. 12 f). Dass er aber Alexander nicht für 'geistvoll' hält, zeigt seine
Zustimmung zu dem wegwerfenden Urtheile Rauch's (das.).

Byzanz, Suidas nicht unbekannt bleiben können. Ein schwerverständlicher Einwand! Weiss Cruice nicht, dass Josephus und Clemens Alexander's Compilation kennen? Oder glaubt er, dass diese später als Stephanos und Suidas gelebt haben? oder dass Männer vom Schlage eines Diogenes und Athenäos ein apokryphes Werk zu benutzen Anstand genommen haben würden? — Die äusserst incorrecte Sprache des Alexandrischen Werkes als einen Beweis für die Unechtheit desselben zu verwerthen, hat keiner seiner Gegner versucht. Mit Recht. Denn es ist in diesen Untersuchungen des öfteren nachgewiesen worden, dass Alexander, wenig bekümmert um die Form wie um den Inhalt seiner Texte, ab und zu zwar grössere Unebenheiten des Stiles geglättet, im übrigen aber an den Wortlaut seiner Vorlagen sich gehalten und sich fast immer begnügt hat, durch gewaltsame Kürzungen und Verschränkungen und durch durchgängige Einführung der indirecten Redeweise den Fragmenten seinen Stempel aufzudrücken. Alle sprachlichen Sünden der Compilation beweisen daher nicht die Unfähigkeit des Compilators, besser zu schreiben, sondern nur die Flüchtigkeit seiner Arbeit. Die spärlichen Zwischenbemerkungen Alexander's selbst, obgleich ebenfalls in flüchtig nachlässigem Tone gehalten (vgl. c. 22. 28. 29), unterscheiden sich doch nur wenig von seinen übrigen Fragmenten, soweit diese von ihm herrühren.

Doch es lassen sich nicht bloss die Angriffe auf die Authentie unserer Fragmente zurückweisen; die Untersuchung derselben hat uns unbestreitbare positive Beweise für ihre Echtheit geliefert. Der Sammler dieser Excerpte hat Juden und Heiden, Palästiner und Samaritaner, Hellenisten und Hellenen zusammengeführt und so Gegensätze vereinigt, die nur für einen Heiden nicht unvereinbar waren. Denn es giebt auf dem Boden des Judenthums keinen Standpunkt, der sich zugleich mit Demetrios und Artapan, mit dem echten und falschen Eupolemos, mit den Judäern und den Samaritanern, mit den patriotisch gesinnten Juden und dem judenfeindlichen Apollonios Molon befreunden könnte. Es lässt sich kein Grund denken, warum ein Jude dergleichen zusammengetragen haben sollte, ohne Alexander selbst redend einzuführen und ohne mit irgend welchen Gegenbemerkungen die eigene Anschauung zu kennzeichnen. Und nie kann ein eigenes den Juden günstiges Urtheil von Alexander oder dem als Alexander auftretenden Fälscher den Excerpten hinzu-

gefügt worden sein, da dies sicherlich nicht von Eusebios gestrichen
worden wäre. – Wenn nur ein Heide den Gedanken zu solch einer
Compilation fassen konnte, so kann nur ein Heide ihn so ausgeführt
haben, wie es hier geschehen ist. Fehler und Sünden jeder Art,
ein Engel Dianathan statt eines Propheten Nathan, die Zuweisung
einer echt samaritanischen und einer entschieden judäischen Fragmentenreihe an Einen Verfasser (S. 91), die Einschiebung des Namens
Ἰουδαῖοι in den Titel von Schriften, die diesen Namen durch ihren
Inhalt weit von sich weisen (oben S. 89. 99), die Abschneidung
unentbehrlicher Glieder in einer Beweiskette, die Unterdrückung
wichtiger Nachrichten zu Gunsten der unwichtigsten: alles dies und
andere Missverständnisse und Gewaltsamkeiten, wie sie uns in grösster
Zahl entgegengetreten sind, beweisen, dass wir es hier mit einem
Manne zu thun haben, der zwar nicht wissentlich fälscht, aber eilfertig, ohne Verständniss, ohne bestimmte Absicht, ohne Interesse
für den Inhalt seiner Texte, sie auf gut Glück zusammenrafft. Das
aber lässt sich nur von einem Heiden annehmen; ein Jude würde
sie mit grösserer Sorgfalt und mit grösserem Verständniss behandelt
haben. — Welcher Grund hätte ferner einen Juden dazu verleiten
sollen, ein derartiges Conglomerat von Excerpten zu fälschen? Diese
selbst gewannen nicht an Autorität durch den ihnen vorgesetzten
Namen des Polyhistors, der sie nicht einmal durch sein eigenes Urtheil anerkannt, sondern nur eben flüchtig zusammengestellt haben
sollte. Sie erhielten durch die Fiction auch nicht das Ansehen besonders hohen Alters, denn es liegen nur etwas mehr als hundert
Jahre zwischen der Sammlung der Bruchstücke und ihrer Benutzung
durch Josephus. — Man könnte Gewinnsucht als das Motiv ansehen,
das einen unbekannten jüdischen Sammler veranlasst hätte, durch
den bekannten Namen des Polyhistors seinem Werk einen grösseren
Werth zu geben; aber es fehlt auch der Schatten eines Beweises
dafür, dass jemals ein jüdisches Pseudepigraphon aus diesem Motiv
hervorgegangen wäre, und die in diesem Schriftthum stets hervortretende litterärische oder religiöse Tendenz der Unterschiebung
spricht entschieden gegen eine derartige Annahme. Auch giebt es
unter den zahlreichen jüdisch-hellenistischen Pseudepigraphen überhaupt kein einziges Sammelwerk. Zu der Annahme aber, ein Heide
habe seiner Sammlung den Namen eines gelehrten, aber durchaus
nicht sonderlich berühmten Mannes fälschlich vorgestellt, hat sich

noch Niemand verstiegen. In der That fehlt hierzu jeder Anhalt,
während Alles, Inhalt, Form und Behandlungsweise dieser Compilation, auf den Mann hinweist, den als Verfasser nicht bloss Eusebios,
wie Rauch (p. 25) sagt, sondern schon Josephus und Clemens kennen,
dessen Leben und Werke uns erst den Standort angewiesen haben,
von dem aus diese Schrift erkannt und gewürdigt werden konnte,
auf Alexander Polyhistor.

Durch den Erweis der Echtheit unserer Fragmente ist die Grundlage von Untersuchungen sichergestellt, die uns zu nicht unwichtigen
Ergebnissen geleitet haben. Möge es gestattet sein, auf die wich-
tigeren derselben in kurzer Rückschau hinzuweisen. — Wie aus
Eusebios' und Alexander's schriftstellerischer Thätigkeit ein helles
Licht auf diese Excerptensammlung fiel, so ist es jetzt möglich, jene
durch diese zu beleuchten. Durchgängig ist bestätigt worden, was
die Voruntersuchung zu erweisen versucht hat. Eusebios zeigt bei
der Sammlung dieser von Alexander übel behandelten Bruchstücke
eine Treue und Gewissenhaftigkeit, die bei der Beurtheilung des
vielgescholtenen Mannes unvergessen bleiben muss. Die schlimmsten
Fehler seines Vorgängers, die willkürlichen Aenderungen des Bibeltextes, wie sie ein Eupolemos, die entschiedensten Abweichungen
vom Buchstaben und vom Geist der Bibel, wie sie ein Artapan sich
zu Schulden kommen liess, er nimmt sie ruhig hin, ohne durch die
geringste Aenderung seinen gänzlich verschiedenen Standpunkt zu
bezeichnen. — Doch seine Gewissenhaftigkeit könnte durch zahlreiche
andere Belege erhärtet werden, wenn unsere Fragmente sie nicht
erwiesen; wichtigere Aufschlüsse aber geben diese uns über den
Polyhistor. Die wissenschaftlichen Arbeiten dieses merkwürdigen
Mannes erstrecken sich über die verschiedensten Gebiete. In der
Staaten- und Litteraturgeschichte, in der Geographie und Philosophie,
in der Grammatik und Rhetorik, überall begegnen wir dem uner-
müdlichen 'Vielwisser'. Dass er ohne Urtheil und ohne Kritik
arbeitete, dass er ein Sammler und kein Forscher war, das zeigte
ein Blick auf die erhaltenen Trümmer seiner zahllosen Schriften.
Aber wie weit seine Unzuverlässigkeit geht, ob er nicht bloss kritik-
los seine Texte zusammenstellte, sondern auch gewissenlos genug
war, sie bewusst zu fälschen, das ist allein aus unseren Fragmenten
zu entscheiden möglich, weil wir hier ihn controliren können, freilich
nicht durch Vergleichung mit seinen Vorlagen, die unwiederbringlich

verloren sind, sondern mit den Quellen dieser Vorlagen selbst, den
biblischen Berichten. Da zeigt es sich denn, dass er viel unzuver-
lässiger ist, als anzunehmen seine sonstigen Arbeiten uns berechtigten;
dass aber diejenigen im Unrecht sind, die ihn absichtlichen litterärischen Betruges zeihen. Er hat sich in dieser Sammlung von wissenschaftlichen Grundsätzen in der Auswahl und Zusammenstellung der
Excerpte nicht leiten lassen; er hat ausgeschnitten und aneinanderge-
reiht, was ihm gerade in die Hand fiel, abgerissen und fortgeworfen, nicht
was der Aufnahme unwerth war, sondern oft gerade das Werthvollste, für das Verständniss des Ganzen Unentbehrlichste. Allerdings, der Stoff bot hier dem heidnischen Sammler besondere Schwierigkeiten dar; aber es lässt sich nicht erwarten, dass er indische oder
babylonische, ägyptische oder libysche Dinge mit viel grösserer Sorgfalt werde behandelt haben, als judäische, und dass seine 'Abfolgen
der Philosophen' von schärferer Kritik zeugen werden, als die hier
behandelte Schriftenreihe. Es muss uns genügen, ihn nirgends auf
einem absichtlichen Betrug, auf einer bewussten Fälschung seiner
Vorlagen ertappt und dadurch das Recht gewonnen zu haben, überall
den Verdacht solcher Handlungsweise als durch kein Beispiel begründet abweisen zu dürfen.

Andere Erkenntnisse haben sich uns in Bezug auf die Entwickelung des jüdischen Hellenismus ergeben. Die so dunkle Geschichte
der sogenannten Septuaginta in vorphilonischer Zeit ist durch
mehrere wichtige Thatsachen bereichert worden. Es ist festgestellt
worden, dass im dritten vorchristlichen Jahrhundert, wahrscheinlich
in der Mitte desselben, die Uebersetzung der zwei ersten Bücher des
Pentateuchs (S. 40 f.), dass um die Mitte des zweiten Jahrhunderts
die Uebersetzung der Königsbücher, der Chronik, des Iob und wahrscheinlich auch Josua's (oben S. 119 Anm.) vorhanden waren. Und
diese Uebersetzungen haben in derselben Zeit Ansehen genug, um
an verschiedenen Orten, in Aegypten und in Palästina, benutzt und
entweder neben dem hebräischen Text, oder, was noch häufiger der
Fall ist, mit gänzlichem Ausschluss desselben als Grundlage verschiedenster Schriften angesehen zu werden. Ueberall, wo der Text
der Siebenzig in diesen Schriften zu Tage tritt, steht er dem heute
uns vorliegenden überaus nahe. Selbst grössere Zusätze fehlen
nicht; denn diese als in späterer Zeit eingedrungen anzusehen, ver-
bietet die einfache Erwägung, dass dann nach allen diesen Schrift-

stellern zugleich, nach Demetrios, Eupolemos und Aristeas, der Text hätte interpolirt sein müssen. Ja aus einer Erklärung des ältesten und zuverlässigsten von allen diesen Geschichtschreibern, des Demetrios, geht hervor, dass wenigstens er einen solchen Zusatz schon vorgefunden hat (S. 43). — Form und Inhalt der untersuchten Schriften zeigen uns ein vielfarbiges Bild von den Stoffen, den Mitteln und Zielen, mit denen man schon in der frühesten Zeit des Hellenismus forschte und deutete, chronologische und historische Untersuchungen anstellte, einen apologetischen, religiösen und historischen Midrasch schuf. Diese bunte Mannigfaltigkeit von Bestrebungen und Fähigkeiten steht weit ab von jener gleichförmigen Masse einander ähnlichster Erscheinungen, die, wie man häufig geglaubt und gelehrt hat, die gesammte jüdisch-hellenistische Litteratur ausmachen sollte. Es sind hier Singularitäten zu Tage getreten, die sich sonst nicht wiederfinden. Eine dürftige, aber ehrliche Chronik, wie die des Demetrios, eine national und religiös gesinnte und doch zu willkürlichsten, gewaltsamen Aenderungen des Bibeltextes geneigte Exegese, wie die des Eupolemos, ein Versteckspiel mit den heiligsten religiösen Ueberzeugungen, wie es Artapanos treibt, kennt sonst die Litteratur des judäischen Hellenismus nicht. Nur Eine Erklärungsart, die man doch überall hat finden wollen, fehlt in der gesammten hier untersuchten Schriftenreihe, wie auch in den poetischen Fragmenten des Alexandrischen Werkes: die allegorische, was eben beweist, dass man sehr Unrecht thut, hellenistische mit allegorischer Exegese für identisch zu erklären. Nichts aber kann besser als diese Singularitäten bezeugen, wie gewaltige Lücken die Litteratur des jüdischen Hellenismus aufweist; denn dass diese Schriften einst nicht vereinzelt standen, dass sich zahlreiche verwandte Erscheinungen ihnen anschlossen, konnte wiederholt nachgewiesen werden. — Wie die verschiedenartigsten wissenschaftlichen Richtungen in diesen Fragmenten hervortreten, so sind sie auch auf den verschiedensten Gebieten des jüdischen Hellenismus entstanden. Nach Aegypten führen uns Demetrios' Chronik und Artapanos' Trugschrift; unter die samaritanische Bevölkerung der hellenisirten Städte Syriens oder Palästinas der unbekannte Samaritaner, der Eupolemos' Namen trägt, und Malchos-Kleodemos; nach Palästina Eupolemos selbst. Die letztgenannten Thatsachen sind es, die besondere Aufmerksamkeit verdienen. Alles, was wir von Schriften samaritanischer Hellenisten, von ihrer religiösen

Gesinnung, von ihrem Verhältniss zu den LXX, von ihren historischen
Untersuchungen und ihrer litterärischen Gegnerschaft zu judäischen
Hellenisten wissen, verdanken wir einzig und allein diesen durch
Alexander geretteten Texten. Von geringerer Wichtigkeit, aber
immerhin höchst beachtenswerth sind auch die Fragmente des Eupolemos. Denn sind auch einzelne in Palästina abgefasste griechische
Schriften neben der des Eupolemos zu nennen, so ist es doch immerhin bemerkenswerth, dass um die Zeit der Makkabäerkämpfe und
von einem dem Helden Makkabi nahe stehenden, sehr patriotisch
gesinnten Manne eine Parteischrift in griechischer Sprache abgefasst
worden ist, wie sie uns hier vorliegt. — Die Schrift des Eupolemos,
wie zahlreiche Beziehungen der übrigen Autoren, insbesondere des
Demetrios und Artapan, zu der Deutungsweise des palästinischen
und babylonischen Midrasch haben die Thatsache ergeben, dass nicht
überall, wo ein Einverständniss zwischen den letzteren und hellenistischen Anschauungen besteht, diese jenen entlehnt sein müssen;
dass vielmehr häufig die Einwanderung hellenistischer Lehren, Deutungen und Sagen in die Schulen des Stammlandes anzunehmen ist.
— Einzig in ihrer Art wie die Schriften der Samaritaner und des
Eupolemos erschien auch die Artapanos beigelegte Trugschrift. Durch
ein Zusammentreffen glücklicher Umstände ist es möglich geworden,
dieselbe in Verbindung zu setzen mit einer Reihe ähnlicher Trugschriften, die Werkstätte dieses Fälschers als das Brutnest zahlreicher
noch heute erhaltener Pseudepigraphen zu erkennen und dadurch
einen ehrlichen, durch ungerechte Anklagen verrufenen Mann,
Aristobul, von falschem Verdacht zu befreien. Hierdurch hat zugleich
die Abfassungszeit des in vielfacher Beziehung wichtigen Aristeasbriefes genauer, als es bisher möglich war, bestimmt werden können.
— Nachdem der griechische, arg verwahrloste Text von zahllosen
Fehlern gereinigt war, ist es ferner möglich geworden, manche neuen
Aufschlüsse über Sprache und Stil der judäischen und ägyptischen
Hellenisten zu gewinnen. — Endlich haben die Beziehungen des
Josephus zu seinen Vorgängern durch zahlreiche Belege erläutert
werden können. Einen Quellennachweis für die erste Hälfte der
Josephischen Antiquitäten zu liefern, ist bisher nicht möglich gewesen.
Nur vermuthen konnte man, dass er gerade da, wo er scheinbar am
freiesten dichtet, älteren Quellen am treuesten ist. Die Vergleichung
Josephus' mit unseren Schriften hat gezeigt, welcher Art diese Quellen

sind und welcher Art sein Verhältniss zu ihnen. Sie hat uns zugleich über die älteren Schriften hinaus zu neuen Bearbeitungen derselben geführt, welche die Lücke zwischen diesen und dem jüngsten uns erhaltenen jüdisch-hellenistischen Geschichtschreiber einigermaassen ausfüllen. In der That wäre es ja mehr als ein Wunder, wenn gerade in ältester Zeit sechs von gewiss weit zahlreicheren Schriftstellern dem Polyhistor den Stoff zu seiner Compilation geliefert hätten, während der folgende Zeitraum bis auf Justus von Tiberias und Flavius Josephus gänzlich arm an ähnlichen Bestrebungen gewesen wäre. Wenn wir Nichts von ihnen wissen, so ist der einzige Grund hierfür der, dass es an einem zweiten Polyhistor fehlte, der sie gesammelt und vor dem Untergange gerettet hätte. — Nach solchen Ergebnissen dürfen wir es mit Recht eine glückliche Fügung nennen, dass der Sturm, der die jüdisch-hellenistische Litteratur vernichtet, nicht auch diese Blätter in alle Winde verweht hat. Denn es ist bestätigt worden, was am Eingange unserer Untersuchung ausgesprochen wurde, dass die verblichene Schrift dieser halbzerrissenen Blätter dem aufmerksamen Leser werthvolle Aufschlüsse über die Zeit, die sie geschrieben hat, zu geben vermöge. Aber freilich, auch das Urtheil hat bekräftigt werden müssen, das über sie an demselben Orte gefällt worden ist, dass ihr innerer Werth ein höchst geringer sei. Es ist keine Apologie und keine Rettung hier versucht worden. Die Fehler sind rückhaltlos hervorgehoben worden, die diesen Bruchstücken und ihren Verfassern anhaften: die Kleinlichkeit der Einen, die Unwahrhaftigkeit der Anderen, die glanzlose Haltung, die nüchterne, incorrecte Sprache Aller. Nur Einer war unter diesen Schriftstellern, dessen ehrliche, besonnene Forschung uns Achtung abgewinnen konnte; keiner von allen durfte ein wahrer Geschichtschreiber genannt werden. Es ist möglich, ja wahrscheinlich, dass die von Alexander zerrissenen Originalschriften einst viel werthvoller waren, als die heute erhaltenen Trümmer es vermuthen lassen. Auch grösserer Schriftsteller Werke, verstümmelt und entstellt wie diese Fragmente, würden einen nicht viel erfreulicheren Anblick gewähren, wenn ein Alexander sie in Splitter zerschlagen hätte. Denn mag immerhin eines Thukydides, eines Polybios Grösse unzerstörbar erscheinen; was aber würde aus einem Diodor, einem Livius, einem Josephus geworden sein, wenn uns von ihren Schriften Nichts geblieben wäre, als Excerpte des Eusebios aus Excerpten des Alexander? Man könnte auf die Ueber-

bleibsel der Geschichte des Berossos hinweisen, die zum grossen
Theil durch Alexander's und Eusebios' Hand gegangen sind, ohne
ihre hohe Bedeutung eingebüsst zu haben. Aber was diesen ihren
Werth verleiht, ist der Umstand, dass die Quellen des Berossos fast
gänzlich verschüttet sind, dass er allein uns eine ganze Litteratur
ersetzen muss. Hätten wir das Unglück, aus unseren Fragmenten
und nicht aus der 'ältesten, treuesten Urkunde des Menschengeschlechts'
uns über die biblische Zeit Belehrung holen zu müssen: Demetrios,
Aristeas und Eupolemos, würden dicht neben Berossos ihre Stelle
finden, und hoch über Thukydides stände an Wichtigkeit für die alte
Geschichte Flavius Josephus. — Diese Erwägungen mögen das Urtheil
des Richters mildern; ändern können sie es nicht. Wie viel auch
Alexander an seinen Excerpten gesündigt haben mag, es ist doch
unverkennbar, dass die ursprünglichen Schriften selbst entstanden
sind auf dem Boden einer unfruchtbaren Zwitterbildung, einer innerlich hohlen Deutungsweise, einer unschönen Geschmacksrichtung.
Ja selbst das Schlimmste ist dieser Litteratur nicht erspart geblieben.
Litterärische Falschmünzerei mischt sich ein und drückt zweien von
diesen Fragmenten ihr Brandmal auf. Es ist leicht, über Bestrebungen
und Leistungen dieser Art ein vernichtendes Urtheil zu sprechen,
und es ist seit Hody oft und in den schärfsten Formen gesprochen
worden. Man hat diese gesammte Schriftenreihe für unwerth der
Beachtung erklärt. Man hat sie nicht zu erkennen und in ihren geschichtlichen Bezügen zu würdigen versucht, sondern sie verspottet
und verlacht. Die Erdichtungen eines Eupolemos, die Fabeleien
eines Artapanos wurden als charakteristisch für die verwandte Litteratur erklärt, die Schriften des Demetrios und des echten Aristeas mit
ihnen auf Eine Linie gestellt, und für alle Irrthümer und Fehler
ward nicht der Geist der Zeit, der sie erzeugt hat, sondern der des
jüdischen Volkes zur Rechenschaft gezogen. Vor Allen sind es neben
einigen französischen Gelehrten Männer wie Valckenaer und Cobet,
die in diesem Sinne ihre berühmten Abhandlungen über diese und
ähnliche litterärische Erscheinungen geschrieben haben, und auch
milder urtheilende deutsche Forscher haben sich von dem allgemeinen
Zuge zu ungerechten Urtheilen hinreissen lassen. Aber wenn je
eine Zeit und ihre Erzeugnisse aus ihr selbst beurtheilt und nicht
mit fremdem Maassstabe gemessen sein will, so ist es die des jüdischen
Hellenismus, und wenn man überall sich mehr hüten soll, zu strenge

als zu milde zu sein, so ganz besonders diesen Schriften gegenüber.
Denn offen zeigen sich die schlimmen äusseren Einflüsse, welche
hier eine gesunde Entwickelung hemmten. — Das gesammte Schriftthum des jüdischen Hellenismus ist aus dem Bestreben hervorgegangen,
Fremdes und Einheimisches, Heidenthum und Judenthum, griechische
und althebräische Formen, Lehren und Anschauungen in Einklang
zu bringen. Welcher Art war die Anregung, welche die Geschichtschreibung von den Griechen empfing? Nicht in der Fülle alter
Herrlichkeit erschien das geistige Leben des Griechenvolks dem
Orient, als er hellenische Bildung in sich aufnahm; als Manetho und
Berossos die Geschichte ihres Volkes schrieben, Demetrios seine
Chronik entwarf, und Dichter wie Ezekielos und Theodotos die Bibel
in das Gewand des griechischen Dramas und Epos hüllten. In dieser
Zeit war die geistige Kraft der Griechen in raschem Niedergang be-
griffen; nur die Gelehrsamkeit blühte; auf allen übrigen Gebieten
der Litteratur und Kunst empfing der Orient die letzten Strahlen
der Sonne, die über Griechenland unterging. Auch die Geschichtschreibung war tief gesunken. Es wäre unbillig, leugnen zu wollen,
dass es auch in alexandrinischer Zeit bedeutende Historiker gegeben
hat, und den hohen Werth von Studien zu verkennen, die zum ersten
Male das All der Natur und der geschichtlichen Thatsachen zugleich
zu umfassen strebten. Aber es ist doch unbestreitbar, dass die
Leistungen Eratosthenes', des bahnbrechenden Chronologen, Polemon's, des zuverlässigsten Erforschers griechischer Alterthümer,
Polybios', des zweitgrössten aller hellenischen Geschichtschreiber,
weitaus überwuchert wurden von den unendlichen litterärischen Erzeugnissen kleiner Geister; dass rhetorische Effecthascherei, romanhafte Mythendichtung, gehässige Scandalsucht die Oberhand hatten.
Vor dem Streben nach unterhaltender, ergötzlicher Darstellung, im
Streite der Parteien und der Coterien, war der Sinn für geschichtliche Wahrheit fast verschwunden. Die ernste Geschichte war zur
Fabulantin geworden, die persönlicher Eitelkeit oder politischen
Tendenzen dienen musste, bei der man Belehrung und Erhebung
nicht suchte und nicht fand. Nicht die Schlechtesten waren es, welche,
wie Theopomp und eine Unzahl Anderer, die Geschichte der Völker
missbrauchten, um in hohlem Wortschwall ihre Rhetorenkünste zu
zeigen, oder, wie Alexander Polyhistor, die Früchte eines unver-
drossenen Sammlerfleisses in zahllosen gelehrten, aber kunst- und

kritiklosen Compilationen auf den Markt brachten. Schlimmer wirkten
Männer, die, wie ein Onesikritos und Kleitarchos, lügenhafte Märchen als Wahrheit ausgaben, oder in frecher Klatschsucht an den
Besten der Nation sich vergriffen. Selbst Polybios hat, ohne es
zu wollen, von Gehässigkeit und Parteileidenschaft sich nicht frei
gehalten, und manches ungerechte und unwahre Wort verunziert das
Meisterwerk des Mannes, der nach geschichtlicher Wahrheit strebte,
wie keiner seiner Zeitgenossen. Wie schlimm es in dieser und der
nachfolgenden Zeit mit der Geschichtschreibung bestellt war, zeigt
am besten Quintilian, der Geschichte und Dichtung gar nicht mehr
zu unterscheiden weiss (Inst. or. X 1, 31); beweist Cicero, der
den erbaulichen Satz aufstellt, dass es 'den Rhetoren erlaubt sei,
in geschichtlichen Dingen zu lügen' (concessum est rhetoribus emen-
tiri in historiis Brutus 11, 42). — Es ist kein Wunder, dass die
Geschichtschreibung der jüdischen Hellenisten, unselbständig wie sie
war, durchaus der herrschenden Strömung folgte. Wie hätten auch
diese Griechlinge die Verkehrtheit einer Richtung erkennen sollen,
welche die Nachfahren eines Thukydides beherrschte? Wie hätten
sie aus ihren kümmerlichen Verhältnissen heraus Geschichte im
grossen Stil schreiben können, da selbst das weltbeherrschende Rom
in dieser Zeit nur Ein Werk wie die 'Ursprünge' Cato's, aber eine
Legion kleinlich geschwätziger und lügenhafter Geschichtswerke wie
die des Postumius Albinus, Valerius Antias, Licinius Macer und Anderer zu schaffen vermochte? Es ist eine Erscheinung, die sich oft
wiederholt hat, dass eine von der Fremde abhängige Litteratur nicht
die besten Muster sich wählt, sondern entweder dem eben herrschenden
Zuge folgt oder wohl gar absichtlich bei Männern niederen Ranges
anknüpft. Nicht Aeschylos und Aristophanes, sondern Euripides und
Menander sind die Muster des älteren römischen Dramas. Im augu-
steischen Zeitalter verehrt man Homer und Pindar; aber man ahmt
Kallimachos und Aratos oder wohl gar dem Rhodier Apollonios und
Nikander nach. Und um ein näher liegendes Beispiel zu nennen,
nicht an Lessing, Goethe und Schiller schliesst sich die neuere
scandinavische Litteratur an, sondern an ihre Epigonen, die Roman-
tiker. Auch für die jüdischen Hellenisten wurden nicht Herodot und
nicht Thukydides die Vorbilder der Geschichtschreibung; Fabulanten
wie Ktesias, Schönredner wie Theopomp werden von Eupolemos
und Pseudo-Aristeas benutzt und nachgeahmt. In dieser Schule

lernte man die Kunst, die Geschichte in einen Roman zu verwandeln und den Roman zur Geschichte zu erheben. Von diesen Lehrern lernte man im Interesse seines Volkes die Wahrheit entstellen, die Fehler der Vorfahren bemänteln, die Lücken der Ueberlieferung durch grundlose Annahmen füllen, ja geradezu Unwahres erdichten. Von den Griechen empfing man selbst die Grundzüge der Fabeln, welche in die alte Geschichte eingestreut wurden. Wie viel ist nicht über die Eitelkeit, die Anmaassung der jüdischen Historiker gespöttelt worden, welche Abraham und Moses als Lehrer der Griechen dargestellt und griechische Philosophen für deren Schüler ausgegeben haben. Und doch haben jene bloss nachgesprochen, was Griechen zuerst erdichtet und ihnen mitgetheilt hatten. Denn lange Zeit bevor es jüdisch-hellenistische Geschichtschreiber gab, ja Decennien vor dem Beginn der griechischen Bibelübersetzung haben Klearchos und Theophrastos die Juden als eine philosophische Secte der Syrer gepriesen; hat Megasthenes erklärt, dass alle Weisheit der Griechen längst von den Juden gelehrt worden sei, und etwa fünfzig Jahre vor Eupolemos hat Hermippos den Pythagoras zu einem Schüler der Juden gemacht (oben S. 178). Das thaten die Griechen, wie schon die Logographen und Herodot die Ursprünge ihrer staatlichen und religiösen Einrichtungen im Orient gesucht hatten. Ist es ein Wunder, dass die jüdischen Hellenisten glaubten und gläubig nacherzählten, was zu ihrem Ruhme von den Griechen gefabelt worden war? Ebensowenig, als dass die leichtgläubige Historiographie der Römer die Aeneassage und andere zur Verherrlichung Roms von den Griechlingen ersonnene Märchen annahm und verewigte. — Aber man lernte von den Griechen Schlimmeres als die Verflüchtigung und Trübung der Geschichte; auch die Trugschriftstellerei ist aus Griechenland in den jüdischen Hellenismus eingedrungen. Die althebräische Litteratur kennt keine Pseudepigraphen. Denn Niemand darf es Pseudepigraphie nennen, dass einzelne biblische Bücher Aufschriften trugen, welche ihnen nicht gebühren; dass die meisten Psalmen David, das hohe Lied Salomo zugeschrieben wird, und dass in den historischen Büchern Reden eingeschoben sind, welche in der angegebenen Form niemals gehalten worden sind. Für das erstere sind nicht die alten Schriftsteller, sondern der Irrthum späterer Zeiten verantwortlich zu machen, und wer das letzte Trugschriftstellerei nennen wollte, der müsste auch Herodot und Thukydides,

Livius und Tacitus Fälscher nennen. Erst in alexandrinischer Zeit und nicht ohne griechischen Einfluss sind in hebräischer Sprache wahre Pseudepigraphen geschrieben worden: Kohelet und Daniel. Die ganze Ungeschicktheit der Anlage und der Einkleidung aber bezeugt noch mehr als die historische Entwickelung, dass dieser Zweig der jüdischen Litteratur aufgepfropft und nicht naturwüchsig ist. Auch gehören diese zwei Schriften zu der unschuldigsten Art der Pseudepigraphie. Sie sind litterärische Fictionen, wie die, welche sich Cervantes mit seinem Cide Hamete Benengeli, Bodenstedt mit seinem Mirza-Schaffy erlaubten; Niemand aber wird die herrlichen, originellen Kunstschöpfungen dieser Männer Trugschriften nennen wollen. — Bei den Griechen hingegen ist die Kunst litterärischer Falschmünzerei so alt, wie ihre Prosalitteratur. Der erste, der sie übte, war kein geringerer, als der edle Solon, der in patriotischem Interesse den Homer interpolirte (Plut. Sol. c. 10). Ihm folgt der berüchtigte Onomakritos, der nicht bloss, nach der Ueberlieferung des Alterthums, an Homer in ähnlicher Weise sich versündigt, sondern auch Orpheus und Musäos Hymnen, Weissagungen und Orakel untergeschoben hat, und als Betrüger entlarvt von Hipparchos verbannt wurde. Doch erst nach Onomakritos schoss diese Litteratur zu einer Fülle auf, die Herodot oft getäuscht, Aristophanes zu den heitersten Spässen, Platon zu bitteren Anklagen Anlass gegeben hat. Und was ist die Pseudepigraphie der Herodoteischen und Platonischen Zeit gegen die wild wuchernde, aus Rhetoreneitelkeit, Gewinnsucht und Parteieifer hervorgehende Truglitteratur des alexandrinischen Zeitalters? Es giebt kaum ein Gebiet der Litteratur, auf dem sie nicht zu Tage träte, das nicht durchzogen wäre von diesen giftigen Gewächsen. — Wie nach Rom (man denke an die Schriften Numa's), so hat sich das Contagium auch über den jüdischen Hellenismus verbreitet. Es ist jener unbekannte Verfasser des Aristeasbriefes, der, in der griechischen Litteratur wohlbewandert, wahrscheinlich als der erste diese hybride Art der Schriftstellerei getrieben und unter den jüdischen Hellenisten eingebürgert hat. Von unseren Fragmenten gehen die Trugschrift des Artapanos und die Anlage zu den zwei ersten Briefen des Eupolemos auf ihn zurück. Und Pseudo-Aristeas steht nicht allein. Wenn auch Eupolemos sich damit begnügt hat, die vorgefundenen Briefe umgewandelt seiner Geschichte einzuverleiben, so finden sich doch in diesem und in den folgenden Jahrhunderten

7

Fälschungen genug innerhalb der jüdisch-hellenistischen Litteratur.
Aber während Eitelkeit und Gewinnsucht bei den griechischen Fälschern
die fruchtbarsten Motive ihrer Unterschiebungen waren, sind es bei
den jüdischen Hellenisten und selbst bei einem Manne wie dem
falschen Aristeas-Artapanos apologetische Zwecke, die erreicht werden
sollen. Auch nicht der Schatten eines Beweises ist, wie oben (S. 183)
schon bemerkt worden, dafür beizubringen, dass je ein jüdischer
Hellenist seinem Werk einen berühmten Namen vorgesetzt hätte,
um, wie es die Griechen thaten, seine Kunstfertigkeit zu beweisen
oder es zu hohem Preise an Freunde der Wissenschaft zu verkaufen.
Es giebt ferner keine von jüdischen Hellenisten ausgegangene Interpolation, keine Trugschrift, die nicht auf griechische Muster hinwiese,
die nicht Veranlassung und Vorbild gefunden hätte an tausendfäl-
tigen Beispielen griechischer Fälschungen, an interpolirten Dichtern
und Prosaisten, an gefälschten Briefen und Decreten, Orakeln und
Weissagungen, Orphischen und Sibyllinischen Schriften, an untergeschobenen lyrischen, dramatischen und gnomischen Gedichten, religiösen, historischen und philosophischen Werken. Vergegenwärtigt
man sich nun die unendliche Zahl und Bedeutung der christlichen
Pseudepigraphen, der apokryphen Evangelien und Apostelgeschichten,
der gefälschten Apokalypsen und Briefe bis zu den Isidorischen
Decretalen und viel späteren Machwerken herab, so wird man über
die Briefe des Eupolemos und selbst über die Trugschrift des Artapanos ein milderes Urtheil fällen. Sie bleiben eine verwerfliche Erscheinung innerhalb der hellenistischen Litteratur; doch sie sind
durch die allgemeine Sitte oder Unsitte der Zeit erklärt und in ge-
wissem Sinne entschuldigt. Unbegreiflich aber ist, dass diesen Thatsachen gegenüber Männer wie Scaliger (Thes. temp. p. 405), zu dessen
Zeit freilich erst der kleinste Theil griechischer und christlicher
Pseudepigraphen ans Licht gezogen war, und sogar neuere Gelehrte
von Valckenaer's hellem Blick, von Cobet's kritischer Meisterschaft
die Trugschriftstellerei jüdischer Hellenisten aus der Naturanlage des
jüdischen Volkes herleiten mochten; dass selbst ein Mann, mild und
gelehrt wie Boeckh, die Worte schreiben konnte: docti Iudaei . . impia
magis quam pia fraude, Hebraeorum naturae insita, celeber-
rimis Graecorum poëtarum multos versus supposuerunt (Gr. Trag.
Princ. p. 146). — Doch die schädlichen äusseren Einflüsse hätten überwunden werden können durch eine stetige Entwickelung der eigenen

Kräfte und Fähigkeiten, die ja in jedes Volkes Innerem ruhen. Diese aber wurde gehemmt durch die Ungunst aller der Verhältnisse, die allein Kunst und Wissenschaft grosszuziehen vermögen. Alles geistige Leben geht von der Sprache eines Volkes aus. Sie ist nicht bloss das Werkzeug des Denkens, sondern auch seine Quelle. Wo diese trübe oder stockend fliesst, da kann eine freie, schöne geistige Bildung nicht gedeihen. Welches aber war die Sprache der jüdischen Hellenisten? Der grösste Theil von ihnen verstand von der alten Sprache des hebräischen Volkes Nichts und wahrscheinlich ebensowenig von der zu wissenschaftlichen Zwecken nicht verwendeten aramäischen Volkssprache. Man stammelte ein halbbarbarisches Griechisch, das zu schätzbaren Aufzeichnungen, wie die Manetho's und Berossos' sind, geeignet war, aber nie in die Form eines echten Kunstwerks eingehen konnte. Im dritten Jahrhundert, als Juden in hellenischer Sprache zu schreiben begannen, hatte man kein Auge für ihre wunderbare Schönheit. Noch einem Demetrios, der inmitten des hellenisirten Aegypten lebte, war sie fast eine fremde und erwies sich darum auch kalt und spröde gegen ihn. Als man im zweiten Jahrhundert griechische Muster studirte und für die glänzenden Formen Verständniss erhielt, da waren es bei dem gänzlichen Mangel an eigener Sprachfertigkeit Aeusserlichkeiten, die man entlehnte, schönklingende Worte, bunte Floskeln, einige rhetorische Kunststückchen, wie die Vermeidung des Hiatus; aber das Innere des Idioms, das eigentliche Wesen und Walten des Sprachgeistes, blieb diesen Männern verschlossen, weil man zwar griechisch schrieb, aber hebräisch dachte und fühlte. So sind denn die in Aegypten verfassten Schriften des falschen Aristeas Muster eines schlechten Geschmacks geworden, in denen Ziererei und hohles Pathos mit den gröbsten Sünden gegen Geist und Gehalt der griechischen Sprache sich paaren. In Palästina geborene Hellenisten haben den Mangel an Sprachgefühl wohl nie überwunden. Auch die beststilisirte aller palästinisch-hellenistischen Schriften, das IV. Sibyllenbuch, ist nicht frei von Incorrectheiten jeder Art, und Flavius Josephus war nach jahrelanger Abwesenheit von seinem Heimathlande und trotz stetem Verkehr mit Griechen nicht im Stande, ohne den Beirath sprachgewandter Freunde seine Werke zu schreiben. In Alexandrien konnte nicht früher als im ersten nachchristlichen Jahrhundert der aus einer vollständig hellenisirten Familie hervorgegangene Philon ein Griechisch schreiben,

das dem der besten Scribenten jener Zeit an die Seite gestellt werden
darf, und das den Späteren den bestrickenden Reiz platonischer
Rede zu erreichen schien. Die meisten anderen Hellenisten — alle,
deren Fragmente Alexander gerettet hat — haben eine wahre Muttersprache nicht gekannt und mit ihr des reinsten, ursprünglichsten,
unentbehrlichsten Quelles aller dichterischen Begabung und Darstellung entbehrt, den keine mühsam erlernte und keine Mischsprache
zu ersetzen vermag. Der Muttersprache aber entbehrten sie, weil sie
keine wahre Heimath besassen. Palästina, von Parteien und Secten
zerwühlt, zertreten von ägyptischen, syrischen, römischen Heeren,
ohne Stetigkeit der politischen Zustände und der litterärischen Entwickelung, bewohnt von einem Gemisch verschiedenster einander
feindlich gesinnter Völkerschatten, von Judäern, Samaritanern, Griechen, Phönikern, Idumäern und anderen semitischen Stämmen, und
durch diese, wie durch die stets wechselnden Invasionen der Aus-
länder, bald fremden bald nationalen Strömungen zugetrieben, Palästina war auch den Hellenisten keine Heimath, die auf seinem Boden
lebten, selbst einem Eupolemos nicht, der die glorreiche, aber bald
gehemmte Thätigkeit Juda Makkabi's wie die kurze Bahn eines
leuchtenden Meteors hatte aufsteigen und niedergehen sehen. Unter
den schmerzvollen Kämpfen der Gegenwart, im leidenschaftlichen
Streite der Parteien vermochte auch er trotz aller Liebe zu seinem
Volke und seiner Religion den Blick nicht abzuwenden von der
fremden Gesittung und Litteratur. So war seine Heimath weder bei
dem Volke, mit dem Hoffnung und Erinnerung und religiöse Ueberzeugung ihn verband, noch und gewiss viel weniger bei dem, dessen
Schriftthum er studirte, und dessen Sprache er schrieb. Sein Geschichtswerk wollte griechisch und judäisch zugleich sein, und weil
es beides sein wollte, ist es keines von beiden. — Doch die Ungunst
der Zeiten entfremdete ihn und seine Genossen nicht bloss der
Heimath, sie wirkte, wenn auch nur mittelbar, verderblich selbst
auf Form und Inhalt der Geschichtschreibung. Es gab in dieser
glanzlosen Zeit keine Dichtkunst mehr, die das Leben mit idealem
Gehalt füllen, verklären und erheben konnte. Weil aber die Phantasie ihre Rechte verlangt, und die Lust an menschlich freier Ge-
staltung der harten Wirklichkeit unzerstörbar ist, so übernahm eine
agadisch-phantastische Umgestaltung der Vorzeit die Rolle der Dichtkunst. Zu bald exegetisch deutenden, bald frei dichtenden, bald

philosophisch allegorisirenden Darstellungen flüchtete der von der Gegenwart abgestossene, nach Idealem verlangende Sinn, und wenig kümmerte es ihn, dass durch sein buntes Spiel die einfache Wahrheit der Thatsachen gleichsam verdeckt ward. Dergleichen phantastische Umgestaltungen der Ueberlieferung aber, wie wir sie bei Eupolemos und Josephus, im Midrasch und bei Philon finden, mit Trug und absichtlicher Geschichtsfälschung des Pseudo-Aristeas identificiren zu wollen, verräth eine völlige Verkennung dieser Zeit und ihrer Bestrebungen. — War nun den Hellenisten die palästinische Heimath zur Fremde geworden, so konnte die Fremde ihnen nicht zur Heimath werden. Sie lebten unter einer feindlichen Bevölkerung. Sie standen einem Publikum gegenüber, das, durch Rhetorengeschwätz und Spottsucht verderbt, durch Aberglauben oder Unglauben bethört, unreligiös in seinen höchsten Kreisen, blindgläubig und bildungslos in den unteren Schichten war; das zum grossen Theil gegen die fremdartige Religion von Vorurtheilen, gegen ihre Bekenner von Neid und Hass erfüllt war und diese trotz aller officiellen Anerkennung nie als vollberechtigte Mitbürger, sondern als fremde Eindringlinge angesehen hat. Gegen den Spott der Einen, gegen die Angriffe der Anderen, gegen das stille, aber um so hartnäckigere Vorurtheil der Massen mussten die jüdischen Hellenisten kämpfen. Und wie schwer ward ihnen dieser Kampf gemacht! Welche Anklagen waren nicht gegen das jüdische Volk und seine Religion erhoben worden! Die erhebendste Erinnerung der jüdischen Geschichte, die Erlösung aus Aegypten, war ihnen vergiftet worden durch die von ägyptischen Hellenisten ersonnene Lüge ihrer Vertreibung wegen einer schrecklichen Krankheit. Im Tempel zu Jerusalem sollte ein Eselskopf angebetet, Hass gegen die Menschen von der Religion gelehrt werden, als deren einziges Grundprincip Hillel in nicht viel späterer Zeit die Menschenliebe erkannte. Ja das entgötterte Heidenthum wagte es, dem Judenthum Gottlosigkeit vorzuwerfen, demselben Judenthum, das in dieser Zeit kaum einen anderen Gedanken hatte, als Gott, dessen Religionseifer sich damals bis zum Fanatismus steigerte, das für seinen Gott alle Unterdrückung daheim, allen Spott und alle Anfeindung in der Fremde geduldig ertrug. Solchen Gegnern gegenüber musste die Geschichte zur Apologetik werden, und alle die hier besprochenen Geschichtschreiber sind Apologeten ihres Volkes und ihrer Religion gewesen. Nicht um die alte, dunkle

Geschichte der Vergangenheit aufzuhellen, nicht um einem glücklichen, grossen Volke die Thaten und Leiden der Ahnen zu erzählen,
forschte und schrieb man; man schrieb, um zu vertheidigen, um zu
erklären, um die gehässigen Anklagen, die unwürdigen Verläumdungen von sich abzuwehren. Das aber ist der Fluch des Hasses
und der Unwahrhaftigkeit, dass sie nicht bloss das eigene Herz ver-
giften, sondern auch im gehassten Feinde Streitsucht und Lüge
entfesseln. So trat denn Unwahrheit der Unwahrheit gegenüber.
Die Lüge wollte man mit der Lüge besiegen. Hatte ein gelehrtes
und ungelehrtes Publikum geglaubt, was Manetho, Chäremon, Apion
ersonnen und verbreitet hatten, so sollten ihre Fabeln durch ähnliche Märchen entkräftet werden. War dort Geschichte und Religion
der Juden durch lügenhafte Erzählungen erniedrigt und entwürdigt
worden, so sollte hier durch Verschweigung und Erdichtung Alles
in ein möglichst glänzendes Licht gestellt werden. Und wenn auch
nie zu rechtfertigen, so verdient doch die Unwahrheit ein milderes
Urtheil, wenn Vaterlandsgefühl sie erzeugt hat, als wenn Groll und
Neid sie eingegeben haben. — Aber freilich, eine echte, rechte Geschichtschreibung konnte unter diesen Verhältnissen nicht geschaffen
werden. Wer ehrlich und gewissenhaft war wie Demetrios, begnügte
sich mit der kindlichen Sprache der Chronik; die Mehrzahl der
jüdischen Hellenisten verfiel in alle Fehler der entarteten Griechlinge.
Selbst Männer von bester Gesinnung wie Eupolemos und von entschiedenem Talent wie Flavius Josephus vermochten nicht Vollen-
detes zu schaffen; denn das wahrhaft Grosse wird allein geboren von
Wahrheit und Liebe.

Anmerkungen.

1. Handschriften und Ausgaben.

Der Werth der Handschriften, in denen die praeparatio des Eusebios uns vorliegt, lasst sich mit grosser Sicherheit bestimmen. Man braucht nur die zahllosen grossen und treuen Excerpte mit den Texten der uns noch erhaltenen Schriftsteller zu vergleichen, um aus der grösseren oder geringeren Uebereinstimmung der Handschriften ein Urtheil über den Werth derselben zu gewinnen. Freilich sind einige codices bisweilen nach den excerpirten Schriftstellern verbessert, also in Bezug auf den Text des Eus. verschlechtert worden. Solche Fälle können durch Vergleichung v e r s c h i e d e n e r Schriftsteller und des Eusebischen Contextes selbst leicht als solche erkannt werden und sind bei der Beurtheilung der Handschriften einfach zu eliminiren. — In seiner Ausgabe giebt Gaisford die Varianten von 9 codd. an, von denen aber A H nur die ersten 5 Bücher umfassen, für Alexander also nicht in Betracht kommen. Einige andere Handschriften und Vergleichungen beschreibt er praef. p. III f. — Aus den codd. A B C D E theilt auch Seguier de St. Brisson in der Migneschen Ausgabe des Eus. einige Varianten mit, die oft den von Gaisford angegebenen widersprechen und durchweg minder zuverlässig als diese erscheinen. Ein sechster cod. (461) wird das. p. 1483 erwähnt, wahrscheinlich ist aber cod. Par. 451 (A) verstanden. — Der Güte des Herrn C. P. Tiele in Leiden verdanke ich eine Vergleichung von c o d. V o s s. 197 (L). Diese Handschrift ist sehr lückenhaft, nahe verwandt mit EI und, wie es scheint, nach Stephanus' Ausgabe von zweiter Hand corrigirt. Auch cod. Voss. qu. 55 soll dem Kataloge zufolge die praepar. enthalten. Wie aber Herr Tiele mir schreibt, ´enthält derselbe ausser Stücken von Plutarchos und Theophrastos nichts Anderes als Excerpte aus Eusebios περὶ τῆς ἀλλη-γορουμένης Ἑλλήνων καὶ Αἰγυπτίων θεολογίας', also bloss Auszüge aus dem dritten Buche der praeparatio. — Auch die Vaticana besitzt eine Handschrift der praep. an c o d. V a t. 1303. c h a r t. f o l. s a e c. XV (V). Herr Dr. L. Mendelssohn hat die Freundlichkeit gehabt, von den hier behandelten Alexandrischen Excerpten eine neue Vergleichung für mich anzufertigen. Dieselbe ergiebt, dass der codex GF am nächsten steht und besonders wichtige Varianten nicht darbietet. — Der Güte des Herrn Bibliothekars Valentinelli und des Herrn Professors Riccoboni verdanke ich eine neue Vergleichung des cod. 341 der Marciana (I) zu einigen besonders wichtigen Stellen des ersten und neunten Buches. — Zu grösstem Danke hat mich Herr Professor A. v. Gutschmid verpflichtet, der eine von Herrn Dr. Benedict Niese für ihn angefertigte, auf alle Alexandrischen Excerpte sich erstreckende Vergleichung desselben wichtigen codex (I) mir zur Verfügung gestellt hat. Da dieselbe viel genauer als die Gaisford's ist, sind alle Abweichungen von Gaisford's Angaben, mit Ausschluss der auf unbedeutende Einzelheiten bezüglichen, in dem nachfolgenden Textabdrucke verzeichnet worden. Die Varianten der übrigen Handschriften wenn auch nur in Proben bekannt zu machen, musste ich mir versagen, um die dieser Abhandlung gesteckten Grenzen nicht zu sehr zu überschreiten.

Die Urtheile über den Werth der Handschriften und ihr Verhältniss zu einander weichen wenig von einander ab. Dass C F G nahe verwandt sind, erklärt

Gaisford (praef. p. II) und bestätigt der flüchtigste Blick in das Variantenverzeichniss. G. Wolff (Porphyr. De philos. ex orac. haur. p. 103) stellt allen übrigen codices E I gegenüber; cod. B soll 'haud parvi momenti' sein (p. 106); der Werth von D dagegen wird in Uebereinstimmung mit Gaisford als ein sehr geringer angegeben (p. 104. 105). Noch ungünstiger urtheilt Dindorf (praef. p. XII) über D und ordnet daher die Handschriften der einen Classe folgendermassen: B C G F D (p. XI). 'Aliquanto majoris momenti' als D soll I sein (p. XII). — Das Verhältniss der Handschriften zu einander ist nach Wolff (p. 103) und Dindorf (das.) ein höchst einfaches. E soll aus I (was auch Gaisford p. II vermuthet), G aus C, F aus G abgeschrieben sein: für die letzten zehn Bücher der praepar. wären demnach nur B C und allenfalls I von Bedeutung. Da das Urtheil dieser gelehrten Männer bei den Alexandrischen Excerpten sich durchaus nicht bestätigte, so musste das Verhältniss der Handschriften einer neuen Prüfung unterzogen werden, die folgendes Ergebniss lieferte. — Sämmtliche Handschriften gehen auf Einen Archetypos zurück, dessen vielfache Verschreibungen, Aenderungen und Lücken sie nachahmen. Da alle bisherigen Ausgaben in zahlreichen Fällen die Fehler sämmtlicher Handschriften anerkennen und denselben oft durch Conjectur abzuhelfen suchen, bedarf dies keines Beweises. Nur auf Eines sei hingewiesen. Wenn Eusebios im vierten Buche (130 b 5 f.) einige Sätze aus dem dritten (127 b 5) wiederholt, so ist das erträglich und mit ähnlichen Fällen zu vergleichen, die Heinichen (zu Eus. scr. h. III² 733 f.) bespricht. Wenn aber am Ende des ersten und zweiten Buches der praep. die langen Einleitungen zum zweiten und dritten Buche abgeschrieben, an erster Stelle sogar mitten im Satze abgebrochen werden, so wird man eine solche Plumpheit nicht Eusebios, sondern seinen Abschreibern zur Last legen. Sie ist aber in alle Handschriften eingedrungen, weil Alle Abschriften Eines Urcodex sind. — Von den Gaisfordschen Handschriften verdienen E I (hier mit α bezeichnet) den Vorzug vor B C D F G oder C F G (β). α ist freier von Schreibfehlern als β und besonders I bietet eine grosse Zahl der erlesensten Varianten dar. Weder α noch β aber kann allein als treue Abschrift des echten Textes angesehen werden. Diesem können wir durch ein eklektisches Verfahren, oft nur durch Conjectur näher kommen. — E ist nicht aus I, sondern aus einem I nahe verwandten codex abgeschrieben. Zahlreiche Lücken in I ergänzt E, z. B. 249 d 12. 250 d 13. 267 c 9. 288 c 9. 289 c 1. 313 c 8. 455 b 4. 574 b 3, Stellen, die wie alle folgenden aus einer grossen Zahl anderer ohne Wahl herausgegriffen sind. Häufig hat E zusammen mit einem cod. von α, nicht selten allein die richtige Lesart. Das letztere ist z. B. der Fall: 428 a 5. 9. c 8. 429 a 11. 437 c 4. 578 c 10. 625 a 13. 690 c 6. Wie oft überhaupt E gegen I zu β hält, lehrt fast jede Seite der Varianten. — Von den Handschriften der zweiten Classe ist B vom ersten auf den letzten Platz zu verweisen. B ist nicht bloss voll grober Schreibfehler und Lücken, was natürlich auch Dindorf (p. XII) anerkennt, sondern aufs ärgste interpolirt, absichtlich geändert und verstümmelt, z. B. 53 c 9. 269 c 5. 284 d 3. 5. 420 c 5. 422 a. 2. 11. 425 d 13. 447 b 4. 666 d 10. Doch bietet B bisweilen allein gute Lesarten. z. B. 185 c 7. 425 d 13. 426 a 1 (vielleicht bloss richtige Conjectur) 433 b 11. d 8. 697 d 2, oft mit Einer oder wenigen anderen Handschriften zusammen. — Cod. D ist entschieden besser als B, mit dem er oft zusammengeht, und wie dieser steht er der Classe α etwas näher, als C F G. Beide scheinen, ihrem ersten Ursprunge nach, aus einem reineren codex als der Archetypos von β war, zu stammen, sind aber durch Schuld der verschiedenen Abschreiber der Stammcodices unter den Werth von C gesunken. Die Fehler dieser Handschrift einzeln aufzuzählen, wäre zwecklos, da ja keine einzige Handschrift der praepar., weder A noch I noch C, frei von ähnlichen ist. Gegen D entscheidet nur die grosse Zahl derselben und die verhältnissmässig geringe eigenthümlicher guter Lesarten. Doch fehlt es auch an solchen nicht. Das Richtige bietet D z. B. allein: 206 b 4. 405 c 2. 420 c 3. 463 c 10. 501 c 7, sehr häufig mit α oder β, oder mit Einem cod. von ihnen zusammen. — G, entschieden schlechter als C, stammt mit F nicht direct aus C, sondern aus einem C verwandten cod. Vgl. 172 b 10. d 2. 371 d 2. 375 d 9. 385 c 11. 408 b 8. 425 c 1. 4. 430 d 5. 436 b 8. 473 d 6. s und unzählige andere Stellen, in denen G oder F G von C abweichen, ihn ergänzen oder berichtigen. — F, schlechter als G, ist ebensowenig aus G abgeschrieben. Vgl. 236 d 9. 237 b 8. c 5. 448 b 6. 531 a 8. 624 c 7. d 5 und zahllose andere Stellen. Das Verhältniss der Handschriften zu einander veranschauliche folgendes Stemma:

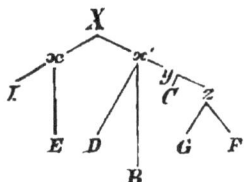

Ueber die Ausgaben des Stephanus (s) und Vigerus (v) urtheilt Dindorf (praef. p. XIII) richtiger als Wolff (a. a. O.). Aus v stammen der Nachdruck Lips. (Titel Colon.) 1688 und die Ausgaben von Heinichen (h) und Migne (m). Bemerkenswerth ist, dass die letztere auf die 14 Jahre vorher erschienene, an unzähligen Stellen verbesserte Ausgabe Gaisford's (g) nirgends Rücksicht nimmt. Durch diese hat sich Gaisford um Eusebios und die Litteraturgeschichte des Alterthums ein unvergängliches Verdienst erworben. Es erscheint wie Undank, ihre Fehler hervorzuheben, und doch muss es geschehen, um die hier vorgenommenen zahlreichen Aenderungen zu rechtfertigen. — In der Verwendung seines werthvollen Apparates befolgt G. kein festes Princip. Er ändert, bisweilen ohne zwingenden Grund, nach Conjectur oder den excerpirten Texten gegen die Schriftsteller gegen alle Handschriften (z. B. 293 d 9. 294 d 12. 381 d 7. 405 c 1. 12. 443 b 8. 481 d 2. 491 d 13. 497 c 7. 578 a 8. 583 c 8. 627 a 12); aber er folgt den Handschriften an zahlreichen anderen nicht weniger verderbten Stellen z. B. 425 d 9. 429 c 9. 462 d 7. 500 d 3; ja er verwirft sogar den Text des Autors da, wo die Lesart desselben bald durch AH, bald durch α, bald durch β, zuweilen sogar, wo das einzig Richtige durch den Autor und die besten und meisten Vertreter beider Handschriftenclassen empfohlen wird, z. B. 206 d 7. 353 d 9. 372 b 9. 373 d 4. 10. 11. 381 c 1. 408 b 2. 11. 478 b 7. 498 a 5. d 3. 639 d 3. 643 c 3. Wo keine Vergleichung mit sonst erhaltenen Texten möglich ist, schwankt g zwischen α und β, ohne dass überall innere Gründe für die gewählte Lesart aufzufinden wären, ja bisweilen, wo Alles gegen dieselbe spricht. Die Nachweise hierfür werden die nachfolgenden Anmerkungen ergeben. — Müller's Abdruck (p) der Alexandrischen Excerpte (Fr. h. Gr. III 211 f.) folgt fast überall g, während Kuhlmey (k) die Fragmente des Eupolemos nach v abdruckt. — Auch Dindorf's Ausgabe (d) ist keine neue Recension, sondern bis auf einzelne Verbesserungen ein Abdruck von g mit treuer Bewahrung der Fehler, auch der Lücken und Druckfehler in den Citaten (zu X 6 Anf. l. 362, 5; zu 524 c 11 l. Eccl. I 9; zu VI 9 Anf. l. Alex. Aphr. De fato p. 8 Or. und dgl.) In fast allen oben angegebenen Fällen geht d, überall g folgend, bald mit dem excerpirten Autor gegen alle Handschriften, bald gegen jenen und diese zugleich. Dindorf's Abweichungen von g sind nicht immer Verbesserungen. 447 a 7 z. B. verlässt d mit B die durchaus untaugliche Lesart aller Handschriften. 641 b 11 hat g mit Platon, C und v γε (aber in Klammern) d streicht es gänzlich. Aus alledem geht hervor, dass wir zwar einen sehr schätzbaren kritischen Apparat, aber keine kritische Ausgabe der praeparatio besitzen.

2. Aenderungen des Eusebios und Copistenfehler.

Es ist oft unmöglich nachzuweisen, ob die zahlreichen Abweichungen vom Text der excerpirten Schriftsteller von Eusebios selbst herrühren, oder von ihm in seinen Vorlagen vorgefunden, oder nach ihm durch die Schuld der Abschreiber entstanden sind. Wo eine sinnstörende, in Folge eines Homoioteleuton, des häufigsten Grundes für die Versehen der Abschreiber, oder eine aus anderem Grunde entstandene, durch Copisten-versehen leicht erklärliche Lücke sich zeigt, darf präsumirt werden, dass eher ein ge-dankenloser Abschreiber, als der zu bestimmten Zwecken und meistens mit Achtung für den Gedanken excerpirende Eusebios den Fehler verschuldet habe. So 287a 11. 293c 5. 293d 9. 385a 7. 462d 7. 500d 3. 528c 6. 699a 10. Dasselbe gilt von Versehen wie 385c 1. 8. 405c 1 und zahlreichen anderen, die zum Theil schon dg nach den Autoren berichtigen, und aus gutem Grunde. Denn es scheint nicht gerechtfertigt, Eus. gerade darum in übelster Verfassung zu lassen, weil er aus den excerpirten Texten leichter als irgend ein anderer selbstandiger Schriftsteller geheilt werden könnte. Freilich darf nicht auf gut Glück jede gute Lesart aus den alten Schriftstellern herübergenommen werden, sondern in jedem einzelnen Falle muss eine auf Kenntniss des Eusebischen Verfahrens beruhende Kritik prüfen, ob mit Wahrscheinlichkeit das Verderbniss auf Eus. und seine Vorlagen oder auf spätere Copisten zurückgeführt werden kann. So sind die durch Ahirren des Auges beim Abschreiben erklärlichen Lücken (s. z. B. 185d 5. 187d 12. 383c 5) nicht zu ändern, weil Eus. Doppelglieder nicht selten beseitigt (s. 188d 11. 385h 8). Ebensowenig dürfen kleine von Eus. zur Verdeutlichung eingeschobene Zu-sätze getilgt werden, wie z. B. 206b 12. Es darf ferner nirgends nach den Schrift-stellern corrigirt werden, wo Eus. (wie IX 4. 5. 9 den Josephus, X 4. 5 den Clemens) ausschreibt, ohne zu citiren, weil er hier (nach S. 6) absichtlich ändert. Um seine Excerpte, die er oft mitten aus dem Satze herausschneidet, verstandlich zu machen, andert er ferner häufig die Anfangsworte (z. B. VII 13. 323b; XIII 19. 70?a 4, wo ἐπανιόν in ἐπανιών verwandelt werden musste, weil nach Abschneidung des ersten Satz-gliedes dem Neutrum die Beziehung fehlte). Ueberhaupt haben besonders die Anfänge der Excerpte gelitten (vgl. z. B. 409b 3. 524d 7). Auf Eus. selbst sind ferner die grossen Lücken zurückzuführen, die sich an verschiedenen Stellen der Excerpte finden 472a 2. XII 51 Anf. XIII 9 Anf. 748d. 749a 11. 753h 7 und sonst. Bisweilen ist jedoch durch richtige Interpunction und Umstellung der Worte zu helfen. So gehören die Worte 271a 5: τὰ δὲ ἀπὸ τύχης τοιαῦτα nicht Alexander, sondern noch Eus. selbst an. 166c 7 wird eine Lücke bezeichnet, wo keine ist; das. d 10 eine Lücke von mehr als 8 capp. nicht bezeichnet — durch Schuld der Abschreiber, welche die Worte τούτοις ἑξῆς ἐπάγει λέγων einige Zeilen zu früh einrückten. An vielen Stellen wird es immer zweifelhaft bleiben, ob Eus. geändert oder spätere Copisten gesündigt haben. Wer darum auch Fehler und Lücken wie die oben zuerst erwähnten aus den excerpirten Texten zu bessern und zu füllen ansteht, der hat hierzu volles Recht. Doch muss er dann sich entschliessen, den Eusebischen Text, wie ihn die Handschriften bieten, überall mit allen seinen kläglichen Verderbnissen hinzunehmen, selbst da, wo er durch Con-jectur oder Vergleichung der excerpirten Schriften leicht zu bessern wäre; der darf eben an keiner Stelle, sie lade noch so sehr zur Emendation ein, die Handschriften verlassen. Ungerechtfertigt aber ist das schwankende Verfahren der bisherigen Heraus-geber, die oft an zweifelhaften Stellen gegen die codices ändern und an sicher ver-derbten einzig ihrer Autorität folgen.

3. Eusebios und Pseudo-Aristeas.

Die Eusebischen Auszüge aus Pseudo-Aristeas haben in der neuesten, grundlegenden Ausgabe Moriz Schmidt's nicht die gebührende Würdigung gefunden. Sie sind zur Herstellung des unglaublich verwahrlosten Textes nicht verwendet worden, obgleich Schmidt selbst anerkennt (S. 5), dass Eus. die Stelle einer ganz vorzüglichen Handschrift vertritt. Schmidt unterlässt es, weil er befürchtet, durch Aufnahme der Eusebischen Varianten den Text 'scheckig zu machen'. Das Bedenken des trefflichen Kritikers wäre begründet, wenn es sich hier um 'sporadische Aufnahme specioser Citate' aus abweichender Recension handelte. Durch Eus. aber besitzen wir Excerpte, denen 'genau unser Text mit genau derselben Art von Schäden' zu Grunde lag (Schmidt das.), die bedeutend umfangreicher sind, als der verglichene Text zweier Handschriften (A und V, aus denen Varianten aufzunehmen Schmidt kein Bedenken trägt) und von wenig geringerem Umfange, als die dritte (C) von den vier Handschriften, die überhaupt verglichen worden sind. Und diese Handschriften sind ausserdem entweder lückenhaft, oder nur stellenweise verglichen worden, sodass zumeist ein einziger Zeuge genügen musste. So lange daher nicht andere und bessere Handschriften zur Vergleichung herangezogen sind (Lumbroso Rech. p. 351 nennt ihrer 7), wird des Eus. Hilfe nicht entbehrt werden können. Dieser aber hat seinen Text nicht gefälscht: wenigstens ist das von Schmidt (S. 6) nicht bewiesen worden. τέτευχε (19, 11) ist eine bei Späteren so überaus häufige Form, dass sie von Eus. nicht absichtlich in τετύχηκε, das auch Josephus liest, geändert sein kann. Auf φαίνηται (19, 19) führt B u. Lumbroso Atti di Tor. 1869 p. 522. 535; χρηματοφύλακας (20, 5) kann erleichternde Lesart eines Schreibers ebensogut sein, wie des Eus.; ἐπιλέξας (21, 8) ist nicht besser und nicht schlechter als das Medium, welches Eus. 22, 22 nicht antastet. Die Aenderung 21, 1 rührt nicht von Eus. her; denn die Handschriften des Aristeas zeigen, dass der Archetypos hier unleserlich war, und κατέστησα ist schwieriger als — σαμεν. Auch beruht die Vermuthung Schmidt's hier und 21, 2 auf der Annahme einer Versetzung, die jedenfalls unnöthig ist. 19, 20 endlich findet sich in β bei Eus. eine Umstellung, wie sie die besten Handschriften aller Schriftsteller tausendfältig aufweisen; α aber schreibt genau wie Schmidt. Dieser scheint auch nicht die Absicht gehabt zu haben, eine genaue Vergleichung der Eusebischen Auszüge zu geben. Aus dem ersten Excerpt (350a 1f.) ist zu 14, 17—15, 2 keine einzige von 8 Varianten angegeben worden, obgleich hier der Text Schmidt's nur auf A ruht und aus Eus. mehrere Male sicher verbessert werden konnte. 14, 23 ist σπουδάσω schon darum nothwendig, weil Aristeas mit dem Ausdruck zu variiren liebt (vgl. 46, 8. 13. 19 u. s. w.); 14, 25 l. τά τῶν (vgl. 13, 17. 25. 15, 27); 14, 33 musste ἔκασθ' ὁ geschrieben werden (vgl. 13, 19. 21. 14, 17. 21, 15. 25 u. s. w.), da Eus mit A übereinstimmend ὁ liest. Im folgenden Excerpt p. 18, 23—22, 26 sind zu den 44 aus d vermerkten Varianten 21 zu berichtigen oder nachzutragen, wenn man Verschiedenheiten der Accente und des Apostrophs nicht mitrechnet. Doch hat man überhaupt kein Recht, als Text des Eus. anzusehen, was d zufällig als solchen darbietet. Ein ganz anderes Bild desselben erscheint in Gaisford's reichem Apparat, den Schmidt nicht benutzt und nicht nennt. So stimmt 19, 20. 21, 5 α mit Aristeas überein. 22, 14 schreiben sogar BCFGI wie Aristeas. 18, 24, 19, 1. 27 schreibt β εἴσδυσις und εἰσδοῖναι (was trotz Josephus' ἐκδ. das Richtige ist nach Bern. Peyron Pap. Brit. 2, 32. 65. 77. 110. p. 36; Pap. Taur. 2, 29 und oft; Lumbroso Rech. p 129). Die übrigen Excerpte sind von Schmidt in derselben Weise behandelt. So wird 36, 26 eine Conjectur Viger's als Lesart des Eus. angesehen; 41, 5 ist nicht beachtet, dass CFGI wie Aristeas lesen, und oft sind Varianten in d übergangen oder falsch angegeben worden. — Wenn auch alles dies dem Danke, welchen wir Schmidt für seine Arbeit schulden, nur wenig Eintrag thut, so wird doch ein künftiger Herausgeber anders verfahren müssen. Derselbe wird auch aus Josephus manchen Gewinn für den Text ziehen können (vgl. Lumbroso Rech. p. 109. 129. 206) und die griechisch-ägyptischen Papyros und Inschriften nicht unbeachtet lassen. Denn wenn auch Aristeas nirgends den Schüler der Griechen verleugnet, so hat doch die Vulgärsprache der ägyptischen Hellenisten stark auf ihn eingewirkt, und vor Allem: er bewegt sich mit Vorliebe in Schilderungen ägyptischer Verhältnisse, die aus jenen Urkunden am besten erläutert werden können. Dies hat Am. Peyron (Pap. Taur. I 21) schon im Jahre 1826 erkannt, und Lumbroso hat es in den Atti der Turiner Akad. 1869 p. 229 f. 682 f. und in seinen für Culturgeschichte äusserst lehrreichen recherches an verschiedenen Orten erwiesen. Uebrigens versteht es sich von selbst, dass der innere Werth der Trugschrift nicht erhöht wird durch die Nothwendigkeit, das Colorit der Darstellung als ein ägyptisches anzusehen und dass die Ueberschätzung ungerechtfertigt ist, zu welcher vor Allen Bern. Peyron (Pap. Brit. p. 30) sich hat verleiten lassen. Was aber von Aristeas gilt, muss (nach S. 153 f. 162 f.) in gleicher Weise von Artapanos behauptet werden.

4. Alexander der Milesier und Alexander der Myndier.

Für identisch mit dem Myndier Alexander hatte schon Wegener (De aula Attal. p. 201 f.) den Polyhistor erklärt aus Gründen, die zu widerlegen Rauch (a. a. O. p. 7) wenig Mühe hatte. Aber auch Hulleman's triftigere Gründe werden durch die richtige Bemerkung Rauch's entkräftet, dass eine Schrift wie die Thiergeschichte des Myndiers, die aus eigenen Beobachtungen an Thieren hervorgegangen zu sein scheint (Athen. IX 393 d), die neben dem gleichnamigen Meisterwerke des Aristoteles zu stehen für würdig gehalten wurde (Athen. II 65 a. IX 388 d. 389 e und oft; schol. Theokr. VII 140), mit der Schriftstellerei des Polyhistors sich schlecht reimt. — Der Beiname 'Myndier' ferner war, wie aus der häufigen Erwähnung bei Plutarch, Aelian, Athenäos, Photios, den Scholiasten zu Homer und Theokrit hervorgeht, nicht minder bekannt als der Vorname Cornelius und der Ehrenname Polyhistor. Wie kommt es, wenn diese Namen demselben Manne angehören, dass Plinius, Josephus, Pseudo-Plutarch, Clemens, Eusebios, Synkellos, insbesondere aber Stephanos aus Byzanz, der unzählige Male den Polyhistor nennt, nie vom Myndier sprechen? dass umgekehrt alle die, welche die Werke des Myndiers erwähnen, ihm nie den bei einem Griechen so auffallenden Namen Cornelius, nie den noch auffälligeren Polyhistor geben? dass Plinius, der im Text und in den Indices seines grossen Werkes sehr oft den Namen des Polyhistors nennt, gerade das beste Werk des von ihm wohl gekannten Mannes, wenn es dessen Werk war, nicht citirt und nicht benutzt hat? denn in den zoologischen Abschnitten der Naturgeschichte kommt der Name des Polyhistors überhaupt nur Einmal vor (IX 56), und hier ist sicherlich nicht die 'Thiergeschichte' des Myndiers verstanden. Wie erklärt man es, wenn Alexander Polyhistor der Myndier war, dass Stephanos ihn nicht nennt, da wo er die aus Myndos stammenden Grammatiker aufführt (s. v. Μύνδος)? Wenn alles dies entschieden gegen Hulleman's Annahme spricht, so wird die Nachricht Suidas', Alexander sei der Milesier dieses Namens, und der Eudokia (a. a. O.), die ausdrücklich den Milesier vom Myndier unterscheidet, in gutem Sinne mit dem Polyhistor identificirt, nicht verworfen und nicht verstümmelt werden dürfen, wie es Hulleman thut. Die verdorbene Stelle bei D. L. I 29 endlich ergiebt ebensowenig Sicheres über die Identität des Polyhistors mit dem Myndier, wie das, was Hulleman (p. 96) sonst beibringt, aber selbst für anfechtbar erklärt.

5. Berossos und Josephus.

Dass Josephus nicht Berossos selbst, sondern die Excerpte des Polyhistors ausgeschrieben habe, wird mit nicht triftigen Gründen von M. Niebuhr (S. 13) zu erweisen gesucht. Die Josephischen Fragmente sollen 'nicht aussehen wie ursprünglicher Text'
sondern wie Auszüge. Um eine solche Behauptung wagen zu können, müssten wir den
ursprünglichen Text des Berossos, wenigstens irgend einen Rest desselben kennen
gelernt haben. Aber ausser in Auszügen findet sich auch nicht das geringste Ueberbleibsel der Χαλδαϊκά. Das aber wissen wir über das Werk Berossos', dass die
gesammte Geschichte der Babylonischen Könige von Nabonassar bis zur Perserzeit in
einem einzigen Abschnitte — dem dritten Buche — enthalten war. Ist es da wahrscheinlich, dass der Text viel ausführlicher war, als die Fragmente bei Josephus? Und
ist es glaublich, dass der chaldäische Priester eine Geschichte im Stile des Thukydides
oder Polybios geschrieben hat, zu der denn freilich diese Fragmente nicht passen
würden? Uebrigens hat ja Josephus in der That Vieles ausgelassen, das ihm überflüssig
zu sein schien (c. Ap. I 20), sodass zwar die Beobachtung Niebuhrs richtig ist, nicht
aber der Schluss, den er daraus zieht. Niebuhr meint ferner, es sei nicht glaublich,
dass Berossos 'an einer Stelle die Geschichte des Nabukudrussur vom ersten Anfang
bis zum Ende . . . erzählt, alles Andere aber . . . an einer anderen Stelle vorgebracht'
habe. Auch dieser einzig gewichtige Einwand ist leicht zu heben. Das Fragment bei
Josephus (c. Ap. I 20) schliesst sich nicht unmittelbar an das (das. c. 19) voraufgehende,
sondern Josephus verzeichnet ausdrücklich eine grössere Lücke zwischen beiden (ταῦτα
ἱστόρησε καὶ πολλὰ πρὸς τούτοις). Am Schlusse des von Josephus übergangenen Berichtes war von einem anderen Bau als der Ummauerung Babylons die Rede gewesen,
auf den sich die Worte μετὰ τὸ ἄρξασθαι τοῦ προειρημένου τείχους (I 20) beziehen.
Denn nicht jene kann hierunter verstanden sein, weil sie von Nabukodrossor vollendet,
der Bau dieser Mauer aber durch seinen Tod unterbrochen ward; weil dort ferner von
sechs περίβολοι, hier nur von Einer Mauer gesprochen wird. Dass nun aber der bau-
lustige König zu verschiedenen Zeiten Mauern hat ziehen lassen, und dass Berossos
am Anfange und Schlusse seines Berichtes von diesen Bauten erzählt, ist nicht auffallend. — 'Warum — fragt Niebuhr weiter — hat Josephus den Berossos nur so sehr selten
angeführt? und ausser den beiden erwähnten Fragmenten nur solche Stellen citirt, die
wir auch aus dem Eusebius kennen, welche also im Auszuge des Polyhistor standen?'
Billig aber sollte es Verwunderung erregen, nicht dass Josephus ihn so selten, sondern
dass er ihn so häufig citirt. Denn er führt ihn siebenmal an, häufiger als irgend einen
anderen Schriftsteller bis auf den Herodot und Nikolaos von Damaskos, häufiger als
selbst den Manetho, dessen Darstellung doch viel mehr Berührungspunkte mit der
jüdischen Geschichte darbieten musste, als die des Berossos. Im übrigen kennen wir
aus Josephus allein nicht bloss das Ant. X 11, c. Ap. I, 19 und 20, sondern auch das
Ant. I 3, 9 und I 7, 2 Berichtete. Wahrscheinlich aber hat Josephus stillschweigend noch
vieles Andere dem Berossos entlehnt, wie z. B. den Ant. X 11, 2 erhaltenen Bericht.
Auch ist nicht ausgeschlossen, dass der Berossos, der Josephus vorlag, schon ebenso überarbeitet war, wie Manetho; aber diese Ueberarbeitung war keinesfalls die des Polyhistors.

6. Zu den Fragmenten des Demetrios.

Welchen Titel Demetrios seiner Schrift gegeben hat, lässt sich nicht mit Sicherheit
entscheiden. Eus. giebt gar keinen an, und der von Clemens genannte, περὶ τῶν ἐν
τῇ Ἰουδαίᾳ βασιλέων (I 21. 403), passt auf die überwiegende Zahl der Fragmente, welche
die Geschichte der Patriarchen sehr ausführlich erzählen, nicht. Entweder hat also

Clem. den Theil der Schrift, welcher über die Königszeit handelte, nach bekannter Unsitte, mit besonderem Sachtitel versehen, oder Dem. hat zwei verschiedene Werke verfasst. Für die von Eus. erhaltenen Bruchstücke war daher jedenfalls eine andere Aufschrift zu suchen, und die allgemeinste und häufigst angewendete περὶ Ἰουδαίων erschien
als die passendste. — Nur wenig ist zur Kritik der Fragmente dem oben (S. 51 f.) Besprochenen hinzuzufügen. 423 b 11 zeigt β und 423 b 1. c 9, dass wohl wegen des
nicht verstandenen καὶ nach τῷ αὐτῷ in α eine Wortversetzung stattgefunden hat,
während β σνλλαμβάνω durch ἐν γαστρὶ und παιδίσκην durch αὐτῆς ohne Noth näher
erklärt. Nach χρόνῳ ist vielleicht ᾧ ausgefallen (s. d. angef. Stellen). — 424 b 5 darf
τε in 1 β nicht in δὲ geändert werden; vgl. 423 a 9. 435 d 5. 447 c 5. — Durch das
424 c 11 erhaltene Πεντεφρὴ statt Πετ. erhält Lagarde's Bemerkung (Genesis p. 20) ihre
Bestätigung. — 424 c 5/6 fehlt der Zeitbestimmung die Beziehung auf ein angegebenes
Factum. Sicherlich hat Alex. wieder übergangen, was Dem. der Bibel (Gen. c. 40—41)
kurz nacherzählt haben wird. — Die in jetziger Fassung widerspruchsvollen Angaben
425 b. c sind aus 423 a. d leicht zu verbessern. Ausgangspunkt der Berechnung ist
hier Joseph's Lebensalter = 39 Jahre. Zählt man je 10 Monate zu, so erhält man das
Alter des nächstfolgenden Bruders. Nur hat Alexander, dem die Genauigkeit des Dem.
hier doch zu arg ward, ein Plus oder Minus von 2 Monaten unbeachtet gelassen. So
stimmen in β alle Zahlen. Doch sind die gleichaltrigen Gad und Naphtali nicht 41 J.
3 oder 7, sondern 41 J. 6 Mon. alt. Dan fehlt ganz (oben S. 54 f.); ausserdem Issachar.
Also: Joseph und Dina 39 J.; Sebulon 39 J. 10 M. = 40 J.; Issachar und Aser = 40 J.
8 M.; Gad und Naphtali 41 J. 6 Mon.; Dan und Juda 42 J. 4 M.; Levi 43 J. 2 M. = 43 J.;
Simon = 44 J.; Ruben = 44 J. 10 M. = 45 J. Dass Aser nicht auf Juda, sondern
auf Gad folgen muss, ergiebt sich aus β. Die vielfachen Lücken und Umstellungen in
den Handschriften beweisen, wie leicht einer der gleichaltrigen Brüder wegen des stets
wiederholten ἐτῶν . . μηνῶν . . ausfallen konnte, besonders Δὰν wegen der gleichen
Endung mit ἸουδάΝ (oben S. 55). Die erste Lücke im angedeuteten Text durfte nur
angedeutet, die zweite konnte ausgefüllt werden; denn Dan, der an 3 Stellen fehlt, ist
von Alex. selbst gestrichen; Issachar dagegen, der nur hier vermisst wird, von den
Copisten des Euseb. ausgelassen worden. Unsere Aufgabe aber ist, Alex. wiederherzu-
stellen, nicht über ihn hinauszugehn. — 425 d 13. 426 a 1 ist wohl Ἄμβραν statt Ἀμράμ
zu schreiben, nicht sowohl weil BV hier und überall, sondern weil β 426 a 4 so liest.
— In fr. 3 sind einige Namen verstümmelt. Μαδιάν (439 c 1) ist in Μαδιάμ zu ändern,
das übereinstimmend mit den besten Handschr. der LXX hier ILV und 439 d 7 alle
codd. schreiben. — Auf Ἰοθόρ führen die Varianten der Handschr., 7 codd. der LXX
und chr. Pasch. 117. 17. — Gegen Ἀβάβ entscheiden ICB und fast alle codd. der LXX.
Das I von Ἰωβάβ scheint wegen des voraufgehenden καὶ zu fehlen. — Ἰσαάρ ist eine durch
das nahe Ἰσαάκ veranlasste Verschreibung von Ἰεχάν, das Dem. kurz vorher zweimal
richtig geschrieben hat. — Das ganze Wirrsal der Accente bei den Eigennamen zu
ordnen, war ich auch mit Hilfe von 1 nicht im Stande; denn auch in dieser besten
Handschrift hat hierüber nicht ein festes Princip, sondern Willkür und Unverstand der
Copisten entschieden.

7. Sprachliches zu Demetrios' Fragmenten.

In den Fragmenten des Dem. herrscht der Chronikenstil, was Wortwahl und Satzbau betrifft. Es zeigt sich keine Spur der gesuchten Redeweise, der seltenen, poetischen
und neugebildeten Worte, der in späterer Zeit und besonders im Vulgärgriechisch der
Aegypter sehr häufigen Bicomposita, was Alles Ps.-Aristeas liebt, und was auch bei
Artapanos die Ueberarbeitung Alexander's nicht ganz getilgt hat. Dem. gebraucht für

denselben Begriff unzählige Male dasselbe Wort. Er hält sich in lexicalischer Beziehung fast ganz im Kreise der LXX. Man vergleiche εὐλογεῖν (422 d. 425 d), das als Uebersetzung von בָּרַךְ hier und bei den LXX erscheint. Auch in den merkwürdigen jüdisch-hellenistischen Inschriften des Πάνειον von Apollonopolis finden wir es in demselben Sinne angewendet (Letr. Recueil II n. 197 und 198). Bei Dem. ist ferner τὰ ἔθνη (425 b. c) im Sinne 'heidnischer Völker' den LXX entlehnt; συνοικεῖν abs. für 'verheirathet sein' (439 d) erinnert an Sir. 42, 9. 10. Ganz ungriechisch ist καρπόω und κάρπωσις für θύειν und θυσία (421 b) (vgl. LXX Deut. 26, 14; Cant. 3 puer. 11; Lev. 4, 10. 19. 22, 22); διαπράσσω für 'ein Gewerbe treiben' (424 d). ἐξάλλομαι dagegen (424 a) kann selbst bei Dem. nicht 'graviter commoveri' bedeuten, wie v übersetzt. Wahrscheinlich ist ἐφάλλομαι (irruo) zu lesen. Veraltet ist ἄρσην (424 b) für ἄρρην. — Auch der Satzbau ist oft durchaus dem Hebräischen nachgebildet. 425 d: Ἰακὼβ ἐλθεῖν .. καὶ γεννῆσαι für ἐλθόντα γεννῆσαι: 'als J. gekommen war, zeugte er' (וַיֵּלֶךְ ·· יֹלֶד); das. Λευὶν (Dativ) ἐπιγενέσθαι ἔτη ιζ´ καὶ γεννῆσαι; 424 a παροικῆσαι .. καὶ ἡφθαρῆναι. — Sehr unbeholfen sind Wendungen wie 423 b: τίκτειν ἐκ παιδίσκης; 425 a: ὡσαύτως ἐπὶ τοῦ τὰς στολὰς δοῦναι ἑκάστῳ διπλᾶς; 439 b: τὸν μηνύσαντα τὸν τελευτήσαντα, und ein Muster von Schwerfälligkeit ist der erste Satz des c. 21: ἀποσταλέντα ὑπὸ τῶν γονέων διὰ τὴν πρὸς τὸν ἀδελφὸν κρυφίαν ἔχθραν Ἡσαῦ διὰ τὸ εὐλογῆσαι αὐτὸν τὸν πατέρα δοκοῦντα εἶναι τὸν Ἡσαῦ καὶ ὅπως κτλ. — Berührungspunkte mit dem Griechisch der Aegypter zeigen sich sogut bei Dem. wie bei den LXX. So ist εὐλογεῖν in dem eben angegebenen Sinne durchaus nicht, wie Letronne Rec. II p. 252 annimmt, auf biblische oder unter biblischem Einfluss stehende Schriften beschränkt. Er selbst schreibt das. in der Inschrift n. 508: εὐλογῶ τὸν Εὔοδον θεόν und n. 509: εὐλογῶ τὸν Πᾶνα. — Die schwerfälligen Verbindungen durch Häufung von Präpositionen, die bei Dem. nachgewiesen worden, sind bei ägyptischen Hellenisten ungemein gewöhnlich. Man vgl. Pap. Taur. 1 ² 10. ⁴ 12. 14. 17. 28. ⁵ 22. 27. ⁶ 22. ⁷ 34. ⁹ 23. 3, 16; Brit. 18; Par. 38, 14 und sonst. — Hybride und vulgäre Formen, wie sie in Papyri und Inschriften, bei den LXX und im neuen Testament so häufig sich finden, sprachwidrige Vertauschung der Casus, der Modi, der Genera des Verbums weist Dem. nicht auf. Möglich, dass Alex. sie beseitigt hat.

8. Zu Pseudo-Eupolemos.

Die falsche Beziehung von τῆς Ἀσσυρίας (418 c) auf Ἰουδαίων statt auf πόλιν hat der Schrift den Titel π. Ἰουδαίων τῆς Ἀσσυρίας gegeben, der, dem Inhalte dieses Fragmentes, wie allen ähnlichen Schriften zufolge, sicherlich falsch ist, was schon Rauch (p. 21) erkannt hat. Dass aber Pseudo-Eupolemos auch nicht π. Ἰουδαίων geschrieben haben kann, ist früher nachgewiesen (S. 89). Um irgend eine Bezeichnung zu haben, ist die nächstliegende ganz allgemeine περὶ Ἑβραίων von mir gewählt worden, der freilich jede Bezeugung fehlt. — Ueber Οὐρίη (418 d) ist jetzt Schrader Die Keilinschr. u. d. A. T. S. 42 f. zu vergleichen. Ueber Kamarine s. Ewald 1 ³ 481; Alexandre zu Sib. III 218. 736. — Das. ist τὴν ἀστρολογίαν καὶ Χαλδαϊκὴν nicht in ἀ. τὴν Χ. zu ändern; denn wird auch häufig Astrologie als die chaldäische Wissenschaft κατ' ἐξοχὴν angesehen, wofür Belege nicht beigebracht zu werden brauchen, so gelten doch auch andere Wissenschaften als chaldäische. So die 'Theologie' (D. L. IX 84), die Mathematik (das. 49). Bei Sueton Vitell. 14 heissen die Chaldäer geradezu mathematici und Hesych. s. v. sagt, dass sie Alles wissen. Ueber ihre Wahrsagerkunst vgl. Winer B. RWB. s. v. Magier. Ganz wie Eupolemos sagt darum Philon ἀστρονομίας καὶ τῆς Χαλδαιζούσης δόξης (II 13, 2). Vgl. auch Philon 464, 5. II 13, 33. Jos. Ant. I 8, 2. — Das. schreiben die guten codd. ἀδελφιδὸν, V allein ἀδελφὸν statt — φιδοῦν. Besässe V irgend welche Autorität, so könnte man ἀδελφὸν für das Richtige halten, weil die LXX nicht bloss Gen. 24, 27. Lev. 25, 48. Deut. 2, 4. 8, sondern nach der richtigen Lesart bei Holmes und Lagarde auch Gen. 14, 14. 16 ἀδελφός übersetzen und die Papyri ebenfalls ἀδελφός für 'Verwandter' anwenden (Peyron P. T. I p. 61). — 419c ist zu beachten, dass auch hier die Priester von Heliopolis es sind, mit denen Abraham verkehrt (s. oben S. 151). Die Worte καὶ αὐτὸν εὑρηκέναι κτλ. (das.) sind schwierig; denn hat Abraham die Astrologie erfunden, so haben es nicht die Babylonier gethan; haben Babylonier und er sie erfunden, so kann die Erfindung nicht bis auf Henoch zurückgehen. αὐτὸν εἰρηκέναι in E führt auf αὐτὸ εἰρηκέναι; aber ausdrücklich heisst es ja 418d: ἐν δὴ (sc. Ἀβραάμ) καὶ τὴν ἀστρολογίαν εὑρεῖν. Die Schwierigkeit ist wohl nur durch Erklärung von εὑρίσκειν gleich 'erlangen, sich erwerben' zu lösen. Darum heisst es 419c: πρῶτον εὑρηκέναι. Vgl. Her. IX 28; Xen. Anab. VII 1, 31; Ps. Arist. Oek. II 1350,17. Dass mit β 419d Χοὺν (oder Χοὺς nach Gutschmid ZDMG. XV 7 n. 1) statt Χοὺμ, gelesen werden müsse, versteht sich von selbst. Mit Bochart Phaleg IV 2. p. 210 ist ferner (419c) καὶ Χὰμ für καὶ Χαναὰν zu schreiben, da hierdurch nicht bloss die Uebereinstimmung mit der Bibel hergestellt, sondern das Nachfolgende erst verständlich wird: τοῦτον δὲ κτλ. 'dieser (Cham) habe Kanaan gezeugt'. Die Einfügung von Χὰμ vor Χαναὰν ist daher nicht erforderlich. — Gutschmid's einfache Emendation τούτου Μεσραΐμ für τοῦ Μ. (ZDMG. XV 7 n. 1) wäre unbedingt aufzunehmen, wenn nicht β πατρὸς Αἰγ. für πατέρα Αἰγ. darbote, wodurch derselbe Sinn gewonnen wird. Bochart's Einfügung von καὶ vor Χοὺν ist falsch nach Gutschmid (das.). Würde man sie zulassen, so ergäbe sich eine der Bibel genau entsprechende Abfolge: Bel (Noach), Cham, (Kanaan, Kusch, Mizraim). Bel-Kronos wäre dann als Kronos-Anu gleich Noach, und Nimrod würde nicht identisch mit dem zweiten Bel, sondern (abweichend von fr. 2) Sohn des Kusch sein. Doch wer Cham zu einem Bruder Belos' macht, kann auch Kusch in einen Sohn Kanaan's verwandeln, und das synkretistische Wirrsal auf Grund biblischer Angaben vollständig lösen wollen, heisst einen Mohren weiss waschen. — Kusch, der Vater der Aethiopen, soll Asbolos entsprechen, weil Ἄσβολος (= Ἀσβόλειος) der 'Russige, Schwarze' bedeutet. Vielleicht hat bei der Verbindung Χοὺς-Ἄσβολος auch die babylonische Ueberlieferung von einem Choumasbolos mitgewirkt (s. M. Niebuhr Gesch. Assur's S. 472. 505).

9. Titel der Schrift des Eupolemos. Zusammengehörigkeit der Fragmente.

Als Titel der Schrift hat Alexander Περὶ τῆς Ἠλίου προφητείας angegeben (c. 30. 447a), während die Auszüge die Geschichte des Propheten übergehen und nicht einmal seinen Namen erwähnen. Auch wird die Regierung Salomo's und der Bau des Tempels so ausführlich geschildert, dass diese Stücke unmöglich als blosse Einleitung zu einer Schrift 'über die Prophetie Elia's' gelten können. Viel passender ist die Aufschrift, welche nach Clemens (I 23. 413 Pot.) und Cyrill (c. Jul. VII 231d) die Auszüge Alexander's trugen: Περὶ τῶν ἐν τῇ Ἰουδαίᾳ βασιλέων; denn die Geschichte der Israeliten vor der Königszeit scheint, wie aus Euseb. IX 30 Anf. hervorgeht, in der That sehr kurz behandelt worden zu sein. Da nun Clemens und ihm folgend Cyrill diese Aufschrift einem Bruchstück geben, das über Moses handelt, also zu derselben keinen Anlass bieten konnte, so hat Clemens sie keinesfalls selbst erdichtet, sondern muss sie schon bei Alexander vorgefunden haben. Wodurch aber jener erste falsche Titel entstanden ist, ob aus einem besonders ausführlichen Abschnitt der Schrift, ob durch irgend einen anderen Irrthum Alexander's, kann heute nicht mehr entschieden werden. — Die ausdrücklichen Angaben des Polyhistors über die Zusammengehörigkeit der Fragmente (431c. 447a. 452a) anzuzweifeln, berechtigt uns Nichts. Nur c. 30 wird allein durch eines der schon von Valckenaer (Diatr. de Arist. p. 26) verworfenen, in β erhaltenen

Lemmate dem Eupolemos zugewiesen. Doch scheint dieses von einem kundigen Manne beigeschrieben zu sein; denn es trifft das Richtige, wie der durchweg zum Charakter der
übrigen Fragmente stimmende Ton erweist (vgl. oben S. 118. 122. 124.). Dazu kommen
Uebereinstimmungen auch einzelner Worte z. B.: εἶτα ᾽Ιωναχείμ = c. 30 Anf. εἶτα
᾽Ιησοῦν εἶτα .. Σαοῦλον .. εἶτ Δαβίδ; προφητεῦσαι ᾽Ιερεμίαν = c. 30 Anf. Μωσῆν
προφητεῦσαι; Σαμαρεῖτις καὶ Γαλιλαία = c. 33; Γαλαδῖτις das.; τὸν δὲ χρυσὸν .. καὶ
ἄργυρον καὶ χαλκύν = 447 d; ᾽Ιουδαῖοι = c. 26. 449 c. d: ἡ κιβωτός = 451 c. Von den
durch Eusebios geretteten Schriftstellern ist es also Eupolemos, dem dieses Fragment
am ehesten zugewiesen werden darf. Einem sonst nicht genannten aber gehört es nicht
an nach S. 36 Anm.*).

10. Suron und Uaphres.

Σούρων für צור, der Chronik hat den Erklärern unnütze Scrupel gemacht. Für
diesen Namen war Σίρωμος (Herod. VII 98: Synk. p. 343. 8 f.) überliefert. Um dieser
Form sich zu nähern verwandelte Eup. ־ in Σ, was durchaus gewöhnlich ist nach Gesenius (Monum. phoen. p. 414) und an der Uebertragung von צרין in Σωφιρὰ oder
Σωφίρ bei den LXX (I Kön. 9, 28: 1 Chr. 29, 4) und Jos. (Ant. VIII 6, 4) und Aehnlichem
sein Analogon findet. Die Verwechselung von Ν und Μ aber ist bei den griechischen
Uebersetzern der Bibel überaus häufig, wie aus Γεσίυ, Ἐδίμ. Μαδιάμ erhellt. Auch
das letzte Bedenken gegen diese Erklärung muss schwinden, wenn man die sonst vorkommenden vielfachen Uebertragungen dieses Namens beachtet. Χείραμ oder das damit
identische Χίραμ schreiben die LXX; Εῖραμος Josephus nach Menander und Dios (Ant.
VIII 5, 3) und an anderem Orte Εῖρωμος (c. Ap. I 21); Χείραμος Tatian (or. ad Gr. p.
128). ᾽Ιέρωμος Theophilos (ad Antol. III 131). Θείραμος die alexandrinische Chronik
(p. 169. 1). — Dass dagegen ῾Υπέρωνα bei Clemens (I p. 397 Pot.) nicht aus einer neuen,
also der achten Form des Namens entstanden, sondern von Clemens aus den nicht zu-
sammengehörigen Worten des Eupolemos ὑπὲρ ὧν ἄν (bei Eusebios IX 34) übel zu-
sammengeleimt ist, hätte nach dem von Potter (z. St.) Bemerkten Hulleman (a. a. O.
p. 150) nicht bestreiten sollen. Potter hat auch (I 21. p. 396) richtig Δὰν für Δαβὶδ
zu lesen vorgeschlagen, was oben (S. 55) und von Cobet in ᾽Εραῆς λόγιος (I p. 206)
übersehen worden ist. — Uaphres halten Perizonius (Aegypt. origin. c. 14. p. 267),
Huetius (Hist. eccl. II 253) und Kuhlmey (Eup. fragm. p. 71) für identisch mit Venephes
und diesen für den letzten König der zwanzigsten Dynastie. Hiergegen ist geltend zu
machen, dass, abgesehen von der nicht unbeträchtlichen Verschiedenheit der beiden
Namen, die echten Verzeichnisse die Könige der 20. Dynastie nicht namentlich aufführen,
und dass bloss die Liste des Synkellos — ein sehr spätes und gänzlich ungeschicht-
liches Machwerk — diesen Venephes als 61. König nennt (320, 13). Das Richtige erkannte schon Scaliger (De em. temp. not. p. XXVI).

11. Zu Eupolemos' Fragmenten.

In fr. 1 ist mit L γραμματικὴν beibehalten worden, obgleich Eus. c. 26. 431 c γράμματα schreibt, weil Cobet (Εραῆς p. 169) die Bedeutung 'Kunde der Buchstabenschrift'
dem Worte gesichert hat. Für dieselbe darf noch hingewiesen werden auf Syrian ad
Hermog. c. 17. Walz Rh. Gr. IV 43: ἡ γοῦν κατὰ Κάδμον .. γραμματικὴ κτλ — In fr. 2
(447 b) ist Ναβδαῖοι entweder bloss eine andere Schreibung des unmittelbar voraufgehenden Namens Ναβαθαῖοι, oder aus Ναβδιήλ, das (Genes. 25, 13 neben Ναβαιώθ
erscheint, zu erklären. Kuhlmey (S. 70) will Ζαβεδαῖοι nach I Makk. 12, 31 lesen. —
447 d wird die falsche Lesart der älteren Ausgaben ἀχάνοις durch die besten Handschriften in ᾽Ελάνοις gebessert. Das hätte um Holsten's (zu Steph. Byz. p. 216) willen

8

nicht in Ἀιλάνοις verwandelt werden sollen, da Ἐλάνα für Ἀιλάνα auch bei Ptolem. V
17 erscheint, 1 Kön. 9, 26 Ἐλάθ von 11 Holm. Handschriften und Ἡλάθ von Eus. Onom.
sacr. 258, 57 Lag. geschrieben wird. Ἀχάνοις ist identisch mit Ἀχάβοις, das ist
אֵילַת, dem später auftretenden Namen Elath's. — Das. finden wir Οὐρφῇ für אוּפִיר:
Eup. schrieb also wohl Οὐφρῇ (Bochart). — Das Griechisch in den Briefen des Eupolemos steht der Redeweise ägyptischer Hellenisten sehr nahe. παραλαμβάνειν τὴν βασιλείαν, das mit Nachdruck an den Anfang aller vier Briefe gesetzt ist, war die stehende
Formel, um den Regierungsantritt der Aegypterkönige zu bezeichnen (s. Martin Nouv.
rech. p. 87 f.; Letronne zu inser. Ros. 1. 1). — δεδοκιμασμένος ὑπὸ θεοῦ sagt Uaphres
(c. 32), wie ὂν ὁ Ἥφαιστος ἐδοκίμασεν die Priester in der Inschrift von Rosette (l. 3.
vgl. 8, 9. 37 und Aehnliches in zahlreichen anderen Inschriften). Die Uebereinstimmung
zwischen Eupolemos und diesen Stellen ist daher schon Letronne (a. a. O.) aufgefallen.
Die Häufung der Präpositionen in den Briefen (448c. 449c) begegnet uns ungemein
oft bei äg. Hellenisten (oben S. 207). Ebenso häufig ist die stehende Formel καλῶς
ποιήσεις mit Part. oder Inf. (449d; vgl. Pap. Brit. 11, 45. 18, 29. Vat. A. 20; Par. 43,
3. 48, 16; Letr. Rec. I 371; Pap. Theb. 9, 13). Auch der übrige Wortvorrath gehört
dem Idiom der Aegypter an. Vgl. χρεία c. 31. 32 = Pap. Taur. 7, 17. 11, 21; τὰ δέοντα
c. 32. 33. 34 = Pap. Br. 5, 22; Par. 26 1 6. 2 34. 27, 9. 28, 7. ἐρωτᾶν ὑπέρ τινος, das
Hulleman (p. 150) als unmöglich ändern wollte, hat sein Analogon an ἐρωτᾶν ἐπί τινι
(Not. et extr. 1865 p. 259 l. 21) und an ἀκούειν, κελεύειν, μεταλαμβάνειν, μηνύειν ὑπέρ τινος
Pap. Par. 34, 14. 44, 9. 15 1 19. 10, 25. Das incorrecte ὡς ἂν mit dem Partic. finden wir
auch Ros. l. 22. Obgleich nun alles dieses nicht gerade ausschliessliches Eigenthum ägyptischer Hellenisten ist, so erscheinen doch wegen der grossen Zahl der Berührungspunkte diese Briefe vollkommen wie Nachahmungen der Briefe, die wir in den Papyri
lesen. In den übrigen Fragmenten des Palästiners Eup. findet sich dagegen eine so
entschiedene Aehnlichkeit mit dem Idiom der äg. Hellenisten nicht: es ist hiermit also
bekräftigt, was oben (S. 165) über das Verhältniss des Eup. zu dem Aegypter Pseudo-
Aristeas nachzuweisen versucht worden ist. — Wie πλῆθος CIG. n. 2525 b die Zunft der
Fischer, in der von Brugsch (G. I. 157) veröffentlichten Inschrift die der Weissbrod-
und Kuchenbäcker bedeutet, so kann es auch 448c die Gemeinschaft des Bezirkes (νομός)
bezeichnen, zumal da dieser eine politische und religiöse Einheit bildete (s. Kuhn Verf.
d. R. R. 11 454 ff.; Lumbroso Rech. p. 242). In ähnlichem Sinne wird auch ἔθνος bis-
weilen gebraucht z. B. Pap. Taur. 1 2 24. Ros. 1. 17. — 448c wollen Kuhlmey und
Seguier, der den ersteren nicht nennt, Σιθρωΐτον statt Σιβριθίτον lesen, wohl mit
Recht. — Βαθριθίτου (das.) ist nach Holsten's (zu St. Byz. p. 11) Vorschlag von d in
Ἀθριβίτου verwandelt; doch liegt hier vielleicht eine wegen פִתְרוֹם wenig geänderte
Form für Παθυρίτης oder Φαθυρίτης vor (Pap. Par. (Casati) 5 3 3. 16, 2; Taur. 5, 9. 6, 10. 7,
5. 11 28; Brugsch G. 1. I 94). — Dass 449a κατὰ μῆνα von κύρους nicht zu trennen
ist, leuchtet von selbst ein. — 449c kann καὶ ἀρχιτεκτονίαν weder zum Voraufgehenden
noch zum Nachfolgenden gezogen werden. Es scheint Glossem eines Lesers, der in der
übertriebenen Angabe des Eup., der Tyrer verstehe 'über Alles unter dem Himmel zu rathen
und zu arbeiten', die besondere Hinweisung auf das Baufach vermisste. — 449c ist καὶ
ἀποστελλομένων σοι παίδων unverständlich, und bei παίδων ist der Artikel unentbehr-
lich. Derselbe ist statt καὶ einzusetzen, das nach dem Ausfall von τῶν in den Text
gerieth, weil man nun die beiden Genetive für coordinirt hielt. — 449d ist Ἰόππην in
β der Lesart Ἰόππην (nach Mendelssohn De SC. Rom. temp. p. 18) vorzuziehen. —
Aus 449d vgl. mit 447d geht hervor, dass nach Eup. Salomo im ersten Jahre seiner
Regierung den Bau des Tempels begonnen hat. Eup. weicht ab von I Kön. 6, 1 (wonach es im vierten Jahre geschah), weil er es nicht für angemessen hielt, Sal. 3 Jahre

mit dem Baue sämmen zu lassen. — Das. braucht man nur das Komma zwischen δέοντα πάντα und κατὰ μῆνα zu streichen, um die Streichung von καὶ nach 'Ιουδαίων (in d) entbehrlich zu finden. Es ist unwahrscheinlich, dass Eup. nur Fremde am Tempel habe arbeiten lassen, was d ergeben würde (vgl. Diodor 1 56), da es der Bibel (I Kön. 5, 27 f.) widerspricht. — Die schwierigen Worte ϑεμελιῶσαι — πηχῶν ι' sind am besten von Kuhlmey (z. St.) erklärt worden. Da überall (in dem hebr. Text, den LXX, Jos. Ant. VIII 3, 2. B. J. V 5, 5) die Breite von 20 Ellen nicht verändert wird, ist entweder ὕψος für πλάτος (nach Esra 6. 3. Jos. das.) oder κ' statt des zweiten ξ' (nach I Kön. 6, 2. II Chr. 3, 3) zu lesen. Unter οἰκοδομή kann nur der Vorbau (I Kön. 6, 3) verstanden sein. — Der ἔνδεσμος (450 a) ist der I Kön. 6. 14 von den LXX so bezeichnete Anbau (יציע), den Eupolemos nach I Kön. 6, 9/10 in den Steinbau verschränkt sein lässt, weil er stufenförmig in 3 Stockwerken sich erhob, die in die Tempelwände ein-gelassen waren. Nach I Kön. 6, 15 ist er durch Cedernbalken, nach Eup. durch eherne Klammern mit dem Tempel verbunden. — καταλαμβάνοντα für — τας (das.) bedarf keiner Rechtfertigung. — Das Folgende ist ganz nach LXX (I Kön. 6, 15. 18 und II Chr. 3, 5) gearbeitet (oben S. 119). Demnach muss mit den LXX und C (ähnlich I) hier ἔσωϑεν statt ἔξωϑεν gelesen werden (vgl. Thenius zu I Kön. 6, 18). — χωννύντα (das.) ist falsch. Man 'schüttet' nicht Ziegeln, sondern giesst sie; also ist nach 450 b. d. χωνεύ-οντα zu lesen. Die Verwechselung dieser Worte zeigen auch einige Handschriften des Josephus Ant. VIII 5, 3. — Nach 450 c. d. 451 a ist 450 b mit β στῆσαι statt στῆναι zu schreiben. — Der Gen. τοῦ οἴκου hängt von δεξιῶν und εὐωνύμων ab; es braucht also nicht πρὸ eingeschoben zu werden, was Seg. anräth. — 450 c lesen wir jetzt: λυχνίας χρυσᾶς, δέκα τάλαντα ἑκάστην ὁλκὴν ἀγούσας, Nach I Kön. 7, 49 und Eupo-lemos selbst (450 c) sind 10 Leuchter vorhanden: δέκα gehört also zu χρυσᾶς. Man würde mit Seguier noch ein δέκα vor τάλαντα schieben, wenn Eup. nicht angäbe, dass die Leuchter dem von Moses gearbeiteten entsprochen hatten. Da dieser 1 Talent wog, ist τάλαντον für τάλαντα zu lesen. — Unter den βάσεις (450 d) können nicht die 10 Ge-stelle der 10 Waschbecken verstanden sein, wie Kuhlmey (p. 90 f.) annimmt. Denn Eupo-lemos spricht von βάσεις τοῦ λουτῆρος, d. h. von dem von ihm unter diesem Namen beschriebenen 'Meeres', nicht τῶν λουτήρων, die er gar nicht erwähnt. Eupolemos zählt ferner 12 nicht 10 βάσεις und lässt sie zur Rechten des Altars stehen, während die Becken und ihre Gestelle zu beiden Seiten des Tempels standen (I Kön. 7, 39). Dort aber stand nach eben diesem Verse das 'Meer', und die 12 βάσεις sind die 12 Rinder, auf denen es ruhte. Auch fehlt ihr Name nicht; er steckt in dem neben χωνευτάς ganz widersinnigen τορευτάς, wofür ταύρους zu lesen ist. ταῦροι nennt auch Josephus Ant. VIII 3, 6 die βόες der Königsbücher I 7, 29 (15); χωνευτοί sind sie nach LXX II Chr. 4, 3; χωνευτὰς aber ward corrigirt, weil auf βάσεις bezogen, als ταῦροι in τορευτ. geändert war. — Schon Kuhlmey (zu 451 a) hat erkannt, dass κε' statt κ' aus dem nachfolgenden ἐ-πὶ entstanden ist; denn alle sonstigen Nachrichten stimmen mit II Chr. 4, 1 in der quadratischen Form des Altars und der Länge seiner Seiten von nur 20 Ellen überein. So ausser den LXX Pseudo-Hekatäos (Jos. c. Ap. 1 22) und Josephus selbst (Ant. VIII 3, 7). Nicht erkannt hat aber Kuhlmey, dass nach Eupolemos der Altar die vierfache Grösse des Mosaischen haben sollte, was die Abweichung in Bezug auf die Höhe er-klärt. Dieselbe Höhe giebt dem Altar cod. 74 (Holm.). — Die Beschreibung des Netz-werkes (das.) ist ganz klar: Zwei an Ketten befestigte Ringe tragen ein Netzwerk, an dem 400 eherne Schellen hängen, jene selbst sind an einem 20 Ellen über den Tempel emporragenden Gestell befestigt (s. oben S. 114). Die δικτύες, κώδωνες und ihre Zahl sind den LXX entnommen (II Chr. 4, 12 f.; s. oben S. 119), aus denen sich auch er-giebt, dass die Vorrichtung auf den 2 Säulen des Tempels geruht haben soll. Das letztere hat Alexander wieder in seinem Excerpte unterdrückt: offenbar fehlt ein Satz vor καὶ σκιάζειν — der von der Befestigung der Netze an die Ringe und der Gestelle an die Säulen gesprochen haben wird —, was durch die ungrammatische Fügung und durch das ἑκάστη δικτύ, dem jede Beziehung fehlt, bewiesen wird. Seguier's Aenderung von δακτυλίοις in δίκτυα ist dieser Erklärung zufolge unnöthig. Dagegen wird κοιλάς für das schwierige ὅλας zu lesen sein. Die Schellen sind übrigens aus Erz nach Jerem. 52, 22. — Eupolemos will (451b) sagen, zuerst sei der Tempel ἱερὸν Σ., dann die Stadt ἀπὸ τοῦ ἱεροῦ genannt worden. Die von α überlieferte Folge πρῶτον μὲν τὸ ἀνάκτορον hätte daher von Gaisford nicht verändert werden sollen. — Zu beachten ist, dass Eup. 451c richtig scheidet zwischen der Stiftshütte, dem Altar und 'den anderen Geräthen', die nach II Chr. 1, 3; I Kön. 8, 4 aus Gibeon nach Jerusalem gebracht worden sind, und der Lade und 'den anderen Geräthen', von denen er nur sagt, sie seien im Tempel aufgestellt worden. Er wusste also, dass die Lade (nach II Sam. 6, 1f.) schon in Jerusalem stand. Wir können von Alexander nicht erwarten, dass er diesen Unterschied erkannt, und dürfen es ihm nicht zu sehr verargen, dass er ihn durch seine unverständige Art zu excerpiren zwar nicht beseitigt, aber doch verwischt hat. Aber auch dem Theologen Kuhlmey ist der Sinn der Stelle entgangen, und er tadelt hier den Eupolemos ebenso ungerecht, wie er ihn sonst unverdient lobt. Warum aber nennt Eupolemos, der die Bibel vor sich hatte, Silo statt Gibeons? Offenbar, weil Nichts von einer Ueberführung der Stiftshütte von Silo nach Gibeon berichtet und Silo überall — ausser vom Chroniker — als Sitz derselben angegeben wird (s. I Sam. 1, 3. 3, 3. 4, 3. 14, 3. Jerem. 7, 12. 26, 6. 9. Ps. 78, 60). Auch M. Megil. I 11 wird nur Silo neben Jerusalem genannt. Eupolemos glaubte also hier aus wissenschaftlichen Gründen sich über die Angabe der Chronik (I 16, 39. 21, 29. II J, 3) hinwegsetzen zu dürfen, wenn er nicht Silo mit Gibeon identificirt hat. Vielleicht hat auch eine Deutung von Ps. 132, 6 mitgewirkt (s. Graetz Gesch. I 242). — 451d lesen wir: τάλαντα μυριάδων νξ'. Diese ungeheure Summe Goldes (460 Myriaden oder 4,600,000 Talente) neben der sehr bescheidenen der geringeren Metallarten macht die Zahl sehr verdächtig. Allerdings soll nach I Chr. 22, 14 David 100,000 Talente Goldes gesammelt haben, daneben aber auch 1,000,000 Tal. Silbers. Hat nun Eupolemos die erste Zahl der Chronik entnommen und bedeutend übertrieben, warum nicht auch die letztere? Man könnte vermuthen, dass Eupolemos an Goldtalente von so geringem Werthe dächte, wie er später (451d) erwähnt, und über welche Boeckh (Metrol. Unters. S. 33. 65. 344) das Nähere beibringt; aber dem widersprechen seine sonstigen Angaben. So wird ein goldener Leuchter doch mehr als 10 oder (nach berichtigter Lesart) 1 Sekel gewogen haben (450c). Auch lehrt der sprachwidrige Genetiv μυριάδων neben τάλαντα, dass die Zahl verschrieben ist. Sie ist entweder aus falsch verstandenen Zahlzeichen (νξ̅ für νξ̅') entstanden, oder μυριάδων ist von Jemandem eingeschoben, dem die Zahl von 460 Talenten zu gering däuchte.

12. Zur Chronologie des Eupolemos.

Eupolemos zählt (fr. 5) von Adam bis zum 5. Jahre Demetrios' I. (= 158 v. g. Z.) 5149, vom Exodus bis zu demselben Zeitpunkt 2580 Jahre. Die erste Zahl entspricht den hellenistischen Rechnungen, setzt sich aber aus zu vielen vielfach unbestimmbaren Gliedern zusammen, als dass über sie Näheres zu ermitteln wäre. Dass eine völlige Uebereinstimmung zwischen Eupolemos und Panodoros bestehe, vermuthet Müller (fr. h. Gr. III 208); doch muss nach der weiter zu gebenden Erklärung auf Identität verzichtet und nur eine gewisse Annäherung zugestanden werden; denn nach Panodoros sind 5492 (Ideler Handb. II 447), nach Eup. 5149 + 158 = 5307 Jahre von Adam bis Chr., eine Differenz, die leicht erklärt werden kann. — Die Zahl 2580, ebensosehr der Bibel, wie der Profangeschichte, wie den sonst bekannten Annahmen der alten Chronologen widersprechend, ist längst mit Recht in 1580 verwandelt worden, wodurch für den Zeitraum von Adam bis Exodus 3569 Jahre sich ergeben. Für denselben rechnet, wenn gleichmässig 430 Jahre von Abraham's Einwanderung bis Exodus angenommen werden, der hebr. Text 2453, der samaritanische 2754, die LXX nach vielen heutigen Handschriften und Demetrios (oben S. 50) 3839, nach Eusebios' Untersuchung im Kanon (p. 8 Schoen.) 3689 Jahre. Die Varianten in den Zahlen der LXX erklären sich leicht. In Eusebios' Text fehlte der zweite Kainan und hatte Metuselach 167 statt 187 Jahre. Eupolemos verringerte ausserdem in Uebereinstimmung mit dem hebr. Text die Generation eines Erzvaters um 100 und die eines zweiten — gegen unsre jetzigen Lesarten — um 20 Jahre. Oder er gab, dem hebr. Texte folgend, Nachor 29 statt der 79 vieler und der 179 Jahre anderer Handschriften der LXX; gab ferner Metuselach 167 statt 187 Jahre, beseitigte ausserdem bei zwei Erzvätern das Plus von je 100 Jahren, welches allein die LXX ihnen beilegen und das auch in einzelnen Handschriften der LXX bei Henoch und Eher fehlt, und erreichte auch hiermit die Zahl von 3839 — 270 = 3569 J. Doch wie es sich auch mit den einzelnen Posten seiner Rechnung verhalte, jedenfalls entspricht seine Chronologie einem Bibeltext, der zumeist mit dem der LXX, wie er Eusebios vorlag, stimmte, in wesentlichen Punkten aber von demselben abwich und dem hebräischen Text sich näherte. Eine ähnliche Ineinanderschiebung verschiedener chronologischer Systeme findet sich im Jubilaeenbuch und häufig bei Josephus, soweit bei diesem die in den Ausgaben und leider auch in den meisten Handschriften graulich verunstalteten Zahlen einen Schluss auf den ursprünglichen Text gestatten.

Die Annahme Müller's (III 208) und M. Niebuhr's (Gesch. Assur's S. 354), unter dem Demetrios in fr. 5 sei Demetrios II. Nikator verstanden (oben S. 121), stösst auf unüberwindliche Schwierigkeiten. Dem. II. ist zunächst nicht 7 Jahre nach einem Ptolemaer zur Regierung gekommen. Müller muss darum die sonst durch Nichts verdächtigte Zahl 12 in 6 (τὸ δωδέκατον in τότε τὸ ἕκτον) verwandeln, ohne doch damit die zahlreichen noch übrigen Anstösse hinwegzuräumen zu haben. Demetrios II. nämlich ist nicht ein Jahr **s p ä t e r** als Ptolemäos Physkon zur Regierung gelangt, was der geänderte Wortlaut der Stelle besagen würde, sondern als Kronprätendent schon zwei Jahre **v o r** Physkon's zweiter Thronbesteigung (165 Sel. 148 g. Z.) aufgetreten (nach I MB. 10, 67 s. Clinton fast. Hell. III 328). Zählte Eupolemos die Regierungsjahre des Demetrios aber auch erst von der Besiegung und Ermordung des Alexander Balas an (Sel. 167, Ende 146), so durfte er doch Physkon's Thronbesteigung, die erst etwas später stattfand, nicht um ein Jahr **f r ü h e r** ansetzen (Clinton das. III 325). Ein Irrthum des Eupolemos ist hier aber nicht wohl denkbar, weil der Tod Philometor's, des Vorgängers von Physkon, in unmittelbarer Verbindung steht mit dem des Alexander Balas und der Erhebung des Demetrios; denn Philometor starb an der Wunde, die er im Kampfe für Demetrios und gegen Alexander empfangen hatte. Und aus demselben Grunde ist auch die Annahme, dass Eupolemos die Jahre des ägyptischen Königs antedatirt, die des syrischen postdatirt habe, zurückzuweisen. Denn durch eine solche confuse Zählung würde Eup. die Abfolge der syrischen und ägyptischen Dinge und seine gesammte Zeitrechnung vollständig verwirrt haben. Scheute er aber das nicht, weil er sich an den ägyptischen auch im Ptolemäischen Kanon beibehaltenen Gebrauch der Antedatirung halten zu müssen glaubte, so musste er doch auch wissen, was uns durch den zuverlässigsten Gewährsmann, Porphyrios (Eus. chr. p. 116 Zohr.) bekannt ist, dass Ptolemäos Physkon die Jahre seiner Regierung nicht von seiner zweiten, sondern von seiner ersten Thronbesteigung, also vom Jahre 170 g. Z. an, zählte, so dass das 5. Jahr

Demetrios' II. nicht als das 6. sondern als das 30. des Ptolemaos anzusetzen war. — Ferner hat Demetrios nicht in seinem fünften, sondern in seinem vierten Regierungsjahre (170 Sel., 143 g. Z.) nach I MB. 13, 41 die Unabhängigkeit Palästinas anerkannt. Wenn nun auch diese Ungenauigkeit wenig bedeutet, so konnte doch unmöglich dies Jahr das 6. des Physkon heissen, da dieser sogar noch etwas später als Demetrios wieder auf den Thron Aegyptens gelangte (s. Clinton das. III 326). — Endlich ist weder von Müller noch von Niebuhr auch nur der Versuch gemacht worden, den chronologisch wichtigen Zusatz des Clemens ἀπὸ δὲ — συναθροίζεται, (desgleichen sich auch I 21. 391, 25 f. 409, 14 bei ihm finden) zu erklären. Vom Jahre 141 g. Z. führt uns ein Plus von 120 Jahren weder zu einem Consulate eines Domitianus und Cassianus, noch zu einem irgendwie hervorragenden geschichtlichen Ereigniss, das Clemens mit einigem Grunde als Grenzpunkt hätte ansehen können. Die beiden Consulnamen sind freilich arg entstellt: einen Cassianus kennen die Consularfasten überhaupt nicht. Darum wollte Sylburg (z. St.) Καίσαρος Δομετιανοῦ καὶ Σαβίνου lesen, womit die rechten Consuln des Jahres 82 n. g. Z. gewonnen wären. Aber wenn nicht aus anderen Gründen, so ist dieser Vorschlag schon darum zurückzuweisen, weil dann Eupolemos bis zum Jahre 38 v. g. Z. gezählt haben würde, in welchem Jahre weder ein König Demetrios noch ein König Ptolemäos, noch unser Eupolemos selbst unter den Lebenden war. — So sind wir denn aus den verschiedensten Gründen gezwungen, zu Demetrios I. Soter zurückzukehren. Als Endtermin in der Rechnung des Eup. darf aber nicht der Tod des Alkimos gelten — wie fälschlich Masson (Hist. crit. I 33 f.) und Kuhlmey (p. 31) annehmen —; denn Alkimos starb (nach I MB. 9, 54—56) im Frühling 153 Sel., also, da Demetrios erst 151 Sel. aus Rom entwichen war (I MB. 7, 1), im dritten, nicht im fünften Jahre seiner Regierung. Diesen Unterschied von 2 Jahren zu beseitigen, bemüht sich Kuhlmey (a. a. O.) vergebens, und es ist eine arge Selbsttäuschung, wenn er durch eine künstliche Berechnung und Verschiebung der Zahlen das 153. Jahr Sel. in das 155. zu verwandeln sucht. Um den einzig möglichen Endtermin des Eupolemos zu finden, müssen wir noch um zwei Jahre bis zum Jahre 155 Sel., 158 v. g. Z., herabsteigen, in welchem ein förmlicher Friede zwischen Demetrios I. und Jonathan den Kämpfen der voraufgehenden Jahre ein Ziel setzte (I MB. 9, 70 f.). Dies Jahr ist das fünfte des Demetrios Soter und das zwölfte des Ptolemaos Physkon, nach dessen Thronbesteigung im Jahre 170 ein Nichtagypter wie Eupolemos so gut zählen konnte, wie nach der des Ptolemäos Philometor. Dies Jahr ist zugleich das 119. vor dem 714. Rom's oder dem 40/39. v. g. Z., in welchem wir als Consuln finden: Cn. Domitius und C. Asinius. Diese Namen aber stecken in den entstellten Worten des Clemens, und mit leichtester Aenderung haben wir bloss Γναίου Δομετίου καὶ Ἀσινίου für Γαίου Δομετιανοῦ Κασιανοῦ zu lesen, um auch den Clemens in vollster Uebereinstimmung mit der gegebenen Erklärung zu finden. Auf diese Consuln hat daher schon Masson (Hist. crit. I 35) hingewiesen. Es ist auch leicht begreiflich, warum Clemens gerade das Jahr 714 Rom's als Endpunkt nahm; denn es ist scharf genug markirt durch die Anerkennung des Herodes als Königs von Judaea, die von Seiten des Römischen Senates erfolgte ὑπατεύοντος Γαίου Δομετίου Καλουίνου τὸ δεύτερον καὶ Γαίου Ἀσινίου Πωλίωνος, wie Josephus (Ant. XIV 14, 5) in Uebereinstimmung mit unserer Stelle und sogar mit demselben Schreibfehler (Γαίου für Γναίου) berichtet. Bei der so leichten Lösung aller Schwierigkeiten wird man wegen des nicht eben bedeutenden Rechenfehlers des Clemens, der 119 oder 118 statt 120 Jahre zählen musste, von dieser Erklärung nicht abgehen, besonders wenn man bedenkt, dass dieser Fehler erst durch die für Clemens nicht ganz leichte Umwandlung von Jahren ägyptischer und syrischer Könige in Jahre Roms entstanden ist, dass die Consularfasten schon zur Zeit der römischen

Republik vielerlei Fehler aufwiesen und insbesondere dem christlichen Alterthum in arger Verwirrung überliefert worden sind — wie eine Vergleichung der uns erhaltenen Verzeichnisse lehrt.

13. Zu Malchos-Kleodemos.

Der Auszug des Eus. (IX 20) ist keine Copie von Alexander selbst, sondern von Jos. Ant. I 15, darf also combinirt mit des letzteren Excerpt zur Herstellung eines reineren Textes benutzt werden. — Der Titel der Schrift des Malchos kann (nach S. 89. 131 f.) nicht περὶ Ἰουδαίων gelautet haben. Es ist darum der unverfänglichste περὶ Ἐβραίων gewählt worden. — Μάλχας bieten statt Μάλχος neben Eus. auch einige Handschriften des Jos. Jenes wäre vorzuziehen, wenn über den Werth der einzelnen Josephischen Handschriften Genaues ermittelt wäre. — Ὠφρήν bei Jos. scheint aus ΟΑΦΡΗΝ entstanden zu sein; Ἀφρήν bei Eus. und in einigen codd. des Jos. ist daher wegen des folgenden Ἀφρικήν vorzuziehen. Ebenso ist aus dem Σουρείμ des Jos., dem Ἀσουρείμ des Procop, dem ἀσσυρὶ oder ἀσουρὶ der besten Handschr. des Eus. wegen des nachfolgenden Ἀσσυρίαν die Form Ἀσουρείμ herzustellen. — Ἀφέρας, die mit griechischer Endung versehene Namensform der LXX für עֵפֶר der Bibel muss in Jos. beibehalten werden, um so mehr, da der andere Name auch von Eus. Ἀφρας oder Ἰάφρας geschrieben wird. Auch für diesen giebt Jos. die richtigere Form Ἰάφρας, wie Jephar bei Hieronymus aus Γαιφὰρ der LXX entstanden ist. Statt des Διδωρον, Δίδωρον oder Δόδωρον bei Jos. muss dagegen mit Eus. und Juba (bei Plut. Sertor. c. 9) Διόδωρον geschrieben werden. — Dass kein zufälliges Zusammentreffen die übereinstimmende Schreibung der erwähnten seltenen Namen bei Malchos und den LXX erzeugt haben kann, leuchtet ein. Nicht unabhängig von diesen kann jener statt des ע in עֵפֶר ein A, statt des ר in עֵפֶר ein ρ geschrieben haben. Bemerkenswerth ist, dass auch der Samaritaner עֵפֶר statt עֵפֶר liest. Wenn die samaritanische Uebersetzung dagegen עֵפֶר statt עֵפֶר schreibt, so liegt hier doch bloss eine Verwechselung von ב mit כ vor.

14. Sprachliches zu Psendo-Artapanos. Verhältniss zu den LXX.

Auf die Schreibart der in Aegypten lebenden jüdischen Hellenisten haben drei Factoren eingewirkt, die Diction der griechischen Schriftsteller, welche sie studirten, die Umgangssprache der Bevölkerung, unter der sie lebten, und die Sprache ihres Stammlandes, deren Eigenheiten durch Gewöhnung und Vererbung, in späterer Zeit durch Vermittelung der kanonisch gewordenen LXX, kaum bei Einem jüdischen Hellenisten ganz fehlen. Trotz vielfacher, trefflicher Vorarbeiten — besonders von Sturz, Thiersch, Winer und Lumbroso — ist eine genaue Bestimmung dieser Elemente bisher nicht unternommen worden (s. oben S. 125). Vor Allem wichtig ist die Scheidung zwischen Hebraismen und Aegyptiacismen. Eine solche würde ergeben, dass selbst die am stärksten hebraisirenden Uebersetzer der Bibel kein schlechteres Griechisch geschrieben haben, als Aegypter und selbst geborene Griechen, deren Petitionen, Beschwerden, Erlasse und Contracte wir in den Papyros lesen. — Bei Artapanos ist eine genaue Sonderung der sprachlichen Bestandtheile seiner Schrift erschwert, ja fast unmöglich, weil Alexander's Umarbeitung gerade ihre am schärfsten hervortretenden Eigenthümlichkeiten ebenso verwischt hat, wie die des Eupolemos (oben S. 122). Doch lässt sich Folgendes als wahrscheinlich annehmen. Dass Artapan unter dem Einfluss der griechischen Schriftsprache steht, wird schon durch die oben (S. 160) nachgewiesene Benutzung griechischer Schriftsteller erhärtet. Wer eine Litteratur, wie die griechische, kennt und studirt, der kann sich auch in stilistischen Dingen ihrer Einwirkung nicht entziehen. So scheinen das adjectivisch gebrauchte ἀστυγείτων (429 c), Worte wie ἐκλιμπάνω (435 a), νᾶμα (436 b), *κατεγγυᾶν* (432a) im oben (S. 164) angegebenen Sinne älteren griechischen Schriftstellern entlehnt zu sein. Am häufigsten aber sind wie natürlich die Berührungen mit der *κοινή*. Dieser gehört an: *γεωργήσιμος* (429d), *ὕπαρξις* für 'Habe' (430a), *καταξιόω* (432c), *λατομέω* (435b), *ἐλεη αντιάω* (434b), *ἐξελκόω* (435d), *ἀξιωματικός* (436d) und vieles Andere. Der Berührungen mit dem Idiom des ägyptischen Hellenismus zeigen sich hier nicht so viele, wie im Aristeasbriefe, theils weil, wie gesagt, Alexander vieles Eigenthümliche entfernt hat, theils weil einer Darstellung der althebräischen Geschichte nicht so entschieden das Colorit der Lagidenzeit gegeben werden durfte, wie einer Episode aus dem Hofleben eines Ptolemäers. Doch ist schon oben (S. 164) Einiges hervorgehoben worden, was an die Schreibweise der Aegypter erinnert. Dazu kommt, dass Artapan Worte in dem Sinn und der Verbindung zu gebrauchen liebt, die ihnen zugleich von Schriftstellern der *κοινή* und von ägypt. Hellenisten gegeben werden. So *προστάσσειν* und *πρόσταγμα* (sehr oft bei Art. und in Papyri): *ἐντυγχάνειν* (429c; s. Pap. Par. 13, 28. 16, 3 und oft; Peyron P. T. I p. 101; Leem. P. L. p. 17); *προσφέρομαι* (431d; s. Pap.Par. 46, 20. 63 13 11), *εὔλογος* (432c; s. P. T. 1 5 2. Par. 20, 9. 69 D 15), *παραλαμβάνειν τὴν δυναστείαν* (431d; vgl. oben S. 210), *χάριν* mit nachfolgendem Inf. (432b; s. Pap. Par. 34, 1 und sonst). Die meisten Bezeichnungen ferner für Würden und Einrichtungen sind echt ägyptische. So finden wir die *φίλοι* des Königs (433c; s. Peyron P. T. 1 56; Lumbr. Rech. p. 192 f.), *διοικητής* (429d; s. Not. et extr. 1865 p. 349; Lumbr. das. p. 201), *ἐπιστάτης* (433b; s. Peyron das. 1 51. 73. Letronne Rec. I 342; Pap. Lugd. G. 2. Brit. 13, 23. 15, 53) *οἱ περί τινα* für Unterbefehlshaber (432d; vgl. Lumbr. das. 255 n. 2). Ausser den *νομοί* (oft) erwähnt Art. *τόποι* als Kreise einer Provinz (432a; s. Letronne Rech. p. 398; Peyron das. II 53; vgl. jedoch 433d und 434a). Die Benutzung der LXX durch Artapan kann nicht bestritten werden. So werden die Wunder und Plagen mit den Worten der LXX beschrieben. Man vergleiche 435a: *σημεῖον ποιῆσαι* mit Exod. 4, 8; 435b: *ῥάβδον ἐκβαλόντα ὄψιν ποιῆσαι* mit 4, 2. 3; *ἐπιλαβόμενον τῆς οὐρᾶς* mit 4, 4; *Νεῖλον τῇ ῥάβδῳ πατάξαι* mit 7, 20; 435c: *διὰ ..ἐπαοιδῶν δράκοντα ποιῆσαι* mit 7, 12. 22. Bei der Aufzählung der Plagen finden wir 435d: *βάτραχοι* = Exod. 8, 2; *ἀκρίδας* = 10, 4; *σκνίπας* - 8, 16 (11); *χάλαζαν* - 9, 24. Vollkommen entscheidet 435c, wo anstatt des 'Wildes' (ערב) der Bibel nach Artapanos 'eine Art geflügelter Thiere' (*ζῶόν τι πτηνόν*) Aegypten verheert haben soll, weil die LXX 8, 21 (17) das hebräische Wort in das seltsame *κυνόμυια* übertragen. Ausser diesen 5 Plagen werden noch die Verwandelung des Nilwassers (435b), die Geschwüre (435d) und die Finsterniss, die mit dem Hagel verbunden wird (das.), erwähnt. Pest und Sterben der Erstgeburt scheinen vor *τελευταῖον* (436a) von Alexander gestrichen zu sein, was durch *τοιαύταις συμφοραῖς περιπεσόντα τὸν βασιλέα* (vgl. Exod. 12, 29) bestätigt wird. Den LXX scheint ferner *πλεονάσαι* (430a s. Num. 26, 54. II Chr. 24, 11) für blosses 'Vielsein', *περιτομή* (432a) und Aehnliches nachgeschrieben zu sein.

15. Zur Kritik und Exegese von Pseudo-Artapanos.

Der Name Artapanos ist nicht auffallend, da wir auch in Inschriften und Papyros Bessos und Achämenes, Perses und Persine finden (s. Reuvens Lettres p. 10; Leemans Pap. Lugd. p. 73; Letronne Rec. II 267). — Als Titel der Schrift durfte nicht *Ἰουδαϊκά* (Eus. IX 18) gewählt werden, da Clemens (str. I 23. p. 413) und Eus. (IX 23. 27) *περὶ Ἰουδαίων* bieten. — Art. leitet (fr. 1) *Ἑβραῖοι* nicht von den Namen *Ἀβραὰμ* selbst, sondern von dessen Beinamen עברי (Gen. 14, 13) ab. Man darf also hieraus weder mit Bochart (Phaleg II 14. p. 105) schliessen, dass Art. kein Hebräisch verstanden habe, noch mit Seguier (bei Migne z. St.), dass er kein Jude gewesen sei. — In Aegypten lässt Art. den Abraham 20 Jahre bleiben (das.), nicht aus chronologischen Gründen, sondern wohl, damit Abr. Gelegenheit habe, die Aegypter zu belehren und sich dort das Heimathsrecht zu erwerben. — *Καισάν* oder *Καισάν* (fr. 2. 430a) kann nicht 'Gesem' sein, das Artap. 431d (oben S. 158) *Κεσσάν* schreibt. Die Lesart Ἡλιουπόλει in β ist hinlänglich geschützt (oben S. 159). Sie zwingt uns, *Καισάν* in καί *Σάν* zu verwandeln das.; vgl. Plut. de Is. 56 Parth., wo *Καιμίν* in καί *Μίν* gebessert ist). *Σάει* schreibt β, weil man Saïs statt San-Tanis verstand, welches Missverständniss auch in DI sich zeigt. Aehnlich wird *Σαίτης* für *Σεθρωίτης* bei Jos. c. Ap. I 14 nnd für *Σάλατις* bei Africanus und Eusebios geschrieben (s. Lepsius Chron. I 339). Nach Letronne (Rec. II 48f.) müsste man übrigens Ἑρμοῦ, Ἡλίου πόλις und Ἑρμοπολίτης, Ἡλιοπολίτης schreiben. In der That findet sich auch 432d in α Ἑρμοπολίτης, das. Ἑρμοῦ πόλις und 433a Διὸς πόλις; sonst immer Ἡλιοπολίς und Ἡλιουπολίτης (429d. 430a. 432d. 436b). Ohne handschriftl. Gewähr zu ändern wäre gewagt (obgleich Schreibfehler hier wie bei Strabon und Ptolemäos die Abweichung von Letronne's Regel verursacht haben können); denn es findet sich auch in Inschriften: *Πανόπολις* Pap. Par. 20, 7. 32. Berl. 2, 11 (Not. et extr. 1865 p. 256; *Πανόσπολις* dagegen bei Schmidt Pap. Ber. S. 17), Διοσπο[λίτης] Par. 5 ¹³ 12. ¹⁴ 1. 2. Ἡρακλεούπολις Par. 54 ³ 79. — Dass Joseph Mempsasthenoth (statt Ψονθομφανήχ Gen. 41, 44) geheissen babe und ein Sohn Abraham's gewesen sei (fr. 3 Anf.), hat Art. nicht geschrieben; denn c. 23 giebt er das Richtige an. Memps. ist der erdichtete Name des ägyptischen Königs und drei Worte später einzufügen. Die Verwirrung in den Angaben über Joseph's Abkunft muss durch Alexander entstanden sein, der Abraham für Jakob geschrieben hat. — Cedrenus I 75, 11 Bekk. verstümmelt Μέρρις-Θέρμουθις (432a; oben S. 154) in Μούθις (vgl. Synk. 144, 14), wofür dann Parthey (Aeg. Personennamen s. v.) Μούθιδις geschrieben hat. Ἶσις Φαρία (d. h. die in Pharos verehrte) findet sich in Inschriften bei Letr. Rec. n. 45. 124. — 432a hat ἀνδρωθέντα nach αὐτὸν keinen Sinn. Es scheint aus dem folgenden ἀνδρωθέντα δ' αὐτὸν hierher verschlagen zu sein, was auch die Umstellung in F bezeugt. Aehnliche kleine, der nächsten Umgebung entnommene Zusätze weisen bald in α oder β die Alex. Fragmente auf: 419c 12. 425b 11. 433a 11. 436b 8. 449c 10. 454c 10, wo auch ν πεχών streichen will. - Zu der 432d von Alexander angedeuteten, von Josephus ausführlicher erzählten Fabel (oben S. 160) ist das von Diodor III 39 über eine Schlangeninsel Berichtete zu vergleichen. — Zu 433d vgl. Letronne Rec. I 206, wonach Hermes Beschützer der Grenzen von Aegypten und Aethiopien ist. — Einen Nachhall der Hyksossage (434a—b, oben S. 156) hat Gutschmid (ZDMG XV 5f.) auch im Jubiläenbuch nachgewiesen. — Ueber die verschiedenen Trachten der Aegypter (434b) vgl. Lumbroso Rech. p. 110. — 435b—435c hat Art. nicht von siedendem Wasser erzählt, sondern von fauligem (nach Exod. 7, 21); denn es ist mit I und V ἐποζίσαι (ἐπώζεσεν LXX) statt ἀποζέσαι zu lesen. Art. hatte ferner von der Verwandlung in Blut gesprochen; denn 435c wird von den ägypt. Priestern berichtet, dass sie ebenfalls dem Flusse eine andere Farbe gegeben haben. Hier hat also Alexander gestrichen. Die allgemeine Ueberschwemmung entnahm Art. aus Exod. 7, 19. Nur einige sprachliche Schwierigkeiten bleiben übrig. 435b (ἀπὸ τότε — γίνεσθαι) kann nicht vom Fallen der Fluth berichtet werden, denn hiervon spricht Art. erst 435c; statt γίνεσθαι müsste es γενέσθαι heissen, und ἀπὸ τότε wäre unerklärlich. Art. wollte also sagen, dass erst von dieser Zeit an der Nil alljährlich das Land überschwemme. κατάβασις für Ueberschwemmung ist auffallend; aber oben (S. 164) sind Belege für ähnliche Abweichungen vom Sprachgebrauch beigebracht worden, wie deren uns hundertfältig in den Papyri begegnen. Noch auffallender ist das unmittelbar folgende συναγαγὸν, da συνάγω immer trans. gebraucht wird, und auch συναγαγὼν in anderen Handschriften keine Aushilfe gewährt. Wahrscheinlich ist hier durch Alexander's um den Sinn des Ganzen unbekümmerte Kürzung der Schaden entstanden. — Zu σκνίπας (435 d) vgl. Exod. 8, 16 (22 codd. Holm.); Ps. 104, 31. Sap. 19, 10; Lobeck zu Phryn. p. 399. — 436 b scheint ἅμα richtige Conjectur in B (s. Eupolemos c. 32. 34; Pap. Taur. 1 ³ 6). — καὶ διαστῆναι (das.) ist überflüssig und sprachwidrig, da das Futur auch von einem Stilisten wie Pseudo-Artapan wohl nicht mit dem Aorist vertauscht worden wäre. Auch ist ὤν für ἐσόμενος in der merkwürdigen Pap. Par. 68 erhaltenen Bittschrift alexandrinischer Juden an einen römischen Kaiser (C 11) nicht zu vergleichen. καὶ διασт. scheint ein Glossem aus 436 b 10 zu sein. Vgl. das oben zu 432 a Bemerkte. Es ist nicht gut denkbar, dass 436 c in BDEI das gutbiblische τεσσαράκοντα in τριάκοντα fälschlich verwandelt worden wäre, wohl aber, dass Art. aus irgend welchem Grunde von der Bibel hat abweichen wollen. Darum musste τριάκοντα beibehalten werden. — Beschreibungen der Körperbeschaffenheit wie 436 c geben die Aegypter nicht bloss in den oben (S. 159) genannten Büchern, nicht bloss in Steckbriefen (Pap. Par. 10, 5. 19), sondern auch in Contracten (Boeckh in der Nechutesurk. S. 4; Pap. Par. (Casati) 5 ¹ 5. ² 1. 17, 4; Lügd. M ¹ 5. 20. N ² 6. 8).

16. Josephus benutzt Philon's Schriften.

Aus einer erdrückenden Zahl von Belegen, die für diese wenig gekannte Thatsache angeführt werden könnten, sei nur Einiges herausgegriffen. Josepbus entlehnt Philon mehrere falsche Namendeutungen: Abel = πένθος (הֶבֶל) Ant. I 2, 1; Phil. 447, 42), Moses vom ägyptischen Μῶυ (Ant. II 9, 6. c. Ap. I 31; Phil. II 83, 21). Melchisedek müsste nach Analogie von Abiud (Phil. 462, 38), Elieser (481, 27) und dgl. βασιλεύς μου δικαιοσύνης übersetzt werden; Josephus aber (Ant. I 10, 2) und Philon (103, 4) erklären es als βασιλεὺς δίκαιος. Wie Etymologien, so entlehnt Josephus auch seltsame Schriftdeutungen. So stammt das unbiblische Verbot, Götzen zu schmähen (Ant. IV 8, 10. c. Ap. II 33), aus Philon (II 166, 16. II 219, 44). Josephus' Vorliebe für allegorische Deutungen (s. Pseudo-Josephus S. 110) erinnert häufig an den Meister dieser Erklärungsweise. Man vergleiche z. B. die Symbolisirung des Stiftszeltes und der Kleidung des Hochpriesters (Ant. III 7, besonders g. E.) mit Philon's Deutungen (II 151 f.). Vielfache oft wörtliche Uebereinstimmungen bestehen besonders zwischen Philon's Leben Joseph's und Moses' und den entsprechenden Berichten Josephus'. Man vergleiche Jos. Ant. II 3, 3: ἐμπόρους ἰδὼν φορτία κομίζοντας mit Phil. de Jos. II 43, 46: ἔμποροι .. κομίζειν φόρτον. Ant. II 4, 2: λόγους προσφερούσης περὶ μίξεως mit Phil. II 48, 3: τοὺς περὶ μίξεως λόγους προσέφερεν. Ant. II 6, 4: ὑπὸ τοῦ πάθους εἰς δάκρυα προῦπιπτε, καὶ μὴ βουλόμενος τοῖς ἀδελφοῖς γενέσθαι καταφανὴς ὑπεχώρει mit Phil. 66, 18: ὑπὸ τοῦ πάθους μέλλων ἐνδακρύειν, ὡς μὴ γένοιτο καταφανὴς, ἀποτρέπεται. Ant. II 13, 4: ἐξ ἁπάντων φύεσθαι τὰ δεινά · καὶ οὔτε γῆ, τούτοις, οὔτε ἀὴρ φίλος mit Phil. II 95, 45: τὰ γὰρ στοιχεῖα τοῦ παντὸς γῆ καὶ ὕδωρ .. ἐπιτίθενται. Ant. II 16, 3: ὡς μηδ' ἄγγελον τῆς συμφορᾶς ὑποστρέψαι mit Phil. II 109, 35: ὡς μηδὲ προφόρον ὑπολειφθῆναι τὸν ἀπαγγελοῦντα .. τὰς συμφοράς. Einige von diesen Entlehnungen sind schon Mangey aufgefallen, jedoch ohne dass er das wahre Verhältniss erkannt hätte. — Genannt hat Josephus den bedeutendsten aller jüdischen Hellenisten nur Einmal Ant. XVIII 8, 1; citirt hat er ihn niemals.

ΔΗΜΗΤΡΙΟΥ ΠΕΡΙ ΙΟΥΔΑΙΩΝ

(1.)

Eus. pr. ev. IX 19, 4. 421b: Τοσαῦτα ὁ Πολυΐστωρ, οἷς μεθ᾽
ἕτερα ἐπιφέρει λέγων · Μετ᾽ οὐ πολὺν δὲ χρόνον τὸν θεὸν τῷ
Ἀβραάμ προστάξαι Ἰσαὰκ τὸν υἱὸν ὁλοκαρπῶσαι αὐτῷ · τὸν δὲ ἀνα-
γαγόντα τὸν παῖδα ἐπὶ τὸ ὄρος πυρὰν νῆσαι καὶ ἐπιθεῖναι τὸν Ἰσαάκ ·
5 σφάζειν δὲ μέλλοντα κωλυθῆναι ὑπὸ ἀγγέλου, κριὸν αὐτῷ πρὸς τὴν
κάρπωσιν παραστήσαντος · τὸν δὲ Ἀβραάμ τὸν μὲν παῖδα καθελεῖν
ἀπὸ τῆς πυρᾶς, τὸν δὲ κριὸν καρπῶσαι.

2.

Ibid. c. 21. 422d: Ἀπίωμεν δὲ πάλιν ἐπὶ τὸν Πολυΐστορα. [247]
Δημήτριός φησι τὸν Ἰακὼβ γενόμενον ἐτῶν ἑβδομήκοντα ἑπτὰ φυγεῖν
10 εἰς Χαρρὰν τῆς Μεσοποταμίας, ἀποσταλέντα ὑπὸ τῶν γονέων διὰ τὴν
πρὸς τὸν ἀδελφὸν κρυφίαν ἔχθραν Ἡσαῦ διὰ τὸ εὐλογῆσαι αὐτὸν τὸν
πατέρα δοκοῦντα εἶναι τὸν Ἡσαῦ, καὶ ὅπως λάβῃ ἐκεῖθεν γυναῖκα.
ἀφορμῆσαι οὖν Ἰακὼβ εἰς Χαρρὰν τῆς Μεσοποταμίας τὸν μὲν πατέρα 2
καταλιπόντα Ἰσαὰκ ἐτῶν ἑκατὸν τριάκοντα ἑπτά, αὐτὸν δὲ ὄντα ἐτῶν
15 ἑβδομήκοντα ἑπτά. διατρίψαντα οὖν αὐτὸν ἐκεῖ ἑπτὰ ἔτη Λάβαν τοῦ 3
μητρῴου δύο θυγατέρας γῆμαι, Λείαν καὶ Ῥαχήλ, ὄντα ἐτῶν ὀγδοήκοντα (123)
τεσσάρων, καὶ γενέσθαι ἐν ἑπτὰ ἔτεσιν ἄλλοις αὐτῷ παιδία δώδεκα·
ὀγδόῳ μὲν ἔτει μηνὶ δεκάτῳ Ῥουβίν · καὶ τῷ ἔτει δὲ τῷ ἐνάτῳ μηνὶ
ὀγδόῳ Συμεών · καὶ τῷ ἔτει δὲ τῷ δεκάτῳ μηνὶ ἕκτῳ Λευίν · τῷ δὲ
20 ἑνδεκάτῳ ἔτει μηνὶ τετάρτῳ Ἰούδαν. Ῥαχὴλ τε μὴ τίκτουσαν ζηλῶσαι
τὴν ἀδελφὴν καὶ παρακοιμίσαι τῷ Ἰακὼβ τὴν ἑαυτῆς παιδίσκην** Ζελφὰν τῷ αὐτῷ χρόνῳ, ᾧ καὶ Βαλλὰν συλλαβεῖν τὸν Νεφθαλείμ, τῷ b
ἑνδεκάτῳ ἔτει μηνὶ πέμπτῳ, καὶ τεκεῖν τῷ δωδεκάτῳ ἔτει μηνὶ δευτέρῳ
υἱόν, ὃν ὑπὸ Λείας Γὰδ ὀνομασθῆναι · καὶ ἐκ τῆς αὐτῆς τοῦ αὐτοῦ
25 ἔτους καὶ μηνὸς δωδεκάτου ἕτερον τεκεῖν, ὃν καὶ αὐτὸν προσαγορευθῆναι ὑπὸ Λείας Ἀσήρ. καὶ Λείαν πάλιν ἀντὶ τῶν μήλων τῶν μανδρα- 4

¹ ὅ] ω ut vid. pr. I | ³ Ἀβραάμ ubique I | ⁹ φασι I | πέντε, p. 53, : h | ¹¹ Ἡσαῦ
ubique I | ¹¹/¹² αὐτὸν πατέρα, : I | ¹³ οὖν τόν, : I | ¹⁷ ιβ, : I | ¹⁸ ἐννάτω I g |
²¹ locum foede depravatum integritati restituere potes scribendo παιδίσκην 〈 Βαλλὰν, ἣν τεκεῖν τῷ ἑνδεκάτῳ ἔτει μηνὶ τετάρτῳ Δάν καὶ τῷ δωδεκάτῳ ἔτει μηνὶ δευτέρῳ
Νεφθαλείμ · Λείαν δὲ καὶ αὐτὴν παρακοιμίσαι τῷ Ἰακὼβ τὴν ἑαυτῆς παιδίσκην 〉
Ζελφάν, p. 56 | ²⁴ Γὰθ I

γόρον, ᾶ Ῥουβὴν εἰσενεγκεῖν παρὰ Ῥαχήλ, συλλαβεῖν, τῷ αὐτῷ χρόνῳ
c καὶ τὴν παιδίσκην Ζελφάν. τῷ δωδεκάτῳ ἔτει μηνὶ τρίτῳ. καὶ τεκεῖν
τοῦ αὐτοῦ ἔτους μηνὸς δωδεκάτου υἱὸν καὶ ὄνομα αὐτῷ θέσθαι Ἰσσα-
5 χάρ. καὶ πάλιν Λείαν τῷ τρισκαιδεκάτῳ ἔτει μηνὶ δεκάτῳ υἱὸν ἄλλον
τεκεῖν, ᾧ ὄνομα Ζαβουλών, καὶ τὴν αὐτὴν τῷ τεσσαρεσκαιδεκάτῳ ἔτει 5
μηνὶ ὀγδόῳ τεκεῖν [υἱὸν ὄνομα Δάν]. ἐν ᾧ καὶ Ῥαχὴλ λαβεῖν ἐν γαστρὶ
τῷ αὐτῷ χρόνῳ, ᾧ καὶ Λείαν τεκεῖν θυγατέρα Δείναν, καὶ τεκεῖν τῷ
τεσσαρεσκαιδεκάτῳ ἔτει μηνὶ ὀγδόῳ υἱόν, ὃν ὀνομασθῆναι Ἰωσήφ· ὥστε
6 d γεγονέναι ἐν τοῖς ἑπτὰ ἔτεσι τοῖς παρὰ Λάβαν δώδεκα παιδία. θέλοντα
δὲ τὸν Ἰακὼβ πρὸς τὸν πατέρα εἰς Χαναὰν ἐπιέναι, ἀξιωθέντα ὑπὸ 10
7 Λάβαν ἄλλα ἔτη ἓξ μεῖναι, ὥστε τὰ πάντα αὐτὸν μεῖναι ἐν Χαρρὰν
παρὰ Λάβαν ἔτη εἴκοσι. πορευομένῳ δὲ αὐτῷ εἰς Χαναὰν ἄγγελον τοῦ
θεοῦ παλαῖσαι καὶ ἅψασθαι τοῦ πλάτους τοῦ μηροῦ τοῦ Ἰακώβ, τὸν
δὲ ναρκήσαντα ἐπισκάζειν· ὅθεν οὐκ ἐσθίεσθαι τῶν κτηνῶν τὸ ἐν τοῖς
μηροῖς νεῦρον. καὶ φάναι αὐτῷ τὸν ἄγγελον ἀπὸ τοῦδε μηκέτι Ἰακώβ, ἀλλ' 15
8 Ἰσραὴλ ὀνομασθήσεσθαι. καὶ ἐλθεῖν αὐτὸν τῆς Χαναὰν γῆς εἰς ἑτέραν πόλιν Σίκιμων ἔχοντα παιδία Ῥουβὴν ἐτῶν δώδεκα μηνῶν δυοῖν, Συμεῶνα
ἐτῶν ια' μηνῶν τεσσάρων, Λευὶν ἐτῶν δέκα μηνῶν ἓξ, Ἰούδαν ἐτῶν
(424) ἐννέα μηνῶν ὀκτώ,** Νεφθαλεὶμ ἐτῶν ὀκτὼ μηνῶν δέκα, Γὰδ ἐτῶν ὀκτὼ
μηνῶν δέκα, Ἀσὴρ ἐτῶν ὀκτώ, Ἰσσαχὰρ ἐτῶν ὀκτώ, Ζαβουλὼν ἐτῶν ἑπτὰ 20
μηνῶν δυοῖν, Λείναν ἐτῶν ἓξ μηνῶν τεσσάρων, Ἰωσὴφ ἐτῶν ἓξ μηνῶν
9 τεσσάρων. παροικῆσαι δὲ Ἰσραὴλ** παρὰ Ἐμμὼρ ἔτη δέκα καὶ φθαρῆναι
τὴν Ἰσραὴλ θυγατέρα Λείναν ὑπὸ Συχὲμ τοῦ Ἐμμὼρ υἱοῦ, ἐτῶν οὖσαν
δεκαὲξ μηνῶν τεσσάρων· ἐφαλλομένους δὲ τοὺς Ἰσραὴλ υἱοὺς, Συμεῶνα
[248] μὲν ὄντα ἐτῶν εἴκοσι ἑνὸς μηνῶν τεσσάρων. Λευὶν δὲ ἐτῶν εἴκοσι μηνῶν 25
b ἓξ, ἀποκτεῖναι τόν τε Ἐμμὼρ καὶ Συχὲμ τὸν υἱὸν αὐτοῦ καὶ πάντας
τοὺς ἄρσενας διὰ τὴν Δείνας φθοράν· Ἰακὼβ δὲ τότε εἶναι ἐτῶν ἑκατὸν
10 ἑπτά. ἐλθόντα τε οὖν αὐτὸν εἰς Λουζὰ τῆς Βαιθὴλ φάναι τὸν θεὸν
μηκέτι Ἰακὼβ ἀλλ' Ἰσραὴλ ὀνομάζεσθαι. ἐκεῖθεν δὲ ἐλθεῖν εἰς
Χαφραθά, ἔνθεν παραγενέσθαι εἰς Ἐφραθά, ἣν εἶναι Βηθλεέμ, καὶ 30
γεννῆσαι αὐτὸν ἐκεῖ Βενιαμίν. καὶ τελευτῆσαι Ῥαχὴλ τεκοῦσαν τὸν
11 Βενιαμίν, στηβῶσαι δ' αὐτῇ τὸν Ἰακὼβ ἔτη εἴκοσι τρία. αὐτόθεν δὲ
c ἐλθεῖν τὸν Ἰακὼβ εἰς Μαμβρὶ τῆς Χεβρὼν πρὸς Ἰσαὰκ τὸν πατέρα.

---

¹ συλλαβεῖν ἐν γαστρὶ καὶ, : l. p. 206 | post χρόνῳ fort. addendum ᾧ | ² καὶ
om. | αὐτῆς Ζελφὰν | τ. α. χρόνῳ post Ζελφὰν I | ⁶ [υἱὸν — Δὰν] Dem. ut vid.
scripsit θυγατέρα ὄνομα Δείναν, p. 54 | ¹² δ' αὐτῷ I | ¹³ παλεῦσαι I | ¹⁷ ιβ', I |
¹⁸ ια'] ιβ' g, δώδεκα I | ¹⁹ ἐννέα] θ', : I | post ὀκτὼ Dem. vid. scripsisse Δὰν ἐτῶν
ἐννέα μηνῶν ὀκτώ, p. 55 | ²² post Ἰσραὴλ plura exciderunt, p. 56 | ²³ Ἐμὼρ I |
²⁴ ἐξαλλομένους, p. 207 | ²⁵ δὲ g, δ' d, : I | ²⁹ εἰς Ἰσραὴλ I | ³⁰ Ἐφραθᾶ I

εἶναι δὲ τότε Ἰωσήφ ἐτῶν δεκαεπτά, καὶ πραθῆναι αὐτὸν εἰς Αἴγυπτον·
καὶ ἐν τῷ δεσμωτηρίῳ μεῖναι ἔτη δεκατρία, ὥστ᾿ εἶναι αὐτὸν ἐτῶν τριάκοντα, Ἰακὼβ δὲ ἐτῶν ρχ** ἐν ᾧ καὶ τελευτῆσαι τὸν Ἰσαὰκ ἔτι ἑνὶ
ἔμπροσθεν ἐτῶν ὄντα ἑκατὸν ὀγδοήκοντα. κρίναντα δὲ τῷ βασιλεῖ τὸν   12
5 Ἰωσήφ τὰ ἐνύπνια ἄρξαι Αἰγύπτου ἔτη ἑπτά· ἐν οἷς καὶ συνοικῆσαι
Ἀσενὲθ, Πεντεφρῆ τοῦ Ἡλιουπόλεως ἱερέως θυγατρὶ, καὶ γεννῆσαι Μα-   d
νασσῆν καὶ Ἐφραῒμ· καὶ τοῦ λιμοῦ ἐπιγενέσθαι ἔτη δύο. τὸν δὲ Ἰωσήφ   13
ἔτη ἐννέα εὐτυχήσαντα πρὸς τὸν πατέρα μὴ πέμψαι διὰ τὸ ποιμένα
αὐτόν τε καὶ τοὺς ἀδελφοὺς εἶναι, ἐπονείδιστον δὲ Αἰγυπτίοις εἶναι τὸ
10 ποιμαίνειν. ὅτι δὲ διὰ τοῦτο οὐκ ἔπεμψεν αὐτὸν δεδηλωκέναι· ἐλθόν-
των γὰρ αὐτοῦ τῶν συγγενῶν φάναι αὐτοῖς, ἐὰν κληθῶσιν ὑπὸ τοῦ
βασιλέως καὶ ἐρωτῶνται τί διαπράσσονται, λέγειν κτηνοτρόφους αὐτοὺς
εἶναι**. διαπορεῖσθαι δὲ, διὰ τί ποτε ὁ Ἰωσήφ Βενιαμὶν ἐπὶ τοῦ   14
ἀρίστου πενταπλασίονα μερίδα ἔδωκε, μὴ δυναμένου αὐτοῦ τοσαῦτα
15 καταναλῶσαι κρέα· τοῦτο οὖν αὐτὸν πεποιηκέναι διὰ τὸ ἐκ τῆς Λείας   (425)
τῷ πατρὶ αὐτοῦ γεγονέναι υἱοὺς ἕξ. ἐκ δὲ Ῥαχὴλ τῆς μητρὸς αὐτοῦ δύο·
διὰ τοῦτο τῷ Βενιαμὶν πέντε μερίδας παραθεῖναι καὶ αὐτὸν λαβεῖν
μίαν· γενέσθαι οὖν ἕξ, ὅσας καὶ τοὺς ἐκ τῆς Λείας υἱοὺς λαβεῖν. ὡσαύτως   15
δὲ καὶ ἐπὶ τοῦ τὰς στολὰς δοῦναι ἑκάστῳ διπλᾶς, τῷ δὲ Βενιαμὶν πέντε
20 καὶ τριακοσίους χρυσοῦς καὶ τῷ πατρὶ δὲ ἀποστεῖλαι κατὰ ταὐτά, ὥστε
τὸν οἶκον αὐτοῦ τῆς μητρὸς εἶναι ἴσον. οἰκῆσαι δὲ αὐτοὺς ἐν γῇ Χαναάν,   b 16
ἀφ᾿ οὗ ἐκλεγῆναι Ἀβραὰμ ἐκ τῶν ἐθνῶν καὶ μετελθεῖν εἰς Χαναὰν, Ἀβραὰμ
ἐτῶν εἴκοσι πέντε. Ἰσαὰκ ἐτῶν ἑξήκοντα, Ἰακὼβ ἐτῶν ἑκατὸν τριάκοντα,
⟨καὶ⟩ γίνεσθαι τὰ πάντα ἔτη ἐν γῇ Χαναὰν σιέ. καὶ τῷ τρίτῳ ἔτει λιμοῦ   17
25 οὔσης ἐν Αἰγύπτῳ ἐλθεῖν εἰς Αἴγυπτον τὸν Ἰακὼβ ὄντα ἐτῶν ἑκατὸν
τριάκοντα, Ῥουβὶν ἐτῶν με΄, Συμεῶνα ἐτῶν μδ΄, Λευὶν ἐτῶν μγ΄, Ἰούδαν
ἐτῶν μβ΄ μηνῶν δ΄**, Νεφθαλεὶμ ἐτῶν μα΄ μηνῶν ἕξ, Γὰδ ἐτῶν μα΄   c
μηνῶν ἕξ, Ἀσὴρ ἐτῶν μ΄ μηνῶν ὀκτώ, ⟨Ἰσσαχὰρ ἐτῶν μ΄ μηνῶν ὀκτώ⟩,
Ζαβουλὼν ἐτῶν μ΄, Δείναν ἐτῶν λθ΄, Βενιαμὶν ἐτῶν κη΄· τὸν δὲ   18
30 Ἰωσήφ φησι γενέσθαι ἐν Αἰγύπτῳ ἔτη λθ΄. εἶναι δὲ ἀπὸ τοῦ
Ἀδὰμ ἕως τοῦ εἰσελθεῖν εἰς Αἴγυπτον τοὺς τοῦ Ἰωσήφ συγγενεῖς
ἔτη γχκδ΄· ἀπὸ δὲ τοῦ κατακλυσμοῦ ἕως τῆς Ἰακὼβ παρουσίας εἰς Αἴγυπτον ἔτη ͵ατξ΄· ἀφ᾿ οὗ δὲ ἐκλεγῆναι Ἀβραὰμ ἐκ τῶν ἐθνῶν καὶ ἐλθεῖν

---

¹ τότε] τὸν p | ³ ρχ΄] ἑκατὸν δέκα | post ρχ΄ lacuna, p. 206 | ⁶ Πεντεφρῆ g, Πεν-
τεφρὴ I | ⁷ β, : I | ¹⁰ ποιμένειν I | ¹³ εἶναι in ras. I | post εἶναι nonnulla
exciderunt, p. 45 | ¹⁶ ἑπτά, p. 54 | ¹⁸ μίαν] δύο mg o vd | ἑπτά | ²¹ εἶναι fort. λαβεῖν |
²⁴ ⟨καὶ⟩ om. | ²⁷ δ΄] τριῶν, post τριῶν addunt edd. Ἀσὴρ ἐτῶν μ΄ μηνῶν ὀκτώ collocanda
l. 28 ante Ἰσσαχὰρ, p. 206. Dem. vid. scripsisse Δὰν ἐτῶν μβ΄ μηνῶν δ΄, p. 55 |
ἑξ] ζ΄, ἑπτά I, p. 206 | ²ᶜ ἑξ] η΄, τριῶν I Ἀσὴρ — ὀκτώ alterum om., p. 206

d ἐκ Χαρρὰν εἰς Χαναὰν ἕως εἰς Αἴγυπτον τοὺς περὶ Ἰακὼβ ἐλθεῖν ἔτη
19 σιέ. Ἰακὼβ δὲ εἰς Χαρρὰν πρὸς Λάβαν ἐλθεῖν ἐτῶν ὄντα οζ΄ καὶ γεννῆσαι Λευίν. Λευὶν δὲ ἐν Αἰγύπτῳ ἐπιγενέσθαι ἔτη ιζ΄, ἀφ᾽ οὗ ἐκ
Χαναὰν αὐτὸν ἐλθεῖν εἰς Αἴγυπτον, ὥστε εἶναι αὐτὸν ἐτῶν ξ΄ καὶ γεννῆσαι Καάθ· τῷ αὐτῷ δὲ ἔτει. ᾧ γενέσθαι Καάθ. τελευτῆσαι Ἰακὼβ ἐν 5
Αἰγύπτῳ εὐλογήσαντα τοὺς Ἰωσὴφ υἱοὺς, ὄντα ἐτῶν ρμζ΄, καταλιπόντα
Ἰωσὴφ ἐτῶν νς΄. Λευὶν δὲ γενόμενον ἐτῶν ρλζ΄ τελευτῆσαι· Καὰθ δὲ
[249] ὄντα ἐτῶν μ΄ γεννῆσαι Ἄμβραν, ὃν ἐτῶν εἶναι ιδ΄, ἐν ᾧ τελευτῆσαι Ἰωσὴφ ἐν
Αἰγύπτῳ ὄντα ρι΄ ἐτῶν· Καὰθ δὲ γενόμενον ἐτῶν ἑκατὸν λγ΄ τελευ-
(426) τῆσαι. Ἄμβραν δὲ λαβεῖν γυναῖκα τὴν τοῦ θείου θυγατέρα Ἰωχαβέλ, 10
καὶ ὄντα ἐνιαυτῶν οϛ΄ γεννῆσαι Ἀαρὼν καὶ Μωσῆν· γεννῆσαι δὲ Μωσῆν
τὸν Ἄμβραν ὄντα ἐτῶν οη΄. καὶ γενόμενον Ἄμβραν ἐτῶν ἑκατὸν λϛ΄ τε-
b λευτῆσαι**. Ταῦτά μοι κείσθω ἀπὸ τῆς Ἀλεξάνδρου τοῦ Πολυΐστορος γραφῆς.

3.

[257] Ibid. c. 29. 439b: Δημήτριος δὲ περὶ τῆς ἀναιρέσεως τοῦ Αἰγυπτίου 15
καὶ τῆς διαφορᾶς τῆς πρὸς τὸν μηνύσαντα τὸν τελευτήσαντα ὁμοίως
c τῷ τὴν ἱερὰν βίβλον γράψαντι ἱστόρησε· φυγεῖν μέντοι γε τὸν Μωσῆν
εἰς Μαδιὰμ καὶ συνοικῆσαι ἐκεῖ τῇ Ἰοθὼρ θυγατρὶ Σεπφώρᾳ, ἣν εἶναι,
ὅσα στοχάζεσθαι ἀπὸ τῶν ὀνομάτων, τῶν γενομένων ἐκ Χεττούρας,
τοῦ Ἀβραὰμ γένους. ἐκ τοῦ Ἰεξὰν τοῦ γενομένου Ἀβραὰμ ἐκ Χεττούρας· 20
ἐκ δὲ τοῦ Ἰεξὰν γενέσθαι Λαδάν, ἐκ δὲ Λαδὰν Ῥαγουήλ, ἐκ δὲ Ῥαγουὴλ
2 Ἰοθὼρ καὶ Ἰωβὰβ, ἐκ δὲ τοῦ Ἰοθὼρ Σεπφώραν, ἣν γῆμαι Μωσῆν. καὶ
τὰς γενεὰς δὲ συμφωνεῖν· τὸν γὰρ Μωσῆν εἶναι ἀπὸ Ἀβραὰμ ἕβδομον.
τὴν δὲ Σεπφώραν ἕκτην. συνοικοῦντος γὰρ ἤδη τοῦ Ἰσαάκ, ἀφ᾽ οὗ
d Μωσῆν εἶναι, γῆμαι Ἀβραὰμ τὴν Χεττούραν ὄντα ἐτῶν ρμ΄ καὶ γεν- 25
νῆσαι Ἰσαὰρ ἐξ αὐτῆς δεύτερον· τὸν δὲ Ἰσαὰκ ὄντα ἐτῶν ἑκατὸν γεννῆσαι,
ὥστε μβ΄ ἐτῶν ὕστερον γεγονέναι τὸν Ἰσαάρ, ἀφ᾽ οὗ τὴν Σεπφώραν
3 γεγενεαλογῆσθαι· οὐδὲν οὖν ἀντιπίπτει τὸν Μωσῆν καὶ τὴν Σεπφώραν
κατὰ τοὺς αὐτοὺς γεγονέναι χρόνους. κατοικεῖν δ᾽ αὐτοὺς Μαδιὰμ πόλιν,
ἣν ἀπὸ ἑνὸς τῶν Ἀβραὰμ παίδων ὀνομασθῆναι. φησὶ γὰρ τὸν Ἀβραὰμ 30
τοὺς παῖδας πρὸς ἀνατολὰς ἐπὶ κατοικίαν πέμψαι· διὰ τοῦτο δὲ καὶ
Ἀαρὼν καὶ Μαριὰμ εἰπεῖν ἐν Ἀσηρὼθ Μωσῆν Αἰθιοπίδα γῆμαι γυναῖκα.

---

2 εἰς] ἐκ,: Seg., p. 53 | οζ΄|π΄, p. 53 | ⁴ Κλάθ, p. 53 | Κλάθ | ⁶ εὐλογήσαντος Ι |
⁷ Κλάθ | ⁸ Ἀμράμ,: BV. p. 206 | ⁹ Κλάθ | ἐτῶν ante ἑκατὸν om. Ι | ¹⁰ Ἀμράμ λαβεῖν,: BV |
¹² Ἀμράμ, : BV | Ἀμράμ,: BV | ρλϛ΄,: Ι | ¹³ post τελευτῆσαι nonnulla desunt,
p. 49 | ¹⁴ Μαδιὰν,: ILV. p. 206 | Ἰοθὸρ, p. 206 | Σεπφώρα e Σεπφόρα Ι | ²²Ἰοθὸρ |
Ἀβάβ, p. 206 | Ἰοθὸρ | Σεπφώραν e Σεπφόραν Ι | ²⁰ Ἰσαάρ] lege Ἰεξὰν, p. 206 |
²⁷ lege Ἰεξὰν pro Ἰσαάρ, p. 206 | ²³ fort. leg. ἀντιπίπτειν | ²⁹ δὲ Ι

4.

Ibid. 445d: *καὶ πάλιν μετ' ὀλίγα Ἐκεῖθεν ἦλθον ἡμέρας τρεῖς,* [262
ὡς αὐτός τε ὁ Δημήτριος λέγει καὶ συμφώνως τούτῳ ἡ ἱερὰ βίβλος, 10
Μὴ ἔχοντα δὲ ὕδωρ ἐκεῖ γλυκὺ ἀλλὰ πικρὸν τοῦ θεοῦ εἰπόντος ξύλον τι
ἐμβαλεῖν εἰς τὴν πηγήν, καὶ γενέσθαι γλυκὺ τὸ ὕδωρ. Ἐκεῖθεν δὲ εἰς
5 *Ἐλεὶμ ἐλθεῖν καὶ εὑρεῖν ἐκεῖ δώδεκα μὲν πηγὰς ὑδάτων, ἑβδομήκοντα*
δὲ στελέχη φοινίκων.

5.

Ibid. 446d: *καὶ μετὰ βραχέα Ἐπιζητεῖν δέ τινα πῶς οἱ Ἰσραη-* [262
λῖται ὅπλα ἔσχον ἄνοπλοι ἐξελθόντες· ἔφασαν γὰρ τριῶν ἡμερῶν ὁδὸν
ἐξελθόντας καὶ θυσιάσαντας πάλιν ἀνακάμψειν. φαίνεται οὖν τοὺς μὴ
10 *κατακλυσθέντας τοῖς ἐκείνων ὅπλοις χρήσασθαι.*

ΠΕΡΙ ΤΩΝ ΕΝ ΤΗΙ ΙΟΥΔΑΙΑΙ ΒΑΣΙΛΕΩΝ.

6.

Clem. Al. str. I 21. 403. Pot. II 114. Dind.: *Δημήτριος δέ φησιν*
ἐν τῷ περὶ τῶν ἐν τῇ Ἰουδαίᾳ βασιλέων τὴν Ἰούδα φυλὴν καὶ Βενιαμὶν
*καὶ Λευὶ μὴ αἰχμαλωτισθῆναι ὑπὸ τοῦ Σεναχηρείμ**. ἀλλ' εἶναι ἀπὸ*
τῆς αἰχμαλωσίας ταύτης εἰς τὴν ἐσχάτην, ἣν ἐποιήσατο Ναβουχοδονόσορ
15 *ἐξ Ἱεροσολύμων, ἔτη ἑκατὸν εἴκοσι ὀκτὼ μῆνας ἕξ· ἀφ' οὗ δὲ αἱ φυλαὶ*
αἱ δέκα ἐκ Σαμαρείας αἰχμάλωτοι γεγόνασιν ἕως Πτολεμαίου τετάρτου
ἔτη πεντακόσια ἑβδομήκοντα τρία μῆνας ἐννέα· ἀφ' οὗ δὲ ἐξ Ἱεροσολύμων
ἔτη τριακόσια τριάκοντα ὀκτὼ μῆνας τρεῖς.

ΑΝΩΝΥΜΟΤ ΠΕΡΙ ΕΒΡΑΙΩΝ.

1.

Eus. pr. ev. IX 17. 418c: *Συνᾴδει δὲ τούτοις καὶ ὁ Πο-* [244
20 *λυΐστωρ Ἀλέξανδρος πολύνους ὢν καὶ πολυμαθὴς ἀνὴρ τοῖς*
τε μὴ πάρεργον τὸν ἀπὸ παιδείας καρπὸν πεποιημένοις
Ἕλλησι γνωριμώτατος, ὃς ἐν τῇ περὶ Ἰουδαίων συντάξει τὰ [245
κατὰ τὸν Ἀβραὰμ τοῦτον ἱστορεῖ κατὰ λέξιν τὸν τρόπον·
Εὐπόλεμος δὲ ἐν τῷ περὶ Ἰουδαίων τῆς Ἀσσυρίας φησὶ πόλιν Βα- 2
25 *βυλῶνα πρῶτον μὲν κτισθῆναι ὑπὸ τῶν διασωθέντων ἐκ τοῦ κατα-*
κλυσμοῦ· εἶναι δὲ αὐτοὺς γίγαντας, οἰκοδομεῖν δὲ τὸν ἱστορούμενον
πύργον. πεσόντος δὲ τούτου ὑπὸ τῆς τοῦ θεοῦ ἐνεργείας, τοὺς γίγαντας 3
διασπαρῆναι καθ' ὅλην τὴν γῆν. Δεκάτῃ δὲ γενεᾷ φησιν ἐν πόλει τῆς 4

---

13 post *Σεναχηρεὶμ* adde haec fere: *ἀλλὰ πολλὰ χρήματα καὶ σκεύη τοῦ ναοῦ, μηδὲ*
μετ' ὀλίγον χρόνον ἐκείνας αἰχμαλώτους γενέσθαι. p. 59 | 16 lege *τοῦ τρίτου,* p. 62 |
17 lege *τετρακόσια* ib.

Βαβυλωνίας Καμαρίνη, ἥν τινας λέγειν πόλιν Οὐρίην (εἶναι δὲ μεθερμηνευομένην Χαλδαίων πόλιν). ἐν τρισκαιδεκάτῃ γενέσθαι Ἀβραάμ γενεᾷ,
εὐγενείᾳ καὶ σοφίᾳ πάντας ὑπερβεβηκότα, ὃν δὴ καὶ τὴν ἀστρολογίαν
καὶ Χαλδαϊκὴν εὑρεῖν, ἐπί τε τὴν εὐσέβειαν ὁρμήσαντα εὐαρεστῆσαι τῷ
4 θεῷ. τοῦτον δὲ διὰ τὰ προστάγματα τοῦ θεοῦ εἰς Φοινίκην ἐλθόντα 5
κατοικῆσαι καὶ τροπὰς ἡλίου καὶ σελήνης καὶ τὰ ἄλλα πάντα διδάξαντα
τοὺς Φοίνικας εὐαρεστῆσαι τῷ βασιλεῖ αὐτῶν. ὕστερον δὲ Ἀρμενίους
ἐπιστρατεῦσαι τοῖς Φοίνιξι· νικησάντων δὲ καὶ αἰχμαλωτισαμένων τὸν
419 ἀδελφιδοῦν αὐτοῦ τὸν Ἀβραάμ μετὰ οἰκετῶν βοηθήσαντα ἐγκρατῆ
γενέσθαι τῶν αἰχμαλωτισαμένων καὶ τῶν πολεμίων αἰχμαλωτίσαι τέκνα 10
5 καὶ γυναῖκας. πρέσβεων δὲ παραγενομένων πρὸς αὐτόν, ὅπως χρήματα
λαβὼν ἀπολυτρώσῃ ταῦτα, μὴ προελέσθαι τοῖς δυστυχοῦσιν ἐπεμβαίνειν,
ἀλλὰ τὰς τροφὰς λαβόντα τῶν νεανίσκων ἀποδοῦναι τὰ αἰχμάλωτα.
ξενισθῆναί τε αὐτὸν ὑπὸ πόλεως ἱερὸν Ἀργαριζὶν, ὅ εἶναι μεθερμηνευό-
6 μενον ὄρος ὑψίστου, παρὰ δὲ τοῦ Μελχισεδὲκ ἱερέως ὄντος τοῦ θεοῦ 15
καὶ βασιλεύοντος λαβεῖν δῶρα. λιμοῦ δὲ γενομένου τὸν Ἀβραάμ ἀπαλλαγῆναι εἰς Αἴγυπτον πανοικίᾳ κἀκεῖ κατοικεῖν, τήν τε γυναῖκα αὐτοῦ
7 τὸν βασιλέα τῶν Αἰγυπτίων γῆμαι φάντος αὐτοῦ ἀδελφὴν εἶναι. περισ-
σότερον δ' ἱστόρησεν, ὅτι οὐκ ἠδύνατο αὐτῇ συγγενέσθαι, καὶ ὅτι
συνέβη φθείρεσθαι αὐτοῦ τὸν λαὸν καὶ τὸν οἶκον· μάντεις δὲ αὐτοῦ 20
καλέσαντος τοῦτο φάναι, μὴ εἶναι χήραν τὴν γυναῖκα· τὸν δὲ βασιλέα
τῶν Αἰγυπτίων οὕτως ἐπιγνῶναι, ὅτι γυνὴ ἦν τοῦ Ἀβραάμ καὶ ἀποδοῦναι
8 αὐτὴν τῷ ἀνδρί. συζήσαντα δὲ τὸν Ἀβραάμ ἐν Ἡλιουπόλει τοῖς Αἰγυπτίων
ἱερεῦσι πολλὰ μεταδιδάξαι αὐτούς, καὶ ἀστρολογίαν καὶ τὰ λοιπὰ τούτου
αὐτοῖς εἰσηγήσασθαι φάμενον Βαβυλωνίους ταῦτα καὶ αὐτὸν εὑρηκέναι, 25
τὴν δὲ εὕρεσιν αὐτῶν εἰς Ἐνὼχ ἀναπέμπειν, καὶ τοῦτον εὑρηκέναι
9 πρῶτον τὴν ἀστρολογίαν, οὐκ Αἰγυπτίους. Βαβυλωνίους γὰρ λέγειν
πρῶτον γενέσθαι Βῆλον, ὃν εἶναι Κρόνον· ἐκ τούτου δὲ γενέσθαι Βῆλον
4 καὶ Χάμ· τοῦτον δὲ τὸν Χαναὰν γεννῆσαι, τὸν πατέρα τῶν Φοινίκων·
τούτου δὲ Χοὺν υἱὸν γενέσθαι, ὃν ὑπὸ τῶν Ἑλλήνων λέγεσθαι Ἄσβολον, 30
πατέρα δὲ Αἰθιόπων, ἀδελφὸν δὲ τοῦ Μεστραείμ, πατρὸς Αἰγυπτίων.
Ἕλληνας δὲ λέγειν τὸν Ἄτλαντα εὑρηκέναι ἀστρολογίαν· εἶναι δὲ τὸν
Ἄτλαντα τὸν αὐτὸν καὶ Ἐνώχ· τοῦ δὲ Ἐνὼχ γενέσθαι υἱὸν Μαθουσάλαν,
ὃν πάντα δι' ἀγγέλων θεοῦ γνῶναι, καὶ ἡμᾶς οὕτως ἐπιγνῶναι.

² ἐν τρισκαιδεκάτῃ] ἐν τοίνυν δεκάτῃ conj. p, p. 208 | ⁴ καὶ X.] τὴν X. conj.
Dähne Jüd. Alex. Relig. II 221 | ⁵ ἀδελφὸν V, p. 208 | ²⁹ Χάμ] Χαναάν, ibid. |
Χάμ ante Χαναάν add. Gutschmid, ibid. | ³⁰ Χοὺν] Χοὺμ dg. καὶ Χοὲν conj. Bo-
chart, Χοὺς Gutschm., ibid. | ³¹ τοῦ] τούτου Gutschm., ibid. | πατρὸς] πατέρα, ibid. |
³⁴ ἄγγελον pr. l

2.

Ibid. c. 18, 2. 420b: Ἐν δὲ ἀδεσπότοις εὕρομεν τὸν Ἀβραάμ [245 ἀναφέροντα εἰς τοὺς γίγαντας. τούτους δὲ οἰκοῦντας ἐν τῇ Βαβυλωνίᾳ [246 διὰ τὴν ἀσέβειαν ὑπὸ τῶν θεῶν ἀναιρεθῆναι, ὧν ἕνα Βῆλον ἐκφεύγοντα τὸν θάνατον ἐν Βαβυλῶνι κατοικῆσαι, πύργον τε κατασκευάσαντα ἐν ᶜ 5 αὐτῷ διαιτᾶσθαι, ὃν δὴ ἀπὸ τοῦ κατασκευάσαντος Βήλου Βῆλον ὀνο-μασθῆναι. τὸν δὲ Ἀβραάμ τὴν ἀστρολογικὴν ἐπιστήμην παιδευθέντα πρῶτον μὲν ἐλθεῖν εἰς Φοινίκην καὶ τοὺς Φοίνικας ἀστρολογίαν διδάξαι, ὕστερον δὲ εἰς Αἴγυπτον παραγενέσθαι.

ΕΥΠΟΛΕΜΟΥ ΠΕΡΙ ΤΩΝ ΕΝ ΤΗΙ ΙΟΥΔΑΙΑΙ ΒΑΣΙΛΕΩΝ.

1.

Clem. str. I 23. 413. II 123 Dind.: Eus. ib. c. 26: Εὐπόλεμος δὲ 10 ἐν τῷ περὶ τῶν ἐν τῇ Ἰουδαίᾳ βασιλέων τὸν Μωσῆν φησι πρῶτον σοφὸν γενέσθαι καὶ γραμματικὴν πρῶτον τοῖς Ἰουδαίοις παραδοῦναι, καὶ παρὰ Ἰουδαίων Φοίνικας παραλαβεῖν, Ἕλληνας δὲ παρὰ Φοινίκων, νόμους τε πρῶτον γράψαι Μωσῆν τοῖς Ἰουδαίοις.

2.

Eus. ib. c. 30. 447a: Εὐπόλεμος δέ φησιν ἕν τινι περὶ τῆς Ἠλίου [26: 15 προφητείας Μωσῆν προφητεῦσαι ἔτη μ΄ · εἶτα Ἰησοῦν, τὸν τοῦ Ναυῆ υἱόν, ἔτη λ΄ · βιῶσαι δ' αὐτὸν ἔτη ρί΄, πῆξαί τε τὴν ἱερὰν σκηνὴν ἐν Σηλοῖ**. μετὰ δὲ ταῦτα προφήτην γενέσθαι Σαμουήλ. εἶτα τῇ τοῦ θεοῦ ᵇ 2 βουλήσει ὑπὸ Σαμουὴλ Σαοῦλον βασιλέα αἱρεθῆναι, ἄρξαντα δὲ ἔτη κα΄ [26: τελευτῆσαι. εἶτα Λαβὶδ τὸν τούτου υἱὸν δυναστεῦσαι, ὃν κατασιρέψασθαι 3 20 Σύρους τοὺς παρὰ τὸν Εὐφράτην οἰκοῦντας ποταμὸν καὶ τὴν Κομμα-γηνὴν καὶ τοὺς ἐν Γαλαδηνῇ Ἀσσυρίους καὶ Φοίνικας· στρατεῦσαι δ' αὐτὸν καὶ ἐπὶ Ἰδουμαίους καὶ Ἀμμανίτας καὶ Μωαβίτας καὶ Ἰτουραίους καὶ Ναβαταίους καὶ Ναβδαίους· αὖθις δὲ ἐπιστρατεῦσαι ἐπὶ Σούρωνα ᶜ 4 βασιλέα Τύρου καὶ Φοινίκης, οἷς καὶ ἀναγκάσαι φόρους Ἰουδαίοις ὑπο-25 τελεῖν· πρός τε Οὐαφρῆν τὸν Αἰγυπτίων βασιλέα φιλίαν συνθέσθαι. βουλόμενόν τε τὸν Λαβὶδ οἰκοδομῆσαι ἱερὸν τῷ θεῷ ἀξιοῦν τὸν θεὸν 5 τόπον αὐτῷ δεῖξαι τοῦ θυσιαστηρίου· ἔνθα δὴ ἄγγελον αὐτῷ ὀφθῆναι ἑστῶτα ἐπάνω τοῦ τόπου, οὗ τὸν βωμὸν ἱδρῦσθαι ἐν Ἱεροσολύμοις, καὶ κελεύειν αὐτὸν μὴ ἱδρῦσαι τὸ ἱερὸν διὰ τὸ αἵματι ἀνθρωπίνῳ πεφύρ-30 θαι καὶ πολλὰ ἔτη πεπολεμηκέναι (εἶναι δ' αὐτῷ ὄνομα Διαναθάν)· 6 προστάξαι τε αὐτῷ τοῦτον, ὅπως τῷ υἱῷ ἐπιτρέψῃ τὴν οἰκοδομίαν. ᵈ

⁶ Ἄβραμον | ¹⁰ Μωσῆν et ¹¹ γράμματα Dind., p. 200 | ¹² νόμους κτλ. om. Clem. | ¹⁴ Ἠλίου I | ¹⁶ ἔτη ι΄ πρὸς τοῖς ρ΄ d, p. 201 | ¹⁷ de lacuna v. p. 121 | ¹⁹ Δαδ in ras. I, δαδ V | ²² Μωαμίτας I | ²⁸ et ²⁹ ἱδρύσθαι g I, ἱδρῦσθαι d | ³⁰ de Διαναθάν v. p. 121

9

αὐτὸν δὲ εὐτρεπίζειν τὰ πρὸς τὴν κατασκενὴν ἀνήκοντα, χρυσίον, ἀρ-
7 γύριον, χαλκὸν, λίθους, ξύλα κυπαρίσσινα καὶ κέδρινα. ἀκούσαντα δὲ
τὸν Δαβὶδ πλοῖα ναυπηγήσασθαι ἐν Ἐλάνοις πόλει τῆς Ἀραβίας, καὶ
πέμψαι μεταλλευτὰς εἰς τὴν Οὐρφῆ νῆσον κειμένην ἐν τῇ ἐρυθρᾷ θα-
λάσσῃ, μέταλλα χρυσικὰ ἐχούσαν· καὶ τὸ χρυσίον ἐκεῖθεν μετακομίσαι 5
8 τοὺς μεταλλευτὰς εἰς τὴν Ἰουδαίαν. βασιλεύσαντα δὲ τὸν Δαβὶδ ἔτη
μ´ Σολομῶνι τῷ υἱῷ τὴν ἀρχὴν παραδοῦναι, ὄντι ἐτῶν ιβ´, ἐνώπιον
Ἡλεὶ τοῦ ἀρχιερέως καὶ τῶν δώδεκα φυλάρχων, καὶ παραδοῦναι αὐτῷ
τόν τε χρυσὸν καὶ ἄργυρον καὶ χαλκὸν καὶ λίθον καὶ ξύλα κυπαρίσσινα
(448) καὶ κέδρινα. καὶ αὐτὸν μὲν τελευτῆσαι, Σολομῶνα δὲ βασιλεύειν καὶ 10
γράψαι πρὸς Οὐαφρῆν τὸν Αἰγύπτου βασιλέα τὴν ὑπογεγραμμένην ἐπι-
στολήν.

31. Βασιλεὺς Σολομῶν Οὐαφρῇ βασιλεῖ Αἰγύπτου φίλῳ πατρικῷ
χαίρειν.

Γίνωσκέ με παρειληφότα τὴν βασιλείαν παρὰ Δαβὶδ τοῦ πατρὸς 15
b διὰ τοῦ θεοῦ τοῦ μεγίστου καὶ ἐπιτεταχότος μοι οἰκοδομῆσαι ἱερὸν τῷ
θεῷ, ὃς τὸν οὐρανὸν καὶ τὴν γῆν ἔκτισεν, ἅμα δέ σοι γράψαι ἀποστεῖλαί μοι
τῶν παρὰ σοῦ λαῶν, οἳ παραστήσονταί μοι μέχρι τοῦ ἐπιτελέσαι πάντα
κατὰ τὴν χρείαν, καθότι ἐπιτέτακται.

32. Βασιλεὺς Οὐαφρῆς Σολομῶνι βασιλεῖ μεγάλῳ χαίρειν. 20

c Ἅμα τῷ ἀναγνῶναι τὴν παρὰ σοῦ ἐπιστολὴν σφόδρα ἐχάρην, καὶ
λαμπρὰν ἡμέραν ἤγαγον ἐγώ τε καὶ ἡ δύναμίς μου πᾶσα ἐπὶ τῷ παρειληφέναι σε τὴν βασιλείαν παρὰ χρηστοῦ ἀνδρὸς καὶ δεδοκιμασμένου
ὑπὸ τηλικούτου θεοῦ. περὶ δὲ ὧν γράφεις μοι περὶ τῶν κατὰ τοὺς
λαοὺς τοὺς παρ᾽ ἡμῖν ἀπέσταλκά σοι μυριάδας ὀκτώ, ὧν καὶ τὰ πλήθη 25
ἐξ ὧν εἰσι διασεσάφηκά σοι· ἐκ μὲν τοῦ Σεβριθίτου νομοῦ μυρίους, ἐκ
d δὲ τοῦ Μενδησίου καὶ Σεβεννύτου δισμυρίους, Βουσιρίτου, Λεοντο-
πολίτου καὶ Βαθριθίτου ἀνὰ μυρίους. φρόντισον δὲ καὶ τὰ δέοντα
αὐτοῖς καὶ τὰ ἄλλα, ὅπως εὐτακτῇ, καὶ ἵνα ἀποκατασταθῶσιν εἰς τὴν
ἰδίαν, ὡς ἂν ἀπὸ τῆς χρείας γενόμενοι. 30

33. Βασιλεὺς Σολομῶν Σούρωνι τῷ βασιλεῖ Τύρου καὶ Σιδῶνος καὶ
Φοινίκης φίλῳ πατρικῷ χαίρειν.

Γίνωσκέ με παρειληφότα τὴν βασιλείαν παρὰ Δαβὶδ τοῦ πατρὸς
διὰ τοῦ θεοῦ τοῦ μεγίστου, ἐπιτεταχότος μοι οἰκοδομῆσαι ἱερὸν τῷ
(449) θεῷ, ὃς τὸν οὐρανὸν καὶ τὴν γῆν ἔκτισεν, ἅμα δὲ καί σοι γράψαι 35

---

3 Ἀϊλάνοις, p. 210 | 4 fort. leg. Οὐφρῆ, ib. | 6 Ἡλεὶ 1 | ιβ΄, : 1 | 21 τὸ 1 |
23 δεδοκισμ. 1 | 26 lege Σεθρωίτου, p. 210 | νόμον g 1 | 27 ἐκ δὲ τοῦ ante Βουσ. add. p |
28 Ἀθριβίτου d, p. 210 | 30 γενόμενοι mgo v d, γενομένης cett. | 34 καὶ ἐπιτεταχότος d

ἀποστεῖλαί μοι τῶν παρὰ σοῦ λαῶν, οἳ σμπαρασιήσονται ἡμῖν μέχρι
τοῦ ἐπιτελέσαι τὴν τοῦ θεοῦ χρείαν, καθότι μοι ἐπιτέιακται γέγραφα [26·
δὲ καὶ εἰς τὴν Γαλιλαίαν καὶ Σαμαρεῖτιν καὶ Μωαβῖτιν καὶ Ἀμμανῖτιν
καὶ Γαλαδῖτιν χορηγεῖσθαι αὐτοῖς τὰ δέοντα ἐκ τῆς χώρας. κατὰ μῆνα
5 κόρους σίτου μυρίους (ὁ δὲ κόρος ἐστὶν ἀρταβῶν ἓξ) καὶ οἴνου κόρους
μυρίους (ὁ δὲ κόρος τοῦ οἴνου ἐστὶ μέτρα δέκα). τὸ δὲ ἔλαιον καὶ τὰ
ἄλλα χορηγηθήσεται αὐτοῖς ἐκ τῆς Ἰουδαίας, ἱερεῖα δὲ εἰς κρεοφαγίαν ⁶
ἐκ τῆς Ἀραβίας.

    34. Σούρων Σολομῶντι βασιλεῖ μεγάλῳ χαίρειν.

10   Εὐλογητὸς ὁ θεός, ὃς τὸν οὐρανὸν καὶ τὴν γῆν ἔκτισεν, ὃς εἵλετο
ἄνθρωπον χρηστὸν ἐκ χρηστοῦ ἀνδρός. ἅμα τῷ ἀναγνῶναι τὴν παρὰ ⁶
σοῦ ἐπιστολὴν σφόδρα ἐχάρην, καὶ εὐλόγησα τὸν θεὸν ἐπὶ τῷ παρειληφέναι
σε τὴν βασιλείαν. περὶ δὲ ὧν γράφεις μοι περὶ τῶν κατὰ τοὺς λαοὺς ²
τοὺς παρ' ἡμῖν ἀπέσταλκά σοι Τυρίων καὶ Φοινίκων ὀκτακισμυρίους.
15 καὶ ἀρχιτέκτονά σοι ἀπέσταλκα, ἄνθρωπον Τύριον ἐκ μητρὸς Ἰουδαίας
ἐκ τῆς φυλῆς τῆς Δάν. ὑπὲρ ὧν ἂν αὐτὸν ἐρωτήσῃς τῶν ὑπὸ τὸν
οὐρανὸν πάντων [καὶ ἀρχιτεκτονίαν], ὑφηγήσεταί σοι καὶ ποιήσει.
περὶ δὲ τῶν δεόντων τῶν ἀποστελλομένων σοι παίδων καλῶς ποιήσεις ⁴ ³
ἐπιστείλας τοῖς κατὰ τόπον ἐπάρχοις, ὅπως χορηγῆται τὰ δέοντα.
20   Διελθὼν δὲ Σολομῶν. ἔχων τοὺς πατρικοὺς φίλους, ἐπὶ τὸ ὄρος ⁴
τὸ τοῦ Λιβάνου μετὰ τῶν Σιδωνίων καὶ Τυρίων μετήνεγκε τὰ ξύλα τὰ
προκεκομμένα ὑπὸ τοῦ πατρὸς αὐτοῦ διὰ τῆς θαλάττης εἰς Ἰόππην,
ἐκεῖθεν δὲ πεζῇ εἰς Ἱεροσόλυμα. καὶ ἄρξασθαι οἰκοδομεῖν τὸ ἱερὸν
τοῦ θεοῦ ὄντα ἐτῶν τρισκαίδεκα. ἐργάζεσθαι δὲ τὰ ἔθνη τὰ προ-
25 ειρημένα καὶ φυλὰς δώδεκα τῶν Ἰουδαίων, καὶ παρέχειν ταῖς ἑκκαίδεκα
μυριάσι τὰ δέοντα πάντα κατὰ μῆνα φυλὴν μίαν. θεμελιῶσαί τε τὸν
ναὸν τοῦ θεοῦ, μῆκος πηχῶν ξ, πλάτος πηχῶν ξ. τὸ δὲ πλάτος τῆς
οἰκοδομῆς καὶ τῶν θεμελίων πηχῶν ι· οὕτω γὰρ αὐτῷ προστάξαι Νάθαν (45(
τὸν προφήτην τοῦ θεοῦ. οἰκοδομεῖ δὲ ἐναλλὰξ δόμον λίθινον καὶ ⁵
30 ἔνδεσμον κυπαρίσσινον. πελεκίνοις χαλκοῖς ταλαντιαίοις καταλαμβάνοντα
τοὺς δύο δόμους· οὕτω δ' αὐτὸν οἰκοδομήσαντα ξύλῶσαι ἔσωθεν
κεδρίνοις ξύλοις καὶ κυπαρισσίνοις. ὥστε τὴν λιθίνην οἰκοδομὴν μὴ
φαίνεσθαι. χρυσῶσαί τε τὸν ναὸν ἔσωθεν χωνεύοντα πλινθία χρυσᾶ

    ³ Ἀμανῖτιν I | ⁷ κρεωφ. in ras. sec. man. I | ¹⁶ Δάν] Δαβίδ, p. 55 | ¹⁷ καὶ
ἀρχιτ. sine uncis dg, τῶν κατ' ἀρχ. conj. p v, p. 210 | ¹⁸ τῶν ἀπ.] καὶ ἀπ., ib. |
²² Ἰόππην, ib. | ²⁴ ιγ΄, : I | ²⁵ ιβ΄, : I | καὶ om. d | ²⁶ μῆνα in ras. I |
²⁷ aut πλάτος in ὕψος, aut alterum ξ in κ΄ mutandum est. p. 211 | ³⁰ καταλαμ-
βάνοντας | ³¹ β΄, : IV | ἔξωθεν, ib. | ³³ χωνεύοντα, ib.

πεντατήχη, καὶ προσειϑέναι προσηλοῦντα ἥλοις ἀργυροῖς, ταλανιιαίοις
6 τὴν ὁλκήν, μασιοειδέσι τὸν ῥυϑμόν, τέσσαρσι δὲ τὸν ἀριϑμόν· οὕτω δ'
αὐτὸν χρυσῶσαι ἀπὸ ἐδάφους ἕως τῆς ὀροφῆς· τό τε ὀρόφωμα ποιῆσαι
ἐκ φατνωμάτων χρυσῶν· τὸ δὲ δῶμα ποιῆσαι χαλκοῦν ἀπὸ κεραμίδων
χαλκῶν, χαλκὸν χωνεύσαντα καὶ τοῦτον καταχέαντα. ποιῆσαι δὲ δύο 5
στύλους χαλκοῦς καὶ καταχρυσῶσαι αὐτοὺς χρυσίῳ ἀδόλῳ, δακτύλου τὸ
7 πάχος· εἶναι δὲ τοὺς στύλους τῷ ναῷ ἰσομεγέϑεις, τὸ δὲ πλάτος κύκλῳ
ἕκαστον κίονα πηχῶν δέκα· σιῆσαι δὲ αὐτοὺς τοῦ οἴκου ὃν μὲν ἐκ
δεξιῶν, ὃν δὲ ἐξ εὐωνύμων. ποιῆσαι δὲ καὶ λυχνίας χρυσᾶς δέκα, τάλαντον
ἑκάστην ὁλκὴν ἀγούσας, ὑπόδειγμα λαβόντα τὴν ὑπὸ Μωσέως ἐν τῇ 10
8 σκηνῇ τοῦ μαρτυρίου τεϑεῖσαν· σιῆσαι δ' ἐξ ἑκατέρου μέρους τοῦ σηκοῦ
τὰς μὲν ἐκ δεξιῶν, τὰς δὲ ἐξ εὐωνύμων. ποιῆσαι δ' αὐτὸν καὶ λύχνους
χρυσοῖς ο', ὥστε καίεσϑαι ἐφ' ἑκάστης λυχνίας ἑπιά. οἰκοδομῆσαι δὲ
9 καὶ τὰς πύλας τοῦ ἱεροῦ καὶ καταχοσμῆσαι χρυσίῳ καὶ ἀργυρίῳ καὶ
κατασιεγάσαι φατνώμασι κεδρίνοις καὶ κυπαρισσίνοις. ποιῆσαι δὲ καὶ 15
d κατὰ τὸ πρὸς βορρᾶν μέρος τοῦ ἱεροῦ στοὰν καὶ στύλους αὐτῇ ὑπο-
σιῆσαι χαλκοῦς μή. κατασκευάσαι δὲ καὶ λουτῆρα χαλκοῦν, μῆκος
πηχῶν κ' καὶ πλάτος πηχῶν κ', τὸ δὲ ὕψος πηχῶν ε'. ποιῆσαι δὲ ἐπ'
[265] αὐτῷ στεφάνην πρὸς τὴν βάσιν ἔξω ὑπερέχουσαν πῆχυν ἕνα πρὸς τὸ
τοὺς ἱερεῖς τούς τε πόδας προκλίζεσϑαι καὶ τὰς χεῖρας νίπτεσϑαι 20
ἑπιβαίνοντας. ποιῆσαι δὲ καὶ τὰς βάσεις τοῦ λουτῆρος ταύρους χωνευτοὺς
δώδεκα καὶ τῷ ὕψει ἀνδρομήκεις, καὶ σῆσαι ἐξ ὑστέρου μέρους ὑπὸ
10 τὸν λουτῆρα ἐκ δεξιῶν τοῦ ϑυσιαστηρίου. ποιῆσαι δὲ καὶ βάσιν χαλκὴν
τῷ ὕψει πηχῶν δυοῖν κατὰ τὸν λουτῆρα, ἵν' ἐφεστήκῃ ἐπ' αὐτῆς ὁ
βασιλεύς, ὅταν προσεύχηται, ὅπως ὀπτάνηται τῷ λαῷ τῶν Ἰουδαίων. 25
(451) οἰκοδομῆσαι δὲ καὶ τὸ ϑυσιαστήριον πηχῶν κ' ἐπὶ πήχεις κ', τὸ δὲ
11 ὕψος πηχῶν δώδεκα. ποιῆσαι δὲ καὶ δακτυλίους δύο χαλκοῦς ἁλυσι-
δωτοὺς, καὶ σῆσαι αὐτοὺς ἐπὶ μηχανημάτων ὑπερεχόντων τῷ ὕψει τὸν
ναὸν πήχεις κ' **. καὶ σκιάζειν ἐπάνω παντὸς τοῦ ἱεροῦ· καὶ προσκρεμάσαι ἑκάστῃ δικτύϊ κώδωνας χαλκοῦς ταλαντιαίους τετρακοσίους· καὶ 30
ποιῆσαι ὅλας τὰς δικτύας πρὸς τὸ ψοφεῖν τοὺς κώδωνας καὶ ἀποσοβεῖν
τὰ ὄρνεα, ὅπως μὴ καϑίζῃ ἐπὶ τοῦ ἱεροῦ, μηδὲ νοσσεύῃ ἐπὶ τοῖς
φατνώμασι τῶν πυλῶν καὶ στοῶν καὶ μολύνῃ τοῖς ἀποπατήμασι τὸ
12 b ἱερόν. περιβαλεῖν δὲ καὶ τὰ Ἱεροσόλυμα τὴν πόλιν τείχεσι καὶ πύργοις
13 καὶ τάφροις· οἰκοδομῆσαι δὲ καὶ βασίλεια ἑαυτῷ. προσαγορευϑῆναι δὲ 35

.   ⁶ δακτύλῳ | ⁸ σῆναι, p. 211 | ⁹ χρυσᾶς, δέκα τάλαντα, ib. | ²⁰ προσκλὺξ, : p |
²¹ ταύρους χωνευτούς] τορευτάς, χωνευτάς, ib. | ²⁶ loco κ' prioris κέ, Κέ I, έ V, ib. |
²⁷ ιβ' : IV | δίκτυα Seg., p. 212 | ²⁹ nonnulla desunt, ib. | ³¹ ὅλας] fort. κοιλάς

πρῶτον μὲν τὸ ἀνάκτορον ἱερὸν Σολομῶνος, ὕστερον δὲ παρεσθαρμένως
τὴν πόλιν ἀπὸ τοῦ ἱεροῦ Ἱερουσαλὴμ ὀνομασθῆναι, ὑπὸ δὲ τῶν Ἑλλήνων
φερωνύμως Ἱεροσόλυμα λέγεσθαι. συντελέσαντα δὲ τὸ ἱερὸν καὶ τὴν 14
πόλιν τειχίσαντα ἐλθεῖν εἰς Σηλὼμ καὶ θυσίαν τῷ θεῷ εἰς ὁλοκάρπωσιν
5 προσαγαγεῖν βοῦς χιλίους. λαβόντα δὲ τὴν σκηνὴν καὶ τὸ θυσιαστήριον c
καὶ τὰ σκεύη, ἃ ἐποίησε Μωσῆς, εἰς Ἱεροσόλυμα ἐνεγκεῖν καὶ ἐν τῷ
οἴκῳ θεῖναι. καὶ τὴν κιβωτὸν δὲ καὶ τὸν βωμὸν τὸν χρυσοῦν καὶ τὴν 15
λυχνίαν καὶ τὴν τράπεζαν καὶ τὰ ἄλλα σκεύη ἐκεῖ καταθέσθαι,
καθὼς προστάξαι αὐτῷ τὸν προφήτην. προσαγαγεῖν δὲ τῷ θεῷ θυσίαν 16
10 μυρίαν, πρόβατα δισχίλια. μόσχους τρισχιλίους πεντακοσίους. τὸ δὲ
σύμπαν χρυσίον τὸ εἰς τοὺς δύο στύλους καὶ τὸν ναὸν καταχρησθὲν
εἶναι τάλαντα υξ· εἰς δὲ τοὺς ἥλους καὶ τὴν ἄλλην κατασκευὴν ἀργυρίου d
τάλαντα χίλια διακόσια τριάκοντα δύο· χαλκοῦ δὲ εἰς τοὺς κίονας καὶ
τὸν λουτῆρα καὶ τὴν στοὰν τάλαντα μύρια ὀκτακισχίλια πεντήκοντα.
15 ἀποπέμψαι δὲ τὸν Σολομῶνα καὶ τοὺς Αἰγυπτίους καὶ τοὺς Φοίνικας, 17
ἑκάστους εἰς τὴν ἑαυτῶν. ἑκάστῳ χρυσοῦ σίκλους δόντα δέκα· τὸ δὲ
τάλαντον εἶναι σίκλον. καὶ τῷ μὲν Αἰγύπτου βασιλεῖ Οὐάφρῃ ἐλαίου
μετρητὰς μυρίους, φοινικοβαλάνων ἀρτάβας χιλίας, μέλιτος δὲ ἀγγεῖα
ἑκατὸν καὶ ἀρώματα πέμψαι· τῷ δὲ Σούρωνι εἰς Τύρον πέμψαι τὸν 18
20 χρυσοῦν κίονα τὸν ἐν Τύρῳ ἀνακείμενον ἐν τῷ ἱερῷ τοῦ Διός.

3.

Ibid. c. 34, 20. 452a: *Ποιῆσαι δέ φησιν ὁ Εὐπόλεμος τὸν Σολο-* [265]
μῶνα καὶ ἀσπίδας χρυσᾶς χιλίας, ὧν ἑκάστη πεντακοσίων εἶναι χρυσῶν.
βιῶσαι δὲ αὐτὸν ἔτη πεντήκοντα δύο. ὧν ἐν εἰρήνῃ βασιλεῦσαι ἔτη μ'.

4.

Ibid. c. 39. 454b: *Ἐπὶ τούτοις καὶ τῆς Ἱερεμίου προ-* [266]
25 *φητείας τοῦ Πολυΐστορος μνήμην πεποιημένου, ἡμᾶς ἀπο-*
σιωπῆσαι ταύτην πάντων ἂν εἴη παραλογώτατον. κείσθω
τοίνυν καὶ αὕτη·

Εἶτα Ἰωαχείμ· ἐπὶ τούτου προφητεῦσαι Ἱερεμίαν τὸν προφήτην. 2
τοῦτον ὑπὸ τοῦ θεοῦ ἀποσταλέντα καταλαβεῖν τοὺς Ἰουδαίους θυσιά-
30 ζοντας εἰδώλῳ χρυσῷ, ᾧ εἶναι ὄνομα Βάαλ· τοῦτον δὲ αὐτοῖς τὴν 3
μέλλουσαν ἀτυχίαν δηλῶσαι. τὸν δὲ Ἰωαχεὶμ ζῶντα αὐτὸν ἐπιβαλέσθαι
κατακαῦσαι· τὸν δὲ φάναι τοῖς ξύλοις τούτοις Βαβυλωνίοις ὀψοποιή- c
σειν καὶ σκάψειν τὰς τοῦ Τίγριδος καὶ Εὐφράτου διώρυχας αἰχμαλωτι-
σθέντας. τὸν δὲ τῶν Βαβυλωνίων βασιλέα Ναβουχοδονόσορ ἀκούσαντα τὰ 4
35 ὑπὸ τοῦ Ἱερεμίου προμαντευθέντα παρακαλέσαι Ἀστιβάρην τον Μήδων

---

¹ τὸ ἀνάκτορον πρ. μ., p. 212 | ⁶ κατατίθεσθαι | ¹² μυριάδων υξ, μυρία καὶ p.
ib. | ³⁴ ἀκούσ. Ναβ., : conj. pv

5 βασιλέα συστρατεύειν αὐτῷ. παραλαβόντα δὲ Βαβυλωνίους καὶ Μήδους καὶ συναγαγόντα πεζῶν μὲν ὀκτωκαίδεκα, ἱππέων δὲ μυριάδας δώδεκα καὶ ἅρματα μύρια, πρῶτον μὲν τὴν Σαμαρεῖτιν κατασιρέψασθαι καὶ 4 Γαλιλαίαν καὶ Σκυθόπολιν καὶ τοὺς ἐν τῇ Γαλαδίτιδι οἰκοῦντας Ἰουδαίους· αὖθις δὲ τὰ Ἱεροσόλυμα παραλαβεῖν καὶ τὸν Ἰουδαίων βασιλέα 5
|267| Ἰωναχεὶμ ζωγρῆσαι· τὸν δὲ χρυσὸν τὸν ἐν τῷ ἱερῷ καὶ ἄργυρον καὶ χαλκὸν ἐκλέξαντα εἰς Βαβυλῶνα ἀποστεῖλαι χωρὶς τῆς κιβωτοῦ καὶ τῶν ἐν αὐτῇ πλακῶν· ταύτην δὲ τὸν Ἱερεμίαν κατασχεῖν·

5.

Clem. str. I 21. 404. II 114 Dind.: Ἔτι δὲ καὶ Εὐπόλεμος ἐν τῇ ὁμοίᾳ πραγματείᾳ τὰ πάντα ἔτη φησὶν ἀπὸ Ἀδὰμ ἄχρι τοῦ 10 πέμπτου ἔτους Δημητρίου βασιλείας, Πτολεμαίου τὸ δωδέκατον βασιλεύοντος Αἰγύπτου, συνάγεσθαι ἔτη ͵εριθ´· ἀφ᾿ οὗ δὲ χρόνου ἐξήγαγε Μωσῆς τοὺς Ἰουδαίους ἐξ Αἰγύπτου ἐπὶ τὴν προειρημένην προθεσμίαν συνάγεσθαι ἔτη δισχίλια πεντακόσια ὀγδοήκοντα. ἀπὸ δὲ τοῦ χρόνου τούτου ἄχρι τῶν ἐν Ῥώμῃ ὑπάτων Γαΐου Δομετιανοῦ Κασιανοῦ συναθροίζεται ἔτη ἑκατὸν εἴκοσι. 15

ΚΛΕΟΔΗΜΟΥ ΤΟΥ ΚΑΙ ΜΑΛΧΟΥ ΠΕΡΙ ΕΒΡΑΙΩΝ.

Jos. Ant. I 15: Λέγεται δὲ ὡς οὗτος ὁ Ἀφρὴν στρατεύσας ἐπὶ τὴν Λιβύην κατέσχεν αὐτήν, καὶ οἱ υἱωνοὶ αὐτοῦ κατοικήσαντες ἐν αὐτῇ τὴν γῆν ἀπὸ τοῦ ἐκείνου ὀνόματος Ἀφρικὴν προσηγόρευσαν· μαρτυρεῖ δέ μου τῷ λόγῳ καὶ Ἀλέξανδρος ὁ Πολυΐστωρ λέγων οὕτως· Κλεόδημος δέ φησιν ὁ προφήτης, ὁ καὶ Μάλχος, ὁ 20 ἱστορῶν τὰ περὶ Ἰουδαίων, καθὼς καὶ Μωῆσῆς ἱστόρησεν ὁ νομοθέτης αὐτῶν, ὅτι ἐκ τῆς Χετούρας Ἀβράμῳ ἐγένοντο παῖδες ἱκανοί· λέγει δὲ αὐτῶν καὶ τὰ ὀνόματα ὀνομάζων τρεῖς, Ἀφέραν, Ἀσουρεὶμ, Ἰάφραν. ἀπὸ Ἀσουρεὶμ μὲν τὴν Ἀσσυρίαν κεκλῆσθαι· ἀπὸ δὲ τῶν δύο, Ἀφέρα τε καὶ Ἰάφρα, πόλιν τε Ἄφραν καὶ τὴν χώραν Ἀφρικὴν ὀνομασθῆναι. 25 τούτους γὰρ Ἡρακλεῖ συστρατεῦσαι ἐπὶ Λιβύην καὶ Ἀνταῖον, γήμαντά τε τὴν Ἀφέρα θυγατέρα Ἡρακλέα γεννῆσαι υἱὸν ἐξ αὐτῆς Διόδωρον· τούτου δὲ γενέσθαι Σοφῶκα, ἀφ᾿ οὗ τοὺς βαρβάρους Σόγακας λέγεσθαι.

---

3 πεζῶν ἄρματα, p. 217 | μυρία | 6 Ἰωακεὶμ 1 | 7 ἐκλέξαντας | 12 Μωυσῆς | 14 lege χίλια, p. 213 | 15 lege Γναίου Δομετίου καὶ Ἀσινίου, p. 214 | 16 Ὠφρὴν Jos., p. 215 | 18 Ἀφρικὰ Eus. IX 20 | 19 καὶ om. Eus. | 20 Μάλχας Rab (Hav.), Μαλχᾶς Eus. | ὁ tertium om. Eus. | 21 Μωσῆς Eus. | ἱστόρηκεν Eus. | 22 Χατούρας Hav., ἐκ Χεττούρας Eus.: Bekk. | Ἀβράμῳ Eus. | 23 Σουρεὶμ Jos., Ἀφὲρ, Ἀσούρ, Ἀφράν. καὶ Eus. | 24 Σουρεὶμ Jos. Ἀσοὺρ Eus. | κεκλῆσθαι om. Eus. | 24/25 Ἀφρά τε καὶ Ἀφὲρ Eus. | 25 Ἀφρικὰ Eus. | 26 γὰρ] δὲ Eus. | κατ᾿ Ἀνταῖον conj. Bern. ap. Hav. | 27 δὲ Eus. Ἀφρὰ vel Ἄφρα Jos. Eus.. : Bekk. praef. | Διόδωρον vel Δόδωρον Jos., Διώδωρον I | 28 Σοφωνᾶν Eus., Σόφαχα Juba | Σοφᾶς Eus.

ΑΡΙΣΤΕΟΥ ΠΕΡΙ ΙΟΥΔΑΙΩΝ.

Eus. pr. ev. IX 25. 430d: Ἄκουε δὲ οἷα καὶ περὶ τοῦ Ἰὼβ [251]
ὁ αὐτὸς ἱστορεῖ· Ἀριστέας δέ φησιν ἐν τῷ περὶ Ἰουδαίων τὸν Ἠσαῦ
γήμαντα Βασσάραν ἐν Ἐδὼμ γεννῆσαι Ἰώβ· κατοικεῖν δὲ τοῦτον ἐν τῇ
Αὐσίτιδι χώρᾳ, ἐπὶ τοῖς ὅροις τῆς Ἰδουμαίας καὶ Ἀραβίας. γενέσθαι δ' 2
5 αὐτὸν δίκαιον καὶ πολύκτηνον· κτήσασθαι γὰρ αὐτὸν πρόβατα μὲν
ἑπτακισχίλια, καμήλους δὲ τρισχιλίας, ζεύγη βοῶν πεντακόσια, ὄνους
θηλείας νομάδας πεντακοσίας· εἶχε δὲ καὶ γεωργίας ἱκανάς. τοῦτον δὲ 3
τὸν Ἰὼβ πρότερον Ἰωβὰβ ὀνομάζεσθαι. πειράζοντα δ' αὐτὸν τὸν θεὸν (431)
ἐμμεῖναι, μεγάλαις δὲ περιβαλεῖν αὐτὸν ἀτυχίαις. πρῶτον μὲν γὰρ
10 αὐτοῦ τούς τε ὄνους καὶ τοὺς βοῦς ὑπὸ λῃστῶν ἀπελαθῆναι, εἶτα τὰ
πρόβατα ὑπὸ πυρὸς ἐκ τοῦ οὐρανοῦ πεσόντος κατακαῆναι σὺν τοῖς
ποιμέσι· μετ' οὐ πολὺ δὲ καὶ τὰς καμήλους ὑπὸ λῃστῶν ἀπελαθῆναι·
εἶτα τὰ τέκνα αὐτοῦ ἀποθανεῖν πεσούσης τῆς οἰκίας· αὐθημερὸν δὲ
αὐτοῦ καὶ τὸ σῶμα ἑλκῶσαι. φαύλως δὲ αὐτοῦ διακειμένου ἐλθεῖν εἰς 4
15 ἐπίσκεψιν Ἐλίφαν τὸν Θαιμανιτῶν βασιλέα καὶ Βαλδὰδ τὸν Σαυχαίων ὁ
τύραννον καὶ Σωφὰρ τὸν Μινναίων βασιλέα, ἐλθεῖν δὲ καὶ Ἐλιοῦν
τὸν Βαραχιὴλ τὸν Βωζίτην. παρακαλούμενον δὲ φάναι καὶ χωρὶς
παρακλήσεως ἐμμενεῖν αὐτὸν ἔν τε τῇ εὐσεβείᾳ καὶ τοῖς δεινοῖς. τὸν δὲ
θεὸν ἀγασθέντα τὴν εὐψυχίαν αὐτοῦ τῆς τε νόσου αὐτὸν ἀπολῦσαι καὶ [252]
20 πολλῶν κύριον ὑπάρξεων ποιῆσαι. Τοσαῦτα καὶ περὶ τούτων ὁ
Πολυΐστωρ.

ΑΡΤΑΠΑΝΟΥ ΨΕΥΔΕΠΙΓΡΑΦΟΥ ΠΕΡΙ ΙΟΥΔΑΙΩΝ.

1.

Ibid. c. 18. 420a: Ἀρτάπανος δέ φησιν ἐν τοῖς Ἰουδαϊκοῖς [245]
τοὺς μὲν Ἰουδαίους ὀνομάζεσθαι Ἑρμιοὺθ, ὃ εἶναι μεθερμηνευθὲν
κατὰ τὴν Ἑλληνίδα φωνὴν Ἰουδαῖοι· καλεῖσθαι δὲ αὐτοὺς Ἑβραίους
25 ἀπὸ Ἀβραάμου. τοῦτον δέ φησι πανοικίᾳ ἐλθεῖν εἰς Αἴγυπτον ὁ
πρὸς τὸν τῶν Αἰγυπτίων βασιλέα Φαρεθώθην καὶ τὴν ἀστρολογίαν
αὐτὸν διδάξαι· μείναντα δὲ ἔτη ἐκεῖ εἴκοσι πάλιν εἰς τοὺς κατὰ Συρίαν
ἀπαλλαγῆναι τόπους· τῶν δὲ τούτῳ συνελθόντων πολλοὺς ἐν Αἰγύπτῳ
καταμεῖναι διὰ τὴν εὐδαιμονίαν τῆς χώρας.

2.

30 Ibid. c. 23. 429b: Τούτοις καὶ τὰ ἑξῆς περὶ τοῦ Ἰωσὴφ ἐκ [251]
τῆς αὐτῆς τοῦ Πολυΐστορος γραφῆς ἐπισυνῆφθω. Ἀρτάπανος

Ἀρισταίου B h m v | ² Ἀρισταίας h m v, : cett. | ³ fort. Βασσαράς, p. 141;
cfr. Schmidt Pap. Ber. p. 325) ⁶ τρισχιλίους pr. I.: sec. man. I) ⁸ Ἰωβὰθ g) ⁹ᵉ v.p.
141) ¹⁷ Ζωβίτην, cfr. LXX Iob 32, 2. 6 | ²³ Ἑρμιοὺθ dg p et si silentio fides IV,
Ἑρμ. h m s; v. infra 232, 19 | ²⁴ Ἑλλάδα | ²⁶ Φαρεθώτην

c δέ φησιν ἐν τῷ περὶ Ἰουδαίων τῷ Ἀβραὰμ Ἰωσῆφ ἀπόγονον γενέσθαι,
υἱὸν δὲ Ἰακώβου· συνέσει δὲ καὶ φρονήσει παρὰ τοὺς ἄλλους διενεγ-
κόντα ὑπὸ τῶν ἀδελφῶν ἐπιβουλευθῆναι· προϊδόμενον δὲ τὴν ἐπισύστασιν
δεηθῆναι τῶν ἀστυγειτόνων Ἀράβων εἰς τὴν Αἴγυπτον αὐτὸν διακομίσαι·
τοὺς δὲ τὸ ἐντυγχανόμενον ποιῆσαι· εἶναι γὰρ τοὺς τῶν Ἀράβων βασιλεῖς 5
2 ἀπογόνους Ἰσμαήλ, υἱοῦ τοῦ Ἀβραάμ, Ἰσαὰκ δὲ ἀδελφοῦ. ἐλθόντα δὲ
d αὐτὸν εἰς τὴν Αἴγυπτον καὶ συσταθέντα τῷ βασιλεῖ διοικητὴν τῆς ὅλης
γενέσθαι χώρας. καὶ πρότερον ἀτάκτως τῶν Αἰγυπτίων γεωμορούντων,
διὰ τὸ τὴν χώραν ἀδιαίρετον εἶναι καὶ τῶν ἐλασσόνων ὑπὸ τῶν κρεισ-
σόνων ἀδικουμένων, τοῦτον πρῶτον τήν τε γῆν διελεῖν καὶ ὅροις δια- 10
3 σημήνασθαι καὶ πολλὴν χερσευομένην γεωργήσιμον ἀποτελέσαι καί
τινας τῶν ἀρουρῶν τοῖς ἱερεῦσιν ἀποκληρῶσαι. τοῦτον δὲ καὶ μέτρα
εὑρεῖν καὶ μεγάλως αὐτὸν ὑπὸ τῶν Αἰγυπτίων διὰ ταῦτα ἀγαπηθῆναι.
γῆμαι δ' αὐτὸν Ἡλιουπολίτου ἱερέως Ἀσενὲθ θυγατέρα, ἐξ ἧς γεννῆσαι
(430) παῖδας. Μετὰ δὲ ταῦτα παραγενέσθαι πρὸς αὐτὸν τόν τε πατέρα καὶ 15
τοὺς ἀδελφοὺς κομίζοντας πολλὴν ὕπαρξιν, καὶ κατοικισθῆναι ἐν Ἡλιου-
4 πόλει καὶ Σὰν, καὶ τοὺς Σύρους πλεονάσαι ἐν τῇ Αἰγύπτῳ. τούτους δέ
φησι καὶ τὸ ἐν Ἀθὼς καὶ τὸ ἐν Ἡλιουπόλει ἱερὸν κατασκευάσαι τοὺς
Ἑρμιοὺθ ὀνομαζομένους. μετὰ δὲ ταῦτα τελευτῆσαι τόν τε Ἰωσῆφ
καὶ τὸν βασιλέα τῶν Αἰγυπτίων**. τὸν οὖν Ἰωσῆφ κρατοῦντα τῆς 20
Αἰγύπτου τὸν τῶν ἐτῶν ἑπτὰ σῖτον γενόμενον κατὰ τὴν φορὰν
b ἄπλετον παραθέσθαι καὶ τῆς Αἰγύπτου δεσπότην γενέσθαι.

3.

[252] Ibid. c. 27. 431 d: Ἀρτάπανος δέ φησιν ἐν τῇ περὶ Ἰουδαίων,
Ἀβραὰμ τελευτήσαντος καὶ τοῦ υἱοῦ αὐτοῦ, ὁμοίως δὲ καὶ Μεμψασθενὼθ,
τοῦ βασιλέως τῶν Αἰγυπτίων, τὴν δυναστείαν παραλαβεῖν τὸν υἱὸν 25
2 αὐτοῦ Παλμανώθην. τοῦτον δὲ τοῖς Ἰουδαίοις φαύλως προσφέρεσθαι·
καὶ πρῶτον μὲν τὴν Κεσσὰν οἰκοδομῆσαι, τό τε ἐπ' αὐτῇ ἱερὸν καθι-
(432) 3 δρύσασθαι, εἶτα τὸν ἐν Ἡλιουπόλει ναὸν κατασκευάσαι. τοῦτον δὲ γεννῆσαι θυγατέρα Μέρριν, ἣν Χενεφρῇ τινι κατεγγυῆσαι, τῶν ὑπὲρ Μέμφιν
τόπων βασιλεύοντι· πολλοὺς γὰρ τότε τῆς Αἰγύπτου βασιλεύειν. ταύτην 30
δὲ στεῖραν ὑπάρχουσαν ὑποβαλέσθαι τινὸς τῶν Ἰουδαίων παιδίον,
τοῦτο δὲ Μώϋσον ὀνομάσαι· ὑπὸ δὲ τῶν Ἑλλήνων αὐτὸν [ἀνδρωθέντα]
4 Μουσαῖον προσαγορευθῆναι. γενέσθαι δὲ τὸν Μώϋσον τοῦτον Ὀρφέως

---

³ προειδόμενον g | ⁴ δεθῆναι I | ⁶ Ἰσραήλ, υἱὸς, : conj. g, υἱὸν mox ἀδελφὸν
commentus est Seguierus | ἀδελφοὺς | ¹⁴ Ἀσενὲθ (sic) I | ¹⁶/¹⁷ ἐν τῇ πόλει Καισάν,
p. 217 | ¹⁸ ἐν Πειθῷ Seg. | ¹⁹ τε om. I | ²⁰ de lacuna v. p. 145 | ²⁴ Μεμψα-
σθενὼθ post αὐτοῦ, p. 217 | ³² τοῦτον I | ἀνδρωθ.] suspicionis signum addidi, ib.

διδάσκαλον. ἀνδρωθέντα δ᾽ αὐτὸν πολλὰ τοῖς ἀνθρώποις εὔχρηστα
παραδοῦναι· καὶ γὰρ πλοῖα καὶ μηχανὰς πρὸς τὰς λιθοθεσίας καὶ τα
Αἰγύπτια ὅπλα καὶ τὰ ὄργανα τὰ ὑδρευτικὰ καὶ πολεμικὰ καὶ τὴν ᵇ
φιλοσοφίαν ἐξευρεῖν· ἔτι δὲ τὴν πόλιν εἰς λϛ΄ νομοὺς διελεῖν καὶ ἑκάστῳ
5 τῶν νομῶν ἀποτάξαι τὸν θεὸν σεφθήσεσθαι τά τε ἱερὰ γράμματα
τοῖς ἱερεῦσιν· εἶναι δὲ καὶ αἰλούρους καὶ κύνας καὶ ἴβεις· ἀπονεῖμαι
δὲ καὶ τοῖς ἱερεῦσιν ἐξαίρετον χώραν. ταῦτα δὲ πάντα ποιῆσαι χάριν ⁵
τοῦ τὴν μοναρχίαν βεβαίαν τῷ Χενεφρῇ διαφυλάξαι· πρότερον γὰρ
ἀδιατάκτους ὄντας τοὺς ὄχλους ποτὲ μὲν ἐκβάλλειν, ποτὲ δὲ καθι-
10 στάνειν βασιλεῖς, καὶ πολλάκις μὲν τοὺς αὐτούς, ἐνιάκις δὲ ἄλλους. ᶜ
διὰ ταῦτα οὖν τὸν Μώϋσον ὑπὸ τῶν ὄχλων ἀγαπηθῆναι, καὶ ὑπὸ τῶν ⁶
ἱερέων ἰσοθέου τιμῆς καταξιωθέντα προσαγορευθῆναι Ἑρμῆν διὰ τὴν
τῶν ἱερῶν γραμμάτων ἑρμηνείαν. τὸν δὲ Χενεφρῆν ὁρῶντα τὴν ἀρετὴν ⁷
τοῦ Μώϋσου φθονῆσαι αὐτῷ καὶ ζητεῖν αὐτὸν ἐπ᾽ εὐλόγῳ τινὶ αἰτίᾳ
15 ἀνελεῖν. καὶ δὴ ποτε τῶν Αἰθιόπων ἐπιστρατευσαμένων τῇ Αἰγύπτῳ τὸν
Χενεφρῆν ὑπολαβόντα εἰρηκέναι καιρὸν εὔθετον πέμψαι τὸν Μώϋσον ᵈ
ἐπ᾽ αὐτοὺς στρατηγὸν μετὰ δυνάμεως· τὸ δὲ τῶν γεωργῶν αὐτῷ
συστῆσαι πλῆθος, ὑπολαβόντα ῥᾳδίως αὐτὸν διὰ τὴν τῶν στρατιωτῶν
ἀσθένειαν ὑπὸ τῶν πολεμίων ἀναιρεθήσεσθαι. τὸν δὲ Μώϋσον ἐλθόντα ⁸
20 ἐπὶ τὸν Ἑρμοπολίτην ὀνομαζόμενον νομόν, ἔχοντα περὶ δέκα μυριάδας
γεωργῶν, αὐτοῦ καταστρατοπεδεῦσαι· πέμψαι δὲ στρατηγοὺς τοὺς προ-
καθεδουμένους τῆς χώρας, οἷς δὴ πλεονεκτεῖν ἐπιφανῶς κατὰ τὰς μάχας.
λέγειν δέ φησιν Ἡλιουπολίτας γενέσθαι τὸν πόλεμον τοῦτον ἔτη δέκα.
τοὺς οὖν περὶ τὸν Μώϋσον διὰ τὸ μέγεθος τῆς στρατιᾶς πόλιν ἐν ⁹
25 τούτῳ κτίσαι τῷ τόπῳ καὶ τὴν ἶβιν ἐν αὐτῇ καθιερῶσαι διὰ τὸ ταύτην
τὰ βλάπτοντα ζῷα τοὺς ἀνθρώπους ἀναιρεῖν· προσαγορεῦσαι δὲ αὐτὴν (433)
Ἑρμοῦ πόλιν. οὕτω δὴ τοὺς Αἰθίοπας, καίπερ ὄντας πολεμίους, στέρξαι ¹⁰
τὸν Μώϋσον ὥστε καὶ τὴν περιτομὴν τῶν αἰδοίων παρ᾽ ἐκείνου μαθεῖν·
οὐ μόνον δὲ τούτους, ἀλλὰ καὶ τοὺς ἱερεῖς ἅπαντας. τὸν δὲ Χενεφρῆν, ¹¹
30 λυθέντος τοῦ πολέμου, λόγῳ μὲν αὐτὸν ἀποδέξασθαι, ἔργῳ δὲ ἐπι-
βουλεύειν. παρελόμενον γοῦν αὐτοῦ τοὺς ὄχλους τοὺς μὲν ἐπὶ τὰ ὅρια τῆς
Αἰθιοπίας πέμψαι προφυλακῆς χάριν, τοῖς δὲ προστάξαι τὸν ἐν Διὸς
πόλει ναὸν ἐξ ὀπτῆς πλίνθου κατεσκευασμένον καθαιρεῖν, ἕτερον δὲ [253]
λίθινον κατασκευάσαι τὸ πλησίον ὄρος λατομήσαντας· τάξαι δὲ ἐπὶ ᵇ
35 τῆς οἰκοδομίας ἐπιστάτην Ναχέρωτα. τὸν δὲ ἐλθόντα μετὰ Μώϋσου ¹²
εἰς Μέμφιν πυθέσθαι παρ᾽ αὐτοῦ, εἴ τι ἄλλο ἐστὶν εὔχρηστον τοῖς

---

⁴ νόμους et ⁵ νόμων g I | ¹⁴ αἰτίᾳ τινὶ | ¹⁷ et ²¹ loco γεωργῶν legit συγγενῶν
Seg. | ²⁰ νόμον g I | ²⁴ στρατίας I | ²⁵ καὶ ante καὶ add. I

ἀνθρώποις· τὸν δὲ ψάναι γένος τῶν βοῶν διὰ τὸ τὴν γῆν ὑπὸ τούτων
ἀροῦσθαι· τὸν δὲ Χενεφρῆν, προσαγορεύσαντα ταῦρον Ἄπιν. κελεῦσαι
ἱερὸν αὐτοῦ τοὺς ὄχλους καθιδρύσασθαι, καὶ τὰ ζῷα τὰ καθιερωθέντα
ὑπὸ τοῦ Μωῦσου κελεύειν ἐκεῖ ψέροντας θάπτειν, κατακρύπτειν θέ-
13 λοντα τὰ τοῦ Μωῦσου ἐπινοήματα. ἀποξενωσάντων δὲ αὐτὸν τῶν 5
c Αἰγυπτίων ὁρκωμοτῆσαι τοὺς ψίλους μὴ ἐξαγγεῖλαι τῷ Μωῦσῳ τὴν ἐπι-
συνισταμένην αὐτῷ ἐπιβουλὴν καὶ προβαλέσθαι τοὺς ἀναιρήσοντας
14 αὐτόν. μηδενὸς δ᾽ ὑπακούσαντος ὀνειδίσαι τὸν Χενεφρῆν Χανεθώθην,
τὸν μάλιστα προσαγόμενον ὑπ᾽ αὐτοῦ· τὸν δὲ ὀνειδισθέντα ὑποσχέσθαι
15 τὴν ἐπίθεσιν, λαβόντα καιρόν. ὑπὸ δὲ τοῦτον τὸν καιρὸν τῆς Μέρριδος 10
τελευτησάσης ὑποσχέσθαι τὸν Χενεφρῆν τῷ τε Μωῦσῳ καὶ τῷ Χανεθώθῃ
d τὸ σῶμα διακομίσαντας εἰς τοὺς ὑπὲρ Αἴγυπτον τόπους θάψαι, ὑπο-
16 λαβόντα τὸν Μωῦσον ὑπὸ τοῦ Χανεθώθου ἀναιρεθήσεσθαι. πορευο-
μένων δὲ αὐτῶν τὴν ἐπιβουλὴν τῷ Μωῦσῳ τῶν συνειδότων ἐξαγγεῖλαί
τινα· τὸν δὲ ψυλάσσοντα αὐτὸν τὴν μὲν Μέρριν θάψαι, τὸν δὲ πο- 15
ταμὸν καὶ τὴν ἐν ἐκείνῳ πόλιν Μερόην προσαγορεῦσαι. τιμᾶσθαι δὲ
17 τὴν Μέρριν ταύτην ὑπὸ τῶν ἐγχωρίων οὐκ ἔλαττον ἢ τὴν Ἶσιν. Ἀάρωνα
δὲ τὸν τοῦ Μωῦσου ἀδελφὸν τὰ περὶ τὴν ἐπιβουλὴν ἐπιγνόντα συμβου-
λεῦσαι τῷ ἀδελφῷ ψυγεῖν εἰς τὴν Ἀραβίαν· τὸν δὲ πεισθέντα, ἀπὸ
Μέμφεως τὸν Νεῖλον διαπλεύσαντα, ἀπαλλάσσεσθαι εἰς τὴν Ἀραβίαν. 20
434)18 τὸν δὲ Χανεθώθην πυθόμενον τοῦ Μωῦσου τὴν ψυγὴν ἐνεδρεύειν ὡς
ἀναιρήσοντα· ἰδόντα δὲ ἐρχόμενον σπάσασθαι τὴν μάχαιραν ἐπ᾽ αὐτόν·
τὸν δὲ Μωῦσον προκαταχήσαντα τήν τε χεῖρα κατασχεῖν αὐτοῦ καὶ
19 σπασάμενον τὸ ξίφος ψονεῦσαι τὸν Χανεθώθην. διεκδρᾶναι δὲ εἰς τὴν
Ἀραβίαν καὶ Ῥαγουήλῳ τῷ τῶν τόπων ἄρχοντι συμβιοῦν, λαβόντα τὴν 25
ἐκείνου θυγατέρα. τὸν δὲ Ῥαγουῆλον βούλεσθαι στρατεύειν ἐπὶ τοὺς
Αἰγυπτίους, κατάγειν βουλόμενον τὸν Μωῦσον καὶ τὴν δυναστείαν τῇ
h τε θυγατρὶ καὶ τῷ γαμβρῷ κατασκευάσαι· τὸν δὲ Μωῦσον ἀποκωλῦσαι
στοχαζόμενον τῶν ὁμοφύλων· τὸν δὲ Ῥαγουῆλον διακωλύοντα στρατεύειν.
20 τοῖς Ἄραψι προστάξαι λῃστεύειν τὴν Αἴγυπτον. ὑπὸ δὲ τὸν αὐτὸν 30
χρόνον καὶ τὸν Χενεφρῆν πρῶτον ἁπάντων ἀνθρώπων ἐλεψαντιάσαντα
μεταλλάξαι· τούτῳ δὲ τῷ πάθει περιπεσεῖν διὰ τὸ τοὺς Ἰουδαίους
προστάξαι σινδόνας ἀμψιέννυσθαι, ἐρεᾶν δ᾽ ἐσθῆτα μὴ ἀμπέχεσθαι,
21 ὅπως ὄντες ἐπίσημοι κολάζωνται ὑπ᾽ αὐτοῦ. τὸν δὲ Μωῦσον εὔχεσθαι
c τῷ θεῷ ἤδη ποτὲ τοὺς λαοὺς παῦσαι τῶν κακοπαθειῶν· ἱλασκομένου 35
δ᾽ αὐτοῦ αἰψνιδίως ψησὶν ἐκ τῆς γῆς πῦρ ἀναψθῆναι, καὶ τοῦτο κάεσθαι

ᵃ προσαγορευόμενον | ¹³ Χανεθώθ, : I | ²³ προκατασχήσαντα conj. v. | ²⁹/³⁰ post
Ἄραψι virgulam ponit g, post στρατεύειν om. dg, p. 157 | ³³ δὲ I

μήτε ὕλης μήτε ἄλλης τινὸς ξυλείας οὔσης ἐν τῷ τόπῳ. τὸν δὲ Μῶυσον
δείσαντα τὸ γεγονὸς φεύγειν· φωνὴν δ᾽ αὐτῷ θείαν εἰπεῖν στρατεύειν
ἐπ᾽ Αἴγυπτον καὶ τοὺς Ἰουδαίους διασώσαντα εἰς τὴν ἀρχαίαν ἀγαγεῖν
πατρίδα. τὸν δὲ θαρρήσαντα δύναμιν πολεμίαν ἐπάγειν διαγνῶναι τοῖς 22
5 Αἰγυπτίοις· πρῶτον δὲ πρὸς Ἀάρωνα τὸν ἀδελφὸν ἐλθεῖν. τὸν δὲ
βασιλέα τῶν Αἰγυπτίων πυθόμενον τὴν τοῦ Μῶυσου παρουσίαν καλέσαι d
πρὸς αὐτὸν καὶ πυνθάνεσθαι ἐφ᾽ ὅ τι ἥκοι· τὸν δὲ φάναι, διότι προστάσσειν αὐτῷ τὸν τῆς οἰκουμένης δεσπότην ἀπολῦσαι τοὺς Ἰουδαίους·
τὸν δὲ πυθόμενον εἰς φυλακὴν αὐτὸν καθεῖρξαι. νυκτὸς δὲ ἐπιγενομένης 23
10 τάς τε θύρας πάσας αὐτομάτως ἀνοιχθῆναι τοῦ δεσμωτηρίου καὶ τῶν [254]
φυλάκων οἷς μὲν τελευτῆσαι, τινὰς δὲ ὑπὸ τοῦ ὕπνου παρεθῆναι, τά
τε ὅπλα κατεαγῆναι. ἐξελθόντα δὲ τὸν Μῶυσον ἐπὶ τὰ βασίλεια ἐλθεῖν 24
εὑρόντα δὲ ἀνεῳγμένας τὰς θύρας εἰσελθεῖν καὶ ἐνθάδε τῶν φυλάκων παρειμένων τὸν βασιλέα ἐξεγεῖραι. τὸν δὲ ἐκπλαγέντα ἐπὶ τῷ γεγονότι κελεῖσαι
15 τῷ Μῶυσῳ τὸ τοῦ πέμψαντος αὐτὸν θεοῦ εἰπεῖν ὄνομα, διαχλευάσαντα (435)
αὐτόν· τὸν δὲ προσκύψαντα πρὸς τὸ οὖς εἰπεῖν, ἀκούσαντα δὲ τὸν 25
βασιλέα πεσεῖν ἄφωνον. διακρατηθέντα δὲ ὑπὸ τοῦ Μῶυσου πάλιν
ἀναβιῶσαι· γράψαντα δὲ τοὔνομα εἰς δέλτον κατασφραγίσασθαι· τῶν 26
τε ἱερέων τὸν ἐκφαυλίσαντα ἐν τῇ πινακίδι τὰ γεγραμμένα μετὰ
20 σπασμοῦ τὸν βίον ἐκλιμπάνειν. εἰπεῖν τε τὸν βασιλέα σημεῖόν τι αὐτῷ 27
ποιῆσαι· τὸν δὲ Μῶυσον ἣν εἶχε ῥάβδον ἐκβαλόντα ὄφιν ποιῆσαι·
πτοηθέντων δὲ πάντων, ἐπιλαβόμενον τῆς οὐρᾶς ἀνελέσθαι καὶ πάλιν b
ῥάβδον ποιῆσαι. προελθόντα δὲ μικρὸν τὸν Νεῖλον τῇ ῥάβδῳ πατάξαι· 28
τὸν δὲ ποταμὸν πολύχουν γενόμενον κατακλύζειν ὅλην τὴν Αἴγυπτον·
25 ἀπὸ τότε δὲ καὶ τὴν κατάβασιν αὐτοῦ γίνεσθαι· συναγωγὸν δὲ τὸ ὕδωρ
ἐποζέσαι καὶ τὰ ποτάμια διαφθεῖραι ζῷα, τούς τε λαοὺς διὰ τὴν δίψαν
φθείρεσθαι. τὸν δὲ βασιλέα, τούτων γενομένων τῶν τεράτων, φάναι 29
μετὰ μῆνα τοὺς λαοὺς ἀπολύσειν, ἐὰν ἀποκαταστήσῃ τὸν ποταμόν· τὸν c
δὲ Μῶυσον πάλιν τῇ ῥάβδῳ πατάξαντα τὸ ὕδωρ συστεῖλαι τὸ ῥεῦμα.
30 τούτου δὲ γενομένου τὸν βασιλέα τοὺς ἱερεῖς τοὺς ὑπὲρ Μέμφιν καλέσαι 30
καὶ φάναι αὐτοὺς ἀναιρήσειν καὶ τὰ ἱερὰ κατασκάψειν, ἐὰν μὴ καὶ
αὐτοὶ τερατουργήσωσί τι. τοὺς δὲ τότε διά τινων μαγγάνων καὶ ἐπαοιδῶν
δράκοντα ποιῆσαι καὶ τὸν ποταμὸν μεταχρῶσαι. τὸν δὲ βασιλέα φρονημα- 31
τισθέντα ἐπὶ τῷ γεγονότι πάσῃ τιμωρίᾳ καὶ κολάσει κατακίζειν τοὺς
35 Ἰουδαίους. τὸν δὲ Μῶυσον ταῦτα ὁρῶντα ἄλλα τε σημεῖα ποιῆσαι, καὶ
πατάξαντα τὴν γῆν τῇ ῥάβδῳ ζῷόν τι πτηνὸν ἀνεῖναι λυμαίνεσθαι τοὺς
Αἰγυπτίους, πάντα τε ἐξελκωθῆναι τὰ σώματα. τῶν δὲ ἰατρῶν μὴ d

---

¹⁹ τε] δὲ, : I | ²⁶ ἀποζέσαι, p. 217 | ²³—²⁷ in his multa corrupta sunt, p. 217

δυναμένων ἰᾶσθαι τοὺς κάμνοντας, οὕτω πάλιν ἀνέσεως τυχεῖν τοὺς
32 Ἰουδαίους. πάλιν τε τὸν Μώϋσον βάτραχον διὰ τῆς ῥάβδου ἀνεῖναι,
πρὸς δὲ τούτοις ἀκρίδας καὶ σκνίφας. διὰ τοῦτο δὲ καὶ τοὺς Αἰγυπτίους
τὴν ῥάβδον ἀνατιθέναι εἰς πᾶν ἱερόν, ὁμοίως δὲ καὶ τῇ Ἴσιδι διὰ τὸ
33 τὴν γῆν εἶναι Ἴσιν, παιομένην δὲ τῇ ῥάβδῳ τὰ τέρατα ἀνεῖναι. τοῦ δὲ 5
βασιλέως ἔτι ἀφρονουμένου τὸν Μώϋσον χάλαζάν τε καὶ σεισμοὺς διὰ
νυκτὸς ἀποτελέσαι, ὥστε τοὺς τὸν σεισμὸν φεύγοντας ἀπὸ τῆς χαλάζης
ἀναιρεῖσθαι, τούς τε τὴν χάλαζαν ἐκκλίνοντας ὑπὸ τῶν σεισμῶν
(436) διαφθείρεσθαι. συμπεσεῖν δὲ τότε τὰς μὲν οἰκίας πάσας τῶν τε ναῶν
34 τοὺς πλείστους**. τελευταῖον τοιαύταις συμφοραῖς περιπεσόντα τὸν 10
βασιλέα τοὺς Ἰουδαίους ἀπολῦσαι· τοὺς δὲ χρησαμένους παρὰ τῶν
Αἰγυπτίων πολλὰ μὲν ἐκπώματα, οὐκ ὀλίγον δὲ ἱματισμὸν ἄλλην τε
παμπληθῆ γάζαν, διαβάντας τοὺς κατὰ τὴν Ἀραβίαν ποταμούς, καὶ
διαβάντας ἱκανὸν τόπον ἐπὶ τὴν ἐρυθρὰν τριταίους ἐλθεῖν θάλασσαν.
35 Μεμφίτας μὲν οὖν λέγειν ἔμπειρον ὄντα τὸν Μώϋσον τῆς χώρας τὴν 15
ᵇ ἄμπωτιν τηρήσαντα διὰ ξηρᾶς τῆς θαλάσσης τὸ πλῆθος περαιῶσαι.
Ἡλιουπολίτας δὲ λέγειν ἐπικαταδραμεῖν τὸν βασιλέα μετὰ πολλῆς
δυνάμεως, ⟨ἅμα⟩ καὶ τοῖς καθιερωμένοις ζῴοις, διὰ τὸ τὴν ὕπαρξιν
36 τοὺς Ἰουδαίους τῶν Αἰγυπτίων χρησαμένους διακομίζειν. τῷ δὲ Μωϋσῳ
[255] θείαν φωνὴν γενέσθαι πατάξαι τὴν θάλασσαν τῇ ῥάβδῳ [καὶ διαστῆ- 20
ναι]. τὸν δὲ Μώϋσον ἀκούσαντα ἐπιθιγεῖν τῇ ῥάβδῳ τοῦ ὕδατος. καὶ
ᶜ οὕτω τὸ μὲν νᾶμα διαστῆναι, τὴν δὲ δύναμιν διὰ ξηρᾶς ὁδοῦ πορεύεσθαι.
37 συνεμβάντων δὲ τῶν Αἰγυπτίων καὶ διωκόντων φησὶ πῦρ αὐτοῖς ἐκ τῶν
ἔμπροσθεν ἐκλάμψαι, τὴν δὲ θάλασσαν πάλιν τὴν ὁδὸν ἐπικλύσαι·
τοὺς δὲ Αἰγυπτίους ὑπό τε τοῦ πυρὸς καὶ τῆς πλημμυρίδος πάντας δια- 25
φθαρῆναι. τοὺς δὲ Ἰουδαίους διαφυγόντας τὸν κίνδυνον τριάκοντα ἔτη
ἐν τῇ ἐρήμῳ διατρῖψαι. βρέχοντος αὐτοῖς τοῦ θεοῦ κρίμνον ὅμοιον
ἐλύμῳ, χιόνι παραπλήσιον τὴν χρόαν. γεγονέναι δέ φησι τὸν Μώϋσον
μακρόν, πυρρακῆ, πολιόν, κομήτην, ἀξιωματικόν. ταῦτα δὲ πρᾶξαι περὶ
ἔτη ὄντα ὀγδοήκοντα ἐννέα. 30

¹ et ²² οὕτως I | ² et ⁵ ῥάδον, ῥάδῳ I | ¹⁰ lacuna post πλείστους, p. 216 |
¹³ παμπληθεῖ I | διαβάντας — καὶ om. p | ¹⁸ [ἅμα], p. 218′ | ²⁰/²¹ suspicionis signum
addidi, ib. | ²⁶ τεσσαράκοντα, ib. | ²⁸ χρόαν I

Uebersicht.

Anmerkungen: Handschriften und Ausgaben S. 199. — Aenderungen des
Eusebios und Copistenfehler S. 202. — Eusebios und Pseudo-Aristeas S. 203. —
Alexander der Milesier und Alexander der Myndier S. 204. — Berossos und Josephus S. 205. — Zu den Fragmenten des Demetrios S. 205. — Sprachliches zu
Demetrios' Fragmenten S. 206. — Zu Pseudo-Eupolemos S. 207. — Titel der
Schrift. Zusammengehörigkeit der Fragmente des Eupolemos S. 208. — Suron
und Uaphres S. 209. — Zu Eupolemos' Fragmenten S. 209. — Zur Chronologie
des Eupolemos S. 212. — Zu Malchos-Kleodemos S. 215. — Sprachliches zu Pseudo-
Artapanos. Verhältniss zu den LXX S. 215. — Zur Kritik und Exegese von
Pseudo-Artapanos S. 216. — Josephus benutzt Philon's Schriften S. 218.

Griechischer Text: Demetrios p. 219; Anonymos p. 223; Eupolemos
p. 225; Malchos-Kleodemos p. 230; Aristeas p. 231; Pseudo-Artapanos p. 231.

Josephus Ant. I. 15. p. 230. — Clem. Alexandr. str. I. 21. 403 p. 223; —
404 p. 230. — I. 23. 413. p. 225. — Eusebios praep. evang. IX. 17 p. 223. —
c. 18 p. 231. — c. 18 p. 225. — c. 19 p. 219. — c. 20 p. 230. — c. 21 p. 219. —
c. 23 p. 231. — c. 25 p. 231. — c. 26 p. 225. — c. 27 p. 232. — c. 29 p. 222—223.
— c. 30—34 p. 225—229. — c. 34 p. 229. — c. 39 p. 229.

Abkürzungen: ABCDEFGHI sind Gaisford's Handschriften. — L — cod.
Voss. 197. — V = cod. Vatic. 1303. — α = erste Klasse der Handschr. — β =
zweite Klasse der Handschr. — d = Euseb. praep. ev. ed. Dindorf Lpz. 1867. — g =
dieselbe ed. Gaisford Oxon. 1843. — h = dieselbe ed. Heinichen Lpz. 1842. —
k = Eupolemi Fragm. ed. Kuhlmey Berol. 1840. — m = Euseb. ed. Migne in
Patr. Gr. vol. XXI. Par. 1857. — p = Alexandri Polyhistoris Fragm. in C. Müller's
Fragm. hist. Gr. III 211 ff. — s = Euseb. pr. ev. ed. Stephanus Lutet. 1544. —
v = dieselbe ed. Vigerus Par. 1628. — CIG. = Corpus Inscriptionum ed.
Boeckhius. — P. T. oder Pap. Taur. = Papyri Graeci Taurinensis Musei Aegyptii
ed. Amedeo Peyron Taur. 1826/27. — Pap. Br. u. Vat. = Papiri Greci del Museo
Britannico di Londra e della Bibl. Vatic. da Bern. Peyron Tor. 1841. — Pap.
Ber. = Die Griechischen Papyrusurkunden der Kön. Bibl. zu Berlin von W. Ad.
Schmidt Berl. 1842. — Pap. Lugd. = Papyri Graeci Musei Lugduni-Batavi ed. C.
Leemans Lugd. 1843. — Pap. Par. = Papyrus Grecs du Musée du Louvre et de la
Bibl. Impér. in Notices et Extraits XVIII 2. Par. 1865. — Pap. Theb. = die
Thebanischen Papyrusfragmente von G. Parthey Berl. 1869. — Ros. = Inscription
de Rosette ed. Letronne in dessen Recueil des Inscr. I 241 ff. Par. 1842.

Im Variantenverzeichniss sind alle nicht näher bestimmten Lesarten
die von dg gebotenen. — Die Varianten von I sind nach Niese's Angaben überall
mitgetheilt, wo sie von denen Gaisford's abweichen; nur ganz Nebensächliches ist
übergangen worden. — Ein Kolon (:) bezeichnet Uebereinstimmung mit den von
mir gewählten Lesarten. — Zahlreiche Aenderungen der Interpunction sind nie
vermerkt worden. — Die Seitenzahl weist auf den Text der Abhandlung und der
Anmerkungen hin, wo meine Abweichungen von g besprochen sind. — Die Zeilen
der Viger'schen Ausgabe mussten, da dieselbe mir nicht immer zur Hand war,
oft nach Gaisford's Angaben bestimmt werden.

Berichtigungen und Zusätze.

Zu Heft 1. Januar 1874: S. 12 Z. 25 der gehört ans Ende von Z. 24. — Das. Anm. *). Zu denen, die Eusebios bewusster Fälschung beschuldigen, gehört auch Lobeck Aglaoph. II 1275 f.; warme Anerkennung findet dagegen sein Verfahren bei Gutschmid ZDMG. XV 74. — S. 16. Z. 1 u. 6 l. Drama und Dramatiker. — S. 23 Z. 18 statt συμβόλων Ναχαράτῳ hat Dindorf (II 57, 15) Huet's Conjectur σ. Ζαράτῳ aufgenommen; einer brieflichen Mittheilung P. d. Lagarde's zufolge ist aber συμβόλων α' (d. h. πρώτῳ) Ζαράτῳ κτλ. zu lesen. — S. 30 Z. 10 l. XXX). — S. 31 Z. 23 θαλάτθ ist jetzt von Lenormant in θανάτθ geändert und für das assyrische tihamtu (= תהם) erklärt worden (s. Theol. Stud. u. Krit. 1874 S. 769. — S. 33 Z. 21 l. Judäas durch Pompejus. — S. 34 Z. 16 ist τῶν zu streichen. — S. 50 Z. 21 u. 24 l. 290. — S. 57 Z. 15 f. Einer Mittheilung des Herrn Prof. A. v. Gutschmid verdanke ich eine neue eingehende Erklärung der schwierigen Worte, die hier wiederzugeben der Raum fehlt. Derselben zufolge stammt manche brauchbare Notiz der Excerpta Latina Barb. (bei Scal. Thes. temp. p. 58 f. ed. 1658) aus Demetrios. — S. 90 Z. 26 l. Chus.

Zu Heft 2. Januar 1875: Nachdem diese Abhandlung gedruckt war, ist O. Gebhardt's Graecus Venetus Lips. 1875 erschienen, in welcher Schrift die S. 129 Anm. *) ausgesprochene Ansicht über die jüdische Abkunft des Venetianischen Uebersetzers ausführlich erwiesen wird. Dass derselbe zum Christenthum übergetreten sei, ist eine unerweisbare Vermuthung Gebhardt's, die Delitzsch selbst in seinen Vorbemerkungen zu G.'s Schrift stillschweigend beseitigt. — Die Anm. *) S. 136 ist nach S. 231 zu berichtigen. Als ich sie, irre geführt von Gaisford zu 430 d 4 schrieb, besass ich Niese's Vergleichung von I noch nicht und war s mir nicht zur Hand. — S. 147 Z. 26 u. 30 l. νομῶν. — Die S. 159 Z. 2 f. u. S. 217 gegebene Erklärung findet ihre Bestätigung an der jüngst ausgesprochenen Ansicht Brugsch's (s. Academy 1874 p. 352), Tanis sei identisch mit der Ramsesstadt (s. Ebers D. Gosen 502). Früher hatte Brugsch San - Tanis mit der Hyksösstadt Auaris identificirt (G. I. I 88 f.). — Das. Z. 10 l. Kessan. — S. 169 Z. 2 v. u. l. I statt J. In der Werthschätzung dieser Handschrift stimmt einer brieflichen Aeusserung zufolge Herr Prof. v. Gutschmid mit mir überein. — S. 225 Anm. Z. 1 l. 9/12 pauca mutat Eus. — Die Emendation S. 228 Z 6. verdanken die Leser Herrn Dr. Berthold Müller in Breslau.